辽宁大学商学院
MBA/EMBA
优秀论文集（上）

■ 霍春辉 胡晟妍 高 翔 主编

辽宁大学出版社
Liaoning University Press

图书在版编目（CIP）数据

辽宁大学商学院 MBA/EMBA 优秀论文集. 上/霍春辉，
胡晟妍，高翔主编. 一沈阳：辽宁大学出版社，2017.7
ISBN 978-7-5610-8687-2

Ⅰ.①辽…　Ⅱ.①霍…②胡…③高…　Ⅲ.①工商行
政管理一文集　Ⅳ.①F203.9-53

中国版本图书馆 CIP 数据核字（2017）第 146265 号

辽宁大学商学院 MBA/EMBA 优秀论文集. 上
LIAONING DAXUE SHANGXUEYUAN MBA/EMBA YOUXIU LUNWEN JI. SHANG

出 版 者：辽宁大学出版社有限责任公司
　　　　　（地址：沈阳市皇姑区崇山中路 66 号　　邮政编码：110036）
印 刷 者：鞍山新民进电脑印刷有限公司
发 行 者：辽宁大学出版社有限责任公司
幅面尺寸：170mm×240mm
印　　张：21
字　　数：390 千字
出版时间：2017 年 7 月第 1 版
印刷时间：2017 年 11 月第 1 次印刷
责任编辑：郭胜鳌　李振宇
封面设计：韩　实
责任校对：齐　悦

书　　号：ISBN 978-7-5610-8687-2
定　　价：65.00 元

联系电话：024-86864613
邮购热线：024-86830665
网　　址：http://press.lnu.edu.cn
电子邮件：lnupress@vip.163.com

目　　录

赤峰 YG 保险公司网电营销策略研究
Study on the Network and Telephone Marketing Strategy of Chifeng YG Insurance Company

作者：梁振　指导教师：霍春辉　教授

摘　　要

互联网和通信技术的快速发展，特别是电子商务的发展，不仅创造了越来越多的消费需求，而且为保险企业带来了更多的发展机遇。如今，保险行业已经进入了电子商务时代，信息技术的快速发展已经改变了保险行业的传统发展模式，推动了保险企业的促销方式、营销手段等经营模式的创新和发展。随着移动终端技术和大数据的出现，一些新的营销理念开始出现，比如基于移动终端（智能手机、平板电脑等）的营销渠道和基于数据库的大数据营销。保险业在现代经济社会中发挥着"稳定器"和"助推器"的作用，是新型城镇化建设的重要融资渠道，成为新型城镇化建设过程中应对各种风险的重要手段。赤峰地区经济实现了稳步发展，为带动保险行业的发展提供了坚实的经济基础。然而赤峰地区保险市场现有竞争者众多，市场竞争十分激烈，而且赤峰 YG 保险公司处于行业中等位置，业务增长速度相对缓慢。

本文从赤峰 YG 保险公司网电营销现状及其存在的问题入手，运用 PEST 分析法、波特五力分析模型，对该公司的宏观环境和行业竞争环境进行了分析，并运用 SWOT 分析法探讨了赤峰 YG 保险公司内部的优势、劣势，以及外部面临的机会和威胁。结合赤峰 YG 保险公司内外环境分析，运用 STP 理论为赤峰 YG 保险公司私家车市场进行有效的市场定位提供了方法和策略，并综合 4C 营销组合理论提出了与赤峰 YG 保险公司实际相结合的以顾客需求为导向的网电营销模式。本文以期通过对赤峰 YG 保险公司网电营销策略的改进，进一步推动赤峰 YG 保险公司财险业务的发展。

关键词：赤峰 YG 保险公司　4C 营销理论　网电营销　大数据

ABSTRACT

With the rapid development of Internet and communication technologies, the development of e－commerce not only creates more consumer demand, but also brings more development opportunities for insurance companies. Today, insurance industry has entered the era of e－commerce, and the rapid development of information technology has changed the traditional model of development of the insurance industry, and promoted the innovation and development of insurance companies promotion, marketing and other business models. With the advent of mobile terminal technology and big data, some new marketing ideas began to appear, for example, based mobile terminals (smartphones, tablets, etc.) marketing channels and big data marketing based on the database. The insurance industry plays a "stable" and "booster" role in the modern economy and society. It is an important financing channel for new urbanization and has become an important means of building new urbanization process to cope with various risks. However, there many existing competitors in the Chifeng insurance market and the market is extremely competitive. Chifeng YG insurance company is in the middle position of the industry and the business growth rate is relatively slow.

This paper studies the network and telephone marketing status and its problems in Chifeng YG insurance company. It analyses the company's macro environment and industry competitive environment by using the PEST analysis and Porter's five forces analysis model and explores the Chifeng YG insurance company' internal strengths and weaknesses and external opportunities and threats by using the SWOT analysis. Combined with the internal and external environmental analysis of Chifeng YG insurance company, it provides Chifeng YG insurance company car market methods and strategies for effective market positioning and presents the customer demand－oriented network and telephone marketing model that is combined with the actual situation of the insurance company Chifeng YG. This paper will further promote the development of Chifeng YG insurance company' property insurance business by improving Chifeng YG insurance company' network and telephone marketing strategy.

Key Words：Chifeng YG Insurance　Company4C Marketing Theory
Network and Telephone Marketing　Big Data

绪　论

0.1　研究背景及意义

0.1.1　研究背景

保监会于 2014 年印发的《保险业服务新型城镇化发展的指导意见》（简称《意见》），坚持以人为本、改革创新、市场主导、政府引导四项基本原则，积极探索保险业服务新型城镇化的体制机制和有效模式，充分发挥保险业在现代经济社会中"稳定器"和"助推器"的作用，使保险业成为新型城镇化建设的重要融资渠道，成为新型城镇化建设过程中应对各种风险的重要手段。信息技术的出现和快速发展，特别是电子商务的发展，不仅创造了越来越多的消费需求，而且为保险企业的经营活动带来了更多的发展机遇。如今，保险行业已经进入了电子商务时代，信息技术的快速发展已经改变了保险行业的传统发展模式，推动了保险企业的产品研发、促销方式、营销手段等经营模式的创新和发展。随着移动终端技术和大数据的出现，一些新的营销理念开始出现，比如基于移动终端（智能手机、平板电脑等）的营销渠道和基于数据库的大数据营销。目前，许多保险公司推出了基于保险业务的 APP 应用程序，比如人保财险的"掌上人保"、平安产险的"平安随心"等，方便人们直接通过移动终端进行保险业务活动；大数据营销是基于数据的挖掘和分析，能够使保险公司能够锁定目标客户，实行精准营销策略，因而具有广阔的发展前景。

赤峰市是内蒙古自治区的地级市，位于内蒙古东南部，是内蒙古人口最多的城市，主要以蒙古族、汉族为主，地处东北经济区和环渤海经济区的腹地，是内蒙古东部的中心城市，同时也是中华文化发源地之一。赤峰市坚持以经济建设为中心，深化改革开放，增强了经济发展的活力，实现地区经济的平稳发展，有利于推动赤峰社会保险事业的进一步发展。2013 年，赤峰地区经济实现了稳步发展，为带动保险行业的发展提供了坚实的经济基础。但是，在赤峰地区保险行业中现有竞争者众多，竞争形势不容乐观，而且赤峰 YG 保险公司处于行业中等位置，业务增长速度相对缓慢。本文正是基于这种背景下撰写的。

0.1.2 研究意义

随着赤峰地区经济的稳步发展及赤峰居民收入的不断增加，赤峰财险市场进一步开放，赤峰 YG 保险公司竞争压力也随之加大。对赤峰 YG 保险公司网电营销策略的研究具有非常重要的意义，主要有以下两点：

第一，对赤峰 YG 保险公司网电营销策略问题的分析及建议的提出，能够有效推动赤峰 YG 保险公司网电营销业务的发展，提升赤峰 YG 保险公司的经济效益。

第二，对国内外保险营销理论的总结和归纳，为我国保险业进行保险营销提供了一定的理论基础和借鉴意义。

0.2 研究方法和内容

0.2.1 研究方法

本文希望通过对赤峰 YG 保险公司网电营销问题的总结，从而提出相应的解决措施及建议，运用理论与实践相结合的方法对赤峰 YG 保险公司网电营销的现状及环境进行分析，从而有针对性地提出赤峰 YG 保险公司网电营销策略。本文主要采用以下研究方法：

（1）文献综述法。通过对国内外保险营销的相关理论进行归纳和总结，为赤峰 YG 保险公司网电营销策略的改进提供理论基础。

（2）调查分析法。针对赤峰 YG 保险公司网电营销现状进行系统调查，挖掘其潜在的问题及成因。

（3）定性与定量相结合的方法。针对赤峰 YG 保险公司网电营销情况及环境进行定性与定量分析，为赤峰 YG 保险公司网电营销策略的改进提供环境基础和实践基础。

（4）比较分析法。本文通过对赤峰 YG 保险公司与其他财险公司进行对比分析，研究赤峰 YG 保险公司自身的优势、劣势，有利于进一步改进网电营销策略。

0.2.2 研究内容

本文通过对赤峰 YG 保险公司网电营销的宏观环境、行业竞争环境，外部环境机会、威胁，以及内部竞争优势、劣势进行了系统分析，运用保险营销组合相关理论、大数据理论及网电营销最新研究理论制订了与赤峰 YG 保险公司相符合的网电营销策略，为赤峰 YG 保险公司提升自身竞争优势，增加保险业务收入提供了一定的借鉴意义。本文的主要研究内容如下：

第一章：保险营销的相关理论。主要介绍了保险营销的定义及网电营销渠道、STP 营销理论、4C 营销理论、大数据等相关文献。

第二章：赤峰 YG 保险公司现状。对赤峰 YG 保险公司的实际情况进行调研，结合内部数据对公司现状和网电营销的具体模式进行系统分析，以便进一步发现赤峰 YG 保险公司网电营销模式存在的问题。

第三章：赤峰 YG 保险公司网电营销环境分析。基于 PEST 分析法、波特五力模型、SWOT 分析等方法，对赤峰 YG 保险公司网电营销的宏观环境、行业竞争环境、企业内外部环境进行了分析，并提出了相关的营销战略。

第四章：赤峰 YG 保险公司网电营销中存在的问题及成因分析。通过第二章及第三章对赤峰 YG 保险公司的综合分析，指出了赤峰 YG 保险公司网电营销中存在的问题，并对相应问题的成因进行了系统地分析，以便为对赤峰 YG 保险公司网电营销提出相应的建议及策略做好铺垫。

第五章：赤峰 YG 保险公司网电营销策略设计。主要针对赤峰 YG 保险公司网电营销中存在的问题，设计了赤峰 YG 保险公司网电营销策略，并提出了相应的解决措施，为改变赤峰 YG 保险公司网店营销现有局面，提高保险业务量，增加业务收入提供了良好的借鉴。

最后是结束语。对全文进行了系统的总结，指出本文的主要研究问题和通过研究得出的结论。本论文的研究方法路线如图 0－1 所示。

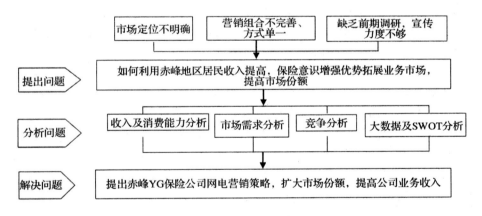

图 0－1　本论文的研究方法路线图

1 保险营销的相关理论

1.1 保险营销文献综述

1.1.1 保险营销的定义

刘子操（2003）指出，保险营销是在动态变化的市场环境中，以保险产品为客体，以消费者需求为导向，以满足消费者转嫁风险的需求为经营核心，运用各种营销方式将保险产品出售给消费者，从而实现保险公司长远经营目标的一系列活动的集合；郭颂平等（2007）认为，保险营销就是为保证消费者的保险需求而进行保险产品的研究、开发、定价、促销和服务等一系列活动，以实现保险企业经营目的的交换过程；方有恒等（2013）认为，保险营销是指识别潜在客户及需求、制订促销计划和销售保险产品的一系列活动或过程。

综上看来，保险营销不仅是将保险产品或服务简单地推销给顾客，而且包含了保险产品或服务的研究和创新，保险产品的定价，营销渠道方式的选择、保险客户的管理，以及保险营销售后服务等内容。保险营销贯穿于保险产品或服务销售前、中、后整个活动周期中，其营销的核心就是如何满足顾客对风险管理的需求，从而实现保险企业的长远发展。

1.1.2 保险营销的特点

Gidhagen（1998）认为，保险是指保险公司为避免被保险人遭受损失而承诺支付被保险人一定金额的合同；宇文晶（2009）指出，保险是一种特殊的商品，是以满足人们在社会生活与工作中应对各种潜在的风险（包括生命安全、财产安全等）而降低未来损失的需求而产生的。保险和普通商品一样都具有满足消费者需求的一般属性，但是保险不像普通商品那样具有物理特性，是一种抽象的商品，而保险营销更多的是一种为了维护消费者利益而采取的一种行为。因此，保险营销与一般商品营销相比，具有其独特性。保险营销与普通商品营销相比其特征主要体现在以下几个方面：

保险营销是以满足消费者需求为导向的。保险企业不应只考虑自己提供什么样的产品，而应更关注于顾客对产品或服务的需求，顾客为满足自身需求而愿意支付的成本是企业定价的关键，顾客购买产品或服务的便利性比企业的营销渠道策略更为重要。现代保险产品或服务营销模式基础即现代价值链，始终从消费者的角度出发，把客户需求作为保险营销模式的首要环节，而且后续营销活动也充分考虑了消费者需求。由此可见，保险营销是根据消费者需求来实现保险产品或服务的研发和创新，以实现保险公司的营销目标。

保险营销更加注重产品或服务的创新元素。保险营销的载体主要包括保险产品和服务，以顾客需求为导向，而顾客对产品或服务的需求是多样化的，这就需要保险营销突出保险产品或服务的新要素，刺激顾客的购买欲望。因为消费者在寻找其所需要的保险产品和服务时，除了关注保险企业开发设计的保险产品和服务本身外，更能够满足于包含在保险产品中的创新元素。

保险营销要求与价值客户建立关系网。保险公司在其营销活动中为争取长期业绩来实现经营目标，就需要同有价值的客户建立关系网，保持长期的合作伙伴关系。顾客是最终产品或服务的承担者，提供优质的保险产品和服务是保持这种彼此之间合作关系的重要保证，只有同这些价值客户保持长期合作关系，才能形成一个有价值的营销体系。

保险营销注重管理过程。方有恒（2007）指出，从保险营销包含的内容来看，保险营销包括分析市场机会、研究和选择目标市场、制定营销策略三个部分。因此，保险营销并不是简单地向顾客推销产品或服务，而是一种复杂的管理过程。具体而言，保险营销过程首先要调查消费者的保险需求并对其进行分类；其次要充分分析保险营销的宏观环境、行业竞争环境、微观环境等；再次要根据保险需求和环境分析结果来设计新的险种；最后构建保险营销的策略，以及设计保险策略在实施过程中相关的保障措施，以确保保险营销活动顺利进行。综上可见，保险营销过程是保险企业通过采取一系列活动调整企业利润与客户需求关系以达到均衡的过程。所以，保险公司要通过调查目标市场，完成营销计划、组织等一系列管理活动，最终实现保险公司的盈利目标。

1.1.3　网电营销模式

第一，电话营销是保险行业主要营销渠道之一。随着我国金融市场与国际金融市场之间的差距日益缩小，我国保险行业所面临的竞争压力与日俱增。随着我国保险企业竞争压力的增加，保险行业传统的营销模式已经不能满足保险企业快速发展的目标，电话营销开始被逐步引入保险行业。电话营销（简称电销）并不是一个新的营销模式，在国内外的各种营销渠道中已经流行多年，并且占有一席之地。

晋波等（2009）认为，电话营销（简称电销）是指企业通过使用电话、传真等现代通信技术开展保险业务的活动，实现有计划、有组织、有纪律，并且高效率地扩大消费群体、提高顾客满意度、维持良好的顾客关系等市场行为的一种营销手段与营销模式，是一种直销模式。马捷（2008）指出，电话营销最早起源于美国，后来逐渐发展到日本，以及中国台湾、中国香港等亚洲地区，20 世纪 90 年代初进入中国内陆，并得到了快速发展。

第二，网络营销是保险行业新兴的营销渠道之一。陆信（2013）指出，保险网络营销是利用数字化信息和网络媒体的交互性功能与客户进行交流，为顾客提供保险各个环节的服务，使保险咨询、设计、投保、缴费、承保、保单信息查询、理赔和给付等保险全过程实现网络化，实现保险公司营销目标的一种新型营销渠道。

网络技术的发展以及网络的普及，特别是电子商务的迅猛发展，为保险公司采取网络营销带来了前所未有的发展机遇。目前，保险网络营销主要有以下几种模式。一是保险公司自主开发网站。二是财经网站开辟的保险频道。顾玲（2013）指出，专业的财经网站或综合的门户网站开辟的保险频道是为切实满足某些消费群体的保险需求而设立的。三是 E－mail 营销。E－mail 营销必须是在用户允许的前提下，通过电子邮件向目标客户推送保险信息的一种网络营销方式。此外，网络营销比较流行的还有博客营销、微博营销、qq 群营销等模式，这些都是基于互联网的营销模式。

田亚楠（2013）指出，网销和电销为主的销售渠道不仅具备效率高的特点，而且销售成本较低。因此，研究网电营销渠道对发展赤峰 YG 保险业务具有重要意义。

1.2 STP 营销理论

STP 营销是现代营销战略理论的核心内容，具体包括市场细分（Segmentation）、目标市场选择（Targeting）、市场定位（Position）三个方面。现代企业应该充分结合自己现有的资源和优势，对现有市场进行细分，然后确定目标市场，最后进行有效的市场定位，这样才能选择最佳的营销策略，快速实现产品或服务的销售，迅速占领市场。

1.2.1 市场细分

WendellSmith（1956）最早提出市场细分理论，认为市场细分是根据消费者的偏好和需求的差异性，通过一定的示准将整个市场划分为若干个子市场的过程就是市场细分。每个细分市场是一个具有相似消费需求的特殊群体的集合。

罗纪宁（2003）指出，西方市场细分研究主要包括以消费者为导向的市场细分和以产品为导向的市场细分。理论界广泛研究以消费者为导向的市场细分，研究根据消费者需求偏好和行为特点对市场进行细分，采用分析解剖方法从消费者心理、社会文化背景及行为方式等不同角度对消费者进行细分；而营销决策者主要是研究以产品为导向的市场细分，根据设定的营销目标来围绕产品或服务的不同情境，对消费者、对某产品或服务的心理偏好，以及消费行为差异进行细分，以发现目标客户和选择相应的营销策略。

1.2.2 目标市场选择

美国营销学家 McCarthy 在 19 世纪 60 年代认为，目标市场是企业应将消费者作为一个特定的消费群体；陆耀新（2006）指出，目标市场选择就是企业在进行市场细分的基础上以产品或服务满足其中一个或几个细分市场。目标市场的选择非常重要，直接影响企业产品或服务的销售，影响企业的营销目标和企业经营业绩。目标市场选择策略主要包括无差异市场营销策略、差异市场营销策略、集中市场营销策略。无差异市场营销策略是经营企业把整个市场作为其目标市场，只考虑消费者需求的共性，而忽视了消费者需求的差异性，注重运用产品的规模化和价格优势来吸引更多的消费者，从而在市场上占有一席之地；差异市场营销策略是指企业根据消费群体需求的差异化或产品服务的差异化把整个市场划分为若干个子市场，针对不同的群体制订不同的营销策略；集中市场营销策略是指企业在已经划分的细分市场上，选择其中的一个或者是少数的几个细分市场作为自己的目标市场，实行专业化生产和销售的营销策略，这种营销策略特别适合中小型企业。

1.2.3 市场定位

艾·里斯和杰克·特劳特在 20 世纪 70 年代率先提出了市场定位一词，认为市场定位是指企业根据目标市场上类似产品或服务的竞争现状，以及消费者对该产品或服务某些特征或属性的偏好或喜爱程度，为本企业的产品或服务塑造鲜明的个性，并将其展现给消费者以期获得消费者的认同，从而形成培育企业竞争优势的过程。因此，市场定位从本质上来讲就是通过某种途径把企业与其他企业区分开来，使消费者明显感觉和认识到这种差别，从而在消费者心目中占有一定的特殊地位，也就是说如何实现产品或服务的差异化。

因此，市场定位成功的关键在于企业要找到自己产品或服务与竞争对手相比具有竞争优势的特性。钟诚（2009）指出，竞争优势有价格竞争优势和偏好竞争优势两种基本类型。这就要求企业的产品或服务，存在价格优势或者是产品或服务存在差异化，甚至是既能实现产品或服务的差异化，又能实现价格优势。

1.3 4C 营销理论

随着外部环境的动态变化和市场竞争日益激烈，消费者需求日益呈现多样化、个性化的特征，Lauterborn（1990）顺应时代的潮流提出了 4C 营销组合，即顾客（Customer）、成本（Cost）、便利（Convenience）、沟通（Communication）。

1.3.1　顾客（Customer）

顾客（Customer）主要是指消费者的需求，包括显性需求和潜在需求。消费者是企业营销关注的重点，是企业采取营销策略的重心，甚至是比产品本身更加被重视。因此，企业必须充分了解和研究自己的目标顾客需求，根据目标顾客的需求来研发和创造产品或服务，从而达到企业营销的目的。与此同时，企业在提供产品和服务的基础上，更加注重客户价值的创造，从而提升顾客的满意度，以扩大企业品牌的影响力。

1.3.2　成本（Cost）

成本（Cost）不仅包括企业的生产成本，而且还包括消费者满足自我需求所愿意付出的成本价格。这就意味着产品或服务的定价，不仅能满足消费者对产品或服务的承受价格，而且能让企业实现盈利。因此，企业制订定价策略，应从消费者角度出发，在保证企业盈利的前提下，努力降低企业的生产成本，促使产品或服务能够以最大的折让满足消费者的心理，激发消费者重复购买的欲望。

1.3.3　便利（Convenience）

便利（Convenience）是指消费者购买的方便性。它强调企业在制订或实施营销策略时，要充分考虑消费者购买的便宜性，在产品或服务的售前、售中及售后环节提供最优质的服务，提升消费者购物的便利性。便利是企业在为消费者提供产品或服务中不可缺少的，特别是在服务业迅猛发展的今天，显得尤为重要。

1.3.4　沟通（Communication）

沟通（Communication）是指企业与消费者之间的交流。沟通也是企业在市场营销中不可或缺的一个构成要素。企业与消费者沟通的过程也是一个了解消费者的过程，比如了解消费者对产品的偏好程度、对服务的满意程度，以及消费者对产品或服务的建议等。沟通能够促使企业根据对消费者的感知，进行产品或服务的创新和改进，更能有效增进与消费者的情感，有利于提升消费者的忠诚度。因此，企业应加强与消费者彼此之间的沟通交流，建立基于共同利益的新型企业客户关系。不只是企业对消费者单方面的促销和劝导，而是在企业与消费者彼此沟通交流中寻找能够同时实现各自目标的有效方法或路径。

4C 营销理论自从 Lauterborn 提出以来就备受西方学者和企业的关注，推动企业的经营观念开始由企业利润为中心向以消费者需求为中心转变。魏中龙（2006）认为，4C 营销理论强调企业把顾客作为一切经营活动的核心。随着企业经营理念的转变，许多企业运用 4C 理论取得了较大的成功。

2 赤峰 YG 保险公司现状

2.1 赤峰 YG 保险公司简介

YG 保险公司成立于 2004 年，是中国七大保险集团之一，是中国 500 强企业，股东由五家央企构成，各占 20％股份，分别是中国石油化工集团公司、中国南方航空集团公司、中国铝业集团公司、中国外运长航集团公司、广东电力集团公司。YG 保险公司在 31 个省、自治区、直辖市设有分公司，网络覆盖全国，是国内七大保险集团之一，同时拥有产、寿和资产管理牌照的保险集团公司。

赤峰 YG 保险公司是 YG 保险在赤峰地区设立的分支机构，地址位于赤峰新城区，主要经营财产损失保险、信用保险、责任保险、工程保险、人身意外保险、短期健康保险等业务，分别在红山区、松山区、元宝山区、红山物流园区、阿旗、左旗、右旗、克旗、翁旗、敖汉旗、宁城、喀旗设有县级支公司 12 家，覆盖赤峰全市，是赤峰地区仅有的三家机构全覆盖的财产保险公司，公司内设职能部门 7 个，在职员工 130 人，专科学历 87 人，本科学历 43 人。

2.2 赤峰 YG 保险公司业务情况

2013 年，赤峰 YG 保险公司共实现保费收入 5865 万元，其中网电营销业务收入 1249 万元，占总保费的 21.29％，全年共支付赔款 2602 万元，利润 756 万元。业务规模在赤峰市场排名第七位。赤峰 YG 保险公司近年来保险业务一直处于持续增长状态。如图 2－1 所示，从 2011 年到 2013 年期间，保费总收入和车险收入同步增长，2012 年保费收入 4904 万元，同比增长 40.27％，2013 年保费收入 5865 万元，同比增长 19.6％；2012 年车险收入 4545 万元，同比增长 35.15％，车险收入占保费总收入的 92.68％；2013 年车险收入 5332 万元，同比增长 17.32％，车险收入占保费总收入的 90.91％。车险一直是赤峰 YG 保险公司的主体业务，是赤峰 YG 保险收入的主要来源。从趋势线中可以看出，保费收入和车险收入的增长趋势有所放缓，可见，赤峰 YG 保险公司业务增长动力不足。

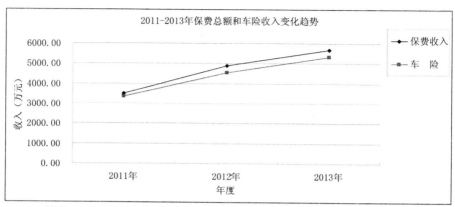

图 2-1 赤峰 YG 保险公司 2011-2013 年保费收入和车险收入情况①

2.3 赤峰 YG 保险公司营销渠道

赤峰 YG 保险公司营销渠道主要包括机构直管、电销、网销、经代、车商、重客、银保、综拓等，机构直管渠道、车商渠道、重客渠道是赤峰 YG 保险公司目前主要的营销渠道，而电销渠道和网销渠道是赤峰 YG 保险公司未来重点培养的营销渠道。目前，赤峰 YG 保险公司的网销渠道隶属于电销这个大渠道。网电营销就是指通过网络和电话的复合式营销方式，实现市场、销售一体化管理的数字营销手段。如何实现电销模式和网销模式的有效整合，才是赤峰 YG 保险公司未来渠道发展实践与探索的问题。

2.3.1 电销渠道

为了进一步提升赤峰 YG 保险公司业务销售的综合实力，赤峰 YG 保险公司成立了 YG 保险公司赤峰电话销售中心（简称赤峰电销中心），不断深化电销渠道。赤峰电销中心是 YG 保险集团与赤峰市松山区政府合作的信息化产业工程，立足于赤峰，辐射东三省及内蒙古，为东北区域电话销售中心。

随着网络通信技术的发展，特别是电子商务的快速发展，网销渠道逐步引起保险公司的关注。赤峰 YG 保险公司也顺应时代潮流，于 2011 年在电销渠道中开拓新的销售渠道——保险网销渠道，并于 2012 年取得快速的发展。赤峰电销渠道在 2012 年保险收入略微有所下降，到 2013 年实现了保险收入的强势增长，电销与网销保险收入此起彼伏，两者合计收入呈增长趋势。保险营销追求的是保险营销组合收入的最优化，从而使保险利润实现最大化，而不是单

---

① 数据来源：赤峰 YG 保险公司内部资料。

个销售渠道收入的最大化。

表 2－1   赤峰 YG 保险公司 2011－2013 年电销（包含网销）渠道签订的保险数量①

分类 年度	呼出 (OB)	电销 续保	网电 结合	网销 续保	呼入 (DM)	DM 认领	VIP	95510 工单	市场 网销
2013 年	2163	1193	1977	66	295	662	153	108	324
2012 年	559	541	1133	1	49	85	221	59	549
2011 年	426	93	287	——	18	9	88	30	7

此外，如表 2－1 所示，赤峰 YG 保险公司近 3 年电销（包含网销）渠道签订的保险业务情况，呼出（OB）、电销续保、网电结合、呼入（DM）、95510 工单等模式实现的保单数量都出现了不同程度的增长，特别是在 2012－2013 年，呼出（OB）增长迅速，网销续保也开始逐渐兴起，然而市场网销渠道在 2012－2013 年出现下降趋势。

2.3.2   网销渠道

赤峰 YG 保险公司 2013 年网销各险种中，车险业务居于主体地位，占赤峰 YG 公司保险总收入的 98%，意外健康险仅占微小的一部分。可见，车险网销在各个险种销售中是赤峰 YG 公司未来发展的主要模式。赤峰 YG 保险公司网销渠道分为三级营销渠道：一级营销渠道包括搜索、网盟、精准、门户、垂直、属地、社区等；二级营销渠道包括百度、谷歌、搜搜、淘宝、属地营销、官网（车险）、我爱保险网等；三级营销渠道是对二级营销渠道的进一步细分，比如百度包括百度品牌、百度搜索、百度网盟、百度蹊径、百度精准等，谷歌包括谷歌网盟、谷歌搜索等，赤峰 YG 保险公司 2013 年主要的网销渠道的保单数量如图 2－2 所示。在二级渠道中排名前五的渠道是百度、品真艺力、网销推广、淘宝、官网（车险）；在三级渠道中排名前五的渠道是百度搜索、北京汽修网－S、网销续保、淘宝、官网直通。

①   数据来源：赤峰 YG 保险公司内部资料。

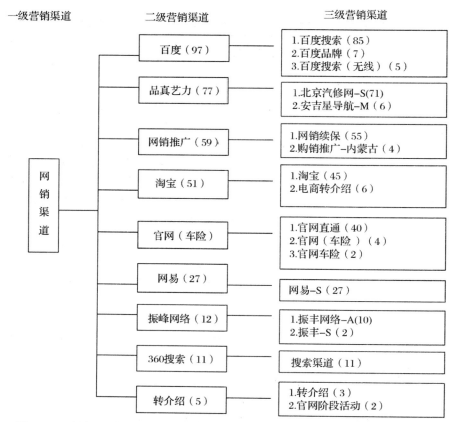

图 2-2　赤峰 YG 保险公司 2013 年主要的网销网销渠道及各渠道的保单数量①

3　赤峰 YG 保险公司网电营销环境分析

　　企业的营销环境包括宏观环境、产业环境和内部环境。首先，宏观环境为保险企业发展带来机遇和挑战。于波等（2011）认为，资源条件、市场需求、法律法规等发生变化会造成企业营销环境的改变，为企业带来新的发展机遇的同时，也会给企业带来新的挑战和威胁。因此，对赤峰 YG 保险公司所处的宏观环境进行系统的分析，有利于赤峰 YG 保险公司确定未来的发展方向和保险

---

　　①　资料来源：赤峰 YG 保险公司内部资料。

政策的制定。其次，产业环境决定着企业所处行业的竞争格局。产业环境分析有利于赤峰 YG 保险公司了解保险行业的竞争环境，了解自己与竞争对手之间的差距、竞争对手采取的保险策略、保险产品、顾客等相关信息，有利于赤峰 YG 保险公司根据行业竞争环境制订竞争策略，实施差异化的营销策略，推动公司保险业务的发展。最后，内部环境是企业的可控因素，是企业制订营销策略的基础。内部环境分析有利于发现赤峰 YG 保险公司的优势、劣势，促使保险公司充分发挥自身优势，克服企业自身劣势，有效推动赤峰 YG 保险公司的快速发展。

本章将运用 PEST 分析法来分析赤峰 YG 保险公司网电营销的外部宏观环境；利用波特五力分析模型来分析赤峰 YG 保险公司所处的产业环境，有效分析赤峰 YG 保险公司网电营销所面临的竞争压力；运用 SWOT 分析法研究赤峰 YG 保险公司内部的优势和劣势以及面临的机会和威胁，为 YG 保险公司制定网电营销策略提供环境基础。

3.1 宏观环境分析

本文通过采用 PEST 的分析方法对赤峰 YG 保险公司网电营销所处的宏观环境进行系统分析，进而有利于赤峰 YG 保险公司从整体上把握宏观环境，并论述了政治、经济、社会、技术四大宏观因素对 YG 保险公司制订网电营销目标和策略所产生的影响，有利于发现保险未来发展的机遇和威胁，以便 YG 保险公司制订保险营销战略和营销规划，实现 YG 保险公司的经营目标。

3.1.1 政治法律环境（Politics）

赵婉竹（2013）指出，保监会于 2012 年 2 月 29 日出台了《机动车辆保险理赔管理指引》，进一步推动了我国保险市场的规范化管理。保监会于 2013 年 1 月下发的《关于规范财产保险公司电话营销业务市场秩序　禁止电话营销扰民有关事项的通知》，进一步规范保险公司的电话营销行为，加大了对违背客户意愿进行强行、反复推销的行为的惩罚力度，在一定程度上限制了保险公司的电话营销业务的开展。此外，我国交强险市场于 2013 年 5 月初正式对外开放，进一步融入国际保险市场，有利于优化我国的保险市场环境。

随着十八届三中全会的顺利召开，《中共中央关于全面深化改革若干重大问题的决定》的发布有利于推动保险行业的深化改革。郑伟（2014）指出，保监会于 2013 年 12 月 2 日印发的《关于自保公司监管有关问题的通知》，是我国印发的第一个专门针对自保公司监管的规范性文件，对规范企业实施自保行为，以及促进自保公司健康发展具有积极意义。该文件有利于加强对自保公司的监管，进一步推动了保险市场运作的合法化、规范化。

保监会于 2014 年印发的《保险业服务新型城镇化发展的指导意见》（简称《意见》），坚持了以人为本、改革创新、市场主导、政府引导四项基本原则，积极探索保险业服务新型城镇化的体制机制和有效模式，充分发挥保险业在现代经济社会中"稳定器"和"助推器"的作用，使保险业成为新型城镇化建设的重要融资渠道，成为新型城镇化建设过程中应对各种风险的重要手段。该《意见》的印发有利于引导保险公司加快转变发展方式，提升保险公司的服务质量，为保险行业的发展带来了契机。

陈文辉（2014）强调，要深化产险领域改革创新，要加大农业保险合规监管力度，积极推进商业车险改革，稳步建立巨灾保险制度，深入推进责任保险发展。黄洪（2014）指出，我国保险业正处在"经济大调整、社会大变革、技术大创新和市场的竞争"的关键时期，非法集资案、保险欺诈案、新业务领域风险在增长，强调各级稽查部门要准确把握保险稽查工作面临的新形势，进一步改善和加强保险稽查工作。

综上可见，政治法律环境为保险行业的发展既带来了机遇，也带来了挑战。国家政策鼓励保险行业的快速发展，鼓励保险行业充分发挥保险业的"稳定器"和"助推器"的作用，但要加大对保险业的合规监管力度，对保险行业电话营销等行为做出了进一步的限制。因此，赤峰 YG 保险公司在遵循国家法律法规的前提下，应积极响应保监会政策的号召，充分了解国家的优惠政策和政治导向，积极探索新的网电营销发展模式，推动赤峰 YG 保险业的快速发展。

3.1.2 经济环境（Economic）

赤峰市是内蒙古自治区的地级市，位于内蒙古东南部，是内蒙古人口最多的城市，民族主要以蒙古族、汉族为主，地处东北经济区和环渤海经济区的腹地，是内蒙古东部的中心城市，同时也是中华文化发源地之一。赤峰市坚持以经济建设为中心，深化改革开放，增强了经济发展的活力，实现地区经济的平稳发展，推动赤峰社会保险事业的进一步发展。

表 3—1　　　　赤峰地区 2013 年三大产业生产总值变化情况①

产业结构	增加值（亿元）	增长比率
第一产业	264.71	5.40%
第二产业	912.69	11.40%
第三产业	508.75	6.80%

2013 年，赤峰市实现地区生产总值 1686.15 亿元，按可比价格计算，比

---

① 数据来源：赤峰市 2013 年国民经济和社会发展统计公报。

上年增长 9.20％。如表 3－1 所示，第一产业增加值 264.71 亿元，增长 5.40％；第二产业增加值 912.69 亿元，增长 11.40％；第三产业增加值 508.75 亿元，增长 6.80％。按常住人口计算，人均生产总值 39125 元，增长 9.30％，按年均汇率折算为 6318 美元。赤峰地区经济的稳步发展为带动保险行业的发展提供了坚实的经济基础。

第一，工业生产快速增长，导致企业财产险、货运险、意外险等财产保险产品需求旺盛。据赤峰统计局统计，2013 年赤峰全部工业完成增加值 790.46 亿元，比上年增长 11.60％，其中规模以上工业①增加值增长 12.20％；冶金、能源、食品、医药、建材、纺织、化工和机械八大重点行业增长 11.70％，对规模以上工业的贡献率达 92.10％；全年规模以上工业企业实现主营业务收入 2011.42 亿元，增长 12％。

表 3－2 赤峰 2013 年全社会固定资产投资情况②

投资主体	投资金额（亿元）	增长比率
国有经济单位	354.95	6.70％
集体经济单位	63.75	19.90％
有限责任公司	537.39	21.70％
其他经济类型单位	611.38	23.50％

第二，随着城镇化水平不断提高，赤峰固定资产投资迅速增长，为包括工程险在内的保险公司的发展提供了广阔的空间。据赤峰统计局统计，2013 年赤峰全社会固定资产投资完成 1578.82 亿元，比上年增长 18.10％，其中规模以上固定资产投资③完成 1567.47 亿元，增长 18.50％；从投资主体看，如表 3－2 所示，国有经济单位投资 354.95 亿元，增长 6.70％；集体经济单位投资 63.75 亿元，增长 19.90％；有限责任公司投资 537.39 亿元，增长 21.70％；其他经济类型单位投资 611.38 亿元，增长 23.50％。

第三，交通邮电业稳步增长，机动车辆险、货运险及相关意外险具有较大的发展空间。据赤峰统计局统计，2013 年末赤峰公路里程达到 24266 公里，比上年增长 1.60％，其中等级公路率达到 97.50％，货物周转量 314.37 亿吨公里，增长 3.30％；2013 年邮电业务总量 28.61 亿元，比上年增长 7.90％，其中邮政业务总量 1.81 亿元，增长 10％。

---

① 规模以上工业是指年主营业务收入 2000 万元及以上的法人工业企业。
② 数据来源：赤峰市 2013 年国民经济和社会发展统计公报。
③ 规模以上固定资产投资是指城乡计划总投资 50 万元及以上建设项目。

第四，旅游业快速发展，推动机动车辆险、旅游意外险等保险需求的增加。赤峰不仅是中华文化发源地之一，而且也是中国著名的旅游城市之一。据赤峰统计局统计，2013 年共接待境内外游客 910 万人次，比上年增长 26.40%，旅游业总收入实现 145.21 亿元，增长 32%。

总之，内蒙古赤峰经济的稳步发展，特别是工业生产快速增长和城镇化水平不断地提高，有利于激活社会对保险的需求，增进人们购买保险的欲望，将为推动赤峰保险事业的进一步发展带来契机与活力。可见，赤峰良好的经济环境为赤峰 YG 保险公司的进一步开展网电营销提供了机遇。

3.1.3 社会文化环境（Society）

社会文化环境是指，企业所处地区中民族特征、消费价值理念、宗教信仰、文化传统等所组成的环境。社会文化环境是影响保险业发展的又一重要因素，特别是人们的消费价值理念对保险业的发展至关重要。骆亮（2013）指出，随着互联网及教育的普及，客户保险需求呈现专业化、个性化趋势。因此，对赤峰地区人们的消费理念的研究对赤峰 YG 保险公司的发展具有非常重要的意义。

据赤峰人口抽样调查数据显示，2013 年年末赤峰全市常住人口 430.62 万人，比上年减少 0.68 万人。从中可以看出，赤峰出现了人口流失现象，然而赤峰人口出生率为 9.49‰，死亡率为 6.06‰，人口自然增长率为 3.43‰，有利于缓解赤峰人口流失的压力，使赤峰人口保持在一个相对平衡的状态。

2013 年赤峰城镇居民人均可支配收入 20802 元，比上年增加 2124 元，增长 11.40%。农牧民人均纯收入 8022 元，比上年增加 943 元，增长 13.30%。其中农民 8015 元，增长 13%；牧民 8098 元，增长 17.60%。赤峰城乡居民的可支配收入的增加有利于扩大其消费需求，赤峰 2013 年城镇居民人均消费性支出 13808 元，比上年增长 5.10%。农牧民人均消费性支出 6579 元，比上年增长 12.90%。2013 年末城镇居民现住房屋人均建筑面积 30.21 平方米，比上年增加 1.29 平方米。农牧民人均居住面积 26.28 平方米，比上年增加 1.81 平方米。城乡居民每百户耐用品拥有量大多呈现不同程度增长。

表 3—3	城镇居民百户耐用消费品拥有量		
项　　目	计量单位	2013 年	比上年增长（%）
彩色电视机	台	108	1.9
电冰箱	台	100	0
微波炉	台	48	4.3

项　目	计量单位	2013 年	比上年增长（%）
洗衣机	台	98	0
家用电脑	台	68	0
摩托车	辆	29	−9.4
助力车	辆	29	26.1
移动电话	部	204	1.5
摄像机	架	8	0
家用汽车	辆	17	21.4

表 3—4　　　　　　　农牧民百户耐用消费品拥有量①

项　目	计量单位	2013 年	比上年增长（%）
彩色电视机	台	106	2.9
电冰箱	台	81	6.6
洗衣机	台	82	4
摩托车	辆	73	7.4
固定电话	部	30	−6.3
移动电话	部	184	15.7

　　如表 3—3 所示，城镇居民百户耐用消费品拥有量中增长最快的前三位是助力车、家用汽车、微波炉；如表 3—4 所示，农牧民百户耐用消费品拥有量增长最快的前三位是移动电话、摩托车、电冰箱。从整体上看，赤峰城乡居民消费水平明显提高，而城镇居民的消费水平明显比农牧民的消费水平高，主要体现在城镇居民对助力车、家用汽车等相对高档的产品消费的增加，而且需求相对旺盛。赤峰人民的物质文化水平、消费观念，以及对保险的态度发生了明显的变化。

　　特别是人们对助力车、家用汽车消费的快速增加，有利于车险、意外险等保险的消费需求增加，为赤峰地区保险行业的发展带来了契机。因此，赤峰 YG 保险公司要充分了解和掌握赤峰城镇居民的保险消费需求，当然也不能忽视农牧民的保险需求，因为他们是赤峰 YG 保险公司未来的潜在客户。

①　数据来源：赤峰市 2013 年国民经济和社会发展统计公报.

3.1.4 技术环境（Technology）

通信技术和互联网技术的快速发展，为保险行业进行营销模式创新提供了技术支持。例如，电话营销改变了传统的营销模式，有利于降低成本，便于及时与客户进行双向沟通，建立和维持良好的客户关系；网络营销为客户了解保险、购买保险提供了方便，能够使客户真正根据自己的需求寻找合适的保险，做到足不出户就能够购买所需保险产品。高嵩（2012）指出，各大保险公司纷纷借助移动互联网创新服务模式，推出保险移动信息解决方案，比如通过手机终端实现保险业务流程提醒、险种推荐、客户情感沟通等，或通过平板电脑进行移动展业、查勘理赔等。

保险业的发展创新也离不开技术和网络的发展。随着信息技术的出现和快速发展，特别是电子商务的发展，不仅创造了越来越多的消费需求，而且为保险企业的经营活动带来了更多的发展机遇。如今，保险行业已经进入了电子商务时代，信息技术的快速发展已经改变了保险行业的传统发展模式，推动了保险企业的产品研发、促销方式、营销手段等经营模式的创新和发展。目前，保险营销组合方式被新兴技术所影响正在逐渐发生改变。特别是电子商务，在保险行业中越来越受到保险企业的重视，未来必将是保险行业的电子商务时代。保险行业通过电子商务，可以既快速又全面地为客户提供保险信息和服务，实现信息的即时传递和反馈，能够有效地拓宽保险业务的时间和空间范围，不但能够提高保险公司的运行效率，而且还能降低企业的经营成本。电子商务作为一种全新的营销工具，将有利于推动我国保险行业的营销模式的转变和发展。

此外，随着移动终端技术和大数据的出现，一些新的营销理念开始出现，比如基于移动终端（智能手机、平板电脑等）的营销渠道和基于数据库的大数据营销。目前，许多保险公司推出了基于保险业务的 APP 应用程序，比如人保财险的"掌上人保"、平安产险的"平安随心"等，方便人们直接通过移动终端进行保险业务活动；大数据营销是基于数据的挖掘和分析，使保险公司能够锁定目标客户，实行精准营销策略，是具有广阔的发展前景的。

总之，技术的快速发展，有利于推动我国保险行业商业模式的创新和转变。这就为赤峰 YG 保险公司进行网电营销提供了有利的技术环境。因此，赤峰 YG 保险公司应该充分利用当前电子商务模式，结合电话营销模式与传统模式，积极探索新型商业营销模式，比如大数据营销，真正实现多模式营销组合，充分利用现代互联网络技术和移动技术，推动赤峰 YG 保险公司业务的发展。

通过对赤峰 YG 保险公司所处的宏观环境的分析得知，保险业的发展正处于重要的转折期，既面临着重要的发展机遇又面临着严峻的挑战。首先，我国政策法律法规鼓励保险业的快速发展，但又对保险业的行为作出了一定的限制，强调保险行业的规范化发展；其次，赤峰地区经济稳步发展，为保险业的发展创造了良好的经济环境；再次，赤峰城乡居民生活水平的提高及思想观念的转变，增加了赤峰居民对保险产品的需求；最后，日益更新的技术环境，有利于推动保险营销模式的创新，为客户带来极大的方便，同时也为保险企业增强自身服务等带来了挑战。

3.2 行业竞争环境分析

迈克尔·波特（1997）提出了基于行业竞争环境的五力分析模型，即行业中现有竞争者的竞争、供应商的议价能力、客户的议价能力、替代品的威胁、新进入者的威胁。利用波特的五力分析模型对赤峰 YG 保险公司所处的产业环境进行分析，有利于了解赤峰 YG 保险公司在赤峰地区保险行业的竞争地位及所面临的竞争压力，了解竞争对手的竞争优势及采取的相关营销策略等，为进一步提升 YG 保险公司的竞争优势提供强有力的支持。

3.2.1 行业中现有竞争者的竞争

到 2013 年 12 月为止，在赤峰地区主要包括人保财险、中华联合、平安财险、太平洋财险等 14 个财险公司。

如表 3－5 所示，从保险累计和市场份额方面来看，赤峰 YG 保险公司保费总额位于人保财险、中华联合、平安财险、太平洋财险、国寿财险、大地财险之后，在赤峰地区排名第 7 位，其中，赤峰 YG 保险公司的机动车辆保险也是排名第 7 位，处于中间位置，而且与前六位相比，差距也是比较大的。人保财险公司的市场份额为 42.80%，在赤峰地区居于第一位，具有明显的垄断竞争优势；中华联合保险公司的市场份额为 21.40%，在赤峰地区居于第二位，大约是整个赤峰市场财险份额的 20%，市场占有率也相当高，将其他（除人保财险以外）财产保险公司甩在了后面；平安财险、太平洋财险、国寿财险、大地财险四大财险公司的市场份额相比差不多，但他们的市场份额也不容小觑，四大财险公司的市场份额之和大于整个赤峰市场财险份额的 25%，而赤峰 YG 保险公司的市场份额仅为 3.67%，具有很大的发展空间，都邦财险、信达财险等排名靠后的几家保险公司也不能忽视，紧跟在 YG 保险公司的后面，对 YG 保险公司的发展构成了潜在的威胁。

表 3—5　　赤峰市保险业财产险业务汇总表（2013 年 1—12 月）①　　单位：万元

公司名称	保费累计	同比增长	市场份额	机动车辆保险	非车险	意外险
人保财险	66138.88	19.79%	42.80%	39289.08	8657.54	1451.52
中华联合	33066.5	28.61%	21.40%	10648.81	1092.78	560.25
平安财险	12232.12	28.87%	7.92%	11681.24	420.99	96.38
太平洋财险	10776.6	11.66%	6.97%	9484.84	854.41	311.47
国寿财险	9497.15	58.57%	6.15%	8922.69	486.42	88.04
大地财险	8235.29	8.98%	5.33%	6833.93	563.51	837.85
阳光财险	5668.44	16.03%	3.67%	5332.17	257.23	0
都邦财险	2137.49	11.19%	1.38%	2090.68	33.56	13.25
信达财险	1629.97	145.23%	1.05%	1511.62	71.17	47.18
安华农险	1281.14	123.24%	0.83%	814.27	81.58	7.09
渤海财险	1151.65	−20.17%	0.75%	1136.07	9.27	6.31
永诚财险	1033.82		0.67%	378.96	637.9	16.96
中银财险	967.04		0.63%	450.34	89.41	10.24
安邦财险	700.85	−32.36%	0.45%	689.75	3.74	7.36

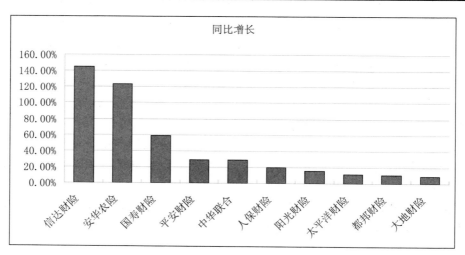

图 3—1　赤峰市保险业财产保险公司 2013 增长情况②

①　资料来源：赤峰市保险行业协会。
②　数据来源：赤峰市保险行业协会。

如图 3-1 所示，从同比增长来看，信达财险、华安财险、国寿财险同比增长速度快，都超过了 50%，信达财险、华安财险的增长速度超过了 1 倍，发展潜力巨大，按照这个增长速度，信达财险、华安财险、国寿财险三大财险公司有赶超赤峰 YG 保险公司之势，对赤峰 YG 保险公司的发展构成了巨大的威胁；平安财险、中华联合、人保财险增长速度快于赤峰 YG 保险公司，按照目前的增长速度，将把赤峰 YG 保险公司远远甩在后面，形势对赤峰 YG 保险公司而言不容乐观；赤峰 YG 保险的增长速度在整个赤峰财产保险行业中居于第 7 位，而且与太平洋财险、都邦财险、大地财险的增长速度相比，竞争优势也不是十分明显。

总之，目前无论从市场份额和保费总额来看，还是从增长速度来看，赤峰 YG 保险都处于相对弱势的地位，缺乏明显的竞争优势，竞争形势非常严峻。

3.2.2 供应商的议价能力

杨爽（2012）指出，保险实质是一种分担风险的财务安排。保险产品是一种特殊的商品，不具有实质的物理特性。保险公司所经营的不是商品，而是潜在的风险。因此，对保险公司而言，不存在供应商讨价还价的问题。

3.2.3 客户的议价能力

由于保险产品或服务的专业性较强，客户对保险及相关知识相对匮乏，从而不能有效地对保单上的条款提出相应具体的意见。此外，客户对保险信息的了解相对匮乏，在购买保险的过程中占据劣势地位，难以进行平等协商，不能有效地为自己争取更大的利益，所以客户在签订保险合同时只能够被动地接受保险公司提供的保险条款。但是，在赤峰地区主要包括人保财险、中华联合、平安财险、太平洋财险等 14 个财险公司，而且各个财险公司之间保险产品品种的差异性较小，可替代程度较高，促使客户对保险产品有更多的选择余地，增强了客户的讨价还价的能力。随着客户对保险知识和信息的不断了解，越来越多的客户将会要求得到他所应得到的最大利益，与此同时，随着市场竞争的加剧和经济的快速发展，客户为了能够充分保障自身利益，往往会将保险公司的品牌知名度、偿付能力、服务质量等关键性指标作为他们选择保险公司的依据。特别是对赤峰 YG 保险公司而言，在这一方面具有一定的劣势。客户的讨价还价能力相对较强一点。

3.2.4 替代品的威胁

财险产品存在着一些替代威胁，比如担保公司对住房保险的替代，还有自保基金和自保公司对商业保险的替代，这些不同形式的替代都会对财险公司产生一定的威胁。总体上而言，赤峰地区财险产品的替代品不是很多，对赤峰 YG 保险公司构成的威胁也是有限的。

3.2.5　新进入者的威胁

赤峰 YG 保险公司面临的新进入者主要是新成立的财险公司，比如永诚财险、中银财险。永诚财产保险股份有限公司内蒙古分公司赤峰中心支公司于 2013 年 1 月正式开业，主要经营范围包括财产损失保险、责任保险、信用保险和保证保险、短期健康保险和意外伤害保险等；中银保险是集信用保险、保证保险、责任保险、财产损失保险、机动车保险等保险业务为一体的保险公司，中银保险赤峰中心支公司于 2013 年 6 月正式挂牌成立，是中国银行的全资子公司，其银行保险将与中国银行无缝对接，形成银行保险合力，满足客户一体化的金融服务需求，具有较强的竞争优势。作为新进入者，永诚财险、中银财险这两家财险公司在业务管理水平、资金实力等方面都具有各自的优势，具有一定的竞争优势，对赤峰 YG 保险的发展构成了一定的威胁。

此外，随着内蒙古赤峰经济社会的平稳发展与城乡居民对保险需求的不断增加，以及为了进一步完善保险市场布局，近年来保险监管部门逐步降低了保险公司的进入壁垒，一些还未在赤峰地区设立分支机构的产险公司将陆续进入赤峰财险市场开展业务。这些支公司将会在总公司的支持下，充分利用已有的市场、品牌、产品、经验基础，以最小的成本和最佳的方式迅速开辟市场，获取一定的市场份额，这将会对赤峰 YG 保险公司在内蒙古财险市场的未来发展造成一定的冲击，与此同时，将会形成财险市场竞争更加激烈的局面。

随着我国交强险市场的对外开放和保险市场体系日益完善，我国其他类型保险市场也将会逐渐对外开放，外资保险公司将会逐渐入驻内蒙古赤峰地区，将成为赤峰 YG 保险公司潜在的竞争对手。外资保险公司在品牌声誉、保险种类、人员素质、服务质量、资本规模等方面，与国内保险企业相比具有较大的优势，特别是随着外国保险市场体系的完善，他们已经构建了一套较为科学、全面的市场营销体系和强大的营销团队。因此，对赤峰 YG 保险公司构成较大的市场威胁。

总之，在赤峰地区保险行业中现有竞争者众多，竞争形势不容乐观，而且赤峰 YG 保险公司处于行业中等位置，业务增长速度相对缓慢；现有保险的替代品虽然对赤峰 YG 保险公司构成一定威胁，但不是主要的影响因素；新进入者和潜在进入者对赤峰 YG 保险公司未来的发展构成巨大的压力。通过对赤峰 YG 保险公司所处的行业环境的分析可以看出，赤峰 YG 保险公司面临着巨大的行业竞争压力，需要积极采取措施，增强竞争优势，以期在激烈的行业竞争中脱颖而出。

3.3 赤峰 YG 保险公司 SWOT 分析

SWOT 分析法是用来确定赤峰 YG 保险公司外部的机会和威胁，以及内部的优势和劣势，通过内外环境的综合评估与分析对赤峰 YG 保险公司的资源进行优化配置，及时调整企业的经营策略，最终实现赤峰 YG 保险公司的经营目标。SWOT 分别是指 Strength（优势）、Weakness（劣势）、Opportunity（机会）、Threat（威胁）。

3.3.1 优势（S）

（1）具有良好的阳光企业文化。赤峰 YG 保险公司坚持加强职工队伍建设，注重培育阳光文化。阳光文化是企业的灵魂，赤峰 YG 保险公司始终把企业文化作为一切行动的指南。首先，注重实施保险公司形象工程。赤峰 YG 保险公司加大平面媒体和新媒体的广告宣传力度，比如赞助央视"我要上春晚"、凤凰卫视的广告宣传，让公众充分了解赤峰 YG 保险公司。其次，实施社会责任工程。赤峰 YG 保险公司利用多种渠道开展扶贫济困、捐资助学、冰雪天气道路融雪等活动，举办了争先创优活动，在充分调动员工积极性的基础上，树立了良好的公众形象。最后，注重加强党的建设。赤峰 YG 保险公司党员领导班子充分发挥监督和保证职能，同时强化和改进职工思想政治工作，对腐败问题进行严肃处理。赤峰 YG 保险公司良好的企业文化增强了公司内部员工的凝聚力和战斗力，提升了公司员工的团队合作精神。

（2）公司采用多种渠道模式。随着科学技术的快速发展，保险市场正在不断变化，传统的业务发展模式终将会被淘汰，按照赤峰 YG 保险总分公司的部署，赤峰 YG 保险公司转变传统的发展思路，强力发展网电业务。2013 年，截止到目前，网电业务已达 1166.18 万元，同比增速 82.97％。为了更好地适应市场，抢占市场先机，中支报上级公司批准，设立网电事业部，以便更好地开展网电业务，为公司完成保费计划做出了突出贡献。

（3）大力铺设四级机构。赤峰 YG 保险公司大力推进四级机构建设，加大四级机构的铺设力度。截至 2013 年末，全市十二个旗县，从中支成立的最初的两个四级机构发展到目前的十二家全覆盖（已开业十家，筹建待开业两家），服务区域已基本遍布全市。元宝山支公司、红山支公司已超额完成一年保费任务，且元宝山支公司保费贡献度名列全区四级机构前十名。四级机构保费占比为 48.88％。实践证明，四级机构的建设符合赤峰地区保险市场发展规律，适应当前保险行业的发展形势。

（4）贯彻终极客户思想。赤峰 YG 保险公司始终把客户的满意度作为经营的终极目标，提高客户对公司的忠诚度，进而实现公司的价值发展。实施"闪赔""快赔"，免除单证等措施，用服务赢得保户，抢占市场，为改善行业社会形象做出了积极贡献。

（5）业务范围覆盖广。赤峰 YG 保险公司分别在红山区、松山区、元宝山区、红山物流园区、阿旗、左旗、右旗、克旗、翁旗、敖汉旗、宁城、喀旗设有县级支公司 12 家，覆盖赤峰全市，是赤峰地区仅有的三家机构全覆盖的财产保险公司。

3.3.2 劣势（W）

（1）品牌知名度相对较低。与人保财险、中华联合、平安财险、太平洋财险等知名保险公司相比，赤峰 YG 保险公司的知名度相对较低。随着市场竞争日益激烈和经济的稳步发展，客户为了能够充分保障自身利益，往往会选择那些品牌知名度高、偿付能力强、服务质量好的保险公司。因此，提高保险公司知名度对赤峰 YG 保险公司而言至关重要。

（2）人均产能①较低。如表 3－6 所示，赤峰 YG 保险公司保险费用排名第 7 位，营销人员的人数排名第 3 位，而人均产能（21.23 万元/人）却排名到了倒数第 2 位，远远低于财产保险行业的平均水平（76.61 万元/人），说明较多的营销人员为赤峰 YG 保险公司取得了较少的保费。在某种程度上说明了较大的人力成本获得了较少的收入，极大地降低了财险公司的经营利润。造成这种问题的原因是多方面的。一是新增营销人员多，营销经验不足，2012 年营销人员 78 人，2013 年增至 267 人，新增人员普遍缺乏销售经验和技巧，新人的培养需要有个过程。二是续保跟踪不及时，没有设立专门的续保岗。三是四级机构对销售人员的管理、激励措施单一且不到位。综上原因造成了赤峰 YG 保险公司的人力效率偏低的局面。

表 3－6　　赤峰市保险业营销人员保费情况汇总表（2013 年 1－12 月）②　　单位：万元

公司名称	保费累计（万元）	营销人员（人）	人均产能③（万元/人）
平安财险	12232.12	35	349.49
人保财险	66138.88	586	112.86
中银财险	967.04	10	96.70
太平洋财险	10776.60	115	93.71
中华联合	33066.50	429	77.08

① 人均产能是指保险费用总额与营销人员人数的比值。
② 资料来源：赤峰市保险行业协会。
③ 人均产能这一列是根据表中数据计算所得。

公司名称	保费累计（万元）	营销人员（人）	人均产能（万元/人）
信达财险	1629.97	23	70.87
都邦财险	2137.49	31	68.95
国寿财险	9497.15	145	65.50
永诚财险	1033.82	25	41.35
大地财险	8235.29	222	37.10
安邦财险	700.85	19	36.89
渤海财险	1151.65	41	28.09
YG 财险	5668.44	267	21.23
安华农险	1281.14	69	18.57
合计	154516.94	2017	76.61

（3）网络技术应用相对薄弱。随着网络技术的迅速发展，赤峰 YG 保险公司重视营业网点铺设，虽然也注重信息技术在营销过程中的应用，但是公司的网销渠道起步较晚，尤其是如何利用微博、微信等网络平台进行保险营销仍然处于探索阶段。因此，赤峰 YG 保险公司仍需要投入更多的资金和精力支持网销模式的发展。

（4）赤峰 YG 保险公司各县级支公司管理部门之间、支公司与各营业部之间往往缺乏常规化的沟通，难以进行有效的协作，时常出现孤立奋战、协作失调的局面，不利于赤峰 YG 保险公司业务长期稳定地开展。同时，在营销组合管理、公共关系强化等方面缺乏系统的规划，从而导致保险营销效果不佳。

3.3.3　机会（O）

（1）赤峰地区经济平稳发展与经济结构不断优化，为赤峰地区财险市场的发展提供了强有力的经济支持：工业生产快速增长，导致企业财产险、货运险、意外险等财产保险产品需求旺盛；交通邮电业稳步增长，机动车辆险、货运险及相关意外险具有较大的发展空间；旅游业快速发展，推动机动车辆险、旅游意外险等保险需求的增加。因此，赤峰 YG 保险公司在财险市场上具有良好的发展前景。

（2）保险法律法规及各项政策日益完善，为保险市场的规范化发展提供了坚实的法律保障。《机动车辆保险理赔管理指引》的出台，规范了保险公司对机动车辆保险的理赔行为；《保险业服务新型城镇化发展的指导意见》的公布，有利于充分发挥保险业在现代经济社会中"稳定器"和"助推器"的作用；内蒙古自治区行业协会于 2013 废止《内蒙古自治区机动车辆保险行业自律组织公约（2012 修订版）》（简称《公约》）及其补充规定的通知，这一《公约》的废止进一步激活了内蒙古保险市场，加快了当地保险业的发展。保险政策法规的日益完善，有助于避免保险行业之间的恶意竞争，推动赤峰地区保险业的良性发展，为赤峰 YG 保险公司的发展奠定了良好的基础。

（3）赤峰居民收入与保险需求的增加，为保险公司提供了广阔的市场空间。根据赤峰统计局公布，2012 年保险业实现保费收入 30.29 亿元，比上年增长 26.40%，赔款和给付支出 8.56 亿元，增长 19.10%。其中，财产保险保费收入 12.41 亿元，增长 22.40%；赔款支出 5.88 亿元，增长 22.50%。2013 年保险业实现保费收入 35.2 亿元，比上年增长 17.10%，赔款和给付支出 11.79 亿元，增长 36.90%。其中，财产险保费收入 15.45 亿元，增长 24.50%；赔款支出 7.4 亿元，增长 25.80%。可见，近年来赤峰地区保险业保险收入持续增长，其中财产保险收入在持续增加的同时同比增长的速度也有所加快，赤峰地区居民对财产保险的需求迅速增加，赤峰地区保险市场前景广阔，为赤峰 YG 保险公司进一步开展财险业务提供了良好的发展机遇。

（4）科学技术的快速发展，特别是移动技术和大数据的应用，为推动保险公司进行营销模式创新提供了技术支持。保险行业通过电子商务，可以既快速又全面地为客户提供保险信息和服务；许多保险公司推出了基于保险业务的 APP 应用程序，比如人保财险的"掌上人保"、平安产险的"平安随心"等，方便人们直接通过移动终端进行保险业务活动。信息技术的迅速发展为赤峰 YG 保险公司进一步开展网络营销提供了技术支撑。

3.3.4　威胁（T）

（1）行业监管力度加大，对保险公司的一些行为进行了约束和限制。保监会下发的《关于规范财产保险公司电话营销业务市场秩序　禁止电话营销扰民有关事项的通知》，进一步约束了保险公司的电话营销行为，加大了对违背客户意愿进行强行、反复推销的行为的惩罚力度，在一定程度上限制了保险公司的电销业务的开展；2013 年行业监管顶层设计实施，监管机构改革深化，新政陆续出台，监管更加严格，强化了对高管人员的责任追究，加大了处罚力度；推行分类监管，形成优胜劣汰的市场机制，将确定权逐步放归市场。

（2）赤峰地区保险行业竞争激烈，给赤峰 YG 保险公司开展保险业务带来巨大的竞争压力。赤峰 YG 保险公司保费总额位于人保财险、中华联合、平安财险、太平洋财险、国寿财险、大地财险之后，在赤峰地区排名第 7 位，而且信达财险、华安财险、国寿财险三大财险公司近年增速快，有赶超赤峰 YG 保险公司之势，对赤峰 YG 保险公司的发展构成了巨大的威胁。

（3）新进入者的威胁。赤峰 YG 保险公司面临的新进入者主要是新成立的财险公司，比如永诚财险、中银财险。永诚财险、中银财险这两家财险公司，在业务管理水平、资金实力等方面都具有各自的优点，具有较强的竞争优势，对赤峰 YG 保险的发展构成了一定的威胁。

通过利用 SWOT 分析对赤峰 YG 保险公司内外部环境分析，列出了赤峰 YG 保险公司 SWOT 分析表，如表 3－7 所示。

表 3－7　　　　　　　　　　赤峰 YG 保险公司 SWOT 分析表

内部 ＼ 外部	优势 （S）	劣势 （W）
	1. 良好的阳光企业文化 2. 采用多种渠道模式 3. 铺设了四级机构 4. 为客户服务意识强 5. 业务范围覆盖广	1. 品牌知名度相对较低 2. 人均产能较低 3. 网络技术应用相对薄弱 4. 部门之间缺乏有效沟通
机会（O） 1. 赤峰地区经济平稳发展 2. 法律法规及政策日益完善 3. 居民收入与保险需求增加 4. 科学技术的快速发展	OS 战略 1. 利用完善的市场布局开拓机动车险业务 2. 充分利用多级渠道进行广告宣传，赢得更多客户 3. 进行市场细分，挖掘潜在客户 4. 充分利用现代网络营销手段，推广保险业务 5. 把握政策导向，依法开展保险业务 6. 发挥服务优势，提升续保率	OW 战略 1. 充分利用营销组合策略，提升品牌知名度 2. 对保险营销人进行专业培训，提升营销技能 3. 加大对网络营销的投入和支持，实现营销模式创新 4. 加强部门之间的沟通与协调机制，促进公司保险业务发展

续表

内部\外部	优势（S）	劣势（W）
威胁（T）	TS 战略	WT 战略
1. 行业监管力度加大 2. 保险行业竞争激烈 3. 新进入者的威胁	1. 认清保险环境形势的严峻性，调整好员工应对挑战的心态 2. 严格遵守相关的法律法规 3. 充分利用现有营销渠道，提升市场份额，减少竞争压力	1. 加强网络营销，提升市场份额 2. 提升核心竞争力，在竞争中占主动地位 3. 加强内部控制与协调，提升内部员工的凝聚力 4. 提升品牌知名度，降低竞争者带来的压力

4 赤峰 YG 保险公司网电营销中存在的问题及成因分析

4.1 网电营销中存在的问题

赤峰 YG 保险公司近年来网电营销发展相对缓慢，在发展过程中存在诸多问题，阻碍了 YG 保险业务的开展。赤峰 YG 保险公司网电营销中存在的问题主要有以下几个方面。

4.1.1 市场定位不明确

赤峰 YG 保险公司在网电营销中存在的首要问题是对赤峰车险市场定位不明确。赤峰 YG 保险公司车险业务面临着产品单一，缺乏车险服务的创新，与其他保险企业险种之间相似程度高的问题。特别是在保险行业中寡头垄断企业的存在，比如人保财险、中华联合。赤峰 YG 保险公司未对公司本身及保险产品进行科学的市场定位，注重模仿保险行业的寡头企业，缺乏自己的经营特色，从而容易导致恶意竞争的局面。因此，缺乏明确的市场定位是当前赤峰 YG 保险公司网电营销中存在的问题之一，也是最为突出的问题之一。

4.1.2 营销组合不完善

目前，赤峰 YG 保险公司车险网销主要包括搜索、网盟、精准、门户、垂直、属地、社区等网络营销渠道，比如百度搜索、品真艺力、网销推广、淘宝、官网（车险）、网易等。赤峰 YG 保险公司网电营销模式不完善，营销方式单一，不仅售前、售中、售后的配套服务体系不健全，而且网电营销融合体系、支持体系和监督体系不完善，不能有效发挥网电营销组合的功能。赤峰 YG 保险公司并没有将网销的职能转变到市场策划与开发、需求预测与管理、业务发展与决策、客户服务与支持、保险销售与合同管理、新保险产品的开发等方面上来。越来越多的客户将会通过网络申请保险订单，进行电话咨询或者是网络咨询来了解更多保险的购买、续保、理赔等相关的信息。因此，对赤峰 YG 保险公司如何实现网销模式的快速发展及实现网电营销有效组合提出了更高的要求。

4.1.3　营销人员人均产能低

赤峰 YG 保险公司 2013 年保险费用排名第 7 位，营销人员的人数排名第 3 位，而人均产能（21.23 万元/人）却排到了倒数第 2 位，远远低于财产保险行业的平均水平（76.61 万元/人），说明较多的营销人员为赤峰 YG 保险公司取得了较少的保费。在某种程度上说明了较大的人力成本获得了较少的收入，这极大地降低了财险公司的经营利润。因此，赤峰 YG 保险公司人均产能低的问题亟待解决。

4.1.4　管理体制不完善

电话营销是赤峰 YG 保险公司私家车险推广的主要营销渠道之一，但是在目前赤峰 YG 保险公司内部电销操作和电销团队协作上仍然存在着不少问题，整体管理机制并不完善。例如，电销团队管理多元化变动；电销专员掌握区域信息不及时、不全面；电销营销策略的执行力不足；内蒙古分公司赤峰中心各支公司、各个营业部及分支机构之间沟通机制不完善，彼此信息反馈时效长；电话销售方式的改革与更新不能与时俱进等，这些都会制约着赤峰 YG 保险公司电销业务的发展。特别是在竞争日益激烈的保险市场环境中，赤峰 YG 保险公司急需完善电销管理体制，加强各支公司、各个营业部及分支机构电销团队之间的协作与沟通，适应外部市场竞争的变化，增强自身竞争实力。

4.1.5　宣传力度不够

近年来，赤峰 YG 保险公司网电营销宣传力度不够，特别是网络营销宣传力度更小。赤峰 YG 保险公司机构直管渠道、车商渠道、重客渠道等传统营销渠道的宣传投入相对较大，而对于网络营销宣传投入相对较小。而且顾客购买保险的主要方式也是通过直管渠道、车商渠道、重客渠道这三个渠道，在某种程度上就打击了赤峰 YG 保险公司网电营销宣传的积极性，容易导致赤峰 YG 保险公司过度注重眼前利益，而忽视了长远利益。网电营销宣传力度不够，网络保险促销活动较少，进一步阻碍了 YG 保险公司网电营销模式的发展。因此，随着网络的发展，为更好地满足客户的保险需求，赤峰 YG 保险公司需要加强网电营销宣传力度，通过坚持不懈地努力，加强网络建设，丰富保险营销活动，逐步培育赤峰 YG 保险公司网电营销市场。

4.2 网电营销中问题成因分析

针对赤峰 YG 保险公司网电营销中存在的问题进行系统分析，只有找到网电营销中问题产生的原因，才能针对存在的问题及成因采取相应的措施，才能更有效地解决赤峰 YG 保险公司网电营销中存在的问题，促进赤峰 YG 保险公司网电营销业务的发展。

4.2.1 忽视市场调研

赤峰 YG 保险公司对市场定位重视不足。对赤峰地区保险市场进行科学的调研和系统的预测是实现网电营销成功的关键，明确的市场定位是市场营销的前提。随着我国保险行业垄断局面的长期存在，保险行业容易忽视对市场需求的调研和科学的分析。近年来，赤峰 YG 保险公司在赤峰地区忙于设立分支机构，积极建立四级机构，广泛开拓市场业务，努力抢占市场份额，缓解现有的市场竞争压力，而忽视了定期对保险市场进行有效的调研和预测，从而缺乏对网电营销提供科学的指导和预测，降低了网电营销的效率。

与此同时，赤峰 YG 保险公司各个分支机构集中资金招聘网电营销专员，开拓网电保险营销市场，促使内部的调研机构及调研人员缺乏足够的资金进行市场调研，从而导致调研人员调研流于形式，进而导致赤峰 YG 保险公司市场调研机构形同虚设，无法为赤峰 YG 保险公司的下属机构部门进行市场细分、目标市场的选择等提供有效的支撑。因此，对市场调研的忽视是导致赤峰 YG 保险公司市场定位不明确的重要原因。

4.2.2 网销组合缺乏资源与结构支撑

首先，由于网销模式是赤峰 YG 保险公司最近新建的营销渠道，网销模式仍然隶属于电销模式这个营销渠道，并没有从电销模式中分离出来。赤峰 YG 保险公司还没有及时调整内部的管理结构，没能按照市场需求设置专门的网销组织机构，导致网销的发展不能有相应的组织机构与之相适应，从而限制了网销模式的发展与扩大。

其次，缺乏网电营销人才。赤峰 YG 保险公司没有专业的网电营销团队，网电营销人员主要的是来自电销团队，缺乏对电子商务的了解和整体把握，不能有效整合网电营销业务，从而阻碍了网电营销的发展。

最后，对网电营销投入不足。赤峰 YG 保险公司注重传统保险营销方式，把主要资金投入到机构直管渠道、车商渠道、重客渠道等传统营销渠道及相关营销人员的招聘，从而导致网电营销投入不足，阻碍了网电营销业务的拓展。

4.2.3 营销人员技能不足

随着赤峰 YG 保险公司网电营销业务的拓展，赤峰 YG 保险公司需要不断引进保险营销人员。目前，赤峰 YG 保险公司的保险营销人员流动性较大，人员电话营销和网络营销的技能参差不齐，特别是新进人员的营销技能相对较低。电话营销和网络营销对营销人员的技能要求都比较高，作为营销人员，首先要熟练掌握赤峰 YG 保险的相关知识，对客户提出的疑问要做到准确无误地解答；其次是要了解客户的车辆特点、险种等知识，能够根据不同的客户需求推荐不同的保险组合；最后要注重把握顾客心理及沟通技巧，增进与客户的亲近度，做到成功推销。此外，赤峰 YG 保险公司对营销人员的培训不及时、不到位。郭芳彤等指出，营销人员要学会调整心态，态度决定一切。综上原因造成了赤峰 YG 保险公司网电营销人均产能较低，从而影响了赤峰 YG 保险公司保险业务的进一步拓展。

4.2.4 管理体系建设的经验和重视程度不足

一方面，赤峰 YG 保险公司网络营销正处于起步阶段，管理实践经验不足，缺乏相应的管理人才和管理机制，从而导致赤峰 YG 保险公司不能有效处理电话营销和网络营销的关系，进而容易导致网电营销混乱局面的产生。

另一方面，赤峰 YG 保险公司过分强调网电营销业务增长情况，忙于铺设营销渠道和引进相关营销人员，忽视了网电营销体制的建立和完善，对管理体制建设的重要性认识不足。

4.2.5 宣传渠道建设未到位

网电营销业务发展相对缓慢，网电营销渠道铺设不足，营销方式相对单一。赤峰 YG 保险公司网电营销业务过分依赖百度、品真艺力、淘宝等营销渠道，忽视了官网（车险）的建设与宣传。而官网（车险）代表赤峰 YG 保险公司的形象，是对赤峰 YG 保险公司车险业务宣传与介绍的官方门户。这在一定程度上阻碍了赤峰 YG 保险公司网电营销业务的拓展。

随着网络社交形式的多样化，特别是微信、微博等社交工具的出现，营销方式也在不断发生改变。然而，赤峰 YG 保险公司过分注重传统的营销渠道，思想观念过于保守，不能有效地进行营销模式创新，跟不上时代发展潮流，这也是网电营销宣传不足的原因之一。

综上分析，赤峰 YG 保险公司网电营销中存在着市场定位不明确、营销组合不完善、营销人员人均产能低、管理体制不完善、宣传力度不够等问题。因此，推动赤峰 YG 保险公司网电营销模式发展，要充分结合 STP 营销理论、4C 理论、大数据等相关市场营销理论，针对私家车市场客户群体进行目标市场定位，在拓展传统业务的同时提出适合赤峰地区市场的网电营销方案，从产品、价格、销售渠道、促销方式，售后服务等方面提出适用于赤峰地区的新举措，并且提出依靠网络、微博、微信等平台，解决赤峰 YG 保险公司网电营销中存在的问题，提升 YG 品牌竞争力。

5 赤峰 YG 保险公司网电营销策略设计

加快赤峰 YG 保险公司保险业务的发展，要根据赤峰 YG 保险公司网电营销的宏观环境分析、竞争环境分析和 SWOT 分析等，并充分结合 STP 营销理论、4C 营销理论、大数据等相关市场营销理论，针对私家车市场客户群体进行目标市场定位，在拓展传统业务的同时，提出适合赤峰地区市场的网电营销方案，从产品、价格、销售渠道、促销方式，售后服务等方面提出适用于赤峰地区的新举措，并且提出依靠网络、微博、微信等平台，解决赤峰 YG 保险公司网电营销中存在的问题，提升 YG 品牌竞争力。

5.1 实施 STP 营销战略

明确市场定位是赤峰 YG 保险公司开展网电营销的关键。根据 STP 营销理论，赤峰 YG 保险公司需要对赤峰地区保险市场进行市场细分，从若干个细分市场中选取具有发展前景和一定规模的市场作为企业的目标市场，最后根据目标市场的消费者偏好来进行市场定位。

5.1.1 细分市场

赤峰 YG 保险公司需要注重市场调研，充分发挥现有调研机构和调研人员的作用，对赤峰地区私家车市场进行实地调研，采取问卷调查、面对面交流、电话访谈、赠送礼物等方式，了解车主的保险需求和欲望、对车险的购买行为，以及购买习惯、对保险品牌的感知程度等信息，按照一定的基准（如地理细分标准、人口标准等）对赤峰地区车险市场进行细分。科学地市场调研和系统地预测分析是赤峰 YG 保险公司进行市场定位的首要任务，也是最为关键的一步。

随着赤峰地区居民收入的不断增加，从整体上看，赤峰城乡居民消费水平明显提高，而城镇居民的消费水平明显比农牧民的消费水平高，主要体现在城镇居民对助力车、家用汽车等相对高档的产品消费的增加，而且需求相对旺盛。由于经济的发展，赤峰人民的物质文化水平、消费观念和对保险的态度发生了明显的变化，购买汽车的人数也与日俱增，但是不同收入水平的消费群体对汽车的消费水平不一样，也就决定了其购买车险的层级不同。因此，赤峰

YG 保险公司主要是针对赤峰地区居民购买车的价位对车险进行市场细分。赤峰地区的私家车根据价位可以分为高端车、中端车、低端车，低端车的价位一般在 10 万元以下，中端车的定价一般在 10～30 万元，高端车的价位一般在 30 万及以上。根据对赤峰地区私家车价位不同的消费群体进行划分，从而对赤峰地区车险消费群体进行市场细分，分为高端市场、中端市场、低端市场。针对已经划分好的细分市场，结合赤峰地区市场环境及赤峰 YG 保险公司自身特点选择目标市场。

5.1.2　目标市场选择

赤峰 YG 保险公司对细分市场需要有针对性进行选择。目前，目标市场选择主要包括无差别性市场策略、差别性市场策略、集中性市场策略三大策略。私家车占赤峰地区车险市场 80％以上，特别适合网电营销，运用一种大众化的车险产品及价格进行广泛营销。选择差别性市场策略就是针对赤峰地区不同的车险市场的需求特点，设计不同的车险险种，进行有针对性的营销，这种营销策略适合电话营销，针对不同的消费群体进行有针对性的引导、推荐等。无差异市场营销需要产险企业具有较高的知名度、具有成本优势等。由于目前车险险种同质性较强，竞争十分激烈。选择差别性市场策略是赤峰 YG 保险公司未来主攻方向。孙永静（2013）认为，保险公司可以利用不同群体对同一风险的不同反应来确定目标客户群体。因此，赤峰 YG 保险公司要在对赤峰车险市场加强调研的基础上，确定其目标客户群体。

赤峰地区居民收入虽然不断提高，但是收入水平毕竟与发达地区相比还有一定的差距。该地区居民私家车购买情况主要集中在中低端水平，购买高端汽车的消费者还是少数。特别是随着农牧民收入的增加，越来越多的农牧民也更加倾向于中、低端汽车的购买。因此，赤峰 YG 保险公司应该关注于中端车和低端汽车的消费群体，把他们作为自己的目标客户群，积极开发相关的保险产品。

5.1.3　明确市场定位

赤峰 YG 保险公司进行市场定位的关键是要找到自身车险与竞争对手相比更有竞争优势的地方。张锐（2014）指出，可以通过网上调研，动态掌握客户需求及竞争对手状况。因此，赤峰 YG 保险公司必须通过科学的调研和系统的预测分析目标市场的现状来确定企业营销的主攻方向及目标，提升目标市场的市场份额。此外，必须了解目标市场顾客对本企业车险的了解、认同、偏爱程度，树立目标市场顾客所偏好的阳光形象，抓住顾客的潜在心理需求，不断调整企业的市场定位，以防赤峰 YG 保险公司网电营销方向出现偏差。

因此，赤峰 YG 保险公司应强化终极客户思想理念，提升顾客对公司的忠诚度，从而提高赤峰 YG 保险公司在客户中的口碑，增强了在赤峰地区保险行业的竞争力。赤峰 YG 保险公司应做到以下几点：用微笑为顾客提供最真诚的服务，真正体现阳光员工的涵养和精神风貌；在服务效率方面，利用客户服务中心和 95510 服务专线等为顾客解决投保中存在的各种问题；简化理赔流程、实施"闪赔"加快结案速度，缩短结案周期，以确保服务质量的提高。现代社会是一个注重服务的社会，特别是对于保险行业而言，谁能提供更好更体贴的服务，谁就能赢得更多的顾客。

5.2 改进网电营销组合

赤峰 YG 保险公司要想加快网络营销渠道的发展，就必须逐步建立网络营销组织机构，成立网销中心，增加对网络营销的资金投入和网络营销专员的投入，发挥网电营销的市场职能。

5.2.1 加强网电营销团队建设

构建赤峰 YG 保险公司的网电营销团队组织架构，如图 5—1 所示。随着网销渠道的发展，赤峰 YG 保险公司应该将网销渠道从电销渠道中分离出来，成立网销中心，招聘专业的电商人才，构建一支网销团队，充分负责和发展赤峰 YG 保险公司的网销业务，实现网销业务的专业化，从而避免网销业务在电销渠道中被边缘化，而且电销中心和网销中心必须由强有力的市场或销售经理负责，进行统一规划管理。目前，赤峰 YG 保险公司网电营销人员人均产能低，影响了车险业务的快速发展。因此，培育一支高产能、高素质的网电网销团队至关重要。

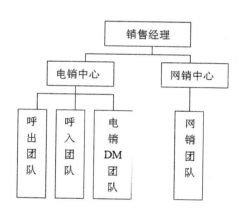

图 5—1 赤峰 YG 保险公司网电营销团队组织架构

基于赤峰 YG 保险公司营销队伍现状，加强网电营销团队建设主要从以下几方面着手：

首先，赤峰 YG 保险公司在营销队伍建设上注重人员数量的同时，更应该注重人员的质量。在组建公司网电营销队伍时，注重对网电营销人员的考核，实行业绩考核淘汰制，提升网电营销人员的危机感和竞争压力，这样才能提升网电营销人员的主动性；提高赤峰 YG 保险公司薪酬的外部竞争能力，有利于引进外部优秀的营销人才和电商人才；招聘具有创新意识和营销能力的高等人才，不断补充和壮大公司的网电营销团队；实施内部薪酬竞争机制，提升公司营销队伍的积极性，推动赤峰 YG 保险公司的车险业务的发展。

其次，赤峰 YG 保险公司应注重对网电营销人员的专业知识培训及继续教育。王启姣（2011）指出，美国对保险员建立了一套完善的教育培训体系，提升了保险人员综合素质。因此，赤峰 YG 保险公司应加强对营销人员的培训，应确保网电营销人员持证上岗，加强对网电营销人员的监管工作，强化对网电营销人员的岗前培训和继续教育制度，努力推进网电营销人员的考试体系建设，提高网电营销人员的综合素质和服务水平，提升网电营销团队的人均产能；严格贯彻落实《保险营销员管理规定》，完善网电营销人员管理信息系统的建设，对网电营销人员进行科学化管理；鼓励网电营销人员开拓思维，积极创新，为赤峰 YG 保险公司网电业务的开展出谋划策。

最后，赤峰 YG 保险公司应发挥优秀网电营销人员的示范作用。结合赤峰 YG 保险公司各支公司及营业部的业务发展规划，开展网电营销业务活动竞赛，对先进的网电营销人员进行宣传、表彰，并给予一定的物质奖励，充分发挥优秀的网电营销人员的带头作用。

5.2.2 明确网电营销团队职能

赤峰 YG 保险公司须进一步明确网电营销团队职能。网络营销和电话营销虽然提供的平台不一样，但是彼此之间可以共享赤峰 YG 保险公司的资源，能够发挥更大的价值。网销中心和电销中心的有机融合是赤峰 YG 保险公司未来营销渠道的主要发展方向。赤峰 YG 保险公司实施网电营销，拓展车险网销渠道，加强自主营销和数字化营销的结合，须进一步明确网电营销团队职能。网电营销团队职能包括市场职能、销售职能、协调与监督职能，如图 5－2 所示。市场职能包括市场信息的收集与分析、活动的策划与宣传、活动的执行与协调、合作网站内容维护与更新、网络在线答疑等；销售职能包括电话接听并录音、销售线索跟进（电话呼出）、客户邀约、客户保险手续办理、续保问题处理等；协调与监督职能包括网电小组内部协调、流程监督、数据审核、合作与交流等。

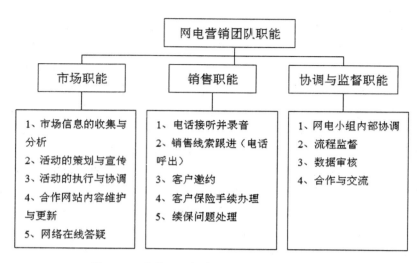

图 5－2　赤峰 YG 保险公司网电营销团队职能

　　网电营销团队三大职能缺一不可，相辅相成。市场职能是销售职能和协调与监督职能实施的前提，协同与监督职能是市场职能和销售职能有效实施的保证，销售职能是市场职能和协调与监督职能的动力和最终目标。因此，赤峰YG 保险公司网电营销的成功实施必须明确网电营销团队职能，充分发挥市场职能、销售职能、协调与监督职能，促进网电营销的顺利开展。

　　5.2.3　构建网电营销模式

　　根据 4C 营销理论及最新大数据等相关市场营销理论，提出了基于赤峰地区私家车市场的以客户为市场导向的网电营销模式。

　　根据 4C 营销组合理论对该营销模式进行分析：

　　首先，要注重客户的需求，以顾客需求为市场导向。如图 5－3 所示，赤峰 YG 保险公司应注重大数据应用，把握客户需求，实施精准营销。张永哲（2013）认为，可用网络了解顾客需求，从而定制个性化保险产品。利用 SEO优化、官方网站、二维码扫描、E－MAIL 推送等方式，并结合微信、微博等广告渠道进行精准营销，在提高赤峰 YG 保险公司品牌知名度的基础上进一步增加车险业务的成交量，有效拓展赤峰 YG 保险公司私家车险业务，提高赤峰YG 保险公司的市场份额。

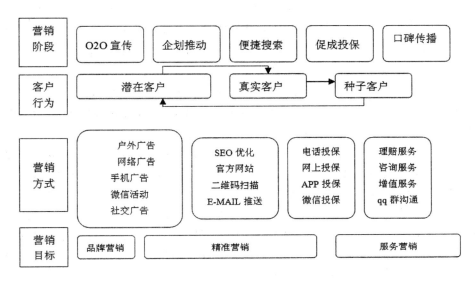

图 5－3　构建赤峰 YG 保险公司网电营销模式

其次，要注重成本，也就是注重消费者能承受的心理价格。贺腾（2013）指出，网络营销能有效降低保险销售成本。因此，赤峰 YG 保险公司应注重以更低廉的营销方式进行推销，比如电话营销、网络营销等方式；通过线上和线下的广告宣传，比如户外广告、网络广告、手机广告等渠道进行有效的宣传，并进行企业策划活动，采取低价促销方式进行品牌营销，吸引潜在的私家车主。

再次，要注重便利性。赤峰 YG 保险公司应注重为顾客提供更加便利、更加多元化的投保方式，比如电话投保、网上投保、移动终端 APP 投保、微信投保等方式，为车险客户提供更加真挚的服务，进行服务营销，与车险客户形成良好的合作伙伴关系，促进车险客户成为赤峰 YG 保险公司的种子客户。陆岚冰（2012）认为，移动保险具有高效、互动、廉价优势。因此，赤峰 YG 保险公司应该积极开发基于车险的移动终端 APP，创建官方微信，进一步完善网上投保业务，为私家车主提供最为便捷的服务。

最后，注重与消费者的沟通。赤峰 YG 保险公司应注重与车险客户的沟通与交流，进一步推动赤峰 YG 保险公司的服务营销。赤峰 YG 保险公司通过顾客需求的变化能够及时做出反应，采取相应的措施，避免真实客户的流失，比如赤峰 YG 保险公司可以建立官方 QQ 群，为车险客户与客服交流、车险客户之间进行交流提供了一个官方平台，更有利于了解车险顾客的需求，有利于赤峰 YG 保险公司在建立关联的基础上能够与车险客户建立一种良好的长期的合作伙伴关系，推动客户不断在赤峰 YG 保险公司进行车险续保，最终成为赤峰 YG 保险公司的忠实客户——种子客户。种子客户通过口碑相传，形成客户自传播式的品牌扩散模式，有利于种子客户带动潜在客户成为赤峰 YG 保险公司的真实客户，从而形成一种良好的车险客户循环扩散系统。

赤峰 YG 保险公司网电营销模型是根据 4C 营销组合理论及最新大数据等相关理论，并结合赤峰 YG 保险公司实际情况构建的。该网电营销模型分为营销阶段、营销目标、营销方式、客户行为四部分。

第一，营销阶段是企业促成营销目标实现而经历的营销过程。赤峰 YG 保险公司要通过采取线上与线下相结合的方式进行宣传，并进行企业活动策划（如促销活动），激发车险顾客的购买兴趣和欲望，促使潜在客户由原来的被动心理状态变为主动地去搜索，利用企业提供的便利的搜索工具去寻找其所需要的信息和产品，并在企业的推动下促成保险合同的签订。客户在享受企业保险服务过程中形成顾客忠诚度，并对企业的良好产品及服务进行口碑传播，从而使赤峰 YG 保险公司品牌知名度不断提升。

第二，客户行为是指企业采取一系列营销方式引发客户行为及心理状态的改变。赤峰 YG 保险公司在通过一系列的广告宣传及促销活动促使车险市场中的潜在客户由被动心理状态变为主动的行为，成为赤峰 YG 保险公司的真实客户。王秀珍（2011）认为，优质的服务是保险公司网上营销战胜竞争对手的法宝。赤峰 YG 保险公司提升真实客户对车验产品和服务的满意度，促使真实客户成为种子客户。种子客户将以口碑相传的方式带动潜在车主体验赤峰 YG 保险公司车险产品及服务，最终形成一种良性的循环扩散的状态。

第三，营销方式是企业促使客户购买产品或服务所采取的一系列举措。特别是赤峰 YG 保险公司网电营销存在网销模式单一，宣传力度不够等问题的情况下，营销方式的多元化、加大宣传力度对赤峰 YG 保险公司提升车险业务量至关重要。赤峰 YG 保险公司网电营销应该加大宣传力度，采用多种营销方式，比如网络广告、手机广告、户外广告、微信活动等多种方式进行宣传，促使私家车主主动进行电话投保、网上投保、移动终端 APP 投保、微信投保等。

第四，营销目标是指企业采取一系列营销方式所要实现的目标。赤峰 YG 保险公司通过采取一系列的营销方式改变潜在私家车主的客户行为，最终实现品牌营销、精准营销、服务营销，提升赤峰 YG 保险公司的品牌知名度，增加赤峰 YG 保险公司车险业务成交量，增强赤峰 YG 保险公司服务技能和意识以减少客户流失率，从而推动赤峰 YG 保险公司快速地发展和壮大。

综上，赤峰 YG 保险公司应该通过加强网电营销团队建设，明确网电营销团队职能，构建赤峰 YG 保险公司网电营销模式等来进一步完善网电营销组合。

5.3 完善沟通与管理机制

赤峰 YG 保险公司应加强网电营销内部管理体制建设，建立有效的沟通机制。赤峰 YG 保险公司在红山区、松山区、元宝山区、红山物流园区、阿旗、左旗、右旗、克旗、翁旗、敖汉旗、宁城、喀旗等共设有县级支公司 12 家，覆盖整个赤峰地区。赤峰 YG 保险公司业务范围覆盖广，组织机构众多。唐金成（2007）指出，规范化管理是公司发展的根本利益所在，是业务长期健康发展的根本保障。因此，加强管理体制建设和建立有效的沟通机制显得尤为重要。

5.3.1 建立有效的内部沟通机制

良好的内部沟通机制是协调网电营销业务顺利开展的重要保证。因此，赤峰 YG 保险公司应建立支公司之间、营业部之间定期的沟通机制，在企业内创造一种良好的沟通氛围，定期组织网电营销相关负责人开会，探讨网电营销策略实施过程中的问题和不足，通过及时有效的沟通来解决问题，积极推动网电营销的发展。加强管理层与网电营销内部的沟通交流，保证对公司内部网电营销政策信息的及时并准确传达，增进管理层对网电营销部门了解，以便确定赤峰 YG 保险公司网电营销下一步的发展方向。良好的内部沟通机制有利于网电营销人员准确、及时、有效地把握公司的发展动向，使营销团队能够朝着管理层所预期的方向而努力；有利于加强各支公司、营业部间经验的交流，推动赤峰 YG 保险公司协调发展。

5.3.2 完善管理体制

赤峰 YG 保险公司网电营销内部管理体制有待完善，须进一步加强内部管理体制建设。随着赤峰 YG 保险公司网电营销的发展，内部制度建设需要不断跟进与完善，需要进一步规范赤峰 YG 保险公司网电营销制度及相应的操作流程，切实做到网电营销有章可循，有利于避免出现网电营销内部混乱的局面。网电营销流程需要市场、销售、客服等各个部门的相互配合，而不是一两个部门的事情。因此，赤峰 YG 保险公司要加强内部管理体制建设，协调网电营销内部管理，让网电营销有章可循势在必行。

5.4 拓宽营销渠道

目前，赤峰 YG 保险公司网销渠道发展正处于起步阶段，发展相对缓慢，需要加大对网销渠道的投入与宣传，不断拓展网销平台。

5.4.1 充实现有网销渠道

赤峰 YG 保险公司已有三级网销渠道，但是发展相对较为缓慢。一方面，赤峰 YG 保险公司应加强官网（车险）的建设与宣传，官网（车险）代表赤峰 YG 保险公司的形象，是对赤峰 YG 保险公司车险业务的宣传与介绍的官方门户。加强官网（车险）建设和宣传有利于提升赤峰 YG 保险公司的品牌知名度，有利于促成车险合同的签订。另一方面，要加强与百度、品真艺力、淘宝等优势渠道的合作，借助百度、品真艺力、淘宝等渠道进一步提升企业知名度，增强现有网销渠道的竞争实力。

5.4.2 开发新型网销渠道

李刚（2011）指出，网站、博客等新型渠道的开拓能为保险业的发展带来巨大的商业利润。目前，随着网络通信技术的快速发展，近年来新型网销渠道层出不穷，比如微信营销、微博营销、手机 APP 营销等。赤峰 YG 保险公司现有网销渠道仍显单一，须借助新型网销渠道推动车险业务的发展。赤峰 YG 保险公司可以建立官方微信营销平台，开发车险手机 APP 软件，开通官方微博（如新浪微博、腾讯微博等），进行新型网络渠道的尝试与探索。

5.4.3 运用大数据实施精准营销

随着云计算、社交网络的兴起促使人类社会数据和种类正发生前所未有的巨变。《自然》于 2008 年最早提出了大数据（Big data）这一名词。随着大数据时代的到来，大数据中潜藏着巨大的价值。Sagiroglu 等（2013）阐述了大数据的内容、价值及挑战等。大数据应用能够有效推动保险行业商业模式的创新。引起保险行业的深刻变革，将推动保险公司在经营理念、销售方式、组织架构、业务流程、管理模式等方面进行有效整合和资源的优化配置，不断提升保险公司的运营能力和资本的运营效率，有效提升保险公司的竞争优势。

李加明（2005）指出，基于数据库的营销将成为企业的核心竞争力和巨大收益来源。数据时代，保险公司不仅为顾客提供保险产品和服务，而且还积累了大量的顾客交易数据及相关的信息资料，特别是在网络社会化和技术手段的支持下，保险公司还能搜集到社交网络上顾客的相关活动状态以及市场数据。Tanner（2014）指出，企业基于大数据应用注重绩效，对顾客的响应能力、透明度及社区等方面的改善能够提升顾客忠诚度。保险公司可以对这些数据进行充分分析和利用，能够获得顾客的消费偏好等有价值的信息，从而能够为企业管理层进行有效的决策提供可靠的信息，进而为顾客设计个性化的保险产品或服务，提升顾客的满意度。闫禹等（2009）提出，利用数据挖掘可以帮助企业发现顾客价值，提升管理水平。因此，赤峰 YG 保险公司要充分利用已有的数据库，借助新兴的数据处理技术，从庞大的数据中挖掘潜在的私家车车主有用的价值，通过 E－MAIL、二维码扫描、SEO 优化等方式进行精准营销。

结束语

本文从赤峰 YG 保险公司网电营销现状及其存在的问题入手，运用 PEST 分析法、波特五力分析模型对该公司的宏观环境和行业竞争环境进行了分析，并运用 SWOT 分析法探讨了赤峰 YG 保险公司内部的优势、劣势，以及外部面临的机会和威胁。结合赤峰 YG 保险公司内外环境分析，运用 STP 理论为赤峰 YG 保险公司私家车市场进行有效的市场定位提供了方法和策略，并综合 4C 营销理论提出了与赤峰 YG 保险公司实际相结合的以顾客需求为导向的网电营销模式。本文的主要研究结论如下：

第一，随着近年车险业务的稳步增长，赤峰 YG 保险公司网电营销模式取得了一定的发展，但是依旧存在着不少问题，如私家车市场定位不明确，网电营销组合不完善，营销人员人均产能低，管理体制不完善，网销模式单一，宣传力度不够等，这些问题影响了赤峰 YG 保险公司车险业务的快速发展。

第二，赤峰地区私家车险业务的发展正处于重要的转折期，既面临着重要的发展机遇又面临着严峻的挑战。首先，我国政策法律法规鼓励保险业的快速发展，但又对保险业的行为做出了一定的限制，强调保险行业的规范化发展；其次，赤峰地区经济稳步发展，为保险业网电营销的发展创造了良好的经济环境；再次，赤峰城乡居民生活水平的提高及思想观念的转变，增加了赤峰居民对保险产品的需求；最后，日益更新的技术环境，有利于推动网电营销模式的创新，为客户带来极大的方便，同时也为保险企业增强自身服务等带来了挑战。

第三，赤峰 YG 保险公司现有竞争者众多，竞争形势不容乐观，业务增长速度相对缓慢；现有保险的替代品虽然对赤峰 YG 保险公司构成一定威胁，但不是主要的影响因素；新进入者和潜在进入者对赤峰 YG 保险公司未来的发展构成巨大的压力。通过对赤峰 YG 保险公司所处的行业环境的分析可以看出，赤峰 YG 保险公司面临着巨大的行业竞争压力，需要完善网电营销模式，增强竞争优势，以期在激烈的行业竞争中脱颖而出。

第四，针对赤峰 YG 保险公司的内外环境进行了 SWOT 分析，赤峰 YG 保险公司应该抓住外部的机会，充分利用自身优势，规避外部威胁，弥补现有劣势，拓展网电营销模式，实现赤峰 YG 保险公司车险业务的快速发展。

第五，赤峰 YG 保险公司网电营销中主要存在的问题如下：市场定位不明确、营销组合不完善、营销人员人均产能低、管理体制不完善、宣传力度不够等问题。针对网电营销中的问题的成因进行了系统分析。

第六，推动赤峰 YG 保险公司网电营销模式发展，要充分结合 STP 营销理论、4C 营销理论、大数据等相关市场营销理论，针对私家车市场客户群体进行目标市场定位，在拓展传统业务时，首先要注重网电营销组合的完善，加强网电营销团队建设，明确网电营销团队职能，构建网电营销模式；其次要加强管理体制建设，建立有效的内部沟通机制，完善管理体制；最后要加大宣传力度，拓展网销渠道，充实现有网销渠道，开发新型网销渠道，运用大数据实施精准营销，依靠网络、微博、微信等平台，解决赤峰 YG 保险公司网电营销中存在的问题，提升 YG 品牌竞争力。

参考文献

［1］Gidhagen M. Insurance marketing: services and relationships ［R］. Uppsala University, Department of Business Studies, 1998.

［2］Lauterborn, R. Newmarketinglitany: 4Pspassé: 4Cstakeover ［N］. AdvertisingAge, 1990, 1: 26.

［3］Nature. Datawrangling ［EB/OL］. ［2008－09－03］. http://www. nature. com/news/specials/bigdata/index.

［4］Sagiroglu S, Sinanc D. Big data: A review ［C］//Collaboration Technologies and Systems (CTS), 2013 International Conference on. IEEE, 2013: 42－47.

［5］Smith, Wendell. (1956). Product Differentiationand Market Segmentationas Alternative Marketing Strategies ［M］. Journalof Marketing, 21 (July1956) 3－8.

［6］Tanner Jr J F. Big Data and Lots of Marketing Buzzwords ［J］. Analytics and Dynamic Customer Strategy: Big Profits from Big Data, 2014: 135－150.

［7］艾·里斯，杰克·特劳特. 定位：头脑争夺战 ［M］. 北京：中国财经出版社，2002：2－18.

［8］保监会. 2014 年全国保险稽查工作会议 ［S］. 2014－4－16.

［9］陈文辉. 四领域推进财险深化改革创新 ［N］. 证券时报，2014－3.

［10］方有恒，郭颂平等. 保险营销学 ［M］. 上海：复旦大学出版社，

2013：13.

[11] 方有恒. 保险需求特征与保险营销模式演变 [J]. 经营与管理，007，11：35－37.

[12] 高嵩. 移动技术催生保险业渠道创新 [N]. 中国保险报，2012－5－18.

[13] 顾玲. 论保险营销渠道 [J]. 商贸纵横，2013 (14)：75－76.

[14] 郭芳彤，王贺珍. 电话营销发展解析 [J]. 价值工程，2011，30 (25)：62－62.

[15] 郭颂平，赵春梅. 保险营销学 [M]. 北京：中国金融出版社，2007：3－5.

[16] 贺腾，贺建良. 保险营销存在的问题及创新路径探索 [J]. 企业技术开发，2013 (4)：12－14.

[17] 晋波，张敬林. 保险电话营销刍议 [J]. 上海保险，2009 (12)：44－47.

[18] 李刚. 我国保险营销渠道的选择及创新策略 [J]. 中国对外贸易，2011 (4).

[19] 李加明. 数据库营销：拓宽保险营销新渠道 [J]. 保险研究，2005 (5).

[20] 刘子操. 保险营销学（第二版） [M]. 北京：中国金融出版社，2003.

[21] 陆岚冰，罗翠苑，江楚璇. 保险营销的新平台：移动互联网 [J]. 经济师，2012 (9)：5.

[22] 陆信. 对保险网上营销的几点思考 [J]. 保险市场，2013 (06)：60－62.

[23] 陆耀新. 企业选择目标市场的相关战略问题探析 [J]. 江苏商论，2006 (08).

[24] 罗纪宁. 市场细分研究综述：回顾与展望 [J]. 山东大学学报，2003 (06).

[25] 骆亮. 浅谈保险营销的发展 [J]. 上海保险，2013 (9)：58－59.

[26] 马捷. 有效发展保险电话营销模式 [J]. 理论月刊，2008 (4)：70－73.

[27] 迈克尔·波特. 竞争优势 [M]. 北京：华夏出版社，1997：20－60.

[28] 孙永静. 保险营销的现状，问题及对策研究 [J]. 产业与科技论坛，2013，12 (20)：23－24.

[29] 唐金成，胡蓉. 论高绩效保险营销团队的建设与管理 [J]. 广西大学学报：哲学社会科学版，2007，29（2）：18—23.

[30] 田亚楠. 全面构建保险营销体系 [J]. 中国电子商务，2013（23）：191—191.

[31] 王启姣. 西方主要发达国家保险营销模式及借鉴 [J]. 中国证券期货，2011（9）：61—62.

[32] 王秀珍. 中国网络保险营销发展浅析 [J]. 中国市场，2011（10）：77—78.

[33] 魏中龙. 营销组合理论的发展与评析 [J]. 北京工商大学学报：社会科学版，2006，21（5）：57—61.

[34] 闫禹，冯海文. 保险业 CRM 中数据挖掘技术的应用研究 [J]. 辽宁大学学报：自然科学版，2009，36（3）：232—235.

[35] 杨爽. 我国中小财产保险公司经营战略的研究：基于波特竞争理论的视角 [J]. 保险市场，2012（02）：64—67.

[36] 于波，范从来. 我国先进制造业发展战略的 PEST 嵌入式 SWOT 分析 [J]. 南京社会科学，2011，（7）：34—40.

[37] 宇文晶. 浅析保险营销渠道创新 [J]. 金融经济，2009（11）：52—53.

[38] 张锐，曹芳萍. 我国的保险网络营销与发展趋势 [J]. 现代企业，2014（3）：56—57.

[39] 张永哲，张楠. 保险网络营销发展策略思考 [J]. 知识经济，2013（15）：114—114.

[40] 赵婉竹. 我国车险市场外部环境的 PEST 分析 [J]. 中国证券期货，2013（03）.

[41] 郑伟. 2013 年中国保险业的回眸与思考 [N]. 中国保险报，2014—1.

[42] 中国保监会. 保险业服务新型城镇化发展的指导意见 [S]. 2014（4）.

[43] 中国保监会. 关于规范财产保险公司电话营销业务市场秩序 禁止电话营销扰民有关事项的通知 [S]. 2013（1）.

[44] 钟诚. 健康保险的市场定位与经营模式选择 [J]. 金融与经济，2009（11）：70—71.

DY 防水科技有限公司渠道冲突问题案例研究
A Case Study on the Channels Conflict of
DY Waterproof Technology Ltd.

作者：石琳　指导教师：邸红艳　副教授

摘　要

随着经济的发展，市场已经转化为买方市场，不再是单纯的卖方市场了，而且市场上所销售的产品逐渐趋于同质化，产品的供给大于需求，所以市场竞争越来越激烈。目前，企业仅仅依靠技术、产品、价格等因素已经很难拥有竞争优势，所以市场竞争的重心已经逐步转变为营销渠道的竞争，拥有完善的营销渠道已经成为企业在市场竞争中的核心竞争力之一，并且营销渠道对于企业来说越来越重要。

DY 防水科技有限公司是一家从事防水材料研发、生产、销售及施工于一体的现代化防水企业，也是中国整个建材行业中非常有影响力的企业。对于 DY 防水科技有限公司来说，营销渠道是将生产商与终端消费者连接起来的必要因素，企业可以通过营销渠道达到与消费者之间的信息沟通，实现产品所有权的转让过渡，对于 DY 防水科技有限公司来说，营销渠道是企业宝贵的无形资产。在营销渠道中，存在很多的中间商，每个中间商都需要从营销渠道中获得一定的利益，所以也避免不了会产生渠道冲突。因此，解决企业的渠道冲突，提高企业的渠道冲突管理水平，是当前企业面临的重要任务，也是企业急需解决的问题。

本文的研究共分为 3 章，论文正文之前是绪论部分，绪论部分介绍了研究背景及意义，并详细介绍了本文研究内容及框架。第 1 章是案例描述部分，首先，对 DY 防水科技有限公司的情况进行了介绍，包括公司的发展及主要产品；其次，对公司营销渠道的现状进行描述，包括渠道模式及管理层级分析、渠道成员关系；重点对 DY 防水科技有限公司的营销渠道冲突问题进行描述。

第 2 章是案例分析部分，主要对 DY 防水科技有限公司存在的营销渠道冲突问题进行详细地分析，在分析之前，首先，介绍了本文的理论依据，理论部分包括：渠道冲突形成理论、渠道控制理论。其次，对 DY 防水科技有限公司存在的营销渠道冲突问题进行了原因分析。第 3 章是对策与建议部分，针对 DY 防水科技有限公司中存在的营销渠道冲突问题，结合 DY 防水科技有限公司的实际情况，对渠道冲突问题进行有效管理，从建立渠道成员战略伙伴关系、改进渠道通路设计、加强渠道信息交流与沟通、强化渠道控制及制定合理的渠道政策这几个方面分别提出相应的改进措施。

关键词：营销渠道　渠道冲突　渠道冲突管理

ABSTRACT

With the development of economy, the market has been transformed into a buyer's market, is no longer simply a seller's market, and the market sales of the product tends to homogenization, product supply is greater than demand, so the market competition is more and more intense. At present, enterprises rely solely on technology, product, price and other factors has been very difficult to have a competitive advantage, so the focus of competition in the market has been gradually transformed to the competition of marketing channel, has a perfect marketing channel has become one of the core competitiveness of enterprises in market competition, and marketing channels for enterprises is becoming more and more important.

DY Waterproof Technology Co. , Ltd. is engaged in waterproof material R & D, production, sales and construction in one of the modern waterproofing enterprises and the whole of China building materials industry very influential enterprises. For DY Waterproof Technology Co. , Ltd. , marketing channel is the production operators and terminal consumers to connect the necessary factors, enterprises can through the channel of marketing to achieve communication between consumers and achieve the transfer of ownership of the goods delivered, for DY Waterproof Technology Co. , Ltd. , marketing channel is valuable intangible assets of enterprises. In marketing channels, there are a lot of middlemen, each intermediate merchant need to obtain certain benefits from marketing channels, so it can not prevent the will of channel conflict. Therefore, to solve channel conflict of enterprises, improve the enterprise channel conflict management, enterprises are facing the important task, which needed to be solved urgently in enterprises.

This paper is divided into three chapters: the main body of this paper is the introduction part, the introduction of the background and significance of the research, and a detailed introduction of the research content and framework. Chapter 1 is the case description part, the first of DY Waterproof Technology Co., Ltd. are introduced, including the development of the company and the main products; secondly, author describes the status of marketing channels, including channel mode, channel structure, channel function and channel membership; key to the marketing channel conflict problem of DY waterproof Technology Co., Ltd. is described. Chapter 2 is the case analysis part, mainly carries on the detailed analysis of Y Waterproof Technology Co., Ltd. is the marketing channel conflict, before analysis. Firstly, the paper introduces the theoretical basis of this paper, part of the theory include: channels conflict of the concept, type, development process and. Secondly, the DY Waterproof Technology Co., Ltd. is the marketing channel conflict were cause analysis. Chapter3 is countermeasure and sug qestions, for DY Waterproof Technology Co., Ltd. in the presence of marketing channel conflict, combined with DY Waterproof Technology Co., Ltd., the effective management of channel conflict, channel design can be improved from the establishment of the strategic partnership of channel members, enhance the channels of cooperation, promote channels of information communication and strengthen the channels of control several aspects of proposed measures.

Key Words：Marketing channel Channel conflict Channel conflict management

绪　　论

0.1　研究背景与意义

0.1.1　研究背景

随着中国建筑行业的发展，建筑材料市场也随之繁荣起来，技术的进步缩短了中国建材行业整体水平与国际先进水平之间的差距，为中国的经济建设做出了重要贡献。并且，中国已经成为世界上建筑材料的生产大国和消费大国，进入 21 世纪以来，中国的经济发展更为迅速，建筑行业的发展为中国的建材工业带来了非常大的机遇。

机遇与挑战并存，中国的建材行业正受到市场的严酷考验，市场的竞争已经不仅仅是技术、产品质量，以及品牌之间的竞争，竞争的重点已经逐步转向营销策略的竞争，尤其是营销渠道的竞争，已经成为企业获得成功的关键因素。不仅是建材行业，任何产品都是要经过生产商、代理商、批发商、零售商等商家才到客户的手中。在这个过程中，营销渠道使得商品获得了价值，同时也保证了生产厂家与消费者之间的信息对称。企业越来越重视营销渠道的建设，很多大的生产商都纷纷打造适合自身产品的营销渠道，生产商依靠营销渠道与消费者之间建立联系，通过营销渠道将自己的产品卖给消费者，并试图在这个过程中获取最大的利润，追求企业更长远的发展。

防水材料是建筑业所需要的重要功能材料，同时防水材料企业也是建筑材料工业的重要组成部分，目前同样面临着营销渠道管理的问题。对于渠道商来说，可以选择多家防水生产商进行合作，而且渠道商往往考虑的是自身利益的最大化，这就造成了生产商与渠道商之间目标不一致的情况，这必然会发生渠道冲突事件。如果渠道冲突问题越来越严重的话，就会造成渠道冲突爆发，渠道冲突的爆发将会给企业带来严重的影响，渠道成员也都会发生经济损失。所以，生产商要想实现自己的营销目标，必须处理好渠道冲突问题。生产商应针对渠道冲突问题产生的原因进行深入分析，同时提出解决渠道冲突的有效措施，提高企业的利润率。因此，如何有效地控制和解决渠道冲突问题已经成为企业目前面临的重要问题。

DY 防水科技有限公司成立于 1998 年，是一家从事防水材料研发、生产、销售及施工于一体的现代化防水企业，是中国建材行业非常有影响力的企业。在 17 年的发展历程中，公司生产的防水材料产品销售到全国 31 个省的 300 多个地区，取得了良好的成绩。但是 DY 防水科技有限公司目前存在比较严重的销售渠道冲突问题，渠道冲突已经影响到 DY 防水科技有限公司的进一步发展。因此，对该公司存在的渠道冲突问题进行分析并提出解决渠道冲突的措施，是企业目前较为重要的任务。

0.1.2 研究意义

本文以 DY 防水科技有限公司为研究对象，对 DY 防水科技有限公司营销渠道冲突问题进行深入分析，并且为企业提出能够有效解决渠道冲突的对策与建议，无论是对企业来讲，还是对渠道商来讲，都具有重要的意义。虽然说营销渠道冲突问题在产品销售过程中是避免不了的，但是如果能够正确地处理好渠道冲突问题，加强生产商与渠道商之间的合作关系，就可以有效地帮助企业实现经营目标。因此，本文研究的意义如下：

（1）首先，本文的研究具有一定的理论意义，中国对于营销渠道冲突问题的研究起步较晚，渠道冲突理论与方法的研究成果都不太成熟，目前都是引进西方的渠道冲突理论与方法对营销渠道问题进行管理，但是由于中国国情与西方国家毕竟存在差异，所以直接将理论照搬过来进行现实管理就会存在一定的问题。本文的研究结合中国实际国情，对 DY 防水科技有限公司存在的营销渠道冲突问题进行研究，丰富了中国的渠道冲突理论研究，因而具有重要的理论意义。

（2）其次，从实践的角度来看，DY 防水科技有限公司已经发展了 17 年，并且公司的销售规模日益庞大，公司正处于发展的上升阶段，现如今 DY 防水科技有限公司的营销渠道也正从传统的渠道模式向现代化的新型渠道模式进行转换，在转换的过程中，必然会存在一定的营销渠道冲突问题，这严重影响企业的发展。因此，本文对 DY 防水科技有限公司的营销渠道冲突问题进行深入分析，找出营销渠道冲突的根本原因，并结合 DY 防水科技有限公司的实际情况，制订出解决 DY 防水科技有限公司渠道冲突的对策，提高企业在市场上的核心竞争力，使企业取得更大的经济效益。同时，本文的研究成果也可以为中国的其他防水企业渠道冲突问题提供一定的参考。

0.2 研究内容与方法

0.2.1 研究内容

本文首先对市场上的几家防水材料企业的营销渠道进行调研，总结出营销渠道存在的共性问题，然后查阅国内外相关营销渠道冲突的理论与方法，作为本文研究基础。同时，参考其他学者取得的研究成果，针对 DY 防水科技有限公司存在的营销渠道冲突问题进行深入分析，并提出有效的解决措施，促进企业的发展。本文的研究内容具体如下：

（1）绪论。绪论部分主要介绍了本文的研究背景及研究意义，并详细说明了本文研究内容及框架，同时对于本文用到的研究方法也进行了介绍。

（2）第 1 章为案例描述。本章对 DY 防水科技有限公司的情况进行了介绍，包括公司的简介，公司经营销售的主要产品。其次，对 DY 防水科技有限公司营销渠道的现状进行描述，包括渠道模式、渠道成员关系。另外，重点对 DY 防水科技有限公司的营销渠道冲突问题进行描述，包括"经销商的窜货事件"，以及"年会上的不愉快"。

（3）第 2 章为案例分析。本章主要对 DY 防水科技有限公司存在的营销渠道冲突问题进行详细的分析，在分析之前，首先介绍了本文的理论依据，理论部分包括渠道冲突形成理论以及渠道控制理论。其次，对 DY 防水科技有限公司存在的营销渠道冲突问题进行了原因分析。

（4）第 3 章为对策与建议。本章针对 DY 防水科技有限公司中存在的营销渠道冲突问题，结合 DY 防水科技有限公司的实际情况，为企业提出有效解决渠道冲突的对策与建议，从建立渠道成员战略伙伴关系、改进渠道通路设计、促进渠道信息交流与沟通、强化渠道控制和制定合理的渠道政策这几个方面分别提出措施。

（5）结束语。对本文研究的所有内容进行总结，并找出论文研究的不足之处，针对不足之处，对以后的研究工作提出展望，争取更好地为企业解决营销渠道冲突问题。

0.2.2　研究方法

本文在研究 DY 防水科技有限公司的渠道冲突问题时，将理论与实际结合在一起，采用了多种研究方法，主要有文献研究法、归纳法、案例分析法、实地调研法等，具体方法如下：

（1）文献研究法。通过查阅图书馆的资料、书籍，以及对网络资源的检索，全面了解国内外有关企业渠道冲突管理的理论与方法，为本文的研究提供科学的论证资料，为论文的撰写奠定了理论基础。

（2）归纳法。对目前中国建筑材料营销渠道冲突存在的问题，尤其是防水材料企业营销渠道冲突问题进行归纳分类，概括出目前防水材料企业存在的营销渠道冲突问题的特点和模式，为本文的研究提供可行的参考。

（3）案例分析法。本文以 DY 防水科技有限公司为研究案例，对企业的营销渠道冲突问题进行研究，通过总结、归纳出企业存在的渠道冲突问题的特点，结合企业实际情况，为企业制订有效的解决对策。

（4）实地调研法。本文在研究的过程中，到 DY 防水科技有限公司进行了实地调研，了解公司真实的营销渠道现状，对调研结果进行分析后，总结出 DY 防水科技有限公司营销渠道冲突问题。

1 案例描述

1.1 DY 防水科技有限公司概况

1.1.1 公司简介

辽宁 DY 防水科技有限公司于 1998 年成立，DY 防水科技有限公司是一家现代化的防水企业，主要研发、生产、销售防水产品。DY 防水科技有限公司下设辽宁 DY 水务有限公司、沈阳 WC 房地产开发有限公司、辽宁 DY 防水工程有限公司、辽宁 DY 防水科技发展有限公司济南分公司、辽宁 DY 防水科技发展有限公司兰州分公司。

辽宁 DY 防水科技有限公司拥有高科技防水技术，而且在我国三个城市均有大的生产基地，分别是辽宁盘锦、山东济南和甘肃兰州。DY 防水科技有限公司拥有世界一流的多功能进口改性沥青防水卷材生产线、高科技自动化宽幅高分子卷材生产线、超宽幅（幅宽 8 米）土工膜生产线、世界先进的环保涂料生产线。公司年产 SBS、APP、自粘、高分子等各类防水卷材 4500 万平方米，丙烯酸系列、聚氨酯系列、水泥基系列、沥青基系列等各类防水涂料 5 万吨。

公司在北京、天津、上海、沈阳、济南建立了五大销售中心，并且在全国各地均有营销网点，公司的产品销往全国的 31 个省（自治区、直辖市）的 300 多个地区，DY 防水科技有限公司的产品应用广泛，可以用于房屋、地铁、隧道等地的防水工程，也可用于防潮、防渗漏、防腐和保湿工程。DY 防水科技有限公司具有建筑业二级防水施工资质，还拥有特种防渗资质，公司的技术精良，售后服务做得非常好，由公司承接的奥运工程有北京五棵松体育馆、天津奥体中心、北京奥林匹克地下车库、秦皇岛奥体中心等；由公司承接的地铁工程有沈阳地铁、武汉地铁、西安地铁、郑州地铁、哈尔滨地铁、大连地铁、重庆地铁等；由公司承接的隧道工程有沈阳五爱隧道、青岛胶州湾隧道、朝阳老虎山隧道等；由公司承接的垃圾填埋场防渗工程有方城、神木、十堰、北镇、绥德、北流、北票、焦作、卫辉、运城、抚顺、弋阳、大石桥等。

DY 公司相继通过了 ISO9001－2008 质量体系认证，ISO14001：2004 环境管理体系认证，GB/T28001－2001 职业健康安全管理体系认证，被评为"辽宁省质量诚信 AAAAA 级品牌企业""省重合同守信用企业"。

DY 防水科技有限公司的组织机构如图 1－1 所示。

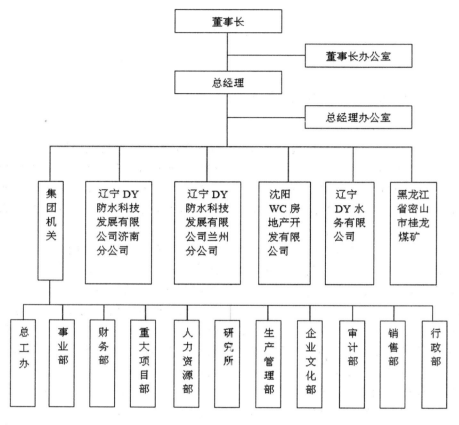

图 1－1　DY 防水科技有限公司组织机构图

1.1.2　公司主要产品

DY 防水科技有限公司的主要经营旳产品是防水材料，主要包括 5 个系列的产品，分别是：高分子防水系列、改性沥青防水卷材系列、DY 涂料系列、TPZ 红芯系列及 DY 土工材料。具体每一个系列细分的产品如表 1－1 所示。从表 1－1 可以看出，DY 防水科技有限公司所经营的防水材料种类繁多，公司具有一定的经营实力。

DY 防水科技有限公司产品

系列名称	产品细分
高分子防水系列	TPO 防水卷材
	ECB 防水板
	凹凸排水板
	EVA 防水板
	聚乙烯丙纶复合防水卷材
	钠基膨润土 GCL 防水毯
改性沥青防水卷材系列	耐根穿刺防水卷材
	弹性体（SBS）改性沥青防水卷材
	自粘聚合物改性沥青防水卷材
	塑性体（APP）弹性改性沥青防水卷材
	OMP 改性沥青聚乙烯胎防水卷材
	预铺式防水卷材
	道桥用改性沥青防水卷材
DY 涂料系列	双组分聚氨酯防水涂料
	单组分聚氨酯防水涂料
	水泥基渗透结晶防水涂料
	高弹性聚丙烯酸防水涂料
	聚合物水泥（JS）防水涂料
TPZ 红芯系列	TPZ 红芯分子粘高分子防水卷材
DY 土工材料	塑料土工网
	土工膜
	土工布

1.2 DY 防水科技有限公司营销渠道现状描述

1.2.1 渠道模式

对于 DY 防水科技有限公司来说，随着公司的不断发展，目前公司采用的销售渠道模式有传统渠道营销、直营专卖和网络渠道营销这三种渠道营销模式。所采用的管理层级制度为大区经理制和战略合作制。

（1）传统渠道营销

公司将销售范围划分为三个大区，分别为南区、北区和华东区，其中南区包括 12 个省市自治区：广东、广西、湖南、湖北、四川、福建、江西、安徽、海南、重庆、云南、贵州；北区包括 16 个省市自治区：黑龙江、吉林、辽宁、内蒙古、北京、天津、河北、山东、山西、河南、新疆、陕西、青海、甘肃、宁夏、西藏；华东区包括 3 个省市：上海、浙江、江苏。南区设立大区经理 12 人，经理助理 8 人；北区设立大区经理 14 人，经理助理 11 人；华东区设立大区经理 3 人。每个区域的大区经理负责整个地区的管理工作，包括防水材料的销售，与代理商、经销商沟通联系，防水材料的物流配送，以及整个销售过程的管理工作。这个区域的经销商从大区经理这里进货，然后销售给零售商，由零售商销售给消费者，整个传统销售渠道模式如图 1－2 所示。

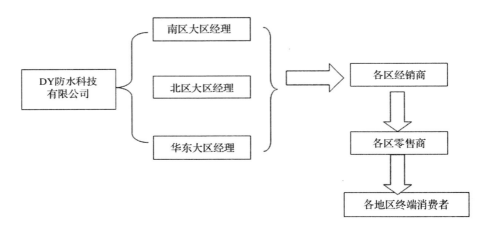

图 1－2　DY 防水科技有限公司专统销售渠道模式图

（2）网络渠道营销

网络渠道营销是一种新兴的营销渠道模式，而且随着互联网的发展，中国的电子商务已经做得比较完善，并且网上销售已经成为市场上主打的销售方式，现在越来越多的人倾向于网络购物的方式，因而拓宽网络营销渠道，会给企业带来无限的发展空间。目前，DY 防水科技有限公司已经与多家购物网站合作，主要合作商有京东商城、淘宝网，以及亚马逊等购物网站，付款与物流配送的方式与其他产品一样，消费者将购买防水材料的货款付到第三方，然后厂家将货按照指定地点进行配送，货到后买家确认收货，第三方交易平台将货款付给卖家。网络渠道营销模式如图 1－3 所示。

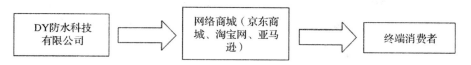

图 1-3 DY 防水科技有限公司网络渠道模式图

这种通过网络渠道进行营销的方式受到厂家与消费者的青睐，主要原因在于这种厂家直接与消费者对话的方式省略了中间商，对于厂家来讲，省略了付给中间商的费用，获得的利润更多。同时，对于消费者来说，由厂家直接买货比市场上的价格更便宜，因而目前网络渠道营销备受推崇。现在总结在网上进行 DY 防水材料销售的特点：

①通过网络进行 DY 防水材料的销售，减少了大量的广告费用，传统的产品宣传都是通过报纸、电视等广告宣传，而通过网络对产品的宣传所需要的费用较小，而且消费者可以不用到市场上挨家对产品进行了解，只要通过网络就可以了解到产品的信息。

②利用网络营销的方式大大减少了中间商的费用，传统的营销渠道模式需要通过经销商、代理商、批发商、零售商，最终到达消费者，采用网络的方式直接由生产商与消费者沟通，减少了很多中间环节，使得消费者买到的东西更便宜，而厂家也获得了更大的利润。

③在网络上买的东西物流配送得快，与 DY 防水科技有限公司自己的物流配送速度相比，网络的物流配送速度更快，由于自己公司在产品配送时需要将多个地区的货物放在一起凑够整车发货，而网络运营每天的物流配送量都特别大，所以下单发货后直接到物流收发点进行装车运送，消费者在购买时不用受到时间及地点的限制，非常方便。

（3）战略合作直销模式

DY 防水科技有限公司除了传统渠道营销和网络渠道营销外，还采取战略合作直销的模式进行产品营销。所谓的战略合作，就是指公司直接与大的地产开发商、装修公司合作，直接将防水材料以直销的模式销售给装修公司，并且与之合作的建筑工程施工现场的所有防水材料均由 DY 防水科技有限公司提供。这种直销的模式对于装修公司来说，直接由厂家供货，节省了不少的成本，DY 防水科技有限公司将大批量的防水材料直接销售给建筑施工单位，减少了很多中间商的参与，也增加了公司的利润。这种通过战略合作的方式进行直销的行为使公司获得了较大的收益。

1.2.2　渠道成员关系

DY 防水科技有限公司营销渠道的渠道成员包括生产商、大区经理、经销商、零售商和消费者。生产商负责对 DY 防水材料进行生产，寻找经销商为其销售产品；大经销商为企业寻找目标客户并管理下游的经销商；零售商则将 DY 防水材料直接卖给终端的消费者；消费者是整个营销渠道的最终者，之前的生产商、大区经理、经销商、零售商都是为了满足消费者的需求而服务的，当整个营销过程结束后，每个中间商都从中获得一定的利益，这期间的整个关系是紧密联系的，也是互相影响与依赖的，每一个渠道成员都为了实现自己的目标而与其他的渠道成员之间保持依赖与合作的关系，如果这种互相依赖的关系消失了的话，那么彼此之间的合作基础就消失了，也就不存在合作的关系了。

1.3 渠道冲突描述

1.3.1 经销商窜货事件

大经销商窜货情况是渠道冲突中较为常见的情况，DY 防水科技有限公司也不例外，同样存在大经销商窜货的事件，虽然每个经销商都有属于自己的经销区域，但是仍然存在一些经销商为了利益将 DY 防水材料低价卖给其他区域的客户。

这是 DY 防水科技有限公司发生在 2013 年的一件非常严重的大经销商窜货事件：A 公司是 DY 防水科技有限公司北京经销商，这家公司在北京从事防水材料的销售已经很多年了，而且业绩也非常好，A 公司的马总与 DY 防水科技有限公司的陈总有着很深厚的情谊。B 公司是 DY 防水科技有限公司沈阳地区的经销商，B 公司的总经理刘总在房地产行业有很多的熟人，与沈阳市一些大的装修公司都有生意上的往来，直接将 DY 防水材料供应给这些装修公司，而且每个楼盘所需要的防水材料的量都很大，就这样，B 公司的发展非常地迅速。而且 B 公司的业绩每年都是非常优秀的，总公司对 B 公司非常重视，B 公司之前虽然偶尔有几次窜货行为，而且 DY 防水科技有限公司的陈总也知道这件事，但是由于 B 公司在沈阳的防水材料市场上具有一定的影响力，而且客户也较多，能给公司带来很大的收益，所以 DY 防水科技有限公司一直也没有干预这件事，但是 B 公司的做法越来越放肆，开始为了达到销售目标获得年终返利将产品卖到其他区域。

矛盾终将会激化的，只不过比预想的要快。在 2013 年的春节刚过，DY 防水科技有限公司的北京市大区经理李经理还沉浸在年终销量非常好的喜悦中，却被北京经销商 A 公司马总的电话惊醒，在电话中，马总的语气非常不好，李经理听得一头雾水，说道："马总您先镇定一下，有话好好说，慢慢将事情讲清楚。"马总在电话中说道："发生这种事情我怎么能镇定得下来，近期有一批来路不明的高分子防水卷材流入我的销售区，并且所售价格比我的便宜近10％，这件事我查了一个月才查出来是沈阳的经销商B公司窜货，将这批货以低价销售到北京的市场中，本来应该是属于我们的片区，但是现在B公司越来越过分了，这种情况让其他从我这里拿货的零售商怎么做？都打电话到我这里来讨要说法，如果不能及时处理的话，他们就都会退货，到时候我就会损失惨重。"马总这些话一连串说出来，似乎已经压抑了很久了，谁都没有想到B公司可以放肆到如此地步。李经理听了后立刻想办法稳定住马总的情绪，说道："B公司真是太过分了，以前就出现过几次窜货事件，但碍于他手中有大量客户，公司并没有对其做出严肃处理，没想到他还越来越过分了。"马总接着说道："谁说不是呢，反正我是再也忍不下去了，李经理，您赶紧处理此事，否则的话，也别怪我不顾念往日的情面了。"李经理忙又安慰了马总几句，表示会立即处理此事，希望马总可以放心。

李经理撂下电话，试图将整个事件的前后逻辑捋顺了，然后立即拨通了辽宁省大区经理张经理的电话：

"喂，是张经理吗？我是北京地区的大区经理老李啊。"李经理说道。

"您好，您好，以前在年会上见过您一面，没想到今天您能打电话来。"张经理寒暄道。

"张经理，本来我也不愿意打扰您，但是目前遇到这样的事件，我只能给您打电话让您来解决了。我地区的经销商A公司反映，说是您管辖范围内的沈阳经销商B公司将一批防水材料以低价卖到了北京来了，这种窜货行为已经严重扰乱了正常的价格体系，希望您能赶快协商解决此事。"张经理陈述道。

"李经理您放心，先容我调查几天，如果真有这么回事的话，那我一定严肃处理此事。"张经理已觉察出李经理的不愉快，满口答应着会马上处理。

张经理立即联系上了窜货经销商B公司的刘总，张经理说："事情现在已经闹得挺严重了，北京大区的经理已找上门来了，你赶紧停手吧。"刘总则不以为然地说："怕什么，第一，我是辽宁地区的大经销商，每年我的销量在全国的经销商中都是数一数二的；第二，我本是通过总经理的老同学介绍来的，根本都没像其他家经销商那样签订什么窜货保证书，公司也不能拿我怎么样；第三，我的销售量高，那么年终返利就高，你不是也一样跟着多拿钱嘛！"辽宁大区张经理觉得自己在年终时也能多拿一些销售返利，所以就没再过问此事。

事情过去了半个月了，辽宁大区经理也没有给出什么答复，也没有向总公司汇报，A公司的马总越来越坐不住了，想向公司汇报此事，但是公司有规定，经销商处出现问题处理不了，要上报给负责本区域的大区经理，由大区经理进行协调，协调不了后上报公司处理，不能越级上报。窜货事件越来越严重，无奈之下，北京大区的经理只好不等辽宁大区经理的回复，把此事汇报给了 DY 防水科技有限公司的陈总，陈总听了这个消息后，半天都没有说话，陷入了深深地沉思中。B 公司对于 DY 防水科技有限公司来说，是一个非常大的经销商，这些年为 DY 防水科技有限公司的销量贡献颇大。可以说占据了辽宁省大面积的防水材料销售市场，正是因为 B 公司的销售业绩特别突出，所以之前发生的几次 B 公司的窜货行为，陈总都睁一只眼闭一只眼地过去了，并没有将渠道冲突问题很好地解决。但是这次不一样，事情已经非常严重了，再拖下去也不是办法，总要给 A 公司的马总和下游的零售商一个交代。因此，陈总回过神儿来，要求市场销售经理立即通知公司管理层人员开会，参加会议的管理层人员有市场销售经理赵经理、设计部的刘部长、财务部的高部长、人事部的王部长，以及另外 2 名副总。陈总点燃了一支烟，半天没有说话，由市场销售经理赵经理给大家讲述了一遍 B 公司大肆窜货的事件，大家听后都很犯愁，都在考虑两个方面的内容，权衡 A 公司与 B 公司之间的利弊关系。不一会儿，刘部长发言了："对于我们公司来讲，A 公司与 B 公司都为公司带来了不少的效益，公司在创业之初，是 A 公司的马总与我们同甘共苦，为我们开拓北京的销售市场，可谓立下了汗马功劳，这些年在北京的销售一直都很不错。另外，沈阳的 B 公司与多家大型的房地产及装修企业有密切来往，为公司的防水材料销售也做出了很大的贡献。所以当务之急是稳定住 A 公司马总的情绪，同时及时处理好 B 公司的窜货事件。"大家非常赞同刘部长的意见，进行了一番讨论后，由陈总做出最后的决定：首先，由市场销售经理赵经理赶到北京了解目前窜货的情况，包括窜货的规格、数量、地区范围等情况。其次，赵经理还要找到北京大区经理和辽宁大区经理进行洽谈，探听出 B 公司刘总这么做的目的，如果是由于公司的销售返利政策造成的话，那么今年年会的时候要对销售政策进行适当调整，以避免窜货事件的再次发生。

    1.3.2 年会上的不愉快

    2013 年的年会似乎与往年的不太一样，年会上的气氛也颇为凝重，也许是因为这一年公司遭遇了大经销商窜货事件，给公司及其他经销商带来了很大的影响。年会由每个地区的大区经理参加。在会议上，首先由市场销售经理赵经理对过去一年的营销情况进行总结。赵经理说道："今年年初，公司处理了沈阳大经销商 B 公司的窜货事件，事件的起因我想大家也都清楚了，由于我公司为了扩大产品的销量，同时也为了提高经销商的积极性，所以今年年初制定了新的奖励政策，加大了返利的力度，给每一位经销商都制定了底线指标和冲刺任务，如果经销商完成 100 万元的底线指标，能够获得 2 万元的返利，如果完成 200 万元的冲刺任务，就能拿到 10 万元的返利。B 公司在沈阳，沈阳地区与北京地区的消费水平不一样，所以这两个地区的经销商拿货的价格不一样，沈阳经销商拿货价格低，售价也比北京低，沈阳的 B 公司为了获得高额的年终返利，将自己地区的货拿到北京去卖。当然了，这个价钱要比北京地区的经销商卖的便宜得多，以此来达到销售的冲刺指标。由此看来，沈阳 B 公司的窜货行为起因于销售返利政策，所以经过公司领导的商议决定，调整返利政策，降低返利额度。"

赵经理的话音刚落，就听在座的各大区经理纷纷议论起来，上海大区经理说："这不公平，不能因为沈阳 B 公司这一家窜货，返利政策就改变。"江苏大区经理说："沈阳 B 公司窜货，只管去处理他这一家公司，为什么要牵扯我们，还要调整返利政策，我们本身也没赚什么钱，就靠着年终返利能得点利润，还要降低？"四川大区经理说："我一开始选择加入贵公司，也是看中了返利政策，现在要下调返利政策的话，那么我也不想干了。"一时之间会议室热闹了起来，各大区经理都不满意赵经理说要调整返利政策的决定，总经理陈总见状不好，如果各大区经理联络各大经销商不满的话，那么很有可能会出大乱子的，每个人都是为了各自的利益，自己的利益突然减少的话，谁都不会愿意的。陈总说："大家静一静，先听我说几句，在过去的这几年中，各大区经理都为了公司付出了不少，销售业绩都很不错，公司也对各地区的经销商很放心，管理得也较松，也并没有派人去监督和考察，但是今年出现了这样的事情我们大家都不希望看到，因此这件事情我们进行了严肃处理，对于销售返利的政策，公司领导层会考虑到大家的利益做出适当调整，同时也会根据各地市场的情况合理安排促销等其他活动，保证大家能够从公司这里得到应得的一部分。"陈总说完后，有人说，还是陈总说话有水平，必然是不会亏待了我们的。也有人说，对待窜货的经销商，就是要给予重罚的，看他下次还敢不敢这样做了。一时之间会议室里又开始讨论起来了，陈总回想刚才自己说过的话，也犯愁该如何对公司的营销政策做出合理的调整。

2 案例分析

2.1 理论依据

2.1.1 渠道冲突形成理论

（1）渠道冲突及其类型

　　营销渠道就是生产者将商品或劳务转移到消费者手中所经过的途径。在不同的营销渠道中，渠道成员的地位、渠道成员的构成，以及渠道成员之间的关系不尽相同。所谓渠道冲突，实质上就是指渠道成员之间的冲突，当一个渠道成员觉察到另外的渠道成员所做的事情有损自己的利益，或者干扰到自己正常的营销工作时就会产生冲突。而渠道冲突的产生都是发生在渠道成员的合作过程中，彼此之间有合作的关系，就会产生利益的分配，一旦出现利益分配不公平或彼此目标不相同时，就会发生渠道冲突。在营销渠道中，常见的渠道冲突有水平渠道冲突、垂直渠道冲突和多渠道冲突三种类型。

　　①水平渠道冲突。水平渠道冲突指处在一个层次上的中间商之间的冲突，这种冲突的情况可能发生在同一层次上的不同类的中间商之间，也可以发生在同类中间商之间。目前，我国各个行业的营销渠道都存在水平冲突的现象，某些经销商将商品低价卖给其他区域的客户，这种水平渠道冲突的现象影响了其他经销商的权益，也影响到市场上的价格，对企业的形象及利益也产生损害。

　　②垂直渠道冲突。垂直渠道冲突指的是在同一个营销渠道中的不同渠道成员之间的冲突，这种冲突是上游的中间商和下游的中间商之间的冲突，比如经销商与批发商的冲突，或者批发商与零售商之间的冲突。

　　③多渠道冲突。一般情况下，生产商不会只有一条销售渠道，而是采取多种营销渠道相结合的方式进行产品销售，这种情况下，就会造成多渠道之间的交叉冲突。这种冲突发生在两条渠道或两条以上的渠道向同一片市场区域销售产品时，比如目前市场上多采用网络营销的方式进行产品销售，这样传统的店铺营销的方式就会受到影响，这两种方式向一个市场进行产品销售，必然会产生交叉冲突。

　　（2）渠道冲突形成与发展过程

　　渠道冲突是避免不了的，渠道冲突的形成也不是偶然的。首先，市场是时刻在变化着的，企业在建立营销渠道时虽然多方面地考虑了未来的渠道运营发展情况，但是渠道成员都是相对独立的，渠道成员在处理事情的方式和方法上也是有很大区别的，这些都是产生渠道冲突的原因。其次，营销渠道在运转过程中，所处的外部环境和内部环境都是随机变化的，市场的竞争情况、渠道成员之间的关系，以及消费者的参与都会给营销渠道带来一定的影响。所以渠道冲突在所难免。

　　渠道的冲突问题不是一下子就爆发出来的，冲突的发生是有一个逐步的发展过程的，渠道的冲突发展过程如图 2－1 所示。

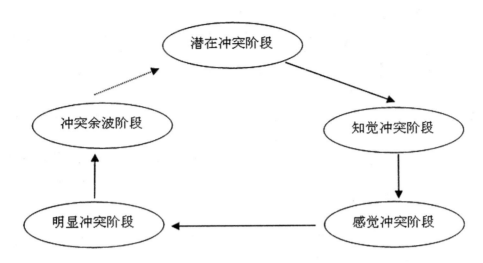

图 2－1　渠道的冲突发展过程图

从图 2－1 可以看出，渠道的冲突发展包括 5 个阶段，分别是潜在冲突阶段、知觉冲突阶段、感觉冲突阶段、明显冲突阶段和冲突余波阶段。潜在冲突阶段指的是渠道成员之间存在目标不一致、认识存在差异等情况，潜在的含义就是指这个阶段可能埋下了冲突的隐患；知觉冲突阶段是指营销渠道的成员间已经开始意识到存在冲突的可能；感觉冲突阶段是指这个时期某个渠道成员出现敌对情绪了，并且气氛较为凝重了，但是还没发生真正意义上的冲突；明显冲突阶段指的是渠道成员之间已经出现实质性的冲突了，冲突的表现形式通常为争吵、报复、抵触等行为；冲突余波阶段指的是冲突问题已经解决了，但是此次冲突后所带来的影响尚未消除。从图 2－1 可以看出，潜在冲突到冲突余波这 5 个阶段结束后，从冲突余波再到潜在冲突之间是一条虚线进行连接的，说明冲突余波后还可能造成新的冲突，然后再经历这样的 5 个阶段，这说明渠道的冲突具有闭环的特征，冲突解决完之后还会出现新的冲突。

2.1.2　渠道控制理论

（1）渠道控制机制

一般情况下，渠道冲突所带来的都是具有破坏性的结果，对渠道冲突问题进行管理并不在于消除某个冲突，而是增强渠道冲突管理水平，更好对冲突问题进行管理，完善企业营销渠道，增加企业与渠道成员之间的利益。渠道冲突管理机制包括设立共同目标、在渠道层次上互换人员、相互参加董事会、联合、畅通渠道通路等管理方法，具体管理如下：

①设立共同目标。企业在建立营销渠道时，要在渠道成员之间设计一个共

同的目标，并且这个目标应该落实到纸面上，与所有的渠道成员都形成书面协议。这样做可以使渠道成员的目标一致，既能保护渠道成员的利益，又能保证企业的利益。这种管理方法能够有效地避免由于渠道成员目标不一致，各自为了自己的利益而损害其他渠道成员利益的情况。在共同的目标协议中包括每个渠道成员所负责的销售区域范围、销售价格，以及对于发生窜货事件的处理方法等。一旦发生了与共同目标不符的情况就要按照协议中的条款对渠道成员进行惩罚，以此来控制渠道冲突的发生。

②不同渠道层次上互换人员。不同渠道成员所处的地位与环境不同，所以考虑事情的角度也不同，因而容易发生渠道冲突事件。对于不同渠道层次上的人员，可以通过互换的方式有效地了解其他渠道的信息，减少渠道冲突事件。

③相互参加董事会。各渠道成员之间也可以通过相互参加董事会的方式来避免冲突问题，相互参加董事会的目的是增强各渠道成员之间的沟通和交流，由于各渠道成员之间存在很大的差异，所以在沟通方面如果不及时的话，很可能会产生冲突，而且相互参加董事会可以更好地了解其他渠道成员的渠道任务的目前销售情况，彼此可以提出一些促进销售的办法和活动，对于任何一个渠道成员来讲，都是一个双赢的做法。

④联合的方式。现代社会讲求的是合作，有合作才有发展。因此，营销渠道成员之间可以通过联合的方式进行合作，将双方的利益结合在一起，一般情况下，联合多用于上下游客户之间，使彼此之间的利益紧密地联系在一起，使成员之间有共同的认识，共同努力，争取获得利益最大化。

⑤畅通渠道通路。营销渠道冲突问题能否第一时间得到有效解决与渠道通路是否畅通有着密切的关系。渠道冲突是避免不了的，那么在冲突发生时，以最快的速度解决才是对渠道成员最有利的。目前有很多的企业渠道通路不畅通，导致冲突问题不能及时地反映到总公司那里，渠道冲突问题激化，造成严重后果。所以在渠道冲突发生时，这一级别的渠道权限解决不了的情况，要及时上报到更高层的渠道上进行解决，以免由于渠道通路不畅而使渠道冲突问题解决滞后。

（2）渠道控制策略

渠道冲突的主要表现形式为窜货，窜货这种现象严重影响了市场的正常运作。首先，在窜货事件发生后，容易造成经销商与生产厂家之间的矛盾，从而导致合作关系破裂的情况发生；其次，窜货会使产品的售价不同，影响到整个市场上该产品的价格，而对于客户来讲，产品的价格差异过大会使消费者们产生误解，认为便宜的产品是假的，从而买其他厂家的产品，这会导致客户大量流失；最后，发生窜货事件对公司的形象也有损害，使其他品牌的厂商趁机占领市场。因此，对于这种渠道冲突的问题，通常的控制策略包括以下几个：

①将零售价格统一。由于产品销售范围较广，而且我国各个省市地区的经济发展情况不一样，产品在各地的价格也不一样，由于存在价格差，所以经销商为了获得更高的利益，会进行跨区域窜货销售。所以，厂家应该在能够满足各地经销商利润的前提下，将产品的零售价定为全国统一的价格，并且公司要派人对市场上售价进行监督与考察，实行全国统一价能够有效地杜绝窜货现象的发生。

②加大监督力度。厂商为了能控制好整个销售渠道的正常运行，就必须加大对各级代理商及经销商的监督力度，对于有窜货行为的经销商，公司应迅速做出处理，并且要对经销商进行严厉处罚，防止窜货行为对市场产生更大的影响。另外，厂家在选择经销商的时候，要对经销商的实力、口碑进行考察，拒绝接受存在窜货可能的经销商加入到营销渠道体系中来，争取打造一个持续稳定的渠道系统。

③对销售区域进行合理划分。由于各地区的市场情况不一样，所以各地的需求也不尽相同，供需之间的差异也会导致窜货。因此，厂商就要对销售区域进行合理地划分，让一个销售区域内经销商的数量适当，这样一来，各经销商之间能够形成良性竞争。同一地区的经销商数量不宜过多，数量过多竞争就会非常激烈，从而造成窜货的事件发生。

④加大处罚力度。经销商进行窜货都是为了获取更大的利益，而且经销商觉得窜货能够得到的利润要比窜货所付出的成本大很多的时候，他们就会毫不犹豫地选择利用窜货的方式来获取利益。因此，厂商对窜货的经销商应加大处罚力度，并且在签订合作协议时，就应该将窜货问题的惩罚编入合同中，比如扣除窜货保证金、罚款、取消返利政策，如情节严重者则停止供货并取消经销权。让商家意识到窜货所要付出的成本远远大于窜货本身能给他们带来的利润，使经销商们不敢窜货。同时，也要鼓励其他的经销商对窜货行为进行举报，厂家给予举报者一定的奖励，从而调动各经销商反窜货的积极性。另外，厂家应该派专人定期做市场调查，了解每家经销商的销售价格、进货渠道、销售数量等，如一经发现有窜货的行为，立刻上报到厂家，使厂家在最短时间内做出处理。

⑤控制售后服务。每一个消费者都知道，通过正常渠道所购买的产品都有正规的售后服务，厂商可以通过控制售后服务这个手段来防止窜货事件的发生，对于窜货购得的产品不提供售后服务，让消费者们有意识通过正规渠道来购买产品。窜货事件是发生在买卖市场上的比较常见的事情，窜货行为会给厂商及其他经销商带来一定的损失。因此，企业要能够结合实际情况，采取有效

的渠道冲突控制策略，使企业保持稳定的运营状态。

2.2 原因分析

2.2.1 渠道成员经营目标不一致

对于 DY 防水科技有限公司来说，各渠道成员之间都是互相独立的个体，所以渠道成员之间的经营目标肯定不一致，这样每个成员的营销活动都是按照自己的目标进行的，都是以自身的利益为出发点，所以各渠道成员之间会出现渠道冲突。DY 防水科技有限公司作为生产商，公司的最终目的是扩大销售范围，尽量在建材市场上占有较大的份额，这就需要拓宽销售渠道，扩大营销区域。但是对于经销商来讲，他们对产品进行销售，所要获得的就是经济利益，所追求的是利润最大化，所以这些经销商的想法是如何能从企业及下游中间商那里获得更高的利润，纯粹是以利润作为最终的目标。

在这种情况下，各级渠道成员的目标肯定不一致，这就造成了在对待某个问题时，生产商和经销商所考虑的目标不一样，每个渠道角色都是站在自己的立场上考虑问题，这样渠道成员之间的目标就很难保持一致。这种渠道成员目标不一致的情况导致 DY 防水科技有限公司在产品的推广、信用额度方面与经销商产生冲突。

2.2.2 渠道通路设计不科学

DY 防水科技有限公司在营销过程中采用多种营销渠道模式相结合的方式，造成了渠道通路设计不科学，发生渠道冲突事件后渠道通路决策不当的情况。在沈阳 B 公司发生窜货的行为时，最先知晓这件事的是北京的经销商 A 公司，北京的经销商 A 公司所销售的产品就是以高分子防水材料为主，一直以来，销售业绩都较为稳定，但是自从 B 公司发生窜货行为时，A 公司的销售额就直线下降。因此，A 公司的老板就派人到市场上去调查，最后调查的结果是市场上出现了一大批与 A 公司销售一样的高分子防水材料，最主要的是这批高分子防水材料的价格要比 A 公司低很多，因而大量客户被抢走。A 公司的老板得知这件事后，迅速地与北京大区经理联系，但是北京大区经理联系辽宁大区经理来解决这件事，而 A 公司也只能将事件反映给北京大区经理，没有权利继续向上层反映，而由北京大区经理再向上一层反映，DY 防水科技有限公司的市场部经理也不敢贸然处理此事，只能向 DY 防水科技有限公司的陈总反映此事。由于整个渠道通路设计过于局限，A 公司不能将事情直接反映到总公司那里，通过一层一层地反映需要一定的时间，错过了对 B 公司窜货行为的最佳控制时期，B 公司的行为过分嚣张，使渠道冲突问题日益恶化，给 A 公司带来严重影响。

2.2.3 渠道信息反馈不及时

DY 防水科技有限公司产生渠道冲突的另一个重要原因是营销渠道的信息没有及时进行反馈，所以对渠道成员之间的关系不太了解，当渠道成员之间发生冲突的时候不能及时地掌握渠道冲突的实际情况。这种信息了解的不对称的情况往往是由于渠道成员之间缺乏有效的沟通造成的，是造成渠道冲突的一个重要原因。沟通不意味着交谈，有时候谈话也是需要有技巧的，并不是单纯地谈判，而要上升到沟通的层次，要让其他成员了解自己的想法，同时充分了解其他成员的信息，达到一种信息对等的状态。本案例中造成窜货事件严重化的一个原因就是由于渠道信息反馈不及时，公司的上层领导没有及时得知此事，造成了事情处理延误的局面。

2.2.4 渠道成员监督不力

由于存在不同的销售区域，其中有多个销售环节，涉及多级的渠道成员，所以在销售的过程中对各级渠道成员的监管就尤为重要。DY 防水科技有限公司发生窜货事件的原因还在于对渠道成员的管理不善。

首先，公司缺乏对经销商的约束。案例中的沈阳经销商 B 公司是通过公司总经理的朋友介绍认识的，所以在做防水材料的经销时，并没有签订合约，这也是造成市场上窜货的一个重要原因。由于没有合同的限制，经销商利用这个空当进行大量的窜货，给其他经销商的利益带来损害。

其次，公司缺乏对经销商的监督。正是由于很多经销商都是公司老板的朋友，或是朋友介绍的熟人，所以公司对这些经销商是非常放心的，因而疏于对他们的监督，有很多时候根本搞不清楚货物的流向。作为经销商来讲，既没有公司的监督，公司几乎从来也不派人到这些经销商处了解情况，只是每年通过年会的形式对各个经销商的情况进行汇总。使得经销商们肆无忌惮地窜货。因此，公司缺乏对经销商的监督也是造成市场上窜货的一个重要原因。

2.2.5 渠道政策混乱

DY 防水科技有限公司出现窜货问题的另一个重要原因就是价格体系混乱，主要表现在产品销售到不同区域的价格不同，所以这让经销商钻了空子，利用价格之间的差来进行窜货。这种价格体系混乱产生的原因包括公司自身的因素，也包括经销商的因素。

DY 防水科技有限公司造成的防水材料价格混乱的原因分为两点。第一，公司将全国的销售地区分为了三个大区，即北区、南区和华东区。由于这三个大区市场上的消费水平不同、人均工资不同、消费者的购买情况不同，同时由于公司的生产基地在盘锦，所以配送货物所需要的运费也不同，因而导致了产品销往各个地区的价格不同。公司在开发初期实行差别定价的策略可以提高自身的竞争力，吸引消费者，但是随着公司的发展和壮大，营销渠道逐渐增加，价格的不同就会给企业带来不少的麻烦，也会经常产生窜货的情况。

另外，不只是销售价格不同，厂商对不同经销商所制定的价格也不同，一般情况下，渠道成员角色不同，厂商给予的价格是不同的，价格是按照大区经理、一级经销商、二级经销商、零售商之间的顺序逐渐增加的，而且不同成员角色之间的价格差能够保证中间商都能够获得一定的利润。但是，DY 防水科技有限公司的价格体系显得有些混乱，这主要是由于有部分经销商是老板的朋友，所以有很多经销商获得产品的价格要比其他同一级别的经销商所获得的价格低，这就让其他的经销商感觉到了不公平。因此，当价格不公平、不合理时，经销商就会想尽一切办法通过其他的手段将这之间的利润补回来，也就导致了经销商窜货的情况发生。

除了由 DY 防水科技有限公司的原因造成价格体系混乱外，还由于经销商的原因产生价格混乱，由于公司对经销商有年底返利的政策，所以有的经销商通过与营业员进行不合理的合作来赚取公司的促销支持，降低商品的价格以达到返利的额度。有的经销商甚至将自己区域的产品以低价卖到其他的区域，扰乱市场上的价格，可以说，经销商为了达到返利的额度不惜采用各种手段，这些情况都导致了 DY 防水科技有限公司的价格体系混乱。

3 　对策与建议

3.1 　建立渠道成员战略伙伴关系

3.1.1 　建立渠道成员的共同目标

要想建立起渠道成员之间的伙伴关系，就需要使渠道成员之间建立起共同的目标，当大家的目标一致时才会共同为这个目标而努力，如果每个人的目标都不一样，那么努力的方向也就不一致，必然会形成冲突。所以建立的这个共同的目标要受到所有渠道成员的认可，大家的想法一致，并且这个目标是不可能单单靠一个成员就能完成的，需要各成员彼此之间的配合才能达到，所以这个共同的目标指引着渠道成员向一个方向努力。这样的共同目标有：DY 防水科技有限公司的愿景规划、DY 防水产品的市场份额、产品的高品质、客户的高满意度等。具体策略包括：

首先，DY 防水科技有限公司一定要先制订好企业的长远规划，并且这个长远的规划要告诉给每一个渠道成员，让每一个渠道成员都清楚大家共同努力要达到的共同目标，利用这样一个长期的战略来使每一位成员意识到企业的发展目标，以及美好的前途，并且要拿出以前 DY 防水科技有限公司在整个建筑材料市场上的销售业绩，以显示企业的实力。另外，树立企业的品牌形象，企业吸引分销商并让所有的分销商为之服务，有很大一部分是源于企业的品牌，品牌做得好，也意味着这个品牌在市场上拥有一定的份额，并且利润良好。企业品牌与形象对企业的营销渠道成员能够产生重要影响，因而 DY 防水科技有限公司要通过提高企业的品牌形象来达到企业的共同目标。

同时，对于 DY 防水科技有限公司来说，要不定期地推出一定的优惠政策，以此来吸引渠道成员的注意，并且渠道成员之所以要销售 DY 防水材料，都是为了通过销售过程赚取一定的利润，所以 DY 防水科技有限公司的生产商要给予一定的政策支持，要能够及时通过返利的手段来使渠道成员获得一定的利润。因此，在利润方面，DY 防水科技有限公司的领导层要能及时确定下级经销商的返利额度，以此来激励渠道成员，使渠道成员按照共同目标进行发展。另外，企业要能够为渠道成员进行培训，提高渠道成员的渠道管理水平，增加渠道成员之间的合作。对于渠道成员来说，管理能力与公司相比较弱，DY 防水科技有限公司要想实现企业的愿景，就必须提高各渠道成员之间的管理水平，对营销渠道成员进行培训，以此来达到渠道成员共赢的目的。所以说，为 DY 防水科技有限公司营销渠道成员建立共同的目标，可以缓解外部的冲突和矛盾。

3.1.2 确立长期协作关系

DY 防水科技有限公司一直以来都是采用多种渠道相结合的方式进行营销的，而且这种销售方式给 DY 防水科技有限公司带来了极大的利益，但是随着经济的发展，DY 防水科技有限公司必须要考虑到如何才能在市场上稳定地占有一定的份额，并将这个份额扩大化，这就需要进一步增强 DY 防水科技有限公司与经销商、代理商、大宗客户之间的合作关系，保持长久的协作关系才能保证持续的利益。在这个方面上，DY 防水科技有限公司可以通过加强公司对经销商的控制能力，巩固与南区、北区、华东区这三大区域的大区经理之间的关系，保证合作关系的持久，同时以一些优惠政策来吸引经销商和企业建立长期的协作关系。优惠政策可以包括调整渠道价格、改进返利政策，以及奖励政策等，这种模式可以充分地调动起经销商的热情，从而企业保持良好的合作关系。

3.1.3 与"大户"级经销商建立伙伴型渠道关系

伙伴型渠道关系是一种新型的渠道创新，所谓伙伴型营销渠道关系是建立在系统渠道成员之间的，以互相信任、拥有共同目标、共同承担风险、共同获得利润为基础而形成长期合作、共同发展的关系。伙伴型渠道关系能够将生产商与分销商之间进行全面而系统的整合，而且能够使合作的范围更广，不断协调生产商与分销商之间的关系，使他们达到共同的目标，并且使彼此之间更加信任。对 DY 防水科技有限公司来说，需要与"大户"级的经销商之间建立起伙伴型的渠道关系，与"大户"级的经销商最大限度地合作，通过这些经销商为企业销售出更多的产品，获得更多的利润。

对于传统的营销渠道来说，生产商与大型的分销商之间的关系就很不稳定，因为他们两者往往都是从自身出发，考虑自身的利润水平，都积极为增加自身的利润而活动，这样往往会造成生产商和经销商之间出现矛盾，影响到正常的营销活动，给二者都带来一定的损失。但是如果生产商与经销商之间发展成伙伴型渠道关系的话，那么就相当于二者之间形成一个整体的关系，这样双方在考虑问题的时候就会从同一个角度出发，确保整个营销渠道的运营顺畅。另外，DY 防水科技有限公司所推出的销售政策也能够得到分销商的执行，尽量实现产品的价值，使得生产商和分销商之间的利益得到保证。伙伴型渠道关系中成员之间高度信任，有助于营销活动的顺利开展，并且也使得渠道权利能够均衡，避免了 DY 防水科技有限公司与分销商之间过度依赖。这对于 DY 防水科技有限公司来说，不用担心"大户"经销商利用"大户"的地位与之提出过分的政策要求，对于经销商来说，也不用担心生产商会再寻找其他的经销商而替代自己的地位，这样，经销商对 DY 防水科技有限公司也会更加忠诚。这样就达到了生产商与经销商共赢的目的，其间存在的营销冲突也会随之化解。

3.2 改进渠道通路设计

3.2.1 合理选择分销商

DY 防水科技有限公司虽然采用多种渠道相结合的方式进行营销，但是主要的渠道方式还是以独家总经销为主。所以说选择地区总经销商对于 DY 防水科技有限公司来说是非常重要的。地区总经销选择的好坏决定了这个地区的 DY 防水材料的销量，能够给企业带来多少利益，以及渠道冲突的问题。因此，所选择的经销商应该具备良好的市场通路能力、形象良好、与企业的最终目标一致，具体应该具备的条件如下：

（1）DY 防水科技有限公司所选择的经销商应该具备良好的市场通路能力，具有完善的市场销售网络，这一点非常重要。销售网络宽的话，可以迅速地将 DY 防水材料推广到市场中去，这样才能保证 DY 防水材料的销量。从另外一方面来讲，如果所选择的经销商与当地直营店的关系比较好的话，那么也能减少与直营店的营销冲突。

（2）所选择的经销商要有一定的资金能力和良好的形象。DY 防水科技有限公司是国内非常有名的一家建筑材料企业，所以与之合作的经销商也要有良好的形象，这样的话，从另一个角度来讲，也可以为 DY 防水科技有限公司提供一定的宣传，增加销售量。

（3）所选择的经销商要与企业有一致的愿景和目标。经销商与生产商之间能够合作的基础是目标一致，同时也能和其他的渠道成员建立良好的合作关系。所以 DY 防水科技有限公司要选择与企业有共同目标的经销商，并且将经销商的利益与企业的利益结合在一起，同时能够积极解决与其他渠道成员之间的冲突。

以上谈到的这三点要求是对经销商的最基本要求，DY 防水科技有限公司在选择经销商时根据这三个条件选择最合适的经销商，可以有效地减少与其他成员之间的冲突概率，提高整个 DY 防水科技有限公司的渠道营销能力。

3.2.2　渠道扁平化

由本文的 1.2 节对 DY 防水科技有限公司的渠道进行分析可知，DY 防水科技有限公司的渠道层级包括：生产商—终端消费者；生产商—零售商—终端消费者；生产商—大区经理—经销商—零售商—终端消费者。一般情况下，生产商—经销商—二级批发商—三级批发商—零售商—消费者的这种模式（如图3－1 所示）是最普遍存在的，也是 DY 防水科技有限公司在销售过程中最经典的销售体制。

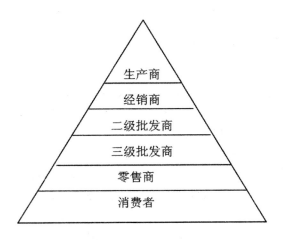

图 3－1　DY 防水科技有限公司金字塔式销售体制图

从图 3－1 可以看出，这是传统的金字塔式的销售体制，这种销售体制的特点是由金字塔的塔尖向下一层一层地扩展，生产商下游有几个经销商，经销商下游有多个二级批发商，二级批发商的下游有多个三级批发商，三级批发商的下游又有很多个零售商，最终通过零售商将 DY 防水材料卖到消费者的手中。这种销售方式能够大范围地占领市场，具有很大的辐射能力。但是随着经济的发展，市场竞争越来越激烈，这种传统的营销渠道存在很多的缺点，对于 DY 防水科技有限公司来说，这种营销渠道包含了很多层级，层级越多，所涉及的中间商就越多，公司也就越不好控制下游的销售渠道，而且每一个层级的中间商都要从中获取一定的利润，在各层级之间就会产生价格的差异，这是造成渠道垂直冲突的主要原因。而且，不仅如此，多层级的体制使得渠道利润变小，这种情况就会造成渠道成员之间通过非正常的手段窜货，造成跨区域销售等冲突，不同的渠道成员之间通过价格来争抢客户。这样会给企业的发展带来严重的影响。

因此，DY 防水科技有限公司需要将营销渠道进行改进，向着扁平化的方向发展，缩短销售渠道的长度、建立多个直营网点。一方面，销售渠道缩短后，DY 防水科技有限公司可以很好地对经销商进行控制，另一方面，建立多个直营网点，可以加大产品的销售量，最大限度地获取利润。具体的做法是将图 3-1 中所示的多个二级批发商和三级批发商的数量进行缩减，形成的模式为：生产商—经销商—零售商，并且 DY 防水科技有限公司可以在北京、上海、天津等大的城市设置配送中心，通过配送中心可以直接向当地或邻近省市的经销商及零售商提供 DY 防水材料。随着企业的发展，力争构建属于自己的电子商务平台以及渠道体系，向着渠道扁平化的趋势发展。

3.3 促进渠道信息交流与沟通

3.3.1 加强渠道成员之间的沟通

产生渠道冲突的一个很常见的原因就是各个渠道成员之间沟通不到位，或者产生认知上的误差。所以渠道成员之间要保持良好的沟通关系，遇到事情要多进行交流，没有沟通不能解决的事，并且渠道成员之间也要加强理解，毕竟大家都是为了利益，只有良好的合作关系才能获得更大的利益。因此，DY 防水科技有限公司应该加强渠道成员之间的沟通，具体的做法如下：

（1）邀请渠道成员参加 DY 防水科技有限公司的会议。对于 DY 防水科技有限公司的领导层来讲，对决策方面与管理方面比较专业，但是他们从不参与营销活动，因而对于市场的供求以及产品销售情况了解得并不全面。相反，对于中间商来讲，对销售市场的情况是非常了解的，因而在 DY 防水科技有限公司召开会议的时候，多邀请渠道成员参与，能够为公司提出产品的评价意见，同时多个中间商在一起也可以讨论下一步销售的策略。这种做法可以增进中间商之间的了解，沟通多了就会相对地减少冲突，虽然营销渠道的冲突是不可避免的，但是通过会议的方式加强成员之间的沟通，可以有效地减少冲突事件的发生。

（2）DY 防水科技有限公司可以不定期派人到经销商或直营店中去，加强对渠道成员的了解。公司派下来的来访人员到中间商那里进行考察，了解这段时间的销量情况、市场情况，以及中间商对公司的要求或意见等，增加企业与中间商之间的沟通，及时地了解其他渠道成员的想法，增强了解，公司委派的人员及时将中间商的想法反馈到公司总部去，及时解决渠道管理中存在的问题，避免冲突事件的发生。

（3）渠道成员之间要达到信息共享的状态。DY 防水科技有限公司的渠道成员之间应该加强对信息的共享，将了解到的市场情况、产品信息等进行成员间共享，并加强成员间的合作关系。例如，在 DY 防水科技公司的内部建立聊天群组织，在遇到问题时及时进行成员间沟通与交流，在聊天群组织中能够及时与生产商进行联系，使生产商获得的信息和渠道成员所知的信息相符，生产商才能对冲突事件做出迅速的决策，化解渠道成员之间产生的冲突问题。也可以在 DY 防水科技有限公司的官方网站上开发出一个新的板块，专门用于渠道成员之间信息沟通与交流。信息发展日新月异，沟通交流也越来越方便，所以渠道成员之间要利用好科技以达到信息共享，及时处理渠道冲突问题。

3.3.2 消除信息传递障碍

由于各渠道成员的信息传递不畅导致直营店与网络商城之间存在一定的冲突，所以要尽量消除信息传递的障碍。这就要求 DY 防水科技有限公司要加强对各分销渠道的管理，建立公司与各中间商的沟通平台，现在网络已经非常发达了，公司可以建立一个方便渠道成员沟通的群组织，渠道成员可以在群组织中表达自己的看法，也可以鼓励每个中间商多上传一些店面的图片供大家参考等，各中间商之间互相学习、互相进步。除此之外，DY 防水科技有限公司也可定期派考察团进行考察，比较多家中间商之间的共同点与存在的差异，另外，中间商也可以向考察者反馈信息。对于销售过程或与其他渠道成员之间存在问题的地方，可以随时提出来，协商解决。除此之外，DY 防水科技有限公司也可以经常将产品专家或技术专家派到直营店中，对店中的销售人员进行产品知识培训，也可以对营销技巧方面的内容进行讨论，使中间商们及时了解产品知识，掌握营销技能。此外，DY 防水科技有限公司已逐步扩大网络市场的营销面积，要处理好网络营销与传统营销之间的业务关系，并且加强二者之间的沟通，由于网络营销经常会利用一些优惠活动来吸引消费者，所以要将网络营销的活动政策让中间商及直营店知道，以免出现网络营销的优惠价格与实际店面所售价格不符的情况，造成网络商场与中间商之间的价格冲突。最后，DY 防水科技有限公司的领导层应该定期组织网络商城与实体经销商之间的沟通交流机会，多组织一些集体活动，减少沟通问题，增强彼此之间的友谊，最终达到共赢的目的。

3.4　强化渠道控制

3.4.1　推行产品差异化包装

对产品实行差异化包装可以非常容易地分辨出产品的销货地区，这种方式可以辨别出一批产品的销售范围，可以减少渠道冲突问题的发生。对于销往不同地区的产品，DY 防水科技有限公司可以采用不同的包装方式进行产品区分，从而减少窜货的情况发生。可以采用文字标志、颜色标志、条码标志等方法加以区分，比如将销往北京地区的 DY 防水材料，就在每种产品的包装上加以说明，可以印上"专供北京地区销售"的字样，同理其他的地区也采用这种方式，这样就可以有效地区分开货物销售的地点，可以避免出现窜货的情况。另外，也可以通过改变商标颜色的方法加以区分，不同的地区商标用不同的颜色进行印刷，一个大的片区供应一种商标颜色的货物，这种方法也可以减少窜货的情况发生。DY 防水科技有限公司还可以采用印刷条形码的方式对货物加以区分，每种商品都有唯一的条形码，将销往不同地区的货物印刷上不同的条形码，在消费者购买产品时，只要用机器一刷条形码就会出现产品的相关信息，包括产品规定销往的地方。采用这种方式虽然使生产商的成本加大了，需要给不同的地区配备条码识别器。利用条码识别器识别出的产品信息直接与网络相连，所以非常容易就能知道产品应该销往的地方，这种方法是最有效的方法，可以有效地减少大经销商"窜货"的情况。采用这种方法进行销售，销售产品时需要有对产品进行扫条形码的远程，这个过程是直接联网的，所以可以知晓产品销售的动向，另外即使出现了大经销商"窜货"的现象，也能够通过查询条形码的扫描记录获得产品的相关信息，知道产品由哪个地区"窜货"进入到该地进行销售的，追究起来比较容易。可以有效地减少由于"窜货"而引发的价格冲突问题。

3.4.2　实施合同保障制度

营销渠道成员往往为了个人的利益而背叛与之合作的另一方，这种情况非常常见，所以在对分销渠道冲突的管理中，要实施合同保障制度，以此来约束渠道成员的行为，并对违反合同规定的成员要给予严厉的惩罚。对 DY 防水科技有限公司来说，实施合同保障制度非常有必要，这种管理方法可以保证渠道成员的经济利益不受损害。DY 防水科技有限公司需要与各地的经销商、代理商、批发商和零售商签订一份具有法律效力的合同，合同中条款的内容应明确规定每个渠道成员所负责的销售区域范围，规定销售的统一价格，并且要求中间商交纳窜货保证金，规定如果中间商一旦被发现有窜货的现象，窜货保证金不予退还，并且还要受到相应的处罚，以合同的方式来保证渠道成员的利益。

目前，DY 防水科技有限公司采用多渠道相结合的营销渠道模式，多渠道营销可以拓宽 DY 防水科技有限公司的销售区域，提高产品的销量，为企业增加利益。因此，DY 防水科技有限公司采用合同保障制度，应该适应这种多渠道营销模式，这样能够保证直营店、经销商，以及网络营销商之间的关系稳定。

3.4.3 做好渠道监督工作

DY 防水科技有限公司应该结合企业自身的具体情况，设立监督检查机构，检查机构的成员为总公司的直属员工，人数设置在 5 人左右，对营销渠道的情况进行定期监督与检查，这个机构的成员专门负责整个公司运营渠道的状况，定期到全国的分销商处进行检查，监督产品的流向、销售价格、渠道成员的行为。尤其是要注意渠道成员的窜货现象，由于建议 DY 防水科技有限公司实行产品差异化包装，所以监督检查人员比较容易就能分辨出哪些产品不属于该地区的销售范围，一旦发现有窜货现象，要迅速追查产品供应的源头，同时向总公司汇报情况，由公司成立专门的调查小组对窜货行为进行调查，一经查出后，要根据所订立的合同条款给予处罚。除此之外，监督检查人员到全国各地的渠道成员处进行考察时，可以将中间商的意见反馈到总公司处，对于渠道成员存在的共性问题，总公司会提出有效的对策对渠道问题进行管理，提高 DY 防水科技有限公司渠道管理的水平，保证渠道成员的利益，促进公司的发展。

3.5 制定合理的渠道政策

对于 DY 防水科技有限公司来说，为了避免发生营销渠道冲突事件，需要制定一套合理的渠道政策，其中，渠道政策包括合理的渠道营销目标、合理的价格体系，以及合理的返利政策。具体内容如下：

3.5.1 调整渠道价格政策

产生渠道冲突的最根本原因是各渠道成员都为了追求利润的最大化，而对利润影响最大的就是商品的价格。因此，DY 防水科技有限公司必须制定合理的价格体系，避免由于价格问题而引起渠道冲突事件，另外，还要对分销渠道成员的零售价格进行控制，保证每一个重点的直营店所销售的价格相同，并且保证各经销商能够从中获得一定的利润。

　　首先，要给 DY 防水科技有限公司设计一套详细的价格体系，其中包括供货价和零售价。对于供货价这一方面，要保证给所有的供货商都一样的供货价格，这种供货价格的控制可以有效地减少跨区域的"窜货"行为。对于零售价这方面，也要规定所有直营店与经销商供货区域的连锁卖场的最低销售价格，制约直营店擅自降低零售价格，以此来避免直营店通过降低零售价的方式来与其他销售商进行价格竞争，使得其他渠道之间的利益受损。一般情况下，DY防水科技有限公司制订的供货价格和零售价格之间的价差要在 15%～20% 之间。这样的价差可以基本保证每个销售渠道成员都能获得一定的利润，这样整个销售渠道才能保持平衡。

　　其次，对于价格的确定，不能只是一个规定，要建立实质的价格保障体系，这就需要 DY 防水科技有限公司和下游的经销商之间签订合同，合同的内容要注明各分销价格，不仅如此，还要建立违规处罚体系，对于经销商或其他中间商有出现违反规定价格的行为要给予严肃的处理，DY 防水科技有限公司为了能够有效地约束经销商，防止经销商出现价格战的情况，需要在供货之前，要求经销商交纳一部分的价格保证金，以保证按照 DY 防水科技有限公司所规定的价格进行销售。并且在这期间，公司如果发现经销商在营销活动中存在价格违反规定的行为，则扣除经销商所交纳的保证金。如果情节严重的话，则取消经销商的资格，终止合作关系。另外，对于直营店来说，也要与公司签订合同，内容要对销售价格进行明确规定，并且公司如果发现直营店在营销活动中违反规定的价格，就要停止供货，进行停业整顿，直到最后直营店保证再也不出现违反销售价格的情况，才允许其正常营业。

3.5.2　改进中间商奖励政策

　　奖励的形式通常是返现金或者是产品，这种返利的方式可以有效地激起经销商的销售热情。以往 DY 防水科技有限公司是以销售量为依据，对中间商进行销售返利，也就是说，根据销售量的多少来计算返利的金额，只要经销商能够达到公司对销售量的要求，公司就会给予一定程度的返利优惠。但是这种渠道管理的方式较为粗放，并且只是根据销售量这一个指标进行返利的话，有些片面。所以随着企业的发展，这种粗放式的营销渠道管理中存在的问题逐渐凸显出来，而且这其中也隐藏了冲突及隐患。

　　因此，DY 防水科技有限公司需要重新制订合理的销售返利政策，在销售返利的过程中增加管理的内容，加强对营销渠道的控制，所以对返利政策的制订要考虑两方面的内容：一方面要考虑销售量这个指标，根据经销商的销量完成情况，比如经销商完成 100 万元的销售额，按 2% 进行返利，完成的销售额在100 万～200 万元之间，按 2.5% 进行返利，不能过高返利。另一方面，要将返利政策与管理的指标挂钩，除了要考虑销售量之外，还要考虑产品的数量、库存周转天数、产品宣传，以及陈列摆设等内容，这样的话就可以对渠道运行的每一个过程进行很好的控制。在执行的过程中，对于没有完成销售量的经销商或直营店，要扣除一定的返利，对于按照销售目标完成的经销商或直营店，除了按照规定给予返利外，还要有相应的鼓励奖。DY防水科技有限公司制定合理的返利政策后，可以加强对整个营销渠道的管理，激励中间商创造优秀的业绩，保持良好竞争的氛围，减少营销渠道中成员之间的冲突。

结束语

本文结合了渠道冲突的相关理论基础，以DY防水科技有限公司为研究对象，对公司存在的渠道冲突问题进行描述，然后对营销渠道冲突产生的原因进行深入分析，并且结合DY防水科技有限公司的实际情况，为企业提出解决渠道冲突的对策及建议。通过论文写作，本文认为企业解决渠道冲突，以下几方面尤为重要：

（1）渠道冲突问题不可避免。这是由渠道成员的属性决定的。企业营销渠道中的每一个成员，都是追求利益最大化的经济实体，谋求自身利益是其进入渠道的动因。鉴于此，企业应首先建立起渠道成员的目标认同，形成战略伙伴关系，在同一目标指引下实现各自的利益诉求。

（2）渠道设计与合作可以有效减少渠道冲突。渠道冲突一旦发生，解决冲突的投入会加大企业的运营成本。因此，对于渠道冲突，低成本的解决之道是防患于未然。科学合理的渠道设计是企业事前控制渠道冲突的有效方法。而科学合理的渠道设计要求企业渠道宽度与深度适宜，信息沟通顺畅，关系融洽。

（3）渠道控制是企业解决渠道冲突的主要策略。这里的渠道控制应该贯穿于企业营销渠道的形成、发展乃至消亡的全过程。只有全过程的控制才能及时发现冲突，有效解决冲突。企业对渠道控制可以从多方面入手：渠道产品差异化、渠道政策明晰化、渠道成员监督的制度化等都是企业强化渠道控制的措施。

企业因其所处的行业不同、发展阶段不同，面临的渠道冲突问题也各不相同。但无论问题的表现有何差异，渠道冲突的本质具有共同性。企业应根据自身的发展状况，以渠道成员互利共赢为目标，选择解决渠道冲突的策略，以推动企业的发展壮大。

参考文献

［1］Bert Rosenbloom. Functions and Institutions：The Roots and the Future of Marketing Channels［J］. Journal of Marketing Channels，2013，Vol. 20（3－4）：191－203.

［2］EdwardD. Gailey，JoyceA. Young. An Examination of Marketing Channel Conflict and Cooperation in the Motorsports Industry［J］. Journal of Marketing Channels，2012，Vol. 19（3）：212－228.

［3］Florian Dost. A Non－linear Causal Network of Marketing Channel System Structure［J］. Journal of Retailing and Consumer Services，2014.

［4］Guijun Zhuang，Xubing Zhang. Impact of Relationship Marking Orientation on the Exercise of Interfirm Power and Relational Governance in Marketing Channels：Empirical Evidence From China［J］. Journal of Marking Channels，2011，Vol. 18（4）：279－302.

［5］JoyceA. Young，NancyJ. Merritt. Marketing Channels：A Content Analysis of Recent Research，2010 － 2012［J］. Journal of Marketing Channels，2013，Vol. 20（3－4）：224－238.

［6］Ying Ma，Fei Feng. On the System Dynamics of the Logistic Risk of Marketing Channels［J］. Journal of Software，2013，Vol. 8（5）：1194－1200.

［7］蔡洁. ZDDT 营销渠道的优化策略研究［D］. 硕士学位论文，复旦大学，2014.

［8］陈阳阳. 基于博弈视角营销渠道治理研究［J］. 中小企业管理与科技（上旬刊），2013（9）.

［9］陈跃. 中国企业营销渠道冲突与管理战略研究［J］. 中国市场，2012（1）.

［10］龚诗婕，吕庆华. 营销渠道合作关系的演化博弈分析［J］. 商业时代，2014.

［11］龚诗婕，吕庆华. 营销渠道合作关系的演化博弈分析［J］. 商业时代，2014（15）.

［12］郭燕，周梅华. 传统零售商内外部渠道冲突管理的应对策略［J］. 商业时代，2014.

［13］黄永辉. 营销渠道冲突的管理策略研究：以江苏恒大化工公司为例

[D]. 硕士学位论文，湘潭大学，2012.

[14] 吉华东. 营销渠道政策效果评价标准研究 [D]. 硕士学位论文，浙江理工大学，2012.

[15] 姜红勇. HLJ 公司营销策略研究 [D]. 硕士学位论文，河北工业大学，2013.

[16] 瞿莉娜. 现代企业营销渠道体系的整合与创新途径 [J]. 现代营销（学苑版），2012（5）.

[17] 赖弘毅，晃钢令. 渠道权力的使用效果研究：基于元分析技术 [J]. 南开管理评论，2014（1）.

[18] 李连英. 营销渠道合作研究述评 [J]. 华东理工大学学报（社会科学版），2012（3）.

[19] 李敏，万坤扬，郑书莉. 一家制造企业的营销渠道改进 [J]. 企业管理，2015（1）.

[20] 李欣，赵晓波. 基于信息经济学的营销渠道冲突管理研究 [J]. 商场现代化，2014.

[21] 李杨. 营销渠道理论综述 [J]. 经营管理者，2013（6）.

[22] 梁娟娟. 中小微企业移动电子商务运营策略研究 [J]. 合作经济与科技，2015（3）.

[23] 刘胜强. 营销渠道权力与关系质量作用机理的实证研究 [D]. 硕士学位论文，吉林大学，2012.

[24] 刘小莲. 区域营销渠道冲突困境和管理策略 [J]. 现代营销（学苑版），2012（01）.

[25] 罗文. BDF 公司渠道冲突管理 [D]. 硕士学位论文，华东理工大学，2013.

[26] 毛帅. 制造商渠道行为对渠道的关系质量影响研究 [D]. 硕士学位论文，中南林业科技大学，2012.

[27] 沈哲. XX 公司的营销渠道冲突管理研究 [D]. 硕士学位论文，兰州大学，2013.

[28] 王弥. 我国营销渠道存在的问题及创新模式研究 [J]. 武汉船舶职业技术学院学报，2013（12）.

魏炳亮. 论营销渠道冲突管理 [J]. 科技经济市场，2013（6）.

[30] 吴蓓蕾. LE 集团国内营销渠道研究 [J]. 江苏教育学院学报（社会科学版），2013（9）.

[31] 杨涛，李岚和田仁菊等. 中小企业营销渠道建设与管理研究 [J].

经济师，2014（04）.

　　［32］张闯，关宇虹. 营销渠道网络结构对渠道权力应用结果的放大与缓冲作用：社会网络视角［J］. 管理评论，2013（6）.

　　［33］张闯，张涛，庄贵军. 渠道权力应用、冲突与合作：营销渠道网络结构嵌入的影响［J］. 商业经济与管理，2015（2）.

　　［34］张春辉. D公司销售渠道冲突管理研究［D］. 硕士学位论文，西南交通大学，2013.

　　［35］庄贵军. 基于渠道组织形式的渠道治理策略选择：渠道治理的一个新视角［J］. 南开管理评论，2012（6）.

华晨汽车销售公司品牌营销策略研究
Brilliance Auto Sales Company Brand Marketing Strategy Research

作者：苏庆菊　指导教师：郭燕青　教授

摘　要

中国的汽车工业已经走过 60 多年了，经历了从无到有，从自力更生到合资经营，从技术引进到自主研发，从外资品牌独霸市场到自主品牌异军突起，我国逐渐成长为世界第一汽车制造大国，汽车保有量跃居全球第二，走出了一条独特的发展道路。展望中国汽车市场近 20 年来的发展，尤其是 2001 年到 2010 年之间，中国汽车产量年平均增长高达 24.3%，可以说是在飞速地增长。进入 2010 年后，我国汽车市场进入了调整期，增速明显放缓。面对市场需求萎缩，倍感压力的各汽车厂商不得不采取减产降价的措施，提振终端销售。2015 年 4 月 6 日，中国汽车市场老大上海大众率先宣布旗下热销产品进行不同程度的厂家优惠。紧接着长安福特、北京现代也纷纷宣布官方降价。华晨汽车面对日益激烈的市场竞争，如何合理制定品牌营销策略，是作为一名华晨人不得不关心的问题。文献分析、理论结合实际是本文主要采用的研究方法。在运用文献分析方法的基础上，对品牌营销理论进行梳理和总结，为最终华晨汽车品牌营销策略的提出提供理论依据。运用理论结合实际，分析了华晨汽车品牌营销中存在的问题，并有针对性地提出改进措施。

本文首先在绪论部分介绍了本文研究背景和研究意义，以及论文的内容和方法。第一章是概述相关理论基础，对 STP 理论和品牌营销理论进行综述。其中基于 CBBE 模型的品牌价值理论是本文主要运用到的理论。第二章介绍了华晨汽车销售公司现状和品牌营销组合策略，分别从品牌发布会、参加高规格车展、拓展渠道、加强品牌宣传力度四个方面进行了介绍。第三章提出了华晨汽车销售公司品牌营销策略存在的问题并分析其原因，目标市场和定位不明确、提升品牌力方法缺乏创新、渠道建设质量不高、营销理念相对落后是华晨汽车销售公司营销策略产生问题的主要原因。第四章提到的是华晨汽车销售公司品牌营销策略的改进，从品牌内涵、品牌定位、品牌形象和品牌推广渠道四方面进行提升。第五章是华晨汽车销售公司品牌营销策略改进策略的实施保障，提出必须建立适应市场竞争的组织结构，转变经营理念，提高销售服务水平，加强渠道管理与控制的策略。

关键词： 汽车市场　品牌营销　策略

ABSTRACT

China's auto industry has gone through more than 60 years, has experienced from scratch, from self — reliance to joint ventures, from technology introduction to independent research and development, from foreign brands dominate the market to independent brands have sprung up everywhere, until the growth for the world's first automobile manufacturing country, ownership jump is the second largest in the world, out of a unique path of development. Prospects for the development of China's auto market in the past twenty years, especially from 2001 to 2010, the average annual growth rate of China's automobile production reached 24.3%, it can be said that in the rapid growth. After entering the 2010, China's auto market has entered a period of adjustment, the growth rate slowed down significantly. In the face of shrinking market demand, the pressure of the car manufacturers have to take measures to cut prices, boost terminal sales. April 6, 2015, China's automobile market leader in Shanghai Volkswagen first announced the sale of its products to different degrees of preferential manufacturers. Followed by Changan Ford, Beijing Hyundai also announced the official price. Brilliance Auto in the face of increasingly fierce market competition, how to formulate the strategy of brand marketing, I as a brilliance man will have to care about. Literature analysis, theory and practice are the main research methods used in this paper. By using the methods of literature analysis, the theory of brand marketing to sort out and summarize, eventually brilliance automobile brand marketing strategy is put forward to provide theoretical basis. Theory combined with practice, analyzes the problems of brilliance auto brand marketing in the presence of, and puts forward improvement measures.

This paper firstly introduces the background and significance of this study, the content and methods of the thesis. The first chapter outlines the relevant theoretical basis, the STP theory and brand marketing theory is reviewed. The theory of brand value based on CBBE model is the theory used in this paper. The second chapter introduced brilliance auto sales company status and brand marketing combination strategy, respectively from the brand conference, to participate in the high — level auto, expand the channels, strengthen brand propaganda four is introduced. The third chapter puts forward the existing brilliance auto sales company brand marketing strategy and analysis of its causes. Target market and positioning is not clear, brand improvement methods lack of innovation, channel construction quality is not high, marketing concept is relatively backward of brilliance auto sales company marketing strategy which is the main reason. The fourth chapter talk about improvement of brilliance auto sales company brand marketing strategy, from the connotation of the brand, brand positioning, brand image and brand promotion channel four aspects to enhance. The fifth chapter on brilliance auto sales company brand marketing strategy improvement strategy for the implementation of security, we must to establish the organizational structure of the market competition, changes in business philosophy, improve sales and service level, strengthen the management and control of channels.

Key Words：Auto market Brand marketing　Strategy

绪　　论

0.1　研究背景

改革开放以来，特别是近几年我国汽车工业发展势头强劲。根据中国汽车工业协会数据显示，2013 年全年，全国汽车产量为 2211.68 万辆，同比增长 14.76%，销量为 2198.41 万辆，同比增长 13.87%，增速较往年大幅提升，高于 2013 年年初预计，并且再次刷新全球汽车产销记录，连续五年全球产销第一。

近十年来，伴随着经济全球化的不断加速，在汽车行业内部也开始了越演越烈的行业重组和兼并，而且这种行业趋势仍在继续。汽车行业内的重组和兼并造成的直接后果就是大的集团越来越强，逐步形成了"6＋3"的国际汽车产业格局。国际汽车产业的兼并重组，不可避免地影响了中国汽车产业格局，中国汽车市场形成了"你中有我，我中有你"的竞争格局。国内外汽车企业在中国市场的竞争由早期价格竞争转向品牌、营销、人才、管理等要素的全方位竞争，并且竞争将越来越激烈。自主品牌需要逐步完成从抓外部机会到提升内部核心竞争力、从心浮气躁到苦练内功、从依赖外国技术到走向自主研发的转变。中国汽车产业要从制造大国向产业强国迈进，就必须要研发具有我国企业自主知识产权的核心产品，同时从零部件、销售服务体系和相关产业三方面入手，使我国汽车产业向更高的台阶迈进。面对着异常残酷的市场竞争，自主品牌想要与合资汽车及进口汽车共竞舞台，实施相应的品牌营销策略是必不可少的。华晨汽车集团旗下拥有三大自主品牌，以及一个合资品牌。其中金杯商务车销量已逾 100 万辆，中华轿车销量超过 10 万辆，华颂作为新兴的高端商务车自主品牌刚刚上市，合资品牌华晨宝马在中国大陆市场共销售 39.07 万辆。

0.2 研究意义

2015 年，中国汽车市场持续了上一年的下跌行情，汽车销量进一步萎缩，排名销量前十的车企都没有完成预定销售目标，整个市场可谓跌至谷底。据中国汽车工业协会数据显示，今年上半年乘用车产销量分别为 1032.78 万辆和 1009.56 万辆，同比增长仅为 6.38％和 4.80％。与此同时，5 月份中国汽车经销商库存预警指数达到了 57.3％，同比上升 8％，连续 8 个月高于 50％的警戒线。华晨汽车销售公司提出了以"品牌经营"为核心，"用改革提供创新动力，用创新创造有效市场"，变"坐商"为"行商"，推动营销体系的转型升级的这种新营销策略，并取得了优异的成绩。本文选择以华晨汽车销售公司品牌营销策略研究为题，旨在分析华晨汽车采取什么样的品牌营销策略来应对当下国内汽车残酷的竞争环境，以供我国其他汽车自主品牌借鉴。

0.3 论文的主要内容和研究方法

0.3.1 论文的主要内容

本文拟通过对品牌营销策略相关理论进行阐述，并以在华晨汽车销售公司从事品牌管理、公关传播的工作经历，探讨品牌营销策略理论下中华轿车在中国市场进行有效管理并获取竞争优势方面的现实意义，并对如何将品牌营销策略方案应用于实践方面做简要分析。本文将品牌营销策略的相关理论运用于对华晨汽车销售公司在中国市场的分析，通过国内汽车行业分析、市场研究等多种手段对华晨汽车中国市场品牌营销策略方案进行分析，进而提出华晨汽车销售公司品牌营销策略实施的保障措施。

0.3.2 论文的主要研究方法

本文的研究方法有文献研究法、访谈法、理论与实证相结合的方法。

（1）文献研究法：笔者在辽宁大学图书馆查阅了大量关于汽车营销方面的书籍，通过中国知网、万方学位论文（总站）等电子数据库查找相关文献，并通过阅读这些书籍、文献，掌握了品牌营销的基础理论知识。

（2）理论结合实际的方法：笔者利用 STP 理论、品牌营销理论、4P 理论等重要的营销理论，分析影响品牌策略的几方面要素。

（3）访谈法：笔者与华晨汽车销售公司总经理、品牌营销经理、广宣人员进行座谈，进一步了解华晨汽车销售公司所采取的品牌营销策略，获得了一整套全面、完整、准确的资料，为本文的完成打下了坚实的基础。

1 理论基础

1.1 STP 理论

科特勒在其著名的《营销管理》一书中论述道："当代战略营销的核心，可以定义为 STP 营销，即细分市场（Segmenting）、选择目标市场（Targeting）和产品定位（Positioning）。"从科特勒对战略营销的定义中可以看到，市场细分是企业战略营销的前提，企业通过市场细分确定目标市场，从而生产差异化的产品，赢得市场。

细分市场的依据包括购买者的产品需求、采购实力、地理位置、购买态度和购买实践等。由于每位购买者都有自己特有的需求和欲望，所以每位购买者都可成为一个潜在的独立市场。卖方可以针对每位购买者设计不同的产品，制订相应的营销计划。这种市场细分的极限程度称为定制营销，也称为"顾客化营销"。

细分市场通常能吸引好几位竞争对手，而补缺市场只能吸引一个或少数几个竞争者。补缺市场内的营销人员对顾客的需求了解要非常透彻，以至于顾客情愿支付较高的价格。例如，奔驰公司汽车的价格相对较高，但顾客仍忠诚于它的产品，因为他们认为其他汽车公司无法提供与之相媲美的产品和服务，这就是品牌的溢价能力。

最具吸引力的补缺市场应具备以下特征：市场内的顾客有自己独特的相对

复杂的需求；顾客对于最有能力满足自己需要的公司，愿意支付较高的价格；市场内的营销人员要取得成功，必须使自己的经营具有独到之处；市场内处于领导地位的公司，其地位不会被其他竞争对手轻易动摇。例如，宝马汽车公司提供 M、X、Z 和 I 等多种型号的车型，每种车型针对着不同的消费群体。

1.1.1　市场细分

从市场营销观念建立后，以"消费者为中心"的观念就成为营销学的主要观念。但是随着市场的发展和消费者需求个性化需要的产生，营销学又出现了市场细分的相关理论。20 世纪 50 年代，温德尔·斯密提出了市场细分的理论。市场细分就是要分析消费者的不同消费习惯，同时结合企业的实际情况将消费者进行分类，然后形成诸多具有相似性的子市场的过程。

市场细分理论的产生和发展是建立在现代市场的不断完善基础上的。在现代市场条件下，消费者的需求由共性化转向个性化。如此庞大的消费者数量，且消费者的分布极为分散，任何企业要想利用其有限的资源来满足消费者的需求是不可能完成的，这就需要企业通过市场细分将企业现有的产品或者服务提供给能够满足其需求的部分消费者。企业在实施市场细分时，需要按照地理位置、人口分布、行为取向和心理因素进行分类，然后依据这四个标准对企业的目标人群进行细分。同时，企业还要对自身提供的产品和服务进行定位，根据四要素进行调查和分析，一段时间过后要对实施较好的细分市场或者重点发展的细分市场进行分析。但进行细分的四要素也不是绝对的，当企业使用上述要素对目标市场无法进行准确的市场定位时，就需要进行综合分析和判断。当企业对目标市场进行分析时，必须要做到有明确的针对性和详细的分析。企业最终选择要进入的细分市场是有潜力的，且企业成本较低，企业产品和服务在一定时期内有不可替代性的市场，相反如果细分市场已经饱和，且企业成本较高时，企业对于该细分市场可以考虑放弃而进行重新选择。

1.1.2　目标市场

1. 细分市场的评估

细分市场的选择必须建立在对其准确的评估基础上，否则就会出现很多企业进入一个相同或者类似的细分市场，给企业造成不必要的损失。在对细分市场进行评估时，主要依据企业当前的资源条件、细分市场的市场饱和度和细分市场的内部吸引力三个要素共同确定的。

第一个因素是企业自身的资源条件。企业进行市场细分，首先要对企业眼下的实际情况进行准确分析，既要分析自有的产品和服务的竞争力，也要分析企业的人力和财力，当细分子市场需要的财力和物力要素超出企业的能力时，企业应该放弃。作为企业市场细分的关键性要素，企业要从企业的发展理念进行分析，当企业短期的发展理念和细分市场相一致时，可以适当进入；而当细分市场和企业的中长期发展理念发生冲突时，即使当前目标市场有一定的吸引力，企业也应该果断放弃。

第二个因素是细分市场的市场饱和度。对于目标子市场的分析要充分衡量市场的饱和度，消费者的购买数量和购买能力。对于潜在市场的市场需求要进行合理分析，一般来说市场需求越大，对于企业的吸引力也就越大，相应的市场竞争也就越激烈，对于中小企业来说，需求量较大的市场不仅花费较大的成本，且结果也具有不可预知性；所以对于中小企业来说，另辟蹊径，选择那些大企业较少的子市场是最好的选择。例如，我国的智能手机市场，中低端智能机市场已经相对饱和，市场竞争可以用白热化来形容。该市场不仅有国际品牌，还有小米为首的互联网品牌，因而在激烈地竞争下，许多知名品牌被打败。所以，对目标市场容量和饱和度的分析一定要详细而具体，对市场中的竞争对手也要进行分析。

最后就要分析细分市场的内部吸引力。内部吸引力也就是细分市场内部的竞争力，当细分市场的内部竞争者越多时，该细分市场的内部竞争也就越激烈，同样该细分市场的市场吸引力也就越低。细分市场的竞争者较多，且替代产品已经存在或者当前政策已经向新产品倾斜时，该细分市场就不具有吸引力。以汽车市场为例，当前各大品牌在中国市场的竞争尤为激烈，不仅有国际品牌、合资品牌，还有国内自主品牌，如果还有企业想进入传统汽车领域就显得得不偿失。从我国当前的政府政策来说，政策导向已经向新能源汽车倾斜，且电动、混合动力汽车已经存在，且在短时间之内已经对传统汽车产业构成一定的冲击能力，所以传统汽车行业内部吸引力已经降低。

2. 进入细分市场的方式

企业对细分市场进行分析和评估后，会选择一个或者几个要进入的细分市场，而选择要进入的市场也就是企业的目标市场。对于目标市场的进入，企业要讲求进入方式。一般来讲，企业进入目标市场的方式主要有以下五种：

第一，针对性进入式。针对性进入式是企业选择了几个不同的细分市场，且几个不同的细分市场可能会形成不多的细分品牌，几个细分市场之间并没有太多的联系，甚至相差很远，但是企业从几个不同的细分市场都取得了不错的成绩。

第二，集中进入式。一般在企业建立初期都会采用集中进入的方式，该方式的优势是企业能够集中当前的所有力量做好一件事情，当企业在一个细分市场获得成功以后再向别的市场迈进。

第三，差异化进入式。企业根据不同的细分市场设计不同的产品，然后利用不同的品牌经营这些细分市场来满足不同消费者的需求，这是许多大企业采用的策略。

第四，无差异化进入式。无差异化进入和差异化进入正好相反，虽然企业也有着重的几个细分化市场，但是经营管理者采用一种较为相似的策略进行经营，注重的是细分市场之间的相似性。

第五，专门化进入式。这部分企业讲求的是专业性，只是针对某些特殊需求的消费者提供满足其需求的产品或服务。

1.1.3　市场定位

一般意义上，我们把企业选择了相应的目标市场，同时进入目标市场的整个过程称为市场定位。企业市场定位的目的就是使企业的产品和服务渗透到目标消费者中，逐步形成企业的优势。

1.2　品牌营销理论

1.2.1　品牌与品牌营销

品牌是企业在营销过程中形成的，与竞争对手相区别的，反映企业与消费者关系的，有生命、有价值且有象征意义的信用符号。

有些学者从品牌的信息整合功能入手，将品牌置于营销乃至整个社会的大环境中，并加入时间维度和空间因素进行分析。大卫·奥格威（1955）认为："品牌是一种错综复杂的象征，是品牌属性、名称、包装、价格、历史、声誉、广告方式的无形组合。品牌同时也因消费者对其使用的印象以及自身的经验而有所界定。"

营销学大师菲利普·科特勒（Philip Kotler）指出，一个品牌往往是一个更为复杂的符号标志，能表达出六层含义。（1）属性。一个品牌代表着特定的商品属性。如沃尔沃告诉顾客它是世界上最安全的轿车。属性包括内部属性和外部属性。其中原材料、形态、制造过程等属于内部属性，服务、包装、价格等内容属于外部属性。（2）利益。一个品牌不仅仅局限于一组属性。顾客购买的不是产品的属性，而是产品的利益。例如，同样是汽车，为什么奔驰、宝马等名牌车比一般品牌的轿车价格高？因为当你购买奔驰、宝马时，不是简单地在购买代步工具，而是在购买一种身份和地位的象征。利益包括功能利益、体验利益、财务利益和心理利益等内容。（3）价值。品牌还体现了企业的某些价值感。价值包括归属感、爱、自尊、成就感、社会认同、享受、安全、快乐等内容。如飞利浦的顾客价值主张是"科技人本化"，在这个价值观念的统率下，飞利浦的家电产品虽然多达上千种，但都表现出同一特点：科技含量高、质量好、使用起来非常方便。（4）文化。品牌可能附加着企业特定的文化。例如，可口可乐长期以来积极树立自身品牌，不断提高企业及其产品的知名度、美誉度、追随度。

1.2.2 营销 4P 理论

1960 年，杰罗姆·麦卡锡第一次将产品（product）、价格（price）、渠道（place）、促销（promotion）归结为企业四个基本营销要素，这四个单词的首写字母都是"P"，所以这个理论又简称为 4P 营销理论（the marketing theory of 4Ps）。1967 年，菲利普·科特勒（Philip kotler）出版的《营销管理：分析、规划与控制》中，他就详细地介绍了以 4P 为核心的营销组合方式内容。

4P 理论目的在于用最适宜的产品，以最便宜的价格，用最适当的促销办法及销售网络，最好地满足目标市场的消费者的需求，以取得最佳的信誉及最好的经济效益，该理论的提出奠定了营销管理的基础理论框架，它把企业营销过程中可以利用的成千上万的因素概括成四个大的因素——产品、价格、渠道和促销，非常简明，易于把握，得益于这一优势，它很快成为营销界和营销实践者普遍接受的一个营销组合理论。但这一理论在有些方面也受到了一些批评，如只从卖方来考虑问题，没有体现市场导向或顾客导向；主要关注的消费品的销售，针对服务领域的作用要受到限制；营销要素过于简化等。因而，实践中的营销活动根据需求产生不同的营销因素组合，推动着市场营销管理的发展和营销资源的优化配置。

1.2.3 基于 CBBE 模型的品牌价值理论

凯文·莱恩·凯勒（Kevin Lane Keller）于 20 世纪末期提出了 CBBE 模型（Customer－Based Brand Equity），该理论的形成是在消费者品牌资产模型的理论基础上进一步阐述和研究的。CBBE 模型的理论研究前提是消费者对于一个品牌是存在品牌感知的，同时对该品牌有一定的用户体验。伴随着时间的发展，品牌在消费者心中留下的烙印还是比较深的。Keller 认为，品牌资产由品牌标志、品牌内涵、品牌反应、品牌关系四个不同层面构成。CBBE 模型的具体内容大致可以分为六个内容，包括形象、感觉、呼应、评判、绩效和明显特性。在六个内容中，品牌的明显特性也就是该品牌的标志，呼应也就是品牌关系的内容。通过对模型的理论研究发现，品牌的创立不仅仅需要有明确的品牌标志，还需要有深刻的品牌内涵，同时建立起品牌与消费者之间的良好关系。

（1）构建清晰的品牌标志，提高品牌的独特性。品牌的独特性就是该品牌在任何场合，在与其他品牌混杂在一起时也可以被消费者认出，品牌表现出的特性是容易被消费者记住的。一个品牌是否具有明晰的品牌标志，主要考察品牌的两方面内容，一是品牌的深度，二是品牌的宽度。品牌的深度是消费者在心灵深处对品牌的认可程度、接受程度，它是消费者发自内心的，是消费者的自愿选择和决定，一旦形成，则不会轻易做出改变。而相对应的，品牌的宽度主要是消费者主观角度愿意消费的情况。当消费者总是能想起该品牌，并且需要购买物品时，首先想到的就是该品牌的物品，那么该品牌在消费者心中就拥有较高的品牌宽度。

（2）在品牌内涵方面，创建较高的品牌绩效和良好的品牌形象。品牌内涵从抽象的角度出发，主要包含消费者产生的与品牌相关的联系；从实用角度出发，则是与绩效相关的联系。而这些联系的产生是由消费者体验形成的，而消费者体验的好坏都会通过消费者的口碑进行传递。品牌的绩效主要是产品的内在特征，还包括与产品和服务相关的内容，包括服务人员的效率和态度、汽车的耐用性等。

（3）品牌反应既有正面的，也有负面的，所以我们要积极引导正面的品牌反应。消费者对于品牌的看法和态度就构成了品牌反应。而消费者一般通过对产品的质量、特征、信赖度、传播度等进行分析。一段时间内，消费者对于一个品牌的反应度是一定的，但是当该品牌的新产品能够满足消费者的需要时，则该品牌的品牌反应度会出现一个较大的正面提升。以小米为例，小米手机的出现颠覆了手机行业的规则，人们不再需要用高价购买智能手机，同时小米手机过硬的质量和较好的服务也成为小米手机迅速发展的重要原因。正是在小米手机正面品牌反应的情况下，后期趁热打铁，陆续推出了小米系列"生态链"产品，从小米手环到空气净化器，从小米盒子到小米电视，从插线板到智能开关等，小米的产品覆盖了生活的方方面面，这种正面的品牌反应对企业的发展起到了积极的促进作用。

（4）建立消费者与品牌之间心心相印的桥梁。所谓建立桥梁就是让品牌所有者与品牌消费者、品牌消费者与消费者之间以品牌为媒介所产生的不同心灵之间的共同反应。凯勒提出品牌资产的最高层次就是消费者与品牌的共鸣。品牌共鸣的内容主要包括，消费者对企业的忠诚度、归属感、行为偏好和主动购买。企业忠诚度主要是消费者在选择商品时能够较为频繁地购买该产品；归属感则是消费者对于该品牌的认可；偏好则是消费者在选择时已经不选择其他品牌的类似产品；主动购买则是当品牌出现新产品时，消费者主动购买该产品，而不考虑其是否需要。我们常说的"果粉""米粉"等就是对于品牌产生的高度的共鸣，当苹果或者小米发布新产品时，消费者不会考虑其是否需要该产品，而是直接购买，这就是消费者对于该品牌产生足够的信任和认可后建立的高度共鸣。

2 华晨汽车销售公司及其营销现状

2.1 华晨汽车销售公司现状

2.1.1 华晨汽车销售公司的概况

华晨汽车销售公司位于东北老工业基地——沈阳市，隶属于华晨汽车集团，主要负责"华颂""中华""金杯"三大自主品牌系列车型的国内销售及售后服务等工作，产品覆盖公检法司、旅游客运、医疗卫生及邮政物流等众多行业及领域。销售公司现有员工 700 余人，本部设有销售管理、商务政策、品牌建设、市场推广、网络管理、数字营销、财务管理、客户关系、售后服务、备件供应、综合管理、培训等职能部门，以人性化的人文关怀为员工构筑梦想的蓝图。

自成立以来，销售公司始终秉承"诚信、激情、实事求是、担当、客户至上、团队协作、改善创新、赋权"的企业文化，不断探索适应市场规律发展要求的新模式，积极拓展细分市场，使"华颂""金杯""中华"系列产品销量逐年递增，市场份额逐年扩大，呈现大幅上升态势。同时，公司售后服务品牌"华晨之家"，主要吸纳了国际知名汽车企业宝马公司和丰田公司的服务理念，结合二者的优势，提出了独具华晨公司特色的"懂您，更会关心您"的服务理念，推出"贴心、放心、随心"的人性化特色服务，已先后在全国设立了近千家服务网点。华晨之家在诚信经营、售后服务等方面屡获殊荣，赢得了"J. D POWER 中国售后服务满意度前十"等多项业界大奖。

2.1.2 华晨汽车销售公司的营销现状

华晨汽车集团 2014 年实现整车销售 80.2 万辆，同比增长 3.1%，居行业第七位。全年实现整车出口 8.3 万台/套，同比增长 17.7%。其中，中华轿车出口 1.5 万辆，同比增长 24.8%；金杯客车出口 3.8 万辆，同比增长 28.7%。全年实现销售收入 1507 亿元，比上年净增 227 亿元，同比增长 17.7%。

销售公司主要以销售国内自主品牌为主，包含中华品牌、金杯品牌和 2015 年上市的华颂品牌。2014 年销售公司实现整车销售 52.3 万辆，同比下降 8.3%；实现销售收入 302 亿元，同比下降 9.3%。

2.2　华晨汽车销售公司的品牌营销策略现状

华晨汽车销售公司作为华晨汽车集团的子公司，面对当前竞争激烈的汽车销售市场，公司管理层不断完善公司的品牌营销策略。

2.2.1　通过品牌发布会树立品牌形象

2014 年 11 月 7 日，华晨汽车在上海召开了盛大的全新品牌的品牌发布会，正式发布全新高端子品牌华颂。华颂，华之心，美之颂。在几天后的广州车展，更是全球首发华颂旗下的首款车型——华颂 7。与华晨的其他两个自主品牌"金杯"和"中华"定位不同，华颂品牌定位为"中国人自己的世界级品牌"，华颂 7 定位为"首席精英尊驾"。得益于与德国宝马集团十余年的深度合作，以及华晨汽车集团自身厚重的品牌积淀，华颂成为中国第一个真正意义上掌握国际汽车核心技术的中国自主品牌，它所搭载的卓越内能的宝马发动机是全球十佳发动机，这是它能比肩世界品牌的核心价值所在。华颂凭借着卓越的发动机性能，以及相匹配的高品质，改变了中国汽车品牌多年来的现状，迈进世界汽车先进技术阵营，让世界得以见证品质，让国人为品牌而骄傲。华颂相信，如果更多的人通过拥有和坚持自信的内心，而使自己强大和出色，会推动世界变得越来越美好。

华颂目标人群为走在上升路上的精众人群。华颂的消费者，是精众人群中正处于上升期的中国新经济、新格调的主力军。他们卓尔不群、有能力、乐于进取、勇敢、不畏困难，有社会责任感，精致优雅，具有舍我其谁的先行者气质。面对以秒计算的时代，面对飞速改变的世界，他们率先洞察新潮流、新机会，张弛有度，以自己特有的节奏抓住一切机会并付诸行动。驱动他们前进的动力，是内心对美好生活和成功的渴望，以及对不断超越既有成绩，实现理想的追求。在各个领域，华颂消费者始终是不可忽视的有生力量。他们怀着强烈的责任感，以自身优异的成长性，主动推进着社会的良性变化，并成为中国持续发展的生力军。

华颂 7 以超凡的动力和超大空间，为商务驾乘者提供了高效卓越的尊崇享受。华颂 7 采用德国宝马集团技术支持的 2.0T 涡轮增压发动机：1250 转时即可爆发最大扭矩，百公里综合油耗低至 9.6L。单涡轮双涡管，高精度燃油缸内直喷、双平衡轴等；超高强度车身与柔韧底盘、发动机的匹配堪称经典；德国 ZF 6 速手自一体变速器，传动效率高、低油耗、低排放，综合性能非常平均、稳定。华颂 7 一经推出，即受到市场广泛关注。

2.2.2　参加高规格车展提升品牌知名度

2015 年 4 月 20 日，华晨汽车携旗下三大自主品牌——华颂、中华、金杯，参加了第 16 届上海国际汽车展。在车展上，华晨汽车展出了高端品牌产品华颂 7、金杯全新阁瑞斯、金杯大海狮 2.7L 丰田动力版、中华新 V5、中华新 H530、中华 H330 等精品车型，更有新款车型中华 V3 的首次亮相。车展中，华晨汽车以"一路有我，驭领未来"为主题，并邀请了大连主持人魏妮妮为新车发布会的主持人，现场吸引了众多观众。新品中华 V3 的亮相，不仅扩大了中华品牌的产品阵营，更担负着竞技细分市场的重任，这对中华品牌来说意义非凡。

北京车展与上海车展相互呼应，每隔一年举办一次，是国内规模最大、规格最高的大型国际车展。参加这类高规格车展，在国际舞台上与国际品牌、合资品牌同台展示，可以大大提升华晨汽车的品牌知名度。

2.2.3　拓展渠道提升品牌影响力

2003 年 2 月，第一家中华轿车 4S 销售服务中心在沈阳浑南中国汽车城开业。该中心是以充分满足中高档轿车客户需求为目的建设的，具备以整车销售、售后服务、配件供应和信息反馈为一体的特许专卖店，为客户提供售前、售中、售后一条龙服务。中华轿车随后以沈阳总部为中心，先在北方地区进行网店布局，建成北京、太原、西安三个一级店，随后在上海、杭州、南京、广州、武汉建成较为完善的汽车销售网络，随后逐渐向其他省会及地市级城市推进。目前已经在全国开设超过 100 多家 4S 店和 100 多家二级网络店面，一套完整的中华轿车的服务网络正在迅速形成。华晨汽车销售公司在中华轿车 4S 店的选择上，首先采取的是与当地有实力的经销商进行合作，其次对于一些空白市场主要采取加盟合作的形式，针对所有 4S 店员工，华晨汽车总部都会从员工刚入职就建立一整套的员工培训体系。而在汽车维修服务的零配件和设备采购上，华晨汽车对所有 4S 店进行了统一的采购销售，保证了中华轿车的良好形象，还最大限度降低了成本。

除了深耕传统销售渠道，华晨汽车销售公司积极开拓新渠道。特别是大力发展电子商务平台来拉动汽车销量。采取以下主要措施：

（1）建立电子商务平台：2014 年 4 月 20 日，淘宝"天猫"中华旗舰店正式开业。

（2）推广产品：选择独有产品如中华 H220 和中华 H230，促销车型和库存车型作为天猫旗舰店销售车型。

（3）推广手段：通过网络宣传引流，提升天猫旗舰店的知名度；对于促销车型要早终端一天推出促销政策，再由终端执行；对于库存车型要推出适当的电商政策，在网上引导成交。

（4）推广金融政策：利用线上"0首付"的金融政策，展开网络汽车营销，促成交易。

（5）借助大数据，搜集销售线索：借助淘宝旗舰店大数据，定位目标消费人群触媒习惯、消费能力。

（6）与终端通力合作：建立从"天猫"旗舰店到市场部再到经销商的联动体系，有效管理销售线索，完成线上集客、线下销售。

华晨汽车销售公司还转变思维，努力开展"以租代售"新模式。2014年实现汽车租赁行业销售4200台（中华2700台，金杯1500台），同比2013年（中华1169台，金杯685台）增长127½。采取以下主要措施：

（1）与联合广汇、汇通信诚等金融公司建立金融信贷平台。

（2）制定并落实阶梯性大客户政策。

（3）针对金杯行业客户以租代购的需求，以我方为主体，组织其与汽车租赁企业的拉手合作。

（4）与阳光集团合作了公安系统警用车辆融资租赁项目：阳光集团在2年内建立针对公安系统"维和、救援"等警用车辆融资租赁的合作模式，项目规模约50亿；阳光集团搭建车辆融资租赁的资金平台，用于车辆购置；华晨汽车集团建立警用车辆生产及车辆进口的渠道。

2015年华晨汽车实现整车销售85.6万辆，同比增长6.8％；销售额1605亿元（其中自主品牌增长超过100亿元），同比增长6.5％。2016年伊始，华晨汽车海外市场传来了令人振奋的好消息！伊朗作为华晨汽车集团海外市场"一带一路"的战略布局主战场，1月份迎来了新年销售的开门红，中华品牌销量已逾1600台，订单仍在接踵而来。每一位华晨车主都是华晨汽车最好的代言人。他们对华晨汽车品质的信赖是对华晨汽车品牌最好的广告、最好的口碑营销。

2.2.4 产品上市期加强品牌宣传力度

华晨汽车通过赞助进行营销活动，从2004年正式成为博鳌亚洲论坛指定用车以来，华晨汽车以过硬的质量和先进的技术一次次展现在世界的舞台。2015年，中华V3又成为中国女排的赞助商。中国女排以顽强拼搏的精神伫立于世界排球领域，无论从过去的五连冠还是到奥运会的冠军，中国女排的精神一直鼓舞着一代又一代国人。在女排姑娘出征2015年世界杯前，中华汽车正式成为中国女排的赞助商，中国女排的拼搏精神与中华V3的"敞开想，放肆动"的V态度完美契合。而2015年女排世界杯赛场上，中国女排以团结和拼搏在时隔11年后再次赢得世界冠军，再次诠释了女排精神。这次签约是中华汽车一系列品牌活动的开始，更是其赞助营销的一个里程碑。

华晨汽车销售公司利用媒体进行全方位宣传的同时，成功地把品牌的力量转化为销售能力。中华的销售咨询热线 400－818－8333 出现在所有的电视广告和平面广告中，通过这个热线可以和有兴趣的消费者开展一对一的沟通，进而推动其购买。这种行为不仅持续地传递着中华的品牌形象，更是保证了广告宣传和传播的有效性。

3 华晨汽车销售公司品牌营销策略的问题及其原因分析

3.1 品牌营销策略存在的主要问题

中国的汽车工业创立于 20 世纪 50 年代，但是由于当时计划经济体制和整个国民经济的落后，我国汽车工业的发展一直停滞不前。直到进入改革开放以后，特别是 20 世纪后期，随着我国国民经济的发展，以一汽、二汽、上汽为代表的国民品牌汽车不断发展，我国汽车工业进入了一个黄金发展期。而在进入 21 世纪后，我国汽车工业继续高歌猛进，其中 2014 年中国汽车销量超过 2300 万辆稳居世界第一位。

汽车品牌的建立对于很多企业是较为容易的，当企业拥有技术，甚至只需拥有资金或者营销手段就可以创立一个品牌。但是当品牌建立后，如何更好地经营该汽车品牌，如何对品牌不断维护，才是许多世界级汽车品牌一直屹立于汽车行业的关键。汽车企业对于品牌的建立和维护，到该品牌在消费者心中留下烙印需要一个持久的过程，是需要企业向市场输出让消费者信得过的产品，同时通过品牌传播使消费者对该品牌产生信赖甚至是膜拜。

3.1.1 产品优势不明显

从我国汽车销量来看，小型 SUV 排名较前的车型有瑞风 S3、长安 CS35、哈弗 H2，他们的特点是车型大、价格便宜、功能全。而华晨汽车销售公司 2014 年主推的中华 V5 在市场上并没有引起较高的注意力，其主要问题就是中华 V5 车型产品优势不明显。

国内自主品牌汽车产品颇多，与其对应的产品策略也较为丰富，一些汽车企业的产品策略也取得一定的成功。例如，比亚迪汽车一直坚持"自主创新"为核心的发展战略，坚持以自主研发的方式进行新产品研发，不断向市场推出新的产品来满足消费者需求。但是，目前中国自主汽车仍难以摆脱产品性能一般、汽车技术落后等特点，这直接制约了自主品牌汽车产品策略的成功实施，也体现了产品策略尚未取得较大的突破。华晨汽车产品质量在经过十年的磨炼和向合资品牌宝马学习之后，逐步有所提升，但仍因为功能不够全面受到限制。对于中国自主汽车企业而言，应该充分发挥其后发优势，可以用购买或者技术合作等途径从国外引进先进的技术，将外来技术本土化，应用于自身企业的零部件的生产和车间产品组装。更重要的是加大研发投入，了解消费者趋势，生产真正受欢迎的产品，坚持自主创新，通过自身的努力，才能得到最核心的汽车技术。

3.1.2 品牌溢价能力低

面对错综复杂的环境，定价方法着重于确定产品的基础价格，定价策略着重于根据市场中不同变化因素对产品价格的影响程度，运用不同的定价艺术与技巧，制订出适合市场变化的灵活机动的产品价格，从而实现定价目标的企业营销战术。定价策略的宗旨在于使产品的价格既能为顾客乐意接受，又能为企业带来较多的利润。品牌溢价也是产品价格中可以体现出来的一个部分。如果品牌知名度、美誉度强，品牌溢价能力就强，在定价时高一些也会让消费者接受，同时也为企业带来更多的利润。华晨中华 V5 全系包括 4 款 1.6L 和 6 款 1.5T 车型，上市官方指导价 8.98 万－14.58 万元，各车型价格如图 3－1 所示。但与其他国产畅销 SUV 车型相比，因为品牌溢价能力低，而产品定价过高从而导致产品性价比不高。

表 3－1 　　　　　　　　　　华晨中华 v5 官方指导价格表

车型	官方指导价（万元）
1.6L 手动/自动舒适型	8.98/9.98
1.6L 手动/自动豪华型	9.98/10.98
1.5T 手动/自动运动型	9.98/10.98
1.5T 手动/自动豪华型	10.58/11.78
1.5T 自动四驱豪华型	12.78
1.5T 自动四驱尊贵型	14.58

表 3－2 　　　　　　　　　2015 年 10 月自主品牌 SUV 销量排行榜

排名	品牌	车型	售价区间（万）	十月销量
1	长城汽车	哈弗 H6	9.17－16.38	37541
2	上汽宝俊五菱	宝俊 560	7.48－9.29	30226
3	广汽乘用车	传祺 GS4	9.78－14.78	21052

排名	品牌	车型	售价区间（万）	十月销量
4	长安汽车	长安 CS75	10.88－16.38	17948
5	江淮	江淮瑞风 S3	6.58－8.88	17220
6	长城汽车	哈弗 H2	9.88－12.88	16782
7	北汽银翔	幻速 S3	5.78－7.38	16136
8	长安汽车	CS35	7.89－9.89	15273
9	众泰汽车	众泰 T600	7.98－16.08	13430
10	奇瑞	瑞虎 3	7.39－9.89	11584

3.1.3　品牌销售渠道不完善

在新品牌华颂上市前，华晨汽车集团已有三大品牌系列：金杯品牌商务车、中华品牌中高级轿车和宝马高级轿车。华晨集团面临三大品牌销售网络建设的问题，最终，自主性强的中华、金杯共用同一销售网络，合资的宝马高档轿车则另起炉灶独立建立自己的销售网络。

在选择经销商网络的过程中，当时由于中华轿车是推出的新品牌，要建立独立的销售网络难度大、成本高，而金杯商务车是当时国内轻型客车的龙头，销售网络完善。因而中华轿车在选择经销商的问题上，为了降低成本，更好地与现有的合作伙伴继续合作，对华晨集团旗下金杯商务车的经销商优先进行合作。目前，中华轿车大多数的经销商都是来自金杯品牌的经销商。共用渠道，以及以品牌专卖店为核心广泛吸纳多种经营方式的营销体系为华晨集团带来了一系列的问题。其一，金杯品牌的经营文化和主要客户与中华轿车存在很大的差异，尤其是在商务车盛行，金杯品牌不得不走低端的今天，这种文化差异可能导致渠道管理的混乱；其二，多品种经营可能使得渠道在资源安排上陷入两难境地，或者各个品种都很难保持平衡发展；其三，广泛的二级代理的存在可能会导致渠道内部价格竞争。售后服务和信息反馈也可能由于渠道的混乱而出现混乱。

3.1.4　品牌营销方式以传统为主

华晨汽车销售公司的品牌宣传方式仍以传统的方式为主，但逐步增多了汽车试驾体验活动，让消费者零距离地亲身了解汽车性能和用车体验。华晨汽车销售公司的品牌宣传渠道，包括广告促销、人员推销、公关活动、车展等方式。公司让经销商按月度提供营销计划，根据当地的实际情况，自主性去开拓市场和进行消费者的服务。此外，华晨积极参加各地车展，通过车展向大众展示自身综合实力，与消费者进行有效沟通和互动。通过各种车展，可以更好地了解目标消费者真正需求，努力塑造企业的品牌形象和产品形象。但是，这些传统的品牌营销方式已经不再适应目前变化莫测的市场环境，随着网络时代的来临，消费者更多地在网络上关注车型的信息，那么如何运用网络手段进行营销是现今社会应该着重发展的方向，如微博、微信、官网、淘宝、东京等平台，这些都将逐渐成为汽车企业进行品牌宣传和促销的平台之一。

3.2 品牌营销策略问题的原因分析

当前中国汽车市场完全是一片红海。国外品牌，合资品牌，自主品牌你方唱罢我登场，都在市场竞争中亮出了自己的王牌。华晨汽车作为自主品牌在品牌营销策略上与国际知名品牌还存在明显差距。华晨汽车销售公司营销中还存在一些不足，笔者将其归结为下面四大原因。

3.2.1 目标市场和定位不明确

世界上很多发达国家的著名汽车企业都能够成功实施品牌营销战略，并依此在市场营销中获得巨大的成功，这些汽车企业通过公司多年积累和不懈努力，已经逐步将其汽车品牌与国家的形象二者融为一体。例如，德国著名的汽车品牌有宝马、奔驰、奥迪、大众等，这些汽车品牌也代表了德国车系大气尊贵、工艺缜密、技术领先、操控时尚、科技领先、技术扎实等显著特点，这也与德国民众做事认真的民族特性相一致。而华晨汽车并没有实施成功的品牌营销策略，归结于汽车品牌定位模糊，无法总结出其显著特点和风格，消费者更多的评价是价格便宜、质量一般、小毛病多等。华晨汽车销售公司并没有充分注重品牌营销策略的实施，也没有充分利用自身的优势进行自主品牌的塑造和维护，仍处于品牌定位模糊的时期，市场地位也十分模糊，不能明确目标客户群体。低价策略的确给华晨汽车的销售带来一定的业绩提升，但从长远来看它并不能解决华晨汽车自身存在的问题。市场定位不清晰，华晨汽车的产品便无法获得市场的认可，自然无法与合资品牌进行市场竞争，更不要提进口品牌的竞争。在现阶段 80 后、90 后已逐渐成为购车主力，华晨汽车需要迅速随着市场的需求，根据年轻消费者重新定位市场，逐步向这一年龄层人士不断推出新品。旗下车型包括配置、性能需要根据年轻人的喜好而做出一系列改变。

3.2.2 提升品牌力方法缺乏创新

华晨汽车销售公司对其销售的汽车产品的价格策略最核心的是低价走量，以性价比来抢占市场份额。华晨中华 V5 全系包括 4 款 1.6L 和 6 款 1.5T 车型，上市官方指导价 8.98 万－14.58 万元，矛头直指市面上最受欢迎的几款同类产品。但是，与其他同类产品相比，配置、价格、品牌力等方面的综合性价比不高。为此，销售公司采用降价的方式进行促销，在短期内实现了销量的提升。但是，一味地降低产品价格并不能带来品牌的提升，恰恰相反，一直以来的低价策略导致消费者对华晨汽车品牌认同度不高，进而使中华品牌其他中高档轿车销量也受到影响。

3.2.3　渠道建设质量不高

华晨汽车销售公司经管层一心打造令国人骄傲的自主品牌汽车，但是没有注重渠道建设的质量，对渠道建设的一些决策没有进行充分讨论和可行性分析。2008 年，华晨汽车旗下中华品牌轿车和金杯品牌的商务车分网销售，二者的定位和消费群体不一样，分网也无可厚非，但由于华晨汽车产品的销售量和产品竞争力不足以支撑分网销售，在分网不久后又根据现实情况重新合网。这一分一合的重大转折是造成现在华晨汽车渠道混乱的根本原因。

2010 年 10 月，原华晨销售公司副总刘宏接受采访时说，到 2010 年末，中华网络总数（含二级网络）将达到 1000 家以上，但其中的一级网络仅 261 家；金杯网络总数（含二级网络）将达到 500 家以上，其中，由公司直接管理的一、二级网络 226 家。有的地区的中华品牌 4S 店 2008 年至 2013 年 3 次更迭，最终消失不见。但发现金杯的微型客车——金杯海星上市，并自成一个销售网络，又发现金杯 SUV 和金杯皮卡又自成一个销售网络。

渠道网络是布局下去了，可是网络的质量怎么样呢？渠道质量的重要性远远大于渠道的数量的重要性，服务质量和店面形象在华晨汽车的渠道网络里很难保障。由于追求短期的销售数量，华晨的销售渠道从之前的大一统到四分五裂，且经销商分布不均匀，导致华晨汽车集团有大量的二级销售网络存在，这些二级销售网络不能保障服务质量和品牌形象，反而让销售网络的盈利能力和服务质量大大降低，进而影响了品牌形象。

3.2.4　营销理念相对落后

营销发展到今天，已经经历了很多次的变革。例如，以前我们可能没有品牌的概念，而现在提起营销，就不得不注重品牌的影响力。而品牌，从表面上看是无法从 4P 理论上体现出来的。4P 理论无法解释现代商场中的一些现象，两种质量相差无几的商品，在同样的店面出售，都在搞促销活动，普通品牌的产品在价格上也占尽优势，而顾客还是对名牌产品趋之若鹜。营销的 4P 理论都是从企业自身出发，而忽略了消费者的重要性。有的学者甚至认为，市场经济发展到今天，4P 营销理论已经不再适用了。而企业的营销拘泥于 4P，就有可能导致营销观念陈旧，被市场淘汰。于是以消费者为中心的 4C 理论应运而生，它的提出引起了很大的反响，被认为是一种从消费者的角度出发的真正的营销理论。华晨汽车销售公司的品牌营销策略仅仅依据 4P 理论进行制定已不能适应如今的竞争格外激烈的中国汽车市场。华晨汽车应以消费者为中心，运用 CBBE 模型的品牌价值理论，充分考虑消费者的实际感受，制定更加完善的品牌营销策略。

4　华晨汽车销售公司品牌营销改进策略

4.1　加强品牌内涵策略

解决华晨品牌推广所存在的短板，需要注意到在社会变革的今天，媒体转型的浪潮也在高昂地展开，媒体对品牌推广产生着直接而巨大的影响。人们消费趣味的变化，驱使传统媒体在媒体竞争的压力下，在网络新兴媒体的强势夹击中，重新定位自身价值，以获得竞争的资格，通过行业细分、目标细分、主体细分等多种手段，使得品牌推广获得了前所未有的定向推广、精确推广的可能，投放的效果更加明显，与消费者的关系可以获得强有力的粘连。因此，华晨在强化、丰富品牌推广形式时，可以仍基于媒体推广手段，但应充分考虑到媒体的传播形式所发生的巨大变化，避免单一采用传统广告等传播手段，要更注重将产品和娱乐体验相结合的形式。

广告充斥在人们生活、工作的每个角落，无处不在，弄得人们心烦意乱。越来越多的人开始反感广告，对广告唯恐避之不及。调查显示，大多数观众在插播广告的时候在阅读书报、谈话、吃东西或干家务。植入式营销可以更好地被观众所接收，甚至中央电视台春节联欢晚会中也出现了各种商业广告的植入。广告植入是当下品牌营销的重要途径之一，尤其是在电影电视作品尤甚，而我国汽车企业品牌的广告植入也从国内走向了国际。一般情况下，影视作品的一个背景，主人公使用的手机、电视，甚至是喝的牛奶都可以引入广告植入。但是随着电影电视作品的商业气息越来越浓，单一的影视作品广告植入已经被越来越多的消费者所摒弃。所以，如何利用媒体资源进行合理的、影响力较大的，且不容易被商业化的广告宣传就成为许多汽车企业重点研究的问题。"感动中国"年度人物评选是中央电视台每年进行的面向全国的、宣传力度较大、影响力较广的，且具有正影响力的国家性评选活动。从建立起，"感动中国"年度人物评选已经成为中央电视台乃至全国新闻界的一项重要活动。2013年底，"中华轿车杯""感动中国"年度人物评选活动正式拉开帷幕，在近三个月的宣传期中，中华轿车与"感动中国"年度人物评选活动紧密地联系起来。"感动中国"年度人物评选是社会正能量、中华民族传统美德和社会主义核心价值观的重要表达；而中华轿车也以国产自主品牌汽车的自强精神影响着行业的发展，"中华"品牌与"感动中国"的完美结合也成为 2013 年至 2014 年华晨汽车最成功的品牌推广案例之一。

4.2 提升品牌定位策略

长期以来自主品牌以低价抢占市场，给人以入门型车的感觉。如何提升品牌定位，打造国产精品汽车品牌是每一个自主品牌所面临的问题。汽车品牌的树立需要一个最基本的条件——汽车的质量，当某品牌汽车拥有过硬的质量，返修率较低，即使价格稍高，消费者也是愿意购买的。华晨汽车品牌的品牌营销，也需要从提高产品质量入手。华晨汽车一直以安全性和品质可靠性作为企业发展的基石。因此，在 2013 年底，中华轿车成为我国三军仪仗队的外事指挥用车，肩负起服务我国三军将士，迎接各国政要的使命，"中华"品牌真正地屹立在中华大地，真正地成为我国的民族品牌。与此同时，华晨汽车与沈阳各大媒体发起了"全新中华神州试驾"活动，此活动前后历时一个多月，从河北山海关出发，途经河南、湖北、湖南、四川、陕西，从渤海到黄河，从长江到秦岭，从城市到乡村，从柏油路到崎岖山路，中华轿车都展现了其良好的性能，且没有出现车辆故障，既让试乘试驾者感受到中华轿车过硬的质量，也使中华品牌再次得到了深层次的宣传与推广。这进一步体现华晨汽车的安全性和品质可靠性已受到广大消费者的认可。

华晨汽车借"宝马"进一步提升品牌定位。华晨汽车集团作为宝马汽车在中国的唯一合作伙伴，一直坚持用宝马的质量保障体系来制造自主品牌汽车。自从宝马 3 系和 5 系在沈阳基地量产后，华晨汽车部分车型开始与宝马汽车共线生产。共线生产确保了华晨汽车旗下车辆高品质的出品，从外观到内饰均精致考究，从质量到技术都有过硬保障。华晨汽车与世界最著名的宝马轿车并线生产既为其质量提供了强有力的保证，又有效促进了其品牌定位的提升。

4.3 提高品牌形象策略

华晨汽车销售公司在 2015 年准确的捕捉到市场对于小型 SUV 的需求，在 2015 年 5 月份推出了新的小型 SUV，中华 V5 的兄弟产品中华 V3，吸取中华 V5 上市时的经验，重新制定了中华 V3 的产品策略，希望通过中华 V3 优质的性能和较高的性价比满足市场的需求，提高华晨汽车销售公司的品牌影响力。

从某汽车网站的调查统计来看，汽车性能与汽车外观设计已经成为购车人选车时的首要考虑因素。中华 V3 的上市，正是迎合了绝大多数消费者对于 SUV 车型外观的流线要求，设计风格也更加年轻化。车辆的设计团队汇集了英国、德国和我国的优秀设计专业人士，从车辆前脸到两侧大灯都经过反复地修改，并最终成型。这款车的大部分配件也同样出自名门，制动、转向、悬挂系统也都是来自德国著名企业，开发、设计、动力总成由三菱公司提供。乘坐空间也是中华 V3 的一大亮点，身高 178cm 的体验者坐在前排可获得四指的头部空间，后排可获得两拳的腿部空间和一拳的头部空间，在同级别中绝对算得上数一数二的表现，长轴距的优势得到了体现。中华 V3 的储物空间方面表现出色，随身携带的物品都可以找到合适的地方搁置，比如前排就有 4 个杯架。后备厢内部较为工整，放倒后排座椅靠背，最大容积可从 455 升提升至 1200升，应付日常使用没有问题。官方宣称中华 V3 1.5T 手动挡的 0-100km/h 加速成绩为 10.2 秒，这个成绩还是相当吸引年轻人购买的。关掉 ESC 后，它可以实现 2200rpm 起步，正好在峰值扭矩平台区间内，冲劲儿很足。变速箱的换挡逻辑、换挡速度，以及换挡平顺性都是高水准的表现，在需要急加速的时候它可以直接从 5 挡跳到 2 挡，转速拉至 5000rpm 从而让发动机获得更好的动力响应，这些高水准的表现令人印象深刻。

4.4 拓展品牌推广渠道策略

互联网作为新媒体营销平台的代表，能帮助商家有效的接触并拉近与消费者空间上的距离，并逐渐成为重要的内容营销媒介。2013 年汽车行业网络广告投放量约为 108600 次，同比增长 12.3%；媒体数量多达 259 个，同比增长 14.1%；频道数多达 1822 个，同比增加 22.7%。李克强总理在政府工作报告中明确提出推动"互联网＋"行动计划。中华轿车响应政府号召，抓住"互联网＋"这一大热点，利用电子商务高效率低成本优势进行网络营销。在 2014年的双 11 当天，华晨中华"天猫"旗舰店开展了盛大抢购活动，如表 4-1 所示。华晨中华"超悦经典，悦享激情"优惠 8.18 折，订车百分百中奖，丰厚的礼品送不停，更有机会获得苹果 iPhone6 手机，最高可以享受到近 1.2 万元的优惠。同时，通过投放手机终端点击率高的 APP 平台增加曝光率的方式，在收集潜在客户的同时，提升了品牌知名度。

表 4-1　　　　华晨中华 2014 年"天猫"旗舰店优惠车型价格表

车型	限量（台）	指导价（元）	折扣	折后价（元）
H220 1.5L 手动舒适性	200	60880	8.18 折	49800
H220 1.5L 手动舒适性	200	64880	8.18 折	53072
H220 1.5L 手动舒适性	200	61880	8.18 折	50618
H220 1.5L 手动舒适性	200	65880	8.18 折	53890

5 华晨汽车销售公司品牌营销改进策略实施保障

5.1 建立适应市场竞争的组织结构

在销售企业中，营销部门的组织结构对于整个部门甚至是整个企业的发展起到重要作用。华晨汽车销售公司之前的营销组织机构存在很多的问题，特别是网络销售部门仅仅是一个小组，不是独立的部门，公司也没有专门从事网络营销的人才。2015 年初，公司电商营销部正式成立直接归副总经理管辖，任命陈杰为电商营销部部长负责网络销售相关事宜。并组织结构调整之后，公司加强了电商销售部门的职能，便于汽车电商销售这一新模式发展，后期将会根据发展趋势把电子商务作为单独的销售公司。目前的架构如图所示：

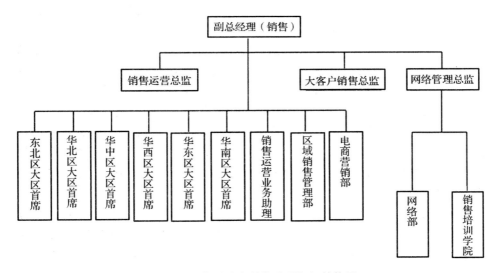

图 5-1 华晨汽车销售公司组织结构图

5.2 转变经营理念

企业品牌能否长期屹立在市场，顾客的满意度是关键。华晨汽车销售公司在企业文化建设中就强调"客户至上"的服务理念，并始终以客户的满意作为企业的追求。此外，在与经销商的关系上，华晨汽车销售公司始终坚持与经销商建立服务、互动、互助的关系，支持销售商做强做大，服务客户。

5.2.1 树立"客户至上"的服务理念

企业的服务理念是给购买该品牌产品或者购买该品牌服务的消费者最直观的体验。当消费者购买了某品牌的产品后，遇到质量方面的问题，消费者是否能够及时得到相应的服务，消除消费者的不满，这既影响了消费者本次的产品购买态度，同时也影响了消费者对于该品牌的认可度，而这种认可度是可以通过人际关系进行传播的。所以企业服务理念对于企业的长期发展影响重大。以海尔集团为例，海尔的企业理念就把服务放到企业发展的重要位置，当客户遇到任何和产品相关的问题时，都可以通过拨打 24 小时服务热线得到回复；当遇到质量问题时，企业会第一时间安排工作人员上门服务，而在上门服务时，工作人员不仅统一着装，还对服务态度进行了标准化的培训。这种以顾客至上的服务理念也促成了海尔白色家电成为国际知名品牌，消费者购买任何家电时首先考虑的就是海尔的产品。

华晨汽车销售公司也应该多多学习海尔公司的先进经验，建立服务销售商，服务消费者的服务观，及时了解消费者的需求，根据消费者的需求而提供专业的服务。此外，还要加强与客户的沟通。无论客户是否购买产品，都应该了解客户的想法，为何不购买，是汽车的设计不好，还是价格太贵，是汽车的性能不放心，还是对销售渠道不满意，这都是需要了解的，只有了解了消费者的不满意，才能设计和生产更好的汽车产品。同时，对于已经购买了华晨汽车产品的消费者也要定期回访，询问华晨车辆的驾驶感如何，是否遇到了一些问题，有什么好的建议等。汽车经销商也是如此，当前汽车市场竞争激烈，同款车型的可替代产品很多，既要了解同业竞争车型的优势，也要了解自身车型的优势，及时掌握产品的特性，同时要了解市场，深入市场，了解消费者的态度和购买力。

"客户至上"不是一句口号，而是一种态度，更是需要华晨企业通过行动完成的。为了更好地为消费者服务，华晨企业要解决好消费者反映的问题，提供人性化的服务。只有这样，才更有利于华晨汽车品牌的深度营销。

5.2.2 创建一流的服务团队

在实践中，各地 4S 店创造性地开展了各种各样的培训活动，坚持不懈的职工培训让 4S 店的职工具有良好的精神面貌，有效提高了整体服务水平。对于服务人员，华晨汽车销售公司每年会定期组织两次培训，同时会不定期根据客户回访和客户投诉情况及时掌握当前服务情况。此外，公司还与沈阳、北京和上海三家咨询公司达成战略合作协议，对服务站进行不定期暗访。

5.2.3 提高服务质量以增强客户满意度

华晨汽车销售公司持之以恒全面推进用户满意工程。在具体执行过程中，公司通过从销售到维修等高效的服务和认真的工作态度来赢得所有消费者的认可，同时通过专业性、人性化、高效性的服务来提升客户的忠诚度。提高服务质量已经成为华晨汽车的发展战略，更是企业理念的重要组成部分。华晨汽车销售公司致力于以让用户满意为核心的 CRM 企业内部协作机制，不断推进并持续改善"用户满意"，这种持续性的工作可以让产品和服务不断深入市场。

5.3 提高销售服务水平

华晨汽车销售公司以培育塑造"华晨之家"服务品牌为核心，以提高用户满意度为目标，贯彻营销型服务理念，进一步落实"三心"服务承诺：服务贴心，出行放心，驾驭随心。用户可以 24 小时通过电话致电客服中心，获得相应的帮助和服务。同时，客户需要紧急救援和其他急需处理的问题时，也可以致电获得最快、最专业的服务。

5.3.1 提供多渠道售前服务

售前服务的重点工作主要是两方面：第一，对于有购买需求的消费者使其转变为真正的购买者；第二，对于暂时没有购买需求的消费者使其建立购买的欲望。售前阶段需要让消费者了解自身产品的优点，了解购买产品得到的服务和相关的权利。当销售商只有利用好售前服务，才能及时转化成购买力，成功实现目标顾客的营销。

对于我国汽车市场来说，中华品牌进入市场时间还较短，品牌知名度较低，绝大多数消费者对于中华汽车的性能还没有一个准确的了解，对于中华汽车的市场定位也不是很明确。所以，汽车经销商要通过试乘试驾活动、产品推介会等形式让消费者更直观地了解中华汽车。

（1）完善当前中华汽车官网的功能，通过官网向消费者介绍中华轿车的型号，最新车型等，同时还要从专业角度告知消费者专业的汽车养护知识，在网站建立消费者与专业技术人员的及时通信联络。企业要加大利用微信公众号的传播功能力度，加强促销手段。同时，对于当前开通的 400 免费电话进行梳理，完善功能，建立咨询、救援、对话等多功能的客服平台。

（2）对销售人员进行专业化培训。华晨汽车销售公司总部一方面要定期组织专业化的培训，对所有销售网络人员的销售技巧等进行培训；同时加强对汽车专业技能的培训，使消费者在咨询车辆信息时，能够享受到华晨汽车销售人员专业化的服务。

5.3.2 提供全方位售中服务

售中服务主要是消费者与经销商在具体的销售活动发生时，经销商为消费者提供的便利、高效、全面的服务。在这一阶段，消费者已经决定购买产品，企业就需要及时满足客户的需求，提供高效的服务。华晨汽车的售中服务主要表现在销售人员对于消费者的购买、提车、保险、贷款等活动的"一条龙"的专业化服务。

（1）时间保证。销售店面会缩短消费者的购车流程，销售人员会提前与消费者取得联系，约定好交车时间。销售人员会在消费者到达前，将交付车辆开至指定位置，等待车主验车。车主验车完成后，销售人员会简化相关流程，为客户及时办理付款手续，保证客户在较短的时间内提车。

（2）咨询服务。如果客户对于新车在某些性能和功能的使用方面不明白或者不确定时，销售人员会首先讲解该车的一些必要功能，对于一些亮点功能也会进行讲解。同时，与消费者形成互动，保证消费者能在试驾后提车，加强对车辆的了解和认识。此外，对于客户的其他咨询，销售人员要及时作出正确的解答，打消客户的不确定性。

（3）贷款资金服务。当前汽车贷款因为其便利性和较低的银行利息吸引着越来越多的消费者。销售公司需要与当地的银行展开合作，对有贷款需求的客户进行贷款服务。

（4）保险等服务。购买新车后，客户需要及时购买保险服务以获得保障。华晨汽车销售公司就需要建立完善的销售渠道，为需要的客户及时办理交强险和商业保险，而对于暂时不需要办理保险的客户，销售人员也应该对其在保费对比上进行帮助。

（5）消费者其他个性化服务。消费者对于同一款车型，在颜色上、配置上也有着不同的需求。中华轿车的不同车型都有多种颜色和多款配置来满足不同的消费者，这就需要销售人员应及时根据消费者的人性化需求介绍相应的配置和颜色，同时对于一些增值服务进行及时介绍，增强客户体验。

5.3.3 提供专业化售后服务

设在上海的中华轿车的售后呼叫总部，对于华晨全系车型的售后服务进行数据汇总和分析，能够对消费者提供售后咨询服务，投诉建议的处理，保养提醒等常规服务。在当前市场竞争激烈的形势下，华晨汽车销售公司要细化售后服务，进一步强化企业"您放心开车，我用心呵护"的售后服务理念。同时，为了给消费者更贴近的服务，华晨汽车销售公司拟定每周一天设立开放日，在网络上接受投诉和问答，及时了解和解决消费者提出的问题。

5.4 提高经销商品牌重视程度

仅仅拥有高质量的产品是远远不够的，华晨汽车企业还要对当前的渠道建设进行进一步的系统管理和完善。当前中华轿车已经在全国各地建立了多家分店，而这些分店很大一部分是与华晨公司合作多年的伙伴。华晨对于渠道伙伴的管理主要是严控，而忽视了管理和退出机制。所以，对于经销商的管理除了要对经销商的实力进行分析以外，还要在一段时间后对经销商进行考核，对于不符合企业定位或者销售不好、管理混乱的销售商实施退出机制。

5.4.1 加强品牌意识的培训

2015 年，华晨汽车销售公司制定了全国入店辅导 100 家 4S 店的战略目标，力争使其销量增幅超过全国平均销量增幅。其中，中华轿车不低于 20%，金杯客车不低于 12%。这项举措重点辅导经销商管理能力、推广能力和加强品牌意识，进一步完善了经销商销售过程管理，明确了组织机构及绩效制度。

（1）借力宝马：与宝马、麦肯锡团队紧密合作，设定入店辅导标准，加强辅导过程管控。

（2）团队支持：组建项目实施团队，以一对一教练形式对经销商各岗位开展辅导，外部专业辅导讲师 13 人，辅导助理 25 人，项目协调 3 人。

（3）辅导内容：包含展厅管理、流程管理、大客户管理、团队与绩效、盈利模式、市场活动、CRM 管理、新媒体营销八大方面内容。金杯品牌注重行业客户，从当地大客户开发入手，加强经销商主动开拓能力；中华品牌注重集客，从市场活动入手，提升经销商营销能力。

（4）完善流程体系：建立标准销售流程、建立标准展厅管理流程、表卡与 DMS 系统导入及使用、市场推广机制建立、大客户开发与维护流程、完善人员架构、明确职能职责、建立绩效激励机制、优化经销商运营管理模式。

（5）辅导进度：分三批入店，每家辅导四个轮次 15 天，4 月开始，5 月—11 月实施，12 月检核。

5.4.2 建立品牌市场信息反馈系统

现在汽车市场的变化之快是难以想象的，企业如何在销售中迅速准确地获得市场反馈信息就变得格外重要。市场信息反馈系统不仅可以帮助汽车企业对各地的经销商当前的销售情况、日常运转情况进行准确地了解，也能对市场环境分析情况、客户满意度等情况进行分析。企业可以通过不同的经销商报送的数据进行数据统计和分析，对某个经销商当地的市场情况进行了解，通过市场分析还可以对客户的需求变化情况和当期的经济发展情况有侧面的了解。此外，企业还要对各地经销商是否统一执行总部的品牌战略和产品促销等进行了解。建立品牌市场信息反馈机制，一方面可以通过各地经销商报送的数据进行分析，另一方面也可以通过总部进行抽查等方式进行交叉验证。华晨汽车销售公司应建立一套有效的、畅通无阻的市场信息反馈系统。首先，华晨汽车销售公司应该从组织结构上成立相应的信息市场部，主要职责就是负责对当前市场信息的收集和各地经销商的市场信息进行汇总分析，通过对市场信息的分析不仅了解到竞争对手的销售、品牌推广及策略情况，还能分析自身存在的问题，及时做出应对，制订下一步措施。

结束语

随着中国汽车产业不断发展，我国汽车产量从 1978 年不足 15 万辆到 2013 年突破 2000 万辆，连续五年位于世界第一。本论文以品牌营销理论和 CBBE 模型品牌价值理论为指导，分析了华晨汽车销售公司品牌营销问题及对策。本论文主要研究结论如下：

品牌营销已经逐渐成为汽车行业发展的根本需求。目前，中国的经济已经位居世界前列，中国在国际的综合影响力也逐步提升，只是在制造业特别是"工业中的工业"——汽车行业中，中国还没有一个在全球市场上颇有影响力的品牌。在现在复杂的经济环境下，中国已经加强了对汽车产业的扶持力度，自主汽车品牌的崛起成为全民的期盼，华晨汽车作为辽宁省重点国有企业，更应该顺应这种时代潮流，凭借多年与宝马的合资合作，学习国际品牌的品牌优势，以高品质"中国制造"的姿态昂首挺进竞争激烈的中高档汽车市场。在汽车市场发展的新时期，尤其是新一轮的经济危机的作用下，中国汽车市场的重要地位愈发凸显，全球各大企业纷纷在抢占中国市场的同时，也把品牌营销作为企业发展战略的重要组成部分。在面对不断变化的新媒体时代，如何突破传统方式的营销策略，如何在新媒体中实现增值的品牌提升，都需要大家的关注和研究。现在包括福特的"全球一个福特"的品牌战略整合，通用把旗下各子品牌分别对应不同市场实行重新品牌市场定位，丰田放慢市场扩张的步伐，注重品牌质量和品牌形象的维护等，品牌营销已是汽车市场营销的大方向。

参考文献

［1］ Leslie de Chernatony，Malcolm McDonald. Creating Powerful

Brands：The strategic route to Success in consumer，industrial and service markets [M]. London：Butterworth—Heinemann，1992：32.

［2］Dave Ulrich，Norm Smallwood. Leadership Brand：Developing Customer Focused Leaders to Drive Performance and Build Lasting Value [M]. New York：Harvard Business School Press，2007：47.

［3］Thomas. J. Madden，Frank. Fehle，Susan. M. Fournier，Brands Matter：An Empirical Investigation of Brand Building Activities and the Creation of shareholder Value [J]. Harvard Business School working Paper，2002.

［4］Alan Webber. What Great Brand Do [M]. New York：Fast Company，1997：75.

［5］Kevin Lane Keller. Strategic Brand Management，Second Edition [M]. New York：Prentice Hall Press，2006：602－608.

[6]曹伟. 媒体碎片化时代的品牌营销传播策略 [J]. 新闻知识，2014 (11)：49－56.

[7]陈梦宜，倪天文. 特斯拉汽车公司的营销策略分析 [J]. 经营管理者，2014 (11)：265.

[8]董熙. 自主品牌汽车营销策略的 SWOT 分析 [D]. 重庆电子工程职业学院，2015.

[9]菲利普·科特勒，高登第. 科特勒营销策略 [M]. 中信出版社，2007.

[10]冯星. 市场营销中品牌定位策略的思考 [J]. 中国管理信息化，2015 (6)：111.

[11]高凡. 浅析新时期企业品牌营销战略 [J]. 现代营销，2015 (01)：48.

[12]汲德群. 试论企业市场营销战略的创新及其对策 [J]. 中国商贸，2014 (28)：27－28.

[13]卡尔. 迈克丹尼尔，营销学精要 [M]. 北京电子工业出版社，2007.

[14]李嘉，商伟丽. 一汽大众汽车体验营销研究 [J]. 中国商贸，2012，01：93－94.

[15]李爽. 全球营销策略下的汽车品牌翻译 [N]. 辽宁工程技术大学学报（社会科学版），2011，02：179－182.

[16]李垚，孙萍. 互联网时代的品牌营销模式创新 [D]. 海口经济学院，2015.

[17] 刘琪. 基于企业文化的品牌营销研究 [J]. 产业与科技论坛，2013（2）：23—24.

[18] 吕宇栋. 汽车营销中的关系营销应用 [J]. 吉林省教育学院学报（下旬），2013，05：147—148.

[19] 秦鹏. 合资品牌汽车营销策略研究：以上海大众朗逸（LAVIDA）汽车为例 [D]. 河南大学，2014.

[20] 阮文霖. 基于整合营销理论的汽车营销策略研究 [J]. 中国商贸，2010，10：43—44.

[21] 申利霞. 品牌营销的认识误区及其重新定位 [J]. 企业改革与管理，2014（7）：73—95.

[22] 苏家本，樊贤进. 奇瑞汽车企业体育营销策略及存在的问题研究 [J]. 菏泽学院学报，2012（2）：91—94.

[23] 滕兆霞. 汽车文化营销发展策略分析 [J]. 中外企业家，2013（3）：77—78.

[24] 王林竹. 论市场细分与营销组合策略对企业的影响 [J]. 中国商贸，2014（31）：22—23.

[25] 王强. 电子商务时代市场营镜的新策略研究 [J]. 中国市场，2015（14）：48—53.

[26] 王万丁. 我国消费者对自主品牌乘用车购买意愿的影响因素调查分析 [D]. 华东理工大学，2014.

[27] 韦锦业. 广告逆向定位策略在后进品牌营销中的应用 [J]. 企业科技与发展，2013（17）：70—71.

[28] 徐慧，赵昭. 浅析我国中小企业品牌营销策略 [J]. 市场研究，2013（5）：7—9.

[29] 张元，宫涛和陈丹. 浅析中国汽车营销模式的现状与发展 [J]. 现代营销（学苑版），2013（5）：82.

[30] 郑欣怡. 高校教材出版中的全程营销意识和营销策略 [J]. 中国市场，2014（38）：29—47.

[31] 朱蕊，杨磊. 基于 SNS 平台的汽车品牌网络营销策略研究 [N]. 重庆工商大学学报（社会科学版），2013，01：53—58.

沈阳大润发连锁超市营销策略研究
Research on Marketing Strategy of
Shenyang RT－MART

作者：刘丹　指导教师：李雪欣　教授

摘　要

大型连锁超市是以顾客自选的方式作为营销手段，其经营范围主要以食品和民生日用品为主。大型连锁超市的优点是品种齐全，能够一次性满足顾客的需求，同时环境舒适、物美价廉。因此，大型连锁超市受到广大消费者的青睐，也是发展最快的经营业态之一。

自从中国在 2001 年加入 WTO 后，中国市场全面开放，国际零售业的巨头在中国市场的竞争也日趋激烈。沈阳地区的商业零售市场也在 2003 年下半年对外全面开放。国际比较有名的零售商如沃尔玛、家乐福、乐购等纷纷入驻沈阳市场，抢占市场份额，这加剧了国内零售业的竞争程度。在这个背景下，大润发作为国际上比较有名的零售业的领导者，其在短短十几年的发展中，能够成为零售业中的巨头，并且面对金融危机，营销业绩仍然能够保持增长趋势，其营销理念十分有研究价值，并且其营销理念也能够为国内连锁超市的营销策略的制订的提供借鉴经验。

本文以沈阳大润发连锁超市作为研究目标，通过对沈阳地区的零售环境进行分析，为大润发的营销策略的制订提供依据。首先是分析了大润发超市的营销现状已经存在的问题。然后对沈阳大润发的营销环境进行分析，包括宏观环境分析、竞争环境和竞争对手分析，以及利用 SWOT 分析方法对大润发的竞争优势、劣势、机会和威胁进行了详细的分析。基于以上分析的结果，提出了适合大润发现有的六个方面的营销策略，分别为产品策略、价格策略、促销策略、服务策略、渠道策略和网络营销策略。最后得出本文的结论，同时希望通过对大润发连锁超市营销策略的研究，能够对我国本土连锁超市的营销策略的制定有借鉴意义。

关键词： 营销策略　连锁超市　SWOT

ABSTRACT

Large－scale chain supermarket makets in the way that the customer has free choice for shopping, and its scope of business is mainly food and livelihood necessities. Advantages of the large supermarket chains are varieties that can meet the needs of customers one－time, while the comfortable environment, inexpensive. Therefore, the large－scale chain supermarket is not only the best choice for the majority of consumers, but also one of the fastest developing business conditions.

Chinese market has fully opened sinceChina joined the WTO in 2001. Therefore, international retail qiants compete in the Chinese market has become increasingly fierce. Shenyang area's retail market also fully opened to foreign in 2003. International retailers such as the famous Wal－Mart, Carrefour, Tesco, etc have settled in Shenyang market, and shared the market, which exacerbated the extent of competition in the domestic retail industry. In this context, RT－Mart, as an international leader in the retail industry, has become a retail giant in just then years, Faced with the financial crisis, the sales performance is still able to maintain a growth trend. Its marketing concept is of great research value, and can draw on the experience of developed to provide with domestic supermarket chain marketing strategy.

In this paper, I Choose Shenyang RT－Mart supermarket chain as a research goal, through analyzing the retail environment of Shenyang region, to provide a basis for the development of RT－Mart's marketing strategy. The first is the analysis of the RT－Mart supermarket marketing status' problems that already existed. Then is Shenyang RT marketing environment analysis, including analysis of the macroeconomic environment, the competitive environment and competitor analysis; SWOT analysis method and the use of RT－Mart's competitive strengths, weaknesses, opportunities and threats are carried out in a detailed analysis. Based on the results of the above analysis, it propose six existing marketing strategy for RT, respectively, product strategy, pricing strategy, marketing strategy, service strategy and channel strategy. Finally, this paper concludes, with the hopes that RT — Mart supermarket chain marketing strategy research, be able to develop our local supermarket chain's marketing strategy.

Key Words：Marketing strategy　Supermarket chain　SWOT

绪　论

0.1　研究背景

现代化的经营方式各种各样，连锁经营方式在诸多的经营方式中处于不败地位，是全世界多数国家地区公司普遍采用的经营方式。连锁经营方式目前发展比较稳定，也比较成功，它是市场经济中的一种新型的市场经营方式，它超越了时间、空间、地区的限制，是现代化经营方式中最为普遍的经营方式，被人们广泛接受，逐渐融入了人们的生活中，并且使人们的生活方式不断发生变化。连锁经营方式拥有其独有的特色，并且和超级市场的经营模式完美融合，充分发挥了二者的优势。

大润发是由台湾润泰集团于 1996 年创立的超市品牌，具体由大润发流通事业股份有限公司负责经营。在 2010 年中国连锁百强榜上排名第三，在外资连锁零售企业中排名第二，仅次于家乐福。而截止到 2012 年底数据显示，大润发已有门店 219 家，根据 2011 年和 2012 年度中国超市数据统计显示，大润发连续两年蝉联中国超市零售行业销售冠军。从 2002 年起大润发进军沈阳，经过这 10 余年的迅速发展和扩张，已经在沈阳超市行业领跑并占有优势地位。现在共有 7 家店面落户沈阳：大润发怒江店、大润发建设西路店、大润发沈河店、大润发和平店、大润发长白岛店、大润发迎春街店、大润发皇姑店。

沈阳作为东北三省的第一大城市，早已经成为众多连锁超市的进军地。例如，法国大型连锁超市家乐福、香港的华润万家、英国的乐购、美国的沃尔玛、德国的麦德龙，以及沈阳本土的中兴超市、兴隆大家庭超市等。面对竞争如此激烈的零售市场，大润发连锁超市将如何应对，并且在竞争如此激烈的市场中脱颖而出等。因此，大润发连锁超市需要根据自身的发展特点、周围的竞争环境进行分析，制订出一套有适合自己发展并且能够带来效益的策略。

0.2 研究目的和意义

本论文通过对大润发连锁超市的营销策略进行研究，其最终目的是在原来营销策略的基础上，对营销手段进行丰富以适应现在社会的发展，完善和优化大润发连锁超市的营销策略，最终提高大润发连锁超市的市场竞争力，在众多强劲对手中脱颖而出。

随着人们生活水平的不断提高，人们对生活质量的要求越来越高，特别是对于生活在城市中的人们来说，大型连锁超市已经成为生活必需品。但是面对众多的大型连锁超市，人们的选择对于超市的生存至关重要。一个连锁超市如何在众多品牌中成为人们的首选是大部分企业面临的一个问题。本文以沈阳大润发连锁超市作为研究对象，通过构建和优化营销策略提高企业的市场竞争力。在这个过程中通过分析大润发存在的优势和劣势，以及在激烈的市场竞争中面临的机遇和威胁，根据分析结果对大润发目前的营销策略进行改进，以实现大润发的可持续发展。其现实意义主要体现在以下三点：

（1）有助于大润发管理者对零售市场深入的了解，然后根据市场发展变化规律，对企业的营销策略进行适当的调整，以实现企业经营的效益最大化。

（2）通过对大润发连锁超市的营销策略进行分析，找出其自身的优势和劣势，以及在市场上面临的机遇和威胁，在企业经营过程中扬长避短，抓住机遇，避免威胁，使企业健康快速的发展。

（3）通过对市场发展和顾客的需求特点的分析，及时调整大润发的营销策略，以抓住客户，提高客户的满意度，从而提升企业的市场竞争力。

0.3 研究内容

本文是以沈阳大润发连锁超市的营销策略作为研究对象，针对大润发超市营销策略和自身特点，结合实际面临的问题和沈阳连锁超市的整体环境，提出大润发在运营发展中可能存在的不足和可以完善的环节，通过阅读大量参考文献和实地调查考证，多角度理论和实证分析，选择对连锁超市而言更适合的营销策略模式去指导大润发更好地经营完善企业。其具体内容共分为六部分。其中第一部分是本文的绪论，主要阐述了本文提出的背景，本文研究的意义和目的，以及本文在研究过程所用到的研究方法等；第二部分是关于零售业和营销策略的理论概述，为本文的问题分析提供理论基础；第三部分是对大润发连锁超市的营销现状进行分析，并分析在营销过程中存在着的具体问题；第四部分则是对大润发连锁超市的营销环境进行分析，包括宏观环境、市场环境、竞争对手等分析；第五部分则是构建大润发连锁超市的营销策略；最后一部分是本文的结论。

0.4 研究方法

本文的研究方法共分为两种：文献综述法和理论阐述法。其中文献综述法以论文选题为基础，查阅大量国内外期刊文献资料，从中引入相关研究观点和建议，并对其进行深度分析，得出相对成熟的新方法新思路。理论阐述法是本论文进行理论研究的主要依据，评估市场导向和顾客价值，通过对理论的阐述，为研究提供理论支撑。

1 相关理论综述

1.1 基本概念界定

1.1.1 零售业的概念

零售业（retail industry）是一种传统的经营方式，它将生产者生产出的产品作为生活销售，通过买卖的形式销售给个体或是单位。目前对于零售业的定义，业界并没有明确的定义。但是被大家认可的零售业定义分为两种：其一是认为零售业是一种中间方式的销售形式，先从生产者或是制造商处购买生产出的产品，然后再把买来的商品直接销售给个体或是单位，这个定义是从营销学的角度出发的。另一种零售业的定义是根据美国商务部的定义，把商品直接销售给个体或是单位，该销售形式不改变商品的形式，并且服务也只是体现在商品的买卖过程中。

零售业的发展历史比较悠久，但是有系统和针对性的变革，则是在发达国家实现的，比如 20 世纪的美国、英国、德国、法国等国家，零售业在以上国家的发展和变革历程对于发展中国家的零售业发展有很强的参考和借鉴意义。在 20 世纪 90 年代，由于全世界范围的经济危机导致零售业的发展受到很大的冲击，其发展和变革历程也经过了严格的优胜劣汰的选择，从目前零售业的发展趋势来看，大致可以分为以下几种。

（1）薄利多销的营销模式日趋占据主流。

薄利多销的营销模式日趋占据主流是从 20 世纪 90 年代的日本零售业的营销现状发展开来的。由于该阶段正处于经济危机之中，百货公司的销售量已经呈现 24 个月的连续下滑，但是超级市场的销售额则在经历衰退后，迅速上涨。由于超级市场的经营理念是薄利多销，所以在经营销售的前期，营业额肯定是下降的，但是随着销售量的逐渐增大，营业额则会提升，逐渐增大。目前，市场逐渐由一些垄断的大企业向平价的百货公司转变，因而这种薄利多销的经营方式越来越受到人们的广泛关注，得到大家的一致好评。

（2）市场定位目标明确。

市场是由消费者决定的，不同的消费者具有不同的消费能力和消费理念，因而对于市场的需求也是不一样的，比如资金比较紧张的消费者在选择商品时，往往把商品的价格放到首要地位，因而这类的消费者多选择处理商场，打折店区购物；而对于注重商品质量和服务的质量与购买环境的消费者，则往往光顾特色的专门店；对于很少逛街购物，时间观念很强的消费者则会去一些百货公司进行消费。因此，经营零售业需要考虑到各种消费人群，才能受到越来越多人的关注，获得巨大的利润。

（3）商品经营品种繁多。

前面得到消费人群各自具有其特点，要扩大消费人群需要拓展商品的经营范围，比如现在经营的超市，不但可以买到各种生活用品，还可以买到蔬菜，鲜肉等；手机销售市场，不但可以买到手机，还可以买到耳机，电话卡等。

（4）服务于消费者。

常言道"顾客就是上帝"，顾客就是销售者的衣食父母，由于市场竞争日益残酷，客源逐渐流失，这也是销售者最为关注的问题。如果消费者不满意于服务或是商品，就会带动周围的亲戚、朋友、同事不去消费，这就间接降低了销售额。因此，销售者的根本任务是要让顾客满意，只有顾客高兴，才能保证回头客，从而不断提高零售业的市场占有率。

（5）良好的厂商关系。

由于市场竞争越来越激烈，竞争者采取各种促销手段，比如降价，而商品的成本又是固定的，这就需要和厂商进行沟通，协商，制造出低成本的商品，并且还可以创立自主品牌，不断提高销售额，在残酷的市场竞争中处于不败之地。

传统的零售业销售模式往往是商业街，分布各种类型的专业店，而现在的经营模式则发生了明显的改变，逐渐的发生扩展，由单一的商业街向多样的商业区进行扩展。销售形式也不仅仅局限于传统的柜台服务，而是逐渐向"敞开式"的形式进行发展，比如将商品陈列于展架，实现自助服务。零售业市场形式也会发生很大的变化，不再是单一的百货商店，会扩展为特色商店、超级市场，发展大型的商场，扩大商品的品种。

1.1.2 市场营销的概念

市场营销从广义上进行定义是指，生产者生产出具有一定使用价值的商品，然后通过买卖的方式进行交易，从而获得自己所需要的东西。从狭义上定义，则是各家所言略有差异，比如菲利普·科特勒在其出版的《科特勒自白书》中对市场营销是这样定义的：发现还没有被实现的需求并满足它。美国著名管理学家 Peter·Drucker 对市场营销的定义则是：营销就是要使推销成为多余。

对于西方的营销方式我们已经非常熟悉，但是我国的经营方式不同于西方，拥有其独特的特点，即首先根据顾客的不同需求对市场进行分类，然后制订相应的营销方式，连接生产者和消费者，使二者均获得最大的利益。在这种营销过程中，生产者获得利润，消费者获得了自己所需要的东西，营销的工作人员也会获得利润，并且公司服务于社会，从而使社会获得效益。在这种销售方式中，顾客的需求应该放在首要位置。一方面要使生产者获得最大的经济效益，另一方面还要使员工知道自己的责任和义务，并且对工作人员给予相应的奖惩措施，这样就可以调动大家的积极性，使企业获得更多的利润。

1.2　市场营销基本理论

1.2.1　4P 营销理论

所谓"4P"理论，就是指以产品（Product）、价格（Price）、渠道（Place）、促销（Promotion）为基本发展理念的营销组合策略，该理论是由美国著名营销专家杰罗姆·麦卡锡在 1960 年于其出版的《基础营销学》中提出的。4P 理论是目前营销学中应用最为广泛的营销理论，后面延伸出的理论几乎都是在 4P 理论的基础上发展出来的。4P 理论主要是根究企业的发展特点，结合市场的需求，最终以满足市场的需求为目标，在市场竞争中取得胜利。对 4P 理论的具体分析如下：

（1）产品营销策略。所谓产品营销策略就是指企业根据市场的需求和变化，以满足消费者的需求为目标，为消费者提供产品（无形产品和有形产品）来实现企业的营销目标。产品策略在实施过程中，其目标方向是在同类产品中，对其规格、包装、式样、商标、品牌、质量等进行控制组合，最终来赢取消费者的忠诚度和满意度。

（2）价格营销策略。就是指通过对商品的价格进行调节来实现产品营销。其途径可以是通过折扣、津贴、延期付款、批发价、零售价等方式来实现这个营销的目标。

（3）渠道营销策略。就是指对商品流通的渠道进行管理，比如通过运输渠道、销售渠道、储藏渠道等方式把产品送到目标市场。其营销途径主要是对产品的区域分布、中间商类型、运输方式等进行组合和运用。

（4）促销营销策略。就是在能够盈利的条件下，通过各种促销手段来扩大产品的销售额。促销的手段包括传单广告、电视广告、报纸广告、网络推销、上门推销、口碑宣传等。

1.2.2　4C 营销理论

随着营销理论的不断发展和完善，商品市场随着社会和科技的发展，营销理论也发生了变化。在 1990 年，美国学者 Lanterborm 在 4P 理论的基础上，首次提出了 4C（Consumer，Cost，Convenience，Communication）营销理论。4C 营销理论侧重消费者，市场根据消费者的消费目标为导向进行变化。所谓 4C 营销理论包括需要和欲求、成本、便利和沟通。4C 营销理论通过把握消费者的消费需求，不仅为消费者提供产品需求，更重要的是为消费者提供高质量的服务，在此基础上来赢取消费者的满意度和忠诚度。

1.2.3　4R 营销理论

所谓 4R 营销理论是指关联（Relevance）、反应（Reaction）、关系（Relationship）和报酬（Reward）。4R 营销理论是 20 世纪 90 年代中期由美国著名学者 Don E. Schultz 提出的。4R 营销理论侧重的是市场竞争，这是由于随着市场竞争的不断加剧，企业需要和消费者之间建立更加紧密的关系，而不仅仅需要顾客的忠诚度。4R 营销理论一个重要的影响途径是关系营销，通过已有的客户来拉动潜在的客户并演变为合作伙伴，这是其最重要的目标。首先，顾客是不稳定的，其忠诚度随时发生变化，而 4R 就是为了使产品和顾客之间形成一种互助互利的关系，最终把二者之间的关系稳定化。其次，4R 通过提高企业的市场反应速度，及时把握客户的需求，了解客户的心声，迅速做出反应以达到产品销售的目的。最后，为了兼容成本和双赢，企业必须考虑到顾客的心理价位，尽量提高成本效益的情况，以最低的成本获得最多的市场份额。

1.3　市场营销分析工具

1.3.1　PEST 分析

PEST 分析即指通过政治环境（Political）、经济环境（Economy）、社会环境（Social）和技术环境（Technology）进行分析，以达到市场营销的目的。例如，政治环境分析主要是针对政府和民众对该产品的监管情况和消费需求，以及政府有关机构对该类产品所持的倾向；经济环境分析则是通过对银行利率、通货膨胀、消费水平、失业率等因素进行分析，来作为产品销售的导向；技术环境分析主要是产品生产的设备、工艺流程的技术发展情况；社会环境分析则是对该区域的顾客的生活习惯、信仰、民俗、人口等因素分析，决定产品销售的途径和目的。PEST 分析主要被用来作为产品销售过程中，对所面临的外部环境进行分析的工具。

1.3.2 SWOT 分析

SWOT 分析法是由哈佛大学的教授 K・Andrews 提出的一种用来分析一个企业的实际生产、销售情况的分析方法。SWOT 分别是指优势－Strength、劣势－Weakness、机会－Opportunity 和威胁－Threat。其中，优势是指企业自身和竞争对手的优势；劣势则是指企业自身所处的劣势；机会是指在企业发展过程中，企业所能够发现并尽量抓住的有利于企业发展的机会；威胁则是在企业发展过程中，不利于产品营销的因素。其中这四者之间相互的关系并且对营销策略制订的影响如图 1－1 所示：

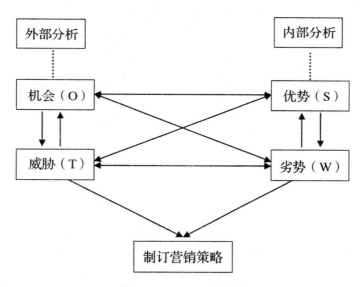

图 1－1　SWOT 分析图

每个企业不论发展好坏，都会有企业自身的优势和劣势，在发展过程中都会遇到公司发展的机会，以及威胁到公司发展的因素，一个企业在制订的企业发展战略和营销战略，就是使企业能够迅速抓住公司发展的机会，避免能够威胁到公司发展的因素，同时这些战略能够克服企业自身的不足，发展企业存在的优势，并且避免竞争对手的打压。企业在制订营销策略时，必须对营销环境进行分析，一般都会采用 SWOT 分析法，这是由于该分析方法能够最大程度的把一个企业所处的营销环境进行深度分析，把所有因素综合到一起然后剖析该企业所能够发挥的最大优势。但是在分析过程中，很难把企业的内部因素和外部因素很好地融合在一起，这就要求企业经营者和操控者必须要有很好的判断力，在综合考量下，选择能够使企业盈利最大的影响因素，并且提供备用的营销策略。因此，SWOT 分析方法能够阶梯形地对相关因素进行分析。

1.3.3　STP 分析

由于经济全球化导致经济市场竞争越来越激烈，若想在市场竞争中获得竞争优势，其中有效的手段之一就是从竞争对手中抢占消费者，并培养消费者的忠诚度来稳定客源。因此，在争取消费者过程中，首先要满足客户的需求。针对消费者的需求，公司就需要有系统和规划的分析消费者，并且对市场进行划分，从而获得经济效益。人们将这种营销方式称为 STP 营销，分别表示的是对市场进行细分（Segmenting）、明确市场目标（Targeting）和对市场进行定位（Position）。STP 营销策略是一个企业在市场竞争中必须考虑和实施的一个最基本的营销策略。企业实施 STP 营销策略一般都为三个过程：第一步是将大市场变小，即细分市场，由于销售市场是一个很大并且复杂的经济载体，某一产品进入市场后，它只能满足一小部分消费者的需求，因而在制订这一产品的营销策略时，只能针对不同消费群体的子市场；第二步是选择目标市场，首先要对市场的每一个分市场进行分析评估，找到一个或是一些最理想的市场，将此作为我们选择市场的目标。第三步就是要对市场进行详细的定位，选择一个竞争力强，能够得到客源的市场。

2　沈阳大润发连锁超市营销现状及问题分析

2.1　大润发连锁超市简介

大润发是由台湾润泰集团在 1996 年创立的连锁超市品牌。于 1997 年在中国大陆成立"上海大润发有限公司"，借由成功的中国台湾经验进军内地。2001 年与法国拥有 40 年零售经验的欧尚合资，引进了更为先进的零售业管理模式。2003 年，大润发在华南地区设置采购物流中心，其重点服务对象在一线和二线城市，而后在华东、华北、东北和华中等设置采购物流中心，为大润发的扩张提供了保障基础。2010 年，大润发首次取代家乐福，成为中国零售百货业的冠军。大润发把为顾客提供新鲜、便宜、舒适、便利，且一次购足的优质购物环境作为目标，成为顾客信赖的商品采购区。截止到目前，大润发在中国内地的门店总数已经超过 270 家。2012 年，中国大润发营业收入超过 800 亿元人民币，年增长率约为 30%，公司盈利约为 50 亿元人民币，单店的业绩约为 8 亿元人民币，较去年同期增长 15%，早已经取代家乐福成为中国大陆零售百货业的冠军。

大润发的公司定位是以会员制方式，成为国际连锁时尚平价购物广场（简称 FDS），公司的公司文化则是"诚实、热忱、创新、团队"，以最优质的服务获取消费者的忠诚度。大润发凭借着"every day low price"的商业政策，赢得了广大消费者的认可。大润发希望通过所有员工的努力，以诚实务实、服务支援、顾客满意、参与管理、共同成长、利润分享的管理理念，使企业获得长足的发展。

从 2002 年起大润发进军沈阳，经过这 10 余年的迅速发展和扩张，已经在沈阳超市行业领跑并占有优势地位。现在共有七家店面落户沈阳：大润发怒江店、大润发建设西路店、大润发沈河店、大润发和平店、大润发长白岛店、大润发迎春街店、大润发皇姑店。

2.2　沈阳大润发连锁超市营销现状

沈阳大润发在沈阳的超市行业中处于领导地位，其"顾客至上，平价第一"的经营原则使其在消费者中产生了巨大品牌效应。其所开设的连锁分店占据了比较优越的地理位置。大润发"一站式服务"的特点符合顾客需求的个性化服务。当今消费者的要求越来越高，不仅希望购买到物美价廉的产品还注重购买过程中服务的质量。大润发的"一站式"服务不仅为顾客提供了方便，而且还让顾客体验到在其他商场无法享受到的特色服务，拉近了企业与顾客的距离。大润发超市的 25％主力商品全国联采、20％的当地特色商品当地采购、以生鲜商品经营为核心的三个服务标准承诺，保证了大润发超市的优质产品质量。优质的产品质量和特色服务大大提升了大润发的品牌竞争力，是大润发的一个核心竞争力。大润发超市在商品进货方面没有优势，价格也不低，但销售价格却不高，这争取了更多的销量和占据更大的市场份额。在具体的营销上，沈阳大润发通过设定产品会员价、会员日的方式增加超市的注册会员，并提供一个会员号，全家共享的策略，增加会员在超市的购物量；对于消费者日常经常消费的产品比如鸡蛋、大米等产品，超市进行集中就地采购降低成本，同时在价格设定上较同类超市更低，增加了超市的人流量，带动了其他产品的销售；设置特价产品柜台，每天推出多款特价商品；另外，大润发超市更加针对本地人的一些习惯制订了具有特点的营销方案，比如适当增加本地生活消费品的供应比例。但随着行业竞争的加剧，大润发原来独具的营销方法也被其他超市学习，不能继续有效促进超市销售的提高。

2.3 大润发连锁超市营销存在问题分析

2.3.1 新开业超市定位不明确

沈阳大润发超市在最初进入沈阳市场时的定位是平民超市、低价超市，其主要服务的群体是城市中的工薪阶层。对于这部分消费者，他们收入处于中等水平，但对商品的质量要求较高，可以说工薪阶层消费者追求的是物美价廉，特别是沈阳属于老工业城市，工薪阶层数量很多，这也是大润发刚进入沈阳市场就受到广大消费者欢迎的主要原因。但随着沈阳经济的不断发展，特别是新城区的建设，增加很多新的社区，沈阳大润发想跟进城市扩张的步伐，也在新城开设了新店，但由于社区入住人员少，导致新店经营状况不理想。

沈阳大润发新开业超市定位不明确的主要原因是，企业在发展过程中没有坚持长久的原则，放弃了最初的超市定位。只想在城市扩张中抢占先机，脱离了大润发本来的在成熟社区开店的基本原则。

2.3.2 商品采购和配置存在问题

沈阳大润发从事大众消费品的销售活动，商品的采购和配置对其经营影响很大。在发展过程中，大润发积极发展自有品牌商品，自有品牌商品能够降低成本，同时简化采购流程，对大润发的发展曾经起了很大作用。但如今大润发自有品牌种类繁多，存在很多问题，比如消费者对产品质量存在怀疑，很多产品价格较低，但是质量没有保证，因而会影响产品的销售；在商品种类很丰富的今天，自有品牌知名度较低，大部分消费者无暇顾及；消费者对自有品牌产品持反对态度，这样会影响大润发超市的声誉。

大润发在自有品牌的发展中存在问题的主要原因是，在营销过程中，过分强调了产品的低价销售，而对产品的质量没有足够的重视。还有一个重要原因是大润发的自有品牌产品都是委托别的工厂进行代加工，只在产品出厂时才贴上大润发标志，没有专门的工作人员对产品质量进行监督。

2.3.3 定价价格策略不规范

沈阳大润发作为大型连锁超市，其商品的采购和存储量很大，但每件商品都有保质期，在对大润发超市进行调研过程中发现，商品的价格标签与实际售价不符，打折商品目录随便更改，导致最终售价混乱。在打折商品摆放区域，同类商品不同品牌商品全堆在一起，没有仔细区分，出现打折价格没有明确标志等问题。

在商品定价上的不规范，特别是对打折商品价格管理上的缺失和漏洞十分严重。其主要原因是没有统一制定商品打折价格的规范流程，而是发现商品快过保质期或者商品出现滞销时，匆忙决定进行打折或者促销，没有认真核算商品的价值，这就需要沈阳大润发应该对商品的价格制度进行规范，制定相关制度。

2.3.4 促销手段同质化

目前，大润发实施的促销手段主要分为以下几种：传单促销、会员促销、店员促销等。传单促销除了延续几年前的促销方式，几乎没有什么变化，而且传单促销时，在传单上的商品没有分类，促销主体不明确；会员促销几乎是各大超市都会采取的促销手段，大润发的会员促销和华润万家、欧尚、乐购等大型超市的会员促销方式几乎一样，没有亮点来吸引消费者。店员促销更是如此，大润发的店员促销，由于促销人员存在沟通上的问题，有时会给顾客带来很大的压力。

沈阳大润发在促销上存在问题的主要原因是没有随着市场的变化而变化，也没有仔细分析消费者消费习惯的变化，而只是根据以前的促销模式，进行商品的促销宣传。要改变现有单调低效的促销，首先要研究市场的变化，并学习同行业的经验，丰富促销手段。

2.3.5 员工服务意识淡薄

虽然大润发员工以"嘴巴甜一点，理由少一点，脾气小一点，脑袋灵一点，做事多一点，效率高一点，胆量大一点，行动快一点"为标准，但是每位员工的素质水平不同，因而每个人对服务理念的理解程度有所不同。有些员工可能服务意识比较薄弱，对顾客态度比较恶劣，这样不仅影响销售额，还影响大润发的企业形象。

大润发的员工服务意识比较浅薄的主要原因是由管理者决定的。大润发管理者在管理过程中，没有对员工进行系统的上岗培训，特别是在销售的旺季，为了应付人手短缺，招聘了大量的临时工作人员，但却没有对这些工作人员进行上岗培训，导致他们在工作过程中不注意服务态度，给消费者带来了不好的影响。

2.3.6 缺乏网络营销

随着科学技术的发展和互联网的普及，21世纪已经成为互联网的时代，零售业与电子商务之间的关联越来越密切。根据目前社会的发展模式和人们的生活方式的改变，网上购物已经成为人们重要的购物模式之一。许多零售商家为了吸引顾客，纷纷开展了网上购物平台，来满足消费者的需求。其中，零售商家以商业实体店为依托，开展网络营销成为消费者最青睐的消费模式，这主要是因为依托商业实体店能够为消费者带来信任，也能够为消费者提供更为直观地消费信息。大润发虽然在短短的时间的内发展成为世界著名的超市零售商之一，但是目前的营销模式并没有与时俱进，并没有建立自己一套比较完整的网络营销模式。

沈阳大润发超市缺乏网络营销的主要原因有：第一，大润发超市的商品毛利比较低，承担物流费用相对比较艰难，同时由于没有自己的配送物流系统，不仅导致配送难度比较大，而且物流开支比较大；第二，由于大润发是一个大型购物中心，其中的商品种类包罗万象，但是大润发想要依靠实体店的库存量来满足网络营销，长远的看是不能满足网络营销的需求；第三，网上购物对消费者一个最大的吸引力是价格相对便宜很多，但是由于大润发的商品价格本来毛利就比较低，很难达到这一要求，如果要求线上线下的价格一致，则网络营销很吸引消费者的眼球。

3 沈阳大润发连锁超市营销环境分析

3.1 宏观环境分析

沈阳市是辽宁省的省会，作为东北三省最大的城市，是东北政治、经济、文化、金融、商贸的中心。沈阳市是东北地区最具吸引力的投资城市之一。大润发作为世界知名的连锁超市，在沈阳市具有很好的消费人群，在消费者心中拥有很高的忠诚度和满意度。沈阳大润发在经营过程中所面临的宏观环境如下：

3.1.1 沈阳大润发经济环境分析

沈阳市的宏观经济增长速度明显加快，2013 年，沈阳市地区生产总值实现了 7233.7 亿元，比去年增长了 10%。其中，沈阳市社会消费品零售总额实现 3222.2 亿元，比去年相比增长了 15%，人民生活水平稳步提高，城市居民人均可支配的收入实现了 29340 元，比去年增长了 11%。这为沈阳市零售行业的发展提供了很大的增长空间。

根据最近三年来沈阳市消费品零售额统计，沈阳市的社会消费品零售额不断攀升，2010 年的零售额为 2316.4 亿元，到 2011 年销售额增加到 2501.7 亿元，比去年增加了 8%，而 2012 年为 2801.9 亿元，2013 年提高到 3222.2 亿元，平均按 11% 的速度增长。沈阳市经济的快速发展的宏观环境成为零售业最强有力的支撑。

零售产业的发展状况和社会的经济发展息息相关，一般来说，二者是呈正比的关系，其原因为：经济的发展促进了人们生活水平的提高，人们生活水平提高则带动零售业的发展，反之亦然。统计结果显示，沈阳市月收入在 2000

元以上的已达到 60 万人，约占全市总人数的 8.57％，消费能力自 2000 年起逐年增长，消费能力每年增幅约 8.5％。

3.1.2 　沈阳大润发政策环境分析

由于中国经济呈现高速发展的趋势，带动了中国零售业的迅速发展。因此，为了整合和服务中国的零售百货业的发展，政府出台了一系列的政策来服务和规范零售企业在发展中的经营行为。目前，国务院办公厅和工商总局分别出台了《关于促进连锁企业发展的若干意见》、《关于加强和改进社区服务工作的意见》和《零售商供应商公平交易管理办法》，通过以上的政策法规来引导零售市场的交易行为和公平竞争行为。

由于大润发的营销环境和辽宁省的政治环境有很大的关系，因而辽宁省的政治环境对大润发的发展有十分重要的影响。自国家实施振兴老工业基地的战略方案以来，整个东北地区发展的相对较快。目前，东北三省的经济建设有了快速的发展，和沿海地区的经济差距也在逐渐缩小。国家发改委公布的数据显示，在 2013 年，东北地区实现的生产总值达到 21173.5 亿元，同比增长了 8.2％。辽宁省是东三省中唯一有海岸线的省，在有国家东北振兴战略和《辽宁沿海经济带发展规划》的双重因素支持下，经济正在快速地发展。在区域经济一体化的背景下，以沈阳市为中心的省内城市群构成了全国最为密集的辽中南大都市区。国家政策的倾斜也为沈阳市经济的发展注入了生机和活力，这必将带动各产业的发展。

由于我国加入 WTO 已经有很多年了，相对的针对经济发展的相关的法律法规也比较完善，这些法律法规对完善规范市场竞争和市场发展有良好的协助作用，也为企业之间的公平竞争提供了保障措施。因此，这些相对完善的法律法规对零售业的竞争和发展有法律保障和指导意义。

3.1.3 　沈阳大润发社会环境分析

（1）人口稳步增加。

沈阳作为东北第一大城市，不仅是东三省的经济中心、金融中心、政治中心及交通枢纽，也是全国重点建设的工业城市。依赖于便利的交通、老工业基地、重工业发展基地，沈阳吸引了大量的外来人口来此居住。根据 2013 年的人口普查结果，沈阳人口已将近 900 万。造成沈阳人口稳步增加的主要原因是来沈阳务工的人口增加。创业、就学等方面的外来人口大量迁移流入造成的。沈阳市人口数量的不断增加，势必为零售百货的消费带来大幅度的增加，因而大润发在沈阳将有着良好的顾客市场。

（2）居民消费力增强。

随着社会经济和科学技术的发展，人们的生活水平不断提高，消费意识也在不断地加强。辽宁省的消费水平呈现持续增加的趋势，而沈阳作为省会城市，其消费能力也是名列前茅的。由于沈阳市居民可支配收入不断增加，人们的消费能力也在不断地提高，这直接推动了零售业的发展，为沈阳市连锁超市的发展带来了很大的发展机会。

3.1.4 沈阳大润发技术环境分析

社会进步离不开科学技术的大力发展，科学技术更新日新月异也对零售业产生了巨大的影响，大力推动了零售业的发展。目前，由于科技发展，网络、计算机、通讯产业发展迅猛，人们的消费也不单单局限于现金消费，也可以采用多种形式，比如可以通过网银、支付宝、信用卡等，这些手段更加方便快捷，消费者不用携带大量的现金，持卡消费变得越来越受欢迎。此外，商家还可以利用会员卡、积分卡等，这一手段可以为顾客提供方便，这就能够吸引更多的客源，而且会员卡的办理可以施行网络办理，实现全网更新，即在持有会员卡的顾客可以在该商场旗下任意的分店进行使用。

与西方的国家相比，我国的零售业还处于起步阶段，经过一段时间的发展已经具有自己独特的特点，将来随着科技的进步还有更加广阔的发展空间，应该逐渐将零售业发展与信息时代相结合。现在，各种智能手机、平板电脑发展迅猛，已经走进了千家万户，如果顾客能够在消费过程中，采用这些方式进行支付，这将会变得十分方便快捷，不但为顾客节约了支付时间，还可以为商家带来更多的顾客。畅想未来，顾客可以在各大商场用自己的电子设备轻轻一点就实现支付。同时，零售产业的发展也会促进科技的进一步发展，最终实现双赢。

3.2 竞争环境与竞争对手分析

3.2.1 竞争环境分析

优胜劣汰，市场竞争是推动零售业发展的动力能源，是关乎企业生死存亡的关键所在。因此，在零售业的发展过程中竞争是必不可少的关键因素，在规划零售业发展方向时应该认真考虑竞争因素。如图 3-1 所示。

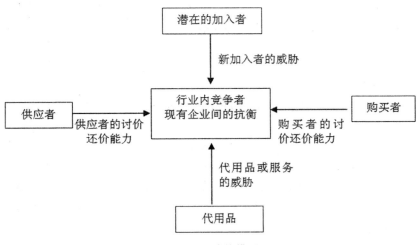

图 3-1　波特模型

只有对零售业中的竞争因素进行详细的分析，才能促进该产业的不断发展。而关于竞争对象并不是单单局限于具有竞争关系的对手商家，产品的更新换代也是主要的竞争对象，一种产品的消费必然会达到饱和，这就需要找到合适的产品取代原有的产品继续进行销售。在进行销售过程中，消费者往往喜欢还价，希望最大程度降低商品的价格，消费者的这种还价能力也是竞争因素需要考虑的问题，还有相对应的在顾客还价的时候，销售者让步的能力，如果销售者让步的少，那么企业获得利润就会加大，反之如果销售者让步的多，那么企业获得利润就少，因而销售者的还价水平也是需要考虑的竞争因素。此外，对于刚刚起步的商家也是需要特别关注的，因为它们也可能成为潜在的竞争对手，以上提到的这些竞争因素就是经典的迈克尔·波特（M. E. Porter）的理论。只有全面的考虑上述的这些竞争因素，才能使企业在激烈的竞争中处于不败之地，这是企业兴衰成亡的关键所在。前面已经对波特模型进行了详细分析，因而沈阳大润发超市在制订自己的销售策略时可以加以利用，扩大销售市场和销售规模。

3.2.2　竞争对手分析

众多大型连锁超市进驻沈阳，竞争十分激烈，在 2013 年的市场份额占有率中，家乐福和沃尔玛两个大型超市的市场份额约占全部超市的 50％，笔者对各个超市竞争的优势和劣势进行了详细的分析，主要如下所示：

首先，进驻在沈阳的超市种类繁多，比如有家乐福、沃尔玛、华联、大润发、乐购、中兴等；经营体制也大都不同，有的是外资企业，有的是台资企业，还有合资企业、民营企业、国有企业等；这些超市间的规模也是不一样的，像家乐福、沃尔玛、大润发等这种大型超市在沈阳拥有许多的分店，店面规模也很大，但是有的超市分店数很少，规模相应也很小。同时，各大超市的经营方式也不相同，有的采取低价销售，有的采取品牌效应等，不同的经营方式其最终目的都是吸引更多的消费者，增加超市的销售利润，从而在激烈的市场竞争中占据上风。但是，由于竞争的非常激烈，往往就会出现一些问题，有的超市由于管理经验不足，可能在超市经营过程中会出现混乱的情况。因此，需要对各大超市进行严格的整顿，使各大超市处于良性竞争中。

其次，各大超市经营的商品品种大都是相同的，并且商家采取的销售方法也是差不多的，大都是采取办理积分卡打折，定期推出特价商品，还可以办理超市消费优惠券等。因此，各大超市要是想要吸引更多的消费者，必须提高商品的质量，同时尽可能降低商品的价格，还有一点就是要拥有良好的服务，只有在这些方面做到最好才能使超市提高销售额。

再次，要开设超市，前期需要投入大量的资金，首先要选择合适的场地，接下来需要购买相应的设备，配套设施，对场地进行装修，还要雇佣工作人员、有管理经验的管理人员，还要对员工进行培训，提高员工的素质和业务水平，最后需要找到合适的供应商为超市提供货源，还要做市场调查，了解不同人群的消费水平与需求，针对不同的消费群体制订不同的销售方式，对超市进行大力宣传，扩大超市的知名度，从而可以吸引更多的消费者前来购物，从而使超市获得丰厚的利润。

最后，由于超市经营前期投入了大量的资金，如果超市经营不下去，想要退出，这几乎是不可能的，因为一旦超市倒闭，品牌形象会受到严重的影响，超市办理会员卡的顾客也会感到担忧，严重影响了超市的诚信度，还会对供应商造成损失。总之，在各方面的压力下，超市是没有退出的，只能通过各大超市的竞争关系吸引更多的消费者，从而带来更多的利润。

3.3　SWOT 分析

3.3.1　优势分析

（1）低廉的价格形象。

大润发在建立之初，其中的一个核心的经营理念就是"低价"。大润发在中国经过十几年的发展经营，其低廉的价格形象已经深入人心，在消费者心目中早就树立了"天天低价"的形象。由于大润发对顾客的定位在中低档消费人群，因而低廉的价格形象能够提高消费者前来购物的热情，并提高消费者的忠诚度，达到吸引消费者的目的，为大润发奠定了很好的消费人群，让消费者提到购买生活用品就想到大润发。

商品价格低廉可以吸引更多的顾客，因而各大商场为了争取客源都会想尽一切办法实行大减价。在众多超市中，家乐福产品的价格被公认为是最低的，顾客为了追求便宜的物品纷纷前往家乐福超市，带动了家乐福的经济增长，而大润发超市如果和家乐福超市直接竞争是不占优势的，因为家乐福超市进货渠道固定，可以得到便宜的物品，而大润发超市同种商品的价格不能降低至家乐福商品的价格，因而大润发超市可以采取其他的竞争手段，可以不选择同种类的商品和家乐福的商品进行比较，可以选择其他类型的物品进行促销，降价处理。同时，还可以和生产商进行协调商议，进一步降低商品的价格。此外，大润发超市可以指派专人去竞争超市查询，及时了解对手超市的销售情况、促销产品，从而可有制订有效的应对方案。只有综合各方面因素考虑，才能使消费者对大润发超市产生兴趣，前往购物，从而提高大润发超市销售业绩。

（2）与供货商的关系优势。

商品是销售成败的关键所在，消费者在消费时首先考虑的是产品的质量。因此，大润发超市在进货时必须对产品的质量严格把关，确保产品质量优良。这就需要寻求好的供应商，在选择供应商时，应当对其进行充分的调查分析，可以指派专业人员去实地进行考察，选择品质好的供应商，同时，选择好供应商后，可以与之进行商讨，设计出符合大众需求的价格低廉的优质产品，努力开始市场，吸引更多的消费者。由于有的超市常常拖欠供应商的货款，而大润发在与供应商进行合作时，不会出现这种情况，这就大大减少了供应商的担忧，只有与供应商建立良好的诚信关系，才能彼此合作的更加紧密。

（3）正规的管理制度。

销售业的蓬勃发展使我们认识到企业管理的重要性，任何企业都是建立容易，经营困难，因而大润发超市对超市的运营管理方面也特别重视，有自己独特的管理方案。许多企业为了获得更多的利润，往往会精简员工，这就会导致员工质量的下降，而大润发超市在员工的管理方面，会投入大量的时间和精力对员工的素质进行综合考察，培育出高素质的员工，实行微笑服务，让每一位来大润发消费的顾客都能感受到贴心的服务。同时，大润发超市对超市的一些细节问题，比如装修设计，商品布局，对不同类型的商品划分不同的区域，并加以显著地标志，在付款结账时，也设置了优先通道，方便那些赶时间的顾客。此外，还拥有自己班车，这也方便了来大润发超市消费的顾客。总之，大润发超市秉持"顾客就是上帝"的服务宗旨，努力在每一方面都做到最优，让消费者对超市的服务达到最大程度的满意。

（4）完善的物流体系。

大型连锁超市经营情况与很多的因素有关，如商品质量问题、超市管理体系，还有物流体系等，而其中物流体系也是超市盈利的关键所在。沃尔玛大型连锁超市的物流配送工作做得特别出色。好的物流体系可以节约商品的上货时间，沃尔玛超市每天都可以送一次货，这样货物就不会在超市中堆积，就节省了空间，同时，也不需要专门的人员负责保管货物，这样可以减少超市的工作人员，避免不必要的开支。物流地点的设置也十分关键，如果物流地点在较为偏远的地区，这就使商品从物流运送到超市的时间大大增加，浪费了很多不必要的时间。超市一般集中在市区附近，如果物流地点设置在市区附近，由于市区人流量大，交通阻塞，也不是十分方便。此外，大型的连锁超市拥有许多的分店，设置物流地点时还需要考虑各个分店之间的距离，要尽可能做到物流地点位于这些分店的中间位置，这样就可以使各个分店配送商品的时间均衡。总之，物流地点的设置需要考虑全面，综合各种情况设定地点。同时，现今的科技十分发达，在设置物流体系时还要充分融入互联网系统。物流体系的管理应该实行网络监管，利用网络可以随时对商品的库存情况进行监管，可以针对不同超市的商品销售情况进行补货，这样十分方便快捷，大大节约了人力。互联网的使用可以随时看到商品内哪些商品销售量大，哪些商品销量小，这样超市在商品供给时就会有选择性的控制商品的供给量。

（5）本土化经营。

多数的大型连锁超市都是西方发达国家的公司，欧洲人与我们的生活习惯，以及风俗习惯均有很大的差别，因而不能很好地融入我们的社会。但是大润发超市则不同，它是台资企业，中国台湾与我们内地地区的风俗习惯基本一样，并且随着两岸关系的逐渐亲密，中国台湾的企业经常与内地的企业合作，这就促进了两岸关系的友好长远发展，因而大润发超市的经营者更加了解内地地区人民的需求。因此，可以制定的相关策略也是考虑内地人民的一些消费水平，生活习惯等，这也就可以受到内地人民的欢迎，从而长久的驻扎于中国内地市场。

3.3.2 劣势分析

（1）商品脱销情况严重。

在大润发经常购物的顾客可以发现，对于一些比较畅销的商品，经常出现脱销的情况，而且服务人员不能及时的补充货品，消费者未能够及时购买自己所需的商品，必然会导致满意度降低。

（2）部门利益冲突。

大润发连锁超市规模宏大，拥有许多的分公司，这些分公司又有自己的管理部门，由于各省各市消费者的消费水平、文化背景、生活习惯各有不同，相应的管理方式也有所不同，而各个管理部门下属又有许多的分类，由于部门的多样性，沟通协调方面往往会出现问题，这就引起了不必要的纷争，不利于超市自身的建设。例如，采购部门主要是负责商品的购买，能够让超市每天都有充足的物品，不能有断货的情况出现；审核部门主要是负责商品的审核工作，要对生产厂家进行严格的审查，确保该生产商生产出的商品质量符合国家产品安全部门的要求；此外，还要设立专门的小组，调查超市内员工的工作情况，保证员工的合法权益，不能出现违反国家劳动法的情况，要严格遵循国家的法律法规。但是现今各大超市由于人流量大，对商品的需要往往大于供给，因而这些企业的员工加班时间很长，但是加班应得到的加班费往往不是按照国家规定发放的，这就无形的损害了员工的利益。此外，供应商出售的商品要是出现问题，就需要时间进行处理，这也就无法保证物品能够正常上架，于是也会出现缺货的情况，这也将影响超市的经营情况。因此，超市应该设立统一的管理部门对各部门进行监管，使各部门听命于他，这样就可以避免一些冲突矛盾的产生。

3.3.3 机会分析

（1）潜在的巨大的消费市场。

随着中国经济的快速发展，国内的消费市场存在巨大的潜力。2013 年我国的 GDP 保持着 7.7% 的增速，沈阳市人均 GDP 为 88309.29 元，沈阳市民的人均可支配收入的增加对居民的消费能够产生巨大的影响。居民人均收入增加，则促使人们提高自己的生活质量，使居民对消费品的需求增加，包括消费品的种类和需求数量，这促使消费市场存在巨大的潜力。

（2）以购物为主的休闲消费方式。

由于社会地不断发展，人们的消费方式也在不断地发生变化，目前在大中城市中，由于工作和生活压力比较繁重，导致人与人之间的空闲时间十分短暂，只能在周末的时候，朋友和家人才能够聚在一起，这就导致人们主流的消费方式已经由纯购物转变为以购物为主的休闲消费方式。所谓的休闲购物就是把购买家庭必需品和休闲、娱乐结合起来的购物方式，而大型连锁超市大润发就是为休闲购物所设立的，能够满足消费者的需求。

（3）建立自有品牌。

大润发超市进入的商品大都是有品牌商品，因为品牌商品质量优良，被消费者所认可，而对于那些消费者没有听过的商品，消费者往往担心商品的品质问题，就不会选择这类商品进行购买，但是由于市场竞争日趋激烈，要想在竞争中处于优势，就不能单单靠这些品牌商品，因为竞争超市也会有这些商品，这就失去了大润发超市本身的特点。因此，大润发超市就需要和供应商合作，开发商品，建立自有品牌，一方面，可以使供应商获利，另一方面，还可以对大润发超市起到宣传的作用。因此，建立自有品牌就变得至关重要。

3.3.4 威胁分析

（1）行业间竞争激烈。

竞争是市场经济发展的必然选择，随着市场经济的迅猛发展，各大超市发展迅速，既有本土超市，也有许多国外的大型连锁超市，如家乐福、沃尔玛、大润发等，这类超市的商品种类齐全，商品价格相比也比较低廉，加上这些超市具有非常丰富的管理经验，服务也得到消费者的一致好评，因而它们成为本土超市强有力的竞争对手。

（2）网上购物的冲击。

随着科技的发展，人们生活水平的提高，其生活方式也发生了巨大的变化。特别是最近几年，电子商务的普及，人们的购物方式由原来传统的实体店购物逐渐向网络购物转变。一方面由于网上购物的种类十分丰富，能够满足消费者的大部分需求，另一方面网上购物能够节省消费者去实体店的时间，而且与实体店相比，还具有价格优势。淘宝、亚马逊、京东等网上综合购物平台正在冲击着大型连锁超市的市场份额。图 3－2 是网络零售与实体零售之间的优势与劣势分析图。

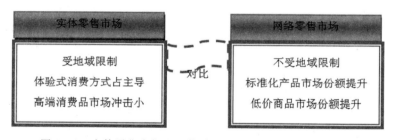

图 3－2　实体零售市场和网络零售市场优势与劣势对比分析

从以上对比分析可以看出，网络零售市场在低价商品和标准化商品上占据着很大的优势，但是对于高价消费品、非标准化商品，以及客户注重体验消费上，实体零售市场还是占据很大并且有着比较明显的优势。对于以上分析结果，大型连锁超市可以根据市场份额的变化，逐渐改变产品的分类和经营方式。一方面由于电子商务的消费方式已经成为潮流，大型连锁超市可以开展网上购物，线下送货的购物方式。另一方面，产品种类可以多聚焦在高端消费市场，以来满足消费者的体验消费方式，进而可以满足消费者高档次的消费需求。

（3）区域消费的差异性。

大润发连锁超市在中国的连锁店有几百家，分布在全国各地。但是由于中国各地的生活方式、消费水平、人口规模等都存在着很大的差异。因此，大润发在各地的经营方式和产品种类，以及分类都要充分考虑到本地的消费情况，在原有经营方式的基础上进行改善，以适应当地的消费方式。

4 沈阳大润发连锁超市营销策略制订

4.1 STP策略

4.1.1 市场细分。

大润发连锁超市在营销过程中实施市场细分策略可以从以下两个方面进行展开：

（1）消费者细分

由于消费者的年龄、收入、受教育程度等存在很大的差异，其消费习惯和消费特点也就存在很大的不同。大润发对市场细分过程中，可以把消费者分为几个不同消费群体。首先根据消费者年龄，把其划分为青年、中年和老年群体。青年群体的消费意愿比较偏年轻化，其购物多倾向于零食、饮料、电子产品等；中年人一般多选择食品、家居、书籍；老年人受其经济来源和消费习惯的影响，其多倾向于购买食品和特价商品。其次，根据消费者的收入情况，可以把其划分为低收入群体、中等收入群体和高收入群体，大润发主要的客户群多面向中低档收入的群体。

（2）大润发选址细分。

由于大润发的消费群体主要是周围的民众，因而其选择地理位置十分重要。大润发地理位置的选择遵循两个原则：家属区集中度高的区域和交通方便的区域。

4.1.2 选定目标市场

目标市场是大润发连锁超市以"平价购物"理念的细分市场，大润发在选定目标市场后，就会有计划地对目标市场进行梳理，确定目标消费者，结合目标消费者的购物习惯和消费习惯制订相应的营销策略。大润发的目标市场主要是针对普通民众，其地理位置多选在家属区，以方便消费者购物。

由于人们收入不断提高，其消费理念也在不断变化，同时根据上面消费者细分的结果，可以确定具有强大的购买能力的是中年消费者，因而大润发的目标市场选择为中年消费者，同时兼顾儿童、青年和老年的消费者市场。

4.1.3 市场定位

大润发连锁超市的购物理念是"平价购物"，因而在对市场进行定位时，其主要目标市场已经确定，并结合大润发的经营理念：让顾客一次购足所有生活用品，并且为消费者提供免费班车、免费停车场，以及大宗购物送货上门的服务。其中"平价购物"和免费班车是大润发能够吸引消费者前来购物的比较重要的因素。同时，由于在大城市，停车位十分紧张，大润发为了能够更好地吸引消费者，而为消费者提供免费的停车场。从目前大润发的经营状况来看，其市场定位可以从以下几个方面展开：

（1）继续深入开展"平价购物"理念。

（2）继续保持提供免费班车和免费停车场。

（3）为消费者提供舒适的购物环境。

4.2 产品策略

商品是处于销售的核心位置，超市的盈利与否与商品有很大关系。因此，要制订出合适的销售策略，目前，各大超市经营的商品种类差不多，销售策略也不尽相同，要想在日益激烈的竞争中处于不败之地，大润发超市就必须开发特色商品，并制订相应的营销策略，这样才能吸引更多的顾客，为企业带来越来越丰厚的利润。

4.2.1 创新商品布局陈列

超市经营最重要的是商品，商品的种类多种多样可以满足不同消费者的需求，超市中各种商品的比例分布会对超市的销售起到决定性作用，可以使超市获得更多的收益。所以，需要对超市中的各种商品进行详细的分类，然后进行合理布局，努力做到事无巨细，要充分考虑到消费者的需求，时刻把顾客的利益放在第一位。在这方面大润发超市做的就非常出色。超市经营者首先组织人员去做市场调研，采访了不同生活水平和消费水平的人群，了解了他们的日常需要和对商品品牌的喜好，掌握了不同人群需求的商品主要是什么，哪些是这些人群的共同需求物品，哪些是不同的；然后进行仔细的分析，对产品进行分区，可以将超市的商品分为食品区，家电区，生活用品等及几个大的区域，接着再将每个大区域进行细化，比如食品区包括生鲜食品、熟食、干货、零食区等，并且每个区域都会加以显著的标志，每种商品都会有标签，标明商品的价格、产品等信息，这样一来使超市的管理变得简洁，同时消费者可以根据需求先找到大的区域，最后再逐渐找到细化区域，这样就使顾客寻找商品变得方便快捷，大大节约了时间，从而吸引更多的消费者前来购物。

4.2.2 产品源采购策略

现今各大超市竞争激烈，大润发跟其他超市相比的最大优势是其价格低廉，这点吸引了大批的消费者，大润发的商品价格之所以可以这么低，主要是由于大润发的经营方式比较先进，与供应商的关系融洽，大润发总部寻找到合适的供应商，各个分店不再向这些供应商收取任何附加费用，这就阻止了商品价格的提高。同时，大润发经营的商品价格也是公开的，供应商对商品的价格也十分清楚，可以给超市供给的商品最低价，超市的采购人员会严格按照公司规定办事，这样在经营过程中不会出现"拿回扣"的现象。此外，大润发超市商品的流量很大，资金回收率高，这样就不会长时间拖欠供应商的货款，也可以使供应商进一步降低商品的价格，从而使价格低廉成为大润发的主要特色。

4.2.3 "大拇指"品牌推广

对于自有品牌商品重新进行规划，要加强商品生产、运输、存储到上架各个环节的监督管理，同时将自有品牌商品贴上"大拇指"产品标志，增加辨识度。"大拇指"是大润发和欧尚合资之后，推出的"天天低价"的品牌，就是自己卖场内独有的超低价商品，但不属于自由商品。大润发超市内经营的"大拇指"产品品种繁多，跟与"大拇指"相类似的产品相比，大润发经营的商品价格更加低廉，这就会吸引更多的消费者前来大润发超市进行消费。

4.2.4 产品质量管理

商品的质量关乎超市的兴衰成败，只有经营有品质的商品，才能吸引更多的顾客，使超市获得利润。大润发超市对于产品质量有严格的把关，坚决不会销售过期的食品，每天都会从供应商那里获得新鲜的食品，使消费者可以在第一时间吃到新鲜的食品。同时，大润发超市出售的商品都经过国家质量检测局的检测，都是安全环保的商品，尤其是食品。今年来，由于各种疾病的爆发，食品的安全问题越来越受到人们的广泛关注，特别是肉类食品，大润发超市会从食品的源头对其进行了解，确保销售的肉类食品都是卫生的健康食品。

4.3 价格策略

4.3.1 KISS 策略的增强

所谓"KISS"战略，就是指"keep it simple and stupid"。该战略是大润发执行总裁黄明瑞提出并应用的。大润发成立查价小组，以便随时掌握竞争对手的商品价格，然后把大润发的商品价格压到比竞争对手低，以达到招揽消费者的目的。

4.3.2 长期低价策略

大润发连锁超市的口号是"长期低价"，来满足更多的顾客。长期低价策略，一方面可以满足中低端消费人群，这是由于中低端消费人群是大润发的主要客户；另一方面根据顾客的消费心理，长期低价策略能够达到吸引消费者的目的。众所周知，利用低价策略进行大型超市经营管理的不止大润发一家，像家乐福、华润万家、乐购和中兴等都利用低价营销来达到吸引消费者的目的。与家乐福、沃尔玛、华润万家等大型连锁超市相比，大润发的商品种类、进货价格、采购量等方面，都不在一个层面上。之所以大润发能够在众多的强劲对手中脱颖而出，成为销售冠军，是由于大润发更善于选择商品。大润发的商品种类多是集中在中低端上，其客户群直指最普通的消费群体。而在选择供货商方面则是采用买断生活必需品的方式大打价格战。以"市场最低价""天天低价"的策略来吸引消费者，并在消费者心中建立了低价品牌形象。

在大润发采用长期低价策略过程中，首先要注意到长期低价策略是一把双刃剑，利用得当则可以大幅度提高大润发的市场竞争力，为公司赢取更多的利润，在沈阳的零售市场占据一席之地。如果利用不当，则会加剧行业间的市场竞争，最终可能因长期低价导致经营入不敷出。因此，大润发在执行长期低价策略时，首先在了解竞争对手后，有针对性地对一些商品实行长期低价策略；其次，是对自有商品实行长期低价策略，由于自有商品是大润发通过特殊渠道，具有成本优势。

4.3.3 折扣定价策略

折扣定价是指对产品的市场价格做出一定的让步，直接降低产品价格，来激励消费者进行购买。其中，折扣定价分为直接折扣和间接折扣，而直接折扣则包括数量折扣、现金折扣、季节折扣和功能折扣；间接折扣则包括回扣和津贴。商品折扣定价策略是大润发价格策略中经常采用的方法。

大润发主要的应用形式则是直接折扣。第一种直接折扣是现金折扣。大润发连锁超市在节假日、店庆等重大节日的销售旺季，都会对很多商品采取折扣定价，用直接降低商品的价格等营销手段来刺激消费者的购买欲望，一方面可以提高大润发的商品销售量，另一方面可以在消费者心中树立大润发的低价形象。第二种直接折扣是数量折扣。大润发采用的数量折扣商品主要是食品，这是由于食品类属于民生商品，这也是促使消费者进入超市购买的主要动力。大润发针对这些商品一般采用买二赠一，买六赠一等数量折扣，刺激消费者的购买欲望。需要注意的是在采用以上折扣策略的时候，大润发管理者一定要充分考虑到消费者的心理活动，选择折扣商品一定要精确选择，有一定的降价幅度，同时在折扣商品附近辅助放有广告宣传等广告媒介。

大润发采用的另一种折扣定价策略是间接折扣。其主要形式是采用会员的方法，购物满一定的金额，消费者可以加远远低于市场价格的金钱去换购商品，采用该折扣方法可以用来稳定那些经常光顾的消费者，能够促使这些消费者长期在大润发购物，起到稳定客源的作用。

4.3.4 特卖品定价策略

大润发能够在短短十几年的时间内发展为著名的大型连锁超市，其重要的促销手段之一是超市内定期推出特价商品。大润发推出特价商品的目的是利用部分特低价的商品来吸引消费者进入大润发购物，最终带动超市其他商品的销售。一般来说，大润发推出的特价商品多为熟食或民生用品，比如"特价奥尔良烤鸡""特价东北大米""特价洗衣液"等，以上商品的价格远远低于市场价格，甚至部分商品是亏本销售。但是，远远低于市场价格的商品，对顾客有强烈的号召力，能够为大润发招揽大量的消费者，这些消费者能够带动整个超市的销售额。

4.4 促销策略

营销实践离不开促销。合理、有效的促销方式是激发顾客购买欲望的直接营销手段。商品促销就是商场通过各种方式向顾客传递有关本企业及商品的信息，促进顾客了解、偏爱和接受本企业的商品，从而达到扩大业务的目的。超市企业只有善于运用各种促销手段，积极与目标市场的顾客沟通，才能赢得顾客信任，树立良好的商场形象。现阶段大润发超市可运用的促销方式主要是人员推销、广告、公共关系、营业推广、刺激性促销等。

4.4.1 DM单促销

对于零售业而言，选择合适的促销时间对产品的销量有很大的影响，一般大型连锁超市都会在节假日或特殊的纪念日举行有很大促销力度的活动。大润发的促销活动的宣传方式一般是在超市入口张贴促销海报，或者促销人员把促销海报发放到消费者手中。大润发总部会制订相应的促销的方式。

大润发在实施DM单促销过程中，一般都要设立明确的促销主题，如服饰促销、家电促销、百货促销、食品促销等。在DM促销单上需要以专题的方式对促销主题进行详细的描述，并且各类主题都要有所涉及，并且会制订出相应的海报进行宣传，海报往往是图文并茂，对于大减价商品进行特殊的标志，放在显著的位置，对于特定的假期、节日要大肆宣传，使特价商品的种类增多，根据节日的不同制订不同的彩页。DM单的设计和布局要体现出大润发的购物理念是"天天平价"，同时在颜色上要以能够吸引消费者为主，适当的配些合理的文字说明。利用DM单促销首先能够为大润发的形象加分，体现"天天平价"的购物理念；其次是为增加大润发的消费者流量，最终提高大润发的销售量。

目前，适用于大润发的 DM 促销方案如下所示：

DM 促销每年可以设定 26 次，每次持续时间约为 14 天，在竞争激烈的时候还可以每次持续 7 天。

（2）由于假日差别，消费人群需求各不相同，以及天气的不可控性，根据这些因素可以设定每年的促销月历。

（3）针对不同的节日制订出不同的营销方式。

通用规范的 DM 促销月历如表 4—1 所示。

表 4—1　　　　　　　　大润发 DM 促销月历详细目录

月份	DM 主题	
1 月	春节预热	春节第一波
2 月	春节第二波	情人节
3 月	3.8 妇女节	会员节/郊游踏青
4 月	母亲节	劳动节
5 月	店庆第一波	端午节
6 月	儿童节	店庆第二波
7 月	夏季用品特卖品第一波	夏季特卖品第二波
8 月	学生开学	自有品牌节/学生开学
9 月	教师节	中秋节
10 月	国庆节	小商品节
11 月	冬季特卖品第一波	冬季特卖品第二波
12 月	会员节	圣诞节

4.4.2　会员制促销策略

现今各大超市均可办理会员卡，可以打折，积分兑换礼品。会员卡的办理可以让超市了解顾客的一些基本情况，掌握他们的消费水平等，这样方便超市的管理，同时也能使顾客对超市更加信任。

会员卡办理过程中，顾客需要填写表格，通过填写信息，超市可以知道顾客的年龄、职业、学历、居住地、每月收入情况等，这样超市就可以了解顾客的消费情况。此外，顾客持会员卡消费时，可以知道顾客每次买的产品的详细信息，比如商品种类、价格、数量等，这样超市就可以知道不同顾客的消费需求，便于制订相应的营销方案，使超市获得更高的利润。

大润发超市推出的会员卡与其他超市相比，最明显的特色就是会员卡可以打折，持有会员卡的顾客可以用超低价购买到某些商品，有时甚至低于商品的进货价。通过这种方法，大润发超市可以吸引更多的消费者前来购物，大大增加了超市客流量。同时，没有办理会员卡的顾客购买这些商品时不能打折，这就会使更多的顾客办理大润发的会员卡，超市就会了解更多顾客的消费需求。

此外，在大润发超市消费时，还注意到每个收款人员也有一张会员卡，如果顾客没有办理会员卡，收款人员可以用自己的会员卡给顾客购买那些打折商品，这样就会使没有办理会员卡的顾客也享受到了商品的最低折扣，可是这种做法会使办理会员卡的会员觉得不公平，因为既然是只有办理会员卡的顾客才能享受到商品打折优惠的服务，而没有办理会员卡的顾客则不应该享受这种服务，否则，就会使会员卡制度失去其本身的意义，会使顾客不满意超市的服务，同时超市经营者也不能收集到更多顾客的信息，不能很好地制订出相应的销售策略，这非常不利于大润发超市今后的发展。

大润发超市需要对上述提到的问题进行认真分析，并找到合适的解决问题的办法，比如：

（1）收款人员不能私自为没有会员卡的顾客进行刷卡，应该严格按照超市的制度执行。

（2）利用互联网系统，定期对超市会员的信息进行更新。

4.4.3 店员促销策略

针对大润发，其重要的促销方式之一是店员促销，即促销人员通过向消费者直接展示商品的特点，来引诱消费者购买。利用促销人员进行商品促销，其优点是能够把商品的优点很直观地展示给消费者，同时也可以有效的和消费者沟通，把消费者对商品的意见直接快速的反馈回来，然后根据消费者的需求，灵活的推出商品。沈阳大润发在实施店员促销策略时，应要求促销人员主动的向消费者介绍和宣传商品，并善于发现潜在的消费者，主动出击。针对一些团购客户，则要做好售后服务，必要时可以送货上门，并对其采取一定的优惠措施。

4.5 服务策略

4.5.1 建设一支高素质的员工队伍

对于大润发而言，企业核心竞争力的关键在于服务人员的高素质，同时这也是关乎企业能否长期发展的生命力。在招聘员工的过程中，管理者应该选择那些懂得如何更好地为消费者服务的应聘者，从而使得他们能够更快、更好地适应该企业的管理理念。在对员工培训时，重点要放在熟练地记忆消费者最关心的商品价格、功能等常见问题，并灵活应用这些知识为消费者服务。在工作中表现优秀者，应给予奖励，以便于激励员工的工作热情，让优秀者对企业充满责任感，这是企业能否在竞争中获胜的关键所在。

4.5.2 创造良好的购物环境

购物对当代的消费者而言，不仅是购买自己所需的商品，更是一种休闲娱乐的途径。有学者认为，在消费的过程中，消费者对实物的直接感知及因此而得到的内在感受，将会是影响其对企业形象认识的主要因素。因此，大润发在提升其在消费者心中的形象方面做了很多工作，最重要的就是改善消费环境，提高消费者的购物体验。第一，卖场的每个柜台及所有地面保持干净整洁，手推车和提篮实行专人管理，让顾客在进入商场的第一感觉是轻松愉快的。第二，对于商场内的灯光照明，以及特惠商品的摆放都进行了精心设计，进一步从视觉上提高顾客的购物体验。第三，每到节假日，商场都会播放一些适合节日的音乐，从而营造节日的欢快气氛，使消费者在听觉上对商场保持好的印象。第四，在环境上要保持清新，不会让消费者感到沉闷压抑，工作人员要注重口气卫生，不要让消费者感到反感，从而提高每位顾客的消费欲望。第五，为顾客提供中间休息的场所是必不可少的，这样不仅可以让消费者感受的卖场的良苦用心，更能让他们成为回头客。

4.5.3 建立有效的顾客信息沟通渠道

能够及时有效地获知顾客的反馈、需求信息，是大润发的顾客信息交流系统的关键。通过这个系统可以让企业时刻把握市场动态，并在将来的发展中做出积极的调整，从而提高顾客的购物体验及满意度。大润发从以下两个方面来构建该系统：

（1）将顾客的个人信息、购物意向、购物体验、满意度反馈等情况建立一个详细的数据库，便于分析，并从中获取市场动态，及时调整促销优惠等信息，让顾客和商场的联系保持畅通。

（2）通过免费热线电话为顾客提供 12 小时的客服售后服务，并设置专区对出现的各种问题进行及时的解决，这样既可以保证顾客能够把自己的意见和建议反馈回来，又能让顾客感受到商场高的工作效率。同时，建立大润发官方网站，顾客可以通过网站了解商场的各种优惠促销动态，设置顾客反馈讨论论坛来对商场进行讨论，促进了顾客之间的交流，也为商场提供了更深入地了解顾客想法的渠道。

4.6 网络营销策略

由于网络购物已经成为消费者的购物习惯，因而大润发在实体店的基础上，开展网络营销是提高大润发市场竞争力的一个重要营销策略。大润发展开网络营销之前，首先要建立一套比较完整的网络营销系统。超市网络营销系统分为以下五个系统，如图 4－1 所示。

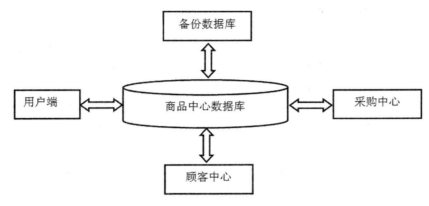

图 4－1　大润发网络营销系统模型

其中，商品中心数据库是指从网络上可以购到的所用物品；备份数据库则是根据消费者购买量来储备一定量的畅销物品；顾客中心则是已经注册的消费者的基本信息，以及根据消费者的购买习惯，分析消费者的购买倾向；采购中心则是针对网络上各个商品的销售量，制订相应的策略进行备货。

大润发实施网络营销可以按照以下三个阶段进行：

第一阶段是市场孕育和顾客培养阶段。首先，大润发根据以往的各大商品的畅销情况，了解消费者的需求，积累管理经验。然后，在该阶段的开始的时候，让消费者体验在大润发网络购物带来的便利性，以及价格上的优惠，同时在该阶段还要控制商品的价格，在保证线上线下价格一致的情况下，采取适当的优惠策略来吸引消费者，同时控制物流成本。

第二阶段是网络购物的成熟阶段。在这一阶段，由于网络购物已经成为大润发的一个重要组成部分，消费者不断增多，并且也在不断地吸引新的消费者，大润发网络销售的销售量也在不断地提升，网络销售的模式已经处于稳定状态。大润发在该阶段就依靠商品生产商和消费者之间的互相忠诚度，大润发可以先和商品供应商签订供货合约在网上提前推销，然后和消费者签订消费合约完成虚拟交易。

第三阶段是大润发的市场拓展阶段。在这个阶段大润发已经拥有了稳定的网上消费者，但是由于线上线下商品价格一致，单是线上商品则需要大润发配备额外的物流系统，增加了销售成本，因而在这个阶段，大润发就需要对网上销售成本进行优化，其策略可以从以下两点出发：一是加强与商品供应方合作，特别是供应新鲜瓜果、肉类、熟食等不宜保存的商品；二是大润发将网上订单在合理的时间内备好，鼓励上班族自提。

结束语

　　大型连锁超市能够满足消费者在衣、食、住、行方面一次性购足的需求，给人们的日常生活带来了很大的便利，推动了零售业的发展，它是零售业业态的再一次的发展和创造。从目前社会的发展形势来看，经济快速发展、信息技术不断进步能够为大型连锁超市的发展带来很好的商机。大型连锁超市要想在市场竞争中脱颖而出，就必须建立一套完善的科学管理系统，并且以高质量的服务和高效率的售后服务作为依托。但是，零售行业是一个薄利多销的行业，利润比较低，大型连锁超市要想在市场竞争中获得优势，就必须提高超市的销售额。对于大润发而言，要想在激烈的市场竞争中占据领先地位，就必须要制定一套完善的、科学的营销体系。

　　本文通过对沈阳大润发的市场营销环境，如政治环境、经济环境、社会文化环境和技术环境进行分析，并利用 SWOT 方法对大润发超市自身的长处，以及所面临的机遇和挑战进行详细的分析，明确得出了大润发连锁超市在营销市场中所具备的优势是低廉的价格形象、完善的物流体系、本土化经营，以及和供货商良好的关系，这些都为大润发的快速发展打下基础。但是大润发的劣势也是不可忽略的，如商品脱销的情况比较严重，部门之间的利益冲突比较大等都来给消费者带来了很大的困扰。同时，本文还讨论分析了大润发在市场竞争中所面临的机会和威胁，并通过 SWOT 分析，为大润发制订营销策略提供了详细的依据，就得出了以下结论：

　　（1）大润发在激烈的市场竞争中，要想获取更多的消费者的信赖，必须加强管理，并实施一套完善的市场营销策略。

　　（2）大润发要充分挖掘和分析自身的优势，以"天天平价"作为大润发的购物理念，并为顾客提供舒适的购物环境。

　　（3）利用 STP 策略和营销组合策略作为制订大润发市场营销策略的依据，采用产品策略、价格策略、服务策略、渠道策略、促销策略和网络营销策略，共同服务于大润发的市场营销。

　　本文通过以上分析，对大润发的营销现状进行剖析，并根据实际情况，制订优化了一套适合大润发的市场营销策略，希望对大润发和其他连锁超市都有借鉴和指导意义。

参考文献

［1］Bloom，N.，Sadun，Van Reenen J. Management as a technology ［J］. Working Paper，London School of Economics，2013.

［2］David P. MacKinnon，Jennifer L. Krull，Chondra M. Lockwood. Equivalence of the Mediation，Confounding and Suppression Effect ［J］. Prevention Science，2000（4）.

［3］Fang Wu，Vijay Mahajan，Sridhar Balasubramanian. An analysis of e－business adoption and its impact on business performance ［J］. Journal of the Academy of Marketing Science，2003（4）.

［4］Kozlenkova，I.，Samaha，S.，Palmatier，R. W. Resource－based theory in marketing ［J］. Journal of the Academy of Marketing Science.

［5］P. Rajan Varadarajan，Manjit S. Yadav. Marketing strategy and the internet：An organizing framework ［J］. Journal of theAcademy of Marketing Science，2002（4）.

［6］Preyas Desai，Oded Koenigsberg，Devavrat Purohit. Strategic Decentralization and Channel Coordination ［J］. Quantitative Marketing and Economics，2004（1）.

［7］Raymond R. Burke. Technology and the customer interface：What consumers want in the physical and virtual store ［J］. Journal of theAcademy of Marketing Science ，2002（4）.

［8］Richard P. Bagozzi，Youjae Yi. On the evaluation of structural equation models ［J］. Journal of theAcademy of Marketing Science，1988（1）.

［9］Robert A. Peterson，Sridhar Balasubramanian，Bart J. Bronnenberg. Exploring the implications of the internet for consumer marketing ［J］. Journal of theAcademy of Marketing Science，1997（4）.

［10］S·卡利斯·莫瑞斯. 管理经济学 ［M］. 北京：机械工业出版社，2003.

［11］Spiros，P. Gounaris，Vlassis Stathakopoulos，Antreas D. Athanassopoulos. Antecedents to perceived service quality：an exploratory study in the banking industry ［J］. International Journal of Bank Marketing，2003（4）.

［12］Wernerfelt，B. Small forces and large firms：foundations of the RBV［J］. Strategic Management Journal. 2013（34）.

［13］Wernerfelt，B. The use of resources in resource acquisition［J］. Journal of Management，2011（37）.

［14］X. Michael Song，Mark E. Parry. R&D—marketing integration in Japanese high—technology firms：Hypotheses and empirical evidence［J］. Journal of theAcademy of Marketing Science，1993（2）.

［15］安祥林，师东菊，赵兴艳. 谈我国大型连锁超市营销策略［J］. 物流科技，2007（07）.

［16］曹艳艳. 我国连锁超市自有品牌的发展思路［J］. 科技情报开发与经济，2006（10）.

［17］陈月波. 电子商务概论［M］. 北京：清华大学出版社，2002.

［18］菲利普·科特勒，洪瑞云，梁绍明，等. 营销管理（亚洲版）［M］. 北京：中国人民大学出版社，2005.

［19］菲利普·科特勒，郭碧翔. 市场营销的产生与发展［J］. 商业研究，1985（02）.

［20］顾国建. 中国连锁超市的赢利模式［J］. 商场现代化，2002（08）.

［21］黄速建，黄群慧. 现代企业管理：变革的观点［M］. 北京：经济管理出版社，2007.

［22］霍焱，韩耀. 提升我国连锁超市核心竞争力的路径选择：以韩国E—Mart为借鉴［J］. 江苏商论，2009（10）.

［23］刘宝成. 现代营销学［M］. 北京：对外经济贸易大学出版社，2004.

［24］刘元元，孟利锋. 提升零售业品类管理实施效果的对策研究［J］. 江苏商论，2009（05）.

［25］马振华. 超市经营中存在的问题及营销策略分析［J］. 现代商业，2009（36）.

［26］倪跃峰，杨楠楠. 家乐福渠道运行中零售商与供应商的关系管理［J］. 管理案例研究与评论，2009（03）.

［27］唐德才，钱敏等. 营销创新［M］. 南京：东南大学出版社，2002.

［28］王娜. 三种连锁超市营销模式比较及启示［J］. 湖北经济学院学报，2012（10）.

［29］王汝林. 网络营销战略［M］. 北京：清华大学出版社，2002.

［30］王淑娟. 浅谈顾客关系营销策略［N］. 内蒙古农业大学学报（社会

科学版），2006（01）.

　　［31］王晓明，王雪，仪富强. 连锁超市营销战略简析［J］. 中国商贸，2010（14）.

　　［32］王新玉. 生态超市的绿色消费策略研究［J］. 生态经济，2014（7）.

　　［33］魏华飞，张晓林. 连锁经营中的供应链管理模式研究［J］. 管理科学文摘，2007（07）.

　　［34］肖同林. 基于关联规则的超市营销策略研究［J］. 今日中国论坛，2013（11）.

　　［35］杨淑红. 浅析我国市场营销的现状及发展趋势［J］. 科技资讯，2007（12）.

　　［36］赵立伟. 零售业战略发展的时代已经到来：第六届中小城市连锁超市发展战略研讨会撷英［J］. 信息与电脑，2009（07）.

　　［37］赵越. 新时期我国大型连锁超市市场营销战略之探讨［J］. 商场现代化，2009（32）.

　　［38］朱光磊. 市场营销模式创新的探索［J］. 商场现代化，2014（12）.

PICC 辽宁省分公司营业部旅游意外险
市场营销案例研究
Case Study On Travel Accident Insurance Marketing
of PICC Liaoning Province Branch Sales Department

作者：周伯瑜　指导教师：邵剑兵　教授

摘　要

近年来，随着社会经济的发展和人民生活水平的不断提高，旅游已经成为大众休闲娱乐消费的主要方式之一。伴随着旅游市场的快速繁荣，与其相关的旅游意外事故发生率也明显上升，这在客观上要求旅游保险市场必须快速发展，为旅游市场提供降低旅游风险的保障。旅游保险市场作为旅游市场的风险保障体系，随着旅游热度的不断升温，将为旅游保险市场营造巨大的发展空间，也是保险业务发展的新的增长点。但是目前大多游客对保险市场还不是十分了解，尽管旅游收入、旅游人数、旅游消费近几年一直保持着两位数的增长速度，并且每年都在不断地上升，然而，相对于旅游业的迅速发展，作为旅游业软环境的旅游保险发展滞后。作为旅游保险的重要组成部分的旅游意外险，虽然具有很大的发展潜力，但仍存在很多的问题，与发达国家的同类险种相比具有一定的差距。分析其原因，提出解决问题的对策，是促进我国旅游意外险市场发展的必然选择。

本文从分析目前旅游意外险的发展现状出发，通过对 PICC 辽宁省分公司营业部旅游市场营销状况的客观分析，并与其他保险公司旅游意外险市场营销进行对比分析，得出旅游意外险市场具有发展潜力的结论。同时，分别从产品的种类、营销方式、保险增值服务等方面对营业部旅游意外险营销存在的问题进行分析。在产品种类方面，对比了各保险公司同类产品的数据，可以得出目前旅游意外险产品种类趋于同质化；在市场营销方式方面，保险公司在销售旅游意外险产品时过多地依赖于传统的销售方式，使营业部营销业务处于被动状态，限制了旅游意外险业务的发展；在保险增值服务方面，产品不能及时创新，滞后于游客的消费需求。这三个主要因素都制约了我国旅游意外险市场的发展。最后，本文对这三个问题的原因进行分析，并提出相应的对策建议，以期通过多渠道市场营销促进旅游意外险市场的快速发展。

关键词：PICC 辽宁省分公司营业部　旅游市场营销　旅游意外险　营销对策

ABSTRACT

In recent years, along with the development of society and economy and the improvement of people's living standards, tourism has become one of the main ways of leisure and entertainment consumption. With the rapid prosperity of the tourism market, the accident rate associated with tourism has a marked increase, which requires the travel insurance market should have a rapid development. It could provide a protection on reducing travel risk. As a tourist market risk protection system, tourism insurance market will create a huge space for development travel insurance market, which is a new growth point of the insurance business development. Now most of the tourists don't know well about the insurance market. although tourism revenues, the number of tourists, tourism spending in recent years have maintained double—digit growth rate and they are on the increase every year. However, compared with the rapid development of tourism the delvelopment of tourism in surance as a soft environment of tourism is lagging behind. As an important part of travel insurance, travel accident insurance has many problems, especially compared with similar insurance in developed countries, although with a great potential for development. Therefore, analyzing the reasons and puting forward solutions to this problem are essential for us to inevitable choice to promote China travel accident insurance market.

This paper analyzes the current status of the development of travel accident insurance through an objective analysis of PICC Liaoning Province branch of business department of tourism marketing situation, and compared with other insurance companies marketing travel accident insurance, travel accident insurance market has come the development potential of the conclusions. At the same time, this paper analyzes the business department travel accident insurance marketing problems in terms of species, marketing, insurance services, and other value—added products respectively. In terms of product categories, it could conclude that the current travel accident insurance and more homogeneous product range compared to the data of the insurance companies of similar products. In terms of marketing approach, insurance companies sell travel accident insurance products too much reliance on traditional sales methods, which makes business department marketing business in a passive state, limiting the development of business travel accident insurance. In terms of the insurance value—added services, product could not be innovated, which lag behind the tourist consumer demand. Therefore, these three main factors restricted the development of China's travel accident insurance market. Finally, this paper put up with countermeasures based on the analysis of the three issues, which might promote the rapid development of the travel accident insurance market through multi—channel marketing.

Key Words: PICC Liaoning province branch business department Tourism marketing Travel accident insurance Marketing Strategy

绪　论

0.1　研究背景及选题意义

0.1.1　研究背景

近年来，随着人们生活水平的不断提高，旅游成了人们日常生活不可或缺的一部分，同时人民的保险意识也在不断增强，因而旅游保险产品的险种在不断地丰富，其营销方式也在随时代的变化而更新，保险营销的市场范围更是在不断地扩大，许多新的经济领域正在成为未来保险业新的经济增长点。保险的基础功能就是为参保人提供风险保障，提供不可预期的保障平台。1988 年以前，中国内地只有中国人民保险公司（人保）一家独家经营，一家独大，是真正意义上的垄断经营。我国作为世界人口大国，到目前为止，全国性的保险公司也不过 30 家左右，而世界强国美国则约有 5000 家保险公司，仅美国在我国香港设有分公司经营保险业务的就有 220 余家，其差异之大令人惊叹。旅游意外险作为险种业务之一随着旅游业的迅猛发展而随之发展，在过去 10 年呈现出井喷趋势，在美国"9·11"事件之后，市场成倍增长，旅游者主动购买意外险的比率也由 2005 年的 11％上升到现在的 30％左右。而在英国，大部分人如果不购买意外险根本不会考虑出国旅游。而在亚洲，受经济影响，这一险种的发展受益于经济的高速复苏。其实，在亚洲，各个保险品种是相当丰富的，而人们参与各种旅游活动的几率也在不断提高，因而旅游意外的发生率也在不断增加。仅据澳大利亚政府统计，每年进行海外旅游的本国游客中会发生超过 700 余例住院、600 余例身故和 100 余例医疗运送。保险公司每年要处理旅游意外涉及游客患病、失窃、遇抢或受袭而遭受损失的案件超过 16000 件。在中国，旅游意外险市场也呈现出不断攀高的趋势，据统计，2011 年我国旅游意外险市场总量为 2.19 亿美元，销售渠道总体上为旅行社和票务代理，占到了旅游意外险市场的 65％左右，而我国保险协会保守估计，中国的休闲旅游保险市场在 2017 年预计达到 3.96 亿美元。中国旅游意外险的这种高趋势发展，主要受国际旅游意外险产品的驱动发展，也受各种突发事件影响，游客保险意识不断增强，使得旅游意外险市场渗透率不断提高。因此，各个保险公司现在十分重视旅游意外险市场的开拓，都在进行旅游意外险市场的调研分析，对目标市场进行营销分析和控制，使其成为保险公司的王牌产品之一。因此，旅游意外险市场营销是连接旅行者需求和保险企业反应形式的纽带，对于正处于蓬勃发展的中国保险公司来说至关重要。

随着我国改革开放的深入，经济社会的高速发展，人民生活水平的快速提高，同时随着全球化的进度加快，人民的生活观念也发生了巨大的改观，从过去"生存"意义上的生活到了"享受"层次的生活，满足了有钱和有闲两个条件后，人们也对休闲方式有了更高层次的需求，休闲旅游应运而生，我国的旅游业也步入了高速发展的轨道。据统计，2014 年我国已成为全球第三大入境旅游接待国，亚洲最大的出境旅游客源国和全球最大的国内旅游市场之一。保险不属于人们生活的基础资料，因而一定要在社会经济高速发展后才会有需求。英国、美国是完成工业革命较早的国家，经济水平和人民生活水平是领跑世界的，因而人们具有一定的经济收入和闲暇时间，旅游的需求自然也较高，再加上保险意识不断的渗透到人们生活的方方面面。因此，旅游意外险也就应运而生，并且呈现出快速发展的趋势。在 19 世纪中期，英国最早推出了人身意外保险，旅游团最早也是在英国利物浦产生，自然英国也是最早推出旅游意外险的国家。1848 年英国铁路保险公司推出了游客旅游意外险这一业务，从此开启了旅游保险业的新纪元。此后，各个国家的保险公司陆续都推出了旅游保险业务，也十分重视旅游保险的市场开发，不断推陈出新，旅游保险逐渐走上了成熟发展之路。发达国家的旅游保险甚至达到了 90％以上，旅游保险成为游客出行的必备考虑条件之一。

据预计，2015 年中国旅游市场将达到 30 亿人次，将成为全球最大的旅游入境游国家和全球第四大旅游出境游国家。随着旅游人数的增多，各种旅游过程中的问题、矛盾，以及风险逐渐凸显，再加上媒体报道的旅游事故的负面力量，人们的危机感逐渐增强，政府也加大了对保险意识的宣传，人们对保险的态度和预期已经发生了很大的改观，越来越多的人愿意为自己的未来投入一份保障，保险也在各行各业生根，保险已经成为人们不可或缺的产品，在休闲旅游高速发展的今天，旅游业和保险业强强联盟，在旅游市场中形成了战略联盟新常态。据辽宁省旅游局资料显示，2014 年辽宁省入境游游客达到 230 万人次，国内游游客近 5000 万人次，参团游客购买旅游保险比率达到 90%，人们对旅游保险服务质量要求越来越高，旅游保险业务营销方式也越来越灵活方便，旅游保险产品可以为人们的出游提供对不可预知的风险的保障，出现意外时提供专业的救援，出现问题时提供最妥善的处理，体现出了巨大的商业价值。

中国人民财产保险公司（PICC）是我国保险业巨头，是我国最早在海外上市的金融企业，其保险产品在国内市场保有率位列第一，是亚洲单一品牌保险公司首位。辽宁省分公司营业部是中国人保财险辽宁省分公司为了拓展非车险业务而成立的直属业务部门，主营业务为非车险，其中旅游意外保险产品是所有非车险中的新兴明星产品，可以为游客提供在外 24 小时的风险保障和附加值跟踪服务。为适应旅游市场的蓬勃发展，公司如何加大市场开发的营销力度，如何提出科学合理的游客意外险保险策略，这对提升人保财险辽宁省分公司营业部的整体市场竞争优势，实现营业部的可持续发展都具有重要的现实意义。

我国堪称是一个旅游大国，将继续领跑亚洲，在 2015 年将成为世界第四大入境旅游接待国和亚洲最大出境旅游客源国，旅游市场是巨大的，而且其潜力还在挖掘中，但是与蓬勃发展的旅游业不相对称的是作为旅游软环境的旅游保险却发展滞后。目前，除了约 20% 的游客是随团旅游由旅行社办理旅游保险外，其他大部分散客都没有为自己购买旅游意外险。我国的旅游意外险与欧美等发达国家相比也处于滞后阶段，一方面游客没有欧美人那么高的风险保障意识；另一方面保险公司作为企业，利润是企业的灵魂，因而关注度都在保险密度和深度上，而没有在产品的创新发展上下足功夫，所有这些因素都制约了我国旅游意外险的发展。

本文主要从我国旅游意外险的产品、营销和旅游保险增值服务三个方面对旅游意外险市场进行分析，不仅提出了旅游意外险产品、营销和旅游保险增值服务存在的问题，并对其问题进行分析，最终提出相应的对策以促进人保财险辽宁省公司营业部旅游意外险的可持续发展。

0.1.2　研究意义

1. 理论意义

对人保财险辽宁省分公司营业部市场营销的客观分析，清晰地示范了企业在面临复杂多变的国际、国内市场环境时，应如何客观冷静的分析自身资源，调整优势直面劣势，对竞争对手、市场做出快速的反应，及时地做出营销策略的调整。对这一课题的研究加深了本人对工商管理理论知识运用于实际市场中的理解，并通过对市场营销方法的学习，给发展中的人保财险辽宁省分公司营业部带来许多新的认识，将为人保财险辽宁省分公司营业部的旅游意外险市场营销提供一个范本，并可以为营业部未来期间的保险经营活动提供方向。因此，研究、制订人保财险辽宁省分公司营业部市场营销策略对公司今后的生存与发展具有十分深远的指导意义。

2. 现实意义

参照西方成熟的意外险市场，旅游意外险作为意外险产品的一个分支，虽然与西方发达国家相比有巨大的差距，但在中国却具有十分巨大的发展潜力。按照 2015 年我国旅游人次预计，如果投保率能达到旅游人次的 80%，旅游意外险业务就可以达到 100 亿元，而旅游意外险在欧美发达国家，以及亚洲的日本都十分成熟，这些国家旅游意外险的投保率能达到 90% 以上，甚至都成为这些国家游客出游的必备参考因素。我国正逐步迈进小康社会，国民保险意识逐渐增强，政府也加大了对保险业的宣传力度，再加上媒体的宣传推进，旅游行政部门与保险业监督部门也正在加强异业合作，旅游企业和保险行业也正形成战略联盟，这都给我们国民养成一个良好的旅游意外险投保习惯打下良好基础，我国旅游意外险具有巨大潜力可挖，旅游意外险市场空间巨大。而与此同时，我国社会改革和经济发展都高速发展，同时国际经济一体化进程加快，我国保险业站在了一个机遇与挑战并存的转折点上。我国旅游保险市场是有一定空间的，但国内保险公司的相互竞争，国外保险公司也参与国内市场的竞争，如何在如此激烈的环境中占有一席之地，以及如何推动整个旅游意外险的良性发展，还有就是如何在如此激烈的市场中缩小与国外保险公司的差距，是人保财险辽宁省营业部所必须面对的挑战。就 2014 年数据显示，我国旅游意外险参保率偏低，2014 年我国仅有 20% 左右的游客通过参团旅游参加了旅游意外险的参保，而欧美这一比率则高达 90%，而且欧美散客参保率都在 80% 以上。为了增强市场竞争力，保险企业必须加大旅游意外险的营销力度，而且市场营销作为旅游意外险经营中一个重要的内容，值得深入研究。2011 年我国旅游意外险市场参保率为 16％，由于各方面因素推动，政府、媒体、企业及旅游者参保意识提高，预计到 2015 年旅游意外险市场渗透率能达到 19％，而另一方面我国在 2013 年国内游游客就达到 32 亿多人次，出境游也突破 9800 万人次大关，商务游比率提高到 20％，休闲旅游比率提高到 80％，旅游呈现出大众化、普及化的趋势，所以对比来看，旅游保险业的发展较旅游业的发展严重滞后，旅游意外险在国内大有市场可为，相关各方仍需相互配合努力启发市场潜力。保监会和国家旅游局早在 2006 年 6 月就发布了《关于进一步做好旅游保险工作的意见》，提出了保险监管部门要和旅游管理部门加强合作，共同推动旅游保险的发展。2013 年 4 月 25 日十二届全国人大常委会第 2 次会议通过的《中华人民共和国旅游法》，进一步完善了旅游业的法律体制。在旅游业大发展的今天，在保险需求呈现分散量和多元化的时代，在以投保户的需求为市场导向的理念下，仍采用传统营销手段进行市场渗透显然不能跟上时代的节奏。旅游意外险产品相似性极高，极容易模仿，每个企业都可以快速复制模仿相似的产品保障、价格和代理人佣金，为建立可持续的有竞争力的产品优势，必须是保险核心产品与配套服务相结合。因此，市场营销对于保险公司的管理和服务效率的提升有着重要意义。

目前，我国市场上旅游意外险相似度非常高，旅游意外险的产品优势只有通过附加增值服务来赢得市场。人保财险辽宁省分公司直属营业部是拥有全天候紧急救援服务的品牌保险公司，除为旅行投保者提供正常的旅游基本保险产品外，还可以为出境游客提供英、俄、日、韩等语言的 24 小时客户服务，以及紧急救援增值服务。另外，人保财险辽宁省分公司营业部与全球网络完美结合，在中国和全球几乎所有，尤其是重要旅游市场专设旅游意外险运营部门，服务覆盖世界各地，已在 80 多个国家和地区获得了旅游意外险经营许可。中国客户旅行的任何目的地几乎都有 Travel Guard 的服务。伴随着经济的发展，人民生活品质的提升，旅游意外险在人们的旅游行程中越来越重要，财产保险公司提供更符合消费者需求的产品，不断提高旅游保险服务水平，最终实现将出游者的旅游意外风险降低到最低程度。在此基础上，研究旅游意外险市场营销对人保财险辽宁省分公司营业部具有实际意义。

在经济社会高速发展的今天，知识推陈更新速度倍增，全球经济一体化进程加快，人保财险辽宁省分公司是一家国有企业，具有我国传统国企的一些通病，管理人员的现代管理思维、理念及意识均有所欠缺，尤其是市场营销概念相当欠缺。如何在瞬息万变的市场中适应市场的发展脉搏，降低人保财险辽宁省分公司直属营业部的经营风险，提高营业部产品的市场占有率，从而促进企业良性健康发展，进一步做强企业是人保财险辽宁省分公司直属营业部的当务之急。选择适合保险行业的营销策略，提出适合人保财险辽宁省分公司营业部的市场定位，探索出一条持续、快速、稳健发展的营销道路是人保财险辽宁省分公司营业部急需解决的现实问题。本论文针对保险行业特点和企业发展状况，结合营销理论制订了人保财险辽宁省分公司营业部的市场营销对策，并依次制订了相应的实施措施。旨在充分利用现有资源和优势，突破瓶颈，促进人保财险辽宁省分公司营业部的保险业务进一步发展，从而提高人保财险辽宁省分公司营业部管理效率，最终提高人保财险辽宁省分公司营业部的综合实力。

0.2 研究内容及研究方法

0.2.1 研究内容

本文选取中国人民保险公司辽宁省分公司营业部作为研究对象，首先从人保财险辽宁省分公司直属营业部产品旅游意外险营销问题的案例出发，对旅游意外险问题成因进行分析，提出其对策建议，从而为人保财险辽宁省分公司营业部旅游意外险市场营销对策的研究提供一定的理论支持与适用性参考。

本论文共分为论文的基础背景部分，主要包括本论文的研究背景与选题意义、研究思路与方法、主要内容。正文部分主要从三个方面撰写：第一部分是本文研究的案例描述，包括中国人民保险公司辽宁省分公司营业部概况、目前旅游意外险营销现状和案例正文；第二部分是旅游意外险营销问题的原因分析，包括理论依据与案例正文反映出来的旅游意外险营销问题和原因分析；第三部分是在原因分析的基础上，提出旅游意外险营销对策建议。最后是本文的结论，对前述的研究作概括总结，并提出了本研究的现实性及其应用价值。

0.2.2 研究方法

本论文始终坚持运用科学发展观对具体问题进行具体分析的方法和观点，创新地对中国人民保险公司辽宁省分公司营业部市场营销现状进行细致分析，并从人保财险辽宁省分公司营业部的营销实际情况入手，综合运用经济学、营销学、管理学等相关知识对有效应对旅游意外险面临的潜力市场，以及复杂市场形势进行相应的研究探索。大致上运用了以下几种方法：

1. 文献研究法。在论文的研究过程中，本文通过对有关市场营销策略理论的运用研究，不断地寻找相关的理论依据，从而把握住当前国际上先进的市场营销理论，以及营销策略研究的理论。通过中国知网、谷歌学术、Science Direct、Elsevier、Springer Link 等中文及外文数据库进行搜索，获得了大量的相关文献。通过研读相关研究成果，分析不同国家、地区对市场营销理论及应用的研究，为本文的研究提供理论基础和建议。

2. 理论分析法。本文针对当前辽宁省的保险市场的有关现状，以及人保财险辽宁省分公司营业部的现实营销手段和所面临的市场营销环境，综合运用经济学、营销学，以及管理学等相关知识，对人保财险辽宁省分公司营业旅游部意外险营销进行分析和评价，从而发现不足并分析其产生的主要原因，进而提出相应的解决对策。

3. 归纳研究法。通过观察客观的事实，并且把这些事实进行科学合理的分类，而后考察它们之间的因果联系，从而得出相关结论。本文将对人保财险辽宁省分公司营业部的营销方式和营销环境进行分析研究，以期得出完善人保财险辽宁省分公司营业部营销策略的解决对策。

4. 调查研究法。通过旅游意外险市场营销的实际营销案例及实地调查等多种研究方式，进行问题数据分析，分析人保财险辽宁省分公司营业部旅游意外险营销现状、问题及原因，为论文写作提供依据。

5. 定性研究法。本人主要从事本营业部旅游意外险的营销工作，对于旅游意外险的营销市场比较了解，有丰富的第一手资料可供分析。定性研究的具体方法主要有参与观察、行动研究，其优势在于能在营销过程中观察到旅游者购买旅游意外险之前采取行动的原因、态度、程序、行动决策依据。本人在单位曾多次与团队长和同事座谈探讨，然后通过对观察所获得的信息资料，探索适合省公司营业部旅游意外险市场的营销对策，这些都为论文写作提供了研究基础。

1 案例描述

1.1 PICC 保险集团公司及营业部简介

1.1.1 公司发展总体情况

中国人民财产保险股份有限公司（PICC P&C，简称"中国人保财险"）是经国务院同意、中国保监会批准，于 2003 年 7 月由中国人民保险集团公司发起设立的，中国内地最大的非寿险公司，注册资本为 111.418 亿元，是"世界 500 强"中国人民保险集团股份有限公司（PICC）的核心成员和标志性主业，是国内历史最悠久、业务规模最大、综合实力最强的大型国有财产保险公司，保费规模稳居亚洲财险市场第一，中国人保财险跃居全球领先保险集团单一子公司品牌首位。其前身是 1949 年 10 月 20 日经中国人民银行报政务院财经委员会批准成立的中国人民保险公司。

表 1—1 中国人民财产保险股份有限公司发展历程

标志时间	标志事件
1949 年	中国人保财险前身中国人民保险公司成立，培育了国内保险市场
1979 年	中国人保财险伴随改革开放壮大腾飞，引领国内财产保险发展
2003 年	中国人保财险在香港联交所主板成功挂牌上市，成为内地金融机构海外上市"第一股"
2008 年	公司保费收入突破 1000 亿元，成为国内第一家年度保费突破千亿元大关的财产保险公司，进入全球财产保险业务前十强，在全球上市保险公司非寿险业务排名第十位
2008 年 6 月 26 日	国际权威评级机构穆迪公司授予公司中国内地企业最高信用评级 A1 级
2008 年	北京 2008 年奥运会保险合作伙伴，为北京奥运会提供全面的保险保障服务
2010 年	公司保费收入突破 1500 亿，车险保费收入突破 1000 亿，成为国内首家单一险种跨千亿的财产保险公司
2010 年	2010 年上海世博会保险合作伙伴，为上海世博会提供全面的保险保障服务
2013 年	公司保费收入超过 2000 亿元，亚洲排名稳居第一，在全球单一品牌财险公司中位列第二
2014 年	公司经营业绩取得新的历史性突破，业务规模首次跨越 2500 亿元大关，成为中国财产险市场首家年度保费超越 2500 亿元的公司

中国人保财险在六十多年的卓越历程里，以"人民保险、服务人民"为使命，秉承"以人为本、诚信服务、价值至上、永续经营"的经营理念，弘扬"求实、诚信、拼搏、创新"的企业精神，坚持以市场为导向，以客户为中心，积极履行优秀企业公民责任，为促进改革、保障经济、稳定社会、造福人民提供了强大的保险保障。同时，在服务经济社会发展全局和广大客户的实践中，创造和积累了市场领先的企业核心竞争优势，包括政治优势、品牌优势、人才优势、产品优势、技术优势、服务优势等六大优势，如表 1—2 所示。

表 1－2　　　　　中国人民财产保险股份有限公司核心竞争优势

优势	优势解读
政治优势	中国人保财险与中华人民共和国同生共长，培育了民族保险业。党和政府一直以来的关注与关怀，赋予了中国人保财险义不容辞的社会责任感；广大人民群众多年来的信赖与肯定，赋予了中国人保财险强烈的使命感。中国人保财险发挥社会管理职能，为社会发展的稳定、人民生活的幸福起到了非常重要的保障作用，与政府和人民建立了牢固的信任关系，充分发挥了国有骨干保险企业在服务经济社会发展大局中的政治优势，赢得充分肯定和广泛赞誉。
品牌优势	在公司的发展历程中，中国人保财险用诚信、责任、专业、价值塑造了享誉国内外的优势品牌。中国社会公众对保险的联想，很自然地与 PICC 连接起来。中国人保财险相继成为 2008 年北京奥运会、2010 年上海世博会、广州亚运会、2013 年天津东亚运动会保险合作伙伴，公司连续七年获得国际权威评级机构穆迪授予的"中国内地企业最高信用评级 A1 级"荣誉，2015 年穆迪将公司评级上调至 Aa3（展望稳定）级，为国内最高评级。公司还多次荣获"亚洲最具竞争力非寿险公司""中国社会责任杰出企业""中国最受信赖财险公司""年度最佳保险公司"等荣誉称号，充分彰显了中国人保财险的品牌实力、社会地位与行业责任。
人才优势	中国人保财险是国内财产保险行业人才的摇篮，公司秉持"专家治司，技能制胜"的人才战略，以创建学习型组织为载体，持续提升组织能力，不断深化精算师、核保核赔师制度建设。实施"千人工程"人才招聘计划，推进销售队伍人力资源改革，优化升级教育培训体系，造就了一大批具有丰富经验的管理人才和遍及财产险各核心业务领域的国内领先、国际一流的专业技术人才。这支能够在各个环节中为客户提供高质量和多样化的保险服务、了解国情、经验丰富的队伍是中国人保财险最宝贵的财富。

优势	优势解读
产品优势	中国人保财险拥有先进的产品研发体系，具备了每天开发一款新产品的研发能力；拥有门类齐全的产品种类，业务范围从农业生产、交通运输、对外贸易等经济社会重要领域，到关系百姓的机动车辆、"菜篮子"、"米袋子"等，覆盖国民经济与人民生活的各个领域。中国人保财险拥有完善的产品研发体系、强大的产品开发能力、门类齐全的在售产品种类，涵盖机动车辆险、财产险、船舶货运险、责任信用险、意外健康险、能源及航空航天险、农村保险等非寿险各个业务领域，拥有一批行业领先的创新产品。特别是为 2008 年北京奥运会、2010 年上海世博会开发了一系列具有中国特色和自主知识产权的专属保险产品。目前，公司的意外险种类包括交通意外险、旅游意外险和综合意外险。公司立志于开发新产品，为广大客户提供全方位、高质量的保险保障服务。
技术优势	中国人保财险在承保、理赔和再保险等核心技术领域处于国内非寿险业领先水平，在长期的业务实践中积累了大量的风险管理经验。公司大力实施产品创新和升级策略，搭建科学的产品创新机制，成立"一室十四区"产品创新基地，打造业内领先的产品创新支持系统，率先建设产品创新引擎系统，支持和服务产品创新与业务发展，并充分发挥市场主导作用。公司是国内第一家引入精算技术开发产品的非寿险公司，在航空航天、核电站、能源、远洋船舶、大型工商企业、政府采购、农村保险等重要业务领域具有领先的技术优势。公司与国际再保险市场保持着长期稳定的战略合作关系，可以为各类客户提供完善的再保险保障服务。
服务优势	中国人保财险拥有遍及全国城乡的机构和服务网点，北起漠河、南至西沙，包括 1 万多个机构网点，320 多个地（市）级承保、理赔/客服和财务中心，2.2 万个乡镇保险服务站和 27 万个村级保险服务点，服务范围遍及大江南北、城市乡镇、偏远农村，构建了国内最庞大的销售服务体系。公司率先在全国开通 365 天 24 小时服务专线 95518，随时随地为客户提供报案、咨询、投诉、保险卡注册、车辆救援、预约投保和客户回访等多功能、个性化服务。公司实现了新的创业和跨越式发展，为全面建设小康社会和构建社会主义和谐社会提供更加优质的保险保障服务。

1.1.2 营业部简介

1. 机构设置及人员构成

（1）机构设置。

中国人保财险辽宁省分公司营业部由省公司授权在辽宁地区开展保险经营管理活动。2012 年 12 月，辽宁省分公司召开非车险分业经营改革动员大会，省公司营业部内部升级重组，成立非车险专营机构。2013 年 1 月，按照清分原则，完成省营、沈阳公司的业务清分和人员调整，完成省公司营业部人员调配、机构设置的工作。2013 年 12 月，辽宁省分公司召开沈阳地区商业非车险专业化经营改革升级版暨全省专业经营启动大会，省公司营业部的非车险专业化经营改革进行升级。2014 年 1 月，辽宁省分公司营业部按照升级改革方案，顺利完成业务清分和人员分流，并重新进行机构调整，以及管理岗位竞聘、员工双向选择。

省公司营业部发展定位明确，按照"一流的团队，一流的服务，一流的业绩"的要求，建设"高、精、尖"标杆团队，将省营建设成为商业非车险优秀团队。按照"一年打基础、二年起步，三年腾飞"的工作步骤，集中全省商业非车险顶尖人才，"高标准、高要求、高收入"实现"立足沈阳，放眼全国，行商天下"的发展格局。实现年均增速 15% 以上，综合成本率低于系统和行业商业非车险平均值。2015 年创新调整运营支持部门（如图 1−1，图 1−2 所示），强化业务支持，对原综合模块、支持模块上进行了相应的调整，一是强化了业务指导管理职能；二是创新定位重点客户服务职能；三是强化了业务维护 IT 支持职能。

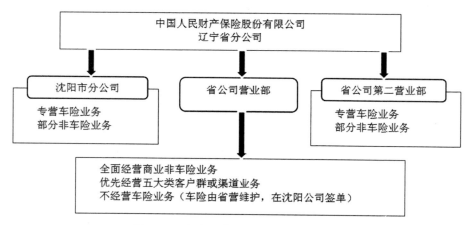

图 1−1　省公司营业部设置及业务职能

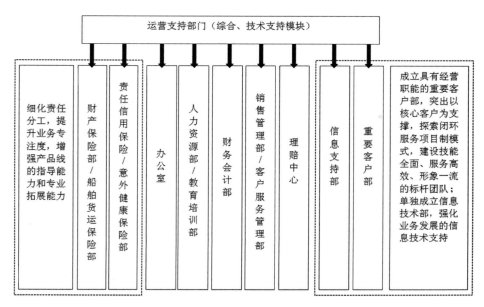

图 1－2　省公司营业部运营支持部门设置

（2）人员构成及团队建设。

中国人保财险辽宁省分公司营业部自 2012 年正式分设成立。公司以非车险专业化经营为主业，营销范围覆盖全省所有行政县区和大部分农村乡镇，公司现有 15 个部门，其中 7 个为保险业务部门，分别为新兴业务部、重要客户部、责任意外业务团队、银行保险业务团队、中省企业业务团队、外资企业业务团队及船舶货运业务团队（如图 1－3 所示），现有员工共 126 人，从事保险业务人 63 人（如图 1－4 所示），人员优化调整后，人员基数减少，业务人员人均产能提升至 300 万元，高产能人员占比增加。平均年龄由原来的 38 岁降到现在的 36 岁，班子、机关中层平均年龄均下降了 2－3 岁。素质结构上，调整后全员本科学历以上 69 人，占比 68％（如图 1－5 所示），较比之前提高了4.95％；机关中层以上人员本科及以上学历占比为 85.71％；机关员工本科及以上学历占比 82.61％。性别占比上，销售模块男性占比 57.45％，综合、技术模块女性占比 56.36％，人员总数上男女各 50％。枣核型的人员结构模型基本形成（如图 1－6 所示）。

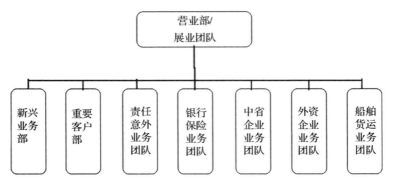

图 1-3　营业部展业团队（营销团队）

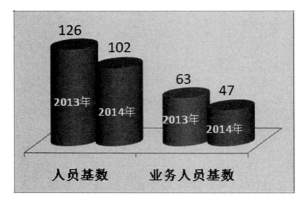

图 1-4　省公司营业部人员结构模型

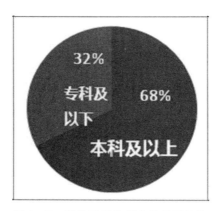

图 1-5　省公司营业部人员素质结构

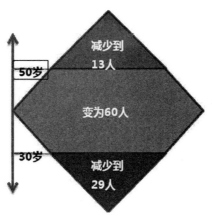

图 1-6　省公司营业部枣核型的人员结构

　　省公司营业部的销售队伍和业务部门，基于"用专业的人做专业的事"的业务格局，客户群、产品线和渠道的战略协同，实现资源共享、优势互补的全方位一体化销售配合，增强销售队伍内生力量，增强市场拓展能力，保持销售能力行业领先。根据"队形不散、理念不丢"原则，按照客户群、产品线、渠道组建了 7 个专业团队，建立了以客户为中心、三位一体的营销模式，经过 2 年的运营，对沈阳地区非车险市场进行了细分。专业化团队建设效果初显，工作专注度和专业化程度得到了前所未有的提升，"扁、平、快"的经营管理模式基本实现。

　　2. 经营情况及业务范畴

　　（1）经营情况。

　　省公司营业部现有各类保险产品 2000 多种，保险总金额高达 2000 亿元，上缴税款按年保费 1.2 亿元，营业税 5%，估计 600 万元。累计处理理赔案件 8200 件。2013 年和 2014 年保费规模分别为 1.1 亿元，其中旅游意外险占保险总额的 18%。如图 1-7 所示，公司开通了 95518 客服专线，实现了客户咨询、咨询、投诉、挂失、报案、回访等多项服务功能。旅游意外险的开展，为旅游者提供了较为安全的降低风险保障。

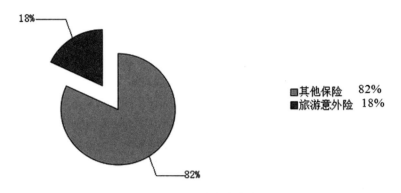

图 1-7　旅游意外险占比

如表 1-3 所示，2013 年营业部全险种增速 18.29％，超过整个保险市场 2.26 个点，份额提升 0.64 个点；省公司营业部保费实现正增长，高于全省商业非车险平均增速 7.14 个百分点。

表 1-3　　　　　2013-2014 年旅游意外险营销业务基本情况

年份	2013 年	2014 年
保费收入	1.1 亿元	1.1 亿元
增速	18.29％	21.73％
占旅游意外险的比重（％）	18％	18％

2014 年 1 月~2014 年 6 月，省公司营业部实现保费收入 8280 万元，同比增加了 1478 万元，增幅 21.73％。省公司营业部商业非车险市场增速为 20.9％，高于沈阳非车非农市场增速（4.36％）16.54 个百分点。市场份额 12.03％，同比上升 1.65 个百分点。商业非车险专业化经营改革成效愈加明显。

在经营管理上将市场份额等指标纳入各团队 KPI 考核，建立目标激励与动态调整相结合的差异化绩效奖励机制，使目标市场、行业的观念得到加强，管理机制建设得到了加强，传统经营观念得到了根本转变。

（2）五大业务范畴。

①总、省级重要客户业务。

②中直、省直客户及与之相关渠道业务。

③由总、省公司洽谈的相关落地业务。

④行业性统保及招投标落地业务。

⑤省营已经开展和正在对接的商业非车险业务。

省公司营业部对"五类业务"有优先经营权，除"五类业务"外，其他商业非车险全面放开经营。省营、沈阳公司各自负责非车理赔工作。优先经营的业务费用上浮 10 个点。出台《沈阳地区商业非车险经营管理办法》，省公司负责全面协调。

1.2 旅游意外险营销现状

近年来，我国旅游业发展迅猛。我国已成为全球第三大入境旅游接待国，亚洲最大的出境旅游客源国和全球最大的国内旅游市场之一。到 2015 年底，中国旅游市场将扩展到 30 亿人次，中国将成为全球最大的入境旅游国和第四大出境旅游国。就 2014 年总体情况来看，我国旅游意外险的投保率明显偏低，辽宁旅游市场通过旅行社出行的游客中，只有 10％到 20％购买了旅游意外险，而欧美国家购买单次和全年旅游意外险的比例达到 80％到 90％（如图 1－8 所示）。自 2014 年 8 月下旬以来，旅游意外险的投保率在原来的水平上上升了 10％，比例创历史新高，自由行、团队游客户的投保率都有增加，在暑期旅游高峰之后的短时间内，出现如此明显的变化，2014 年，游乐场设施故障、旅游大巴车祸、境外游被劫等发生频率高，由此可见我国旅游安全状况仍不容乐观。最主要的原因是飞机劫持游客事件和客机空难事件，这两种意外事故冲击了国内旅游者的观念，使旅游意外险市场营销进入了受众阶段。

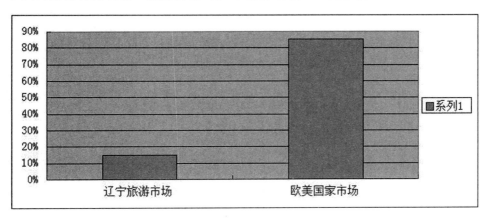

图 1－8 旅游意外险辽宁省内与欧美市场对比图

从调查数据看，在旅游者中，对我国有关旅游保险的规定不了解的人占极大比例。年轻人是了解信息较快的一个群体，但是对有关旅游保险的规定也不甚了解。由此可见，我国有很大部分人对国家有关旅游的规定、政策都不太了解，自然，在旅游保险中，维权意识也比较淡薄，自身受到的伤害损失也无法得到保障。另外，是否购买旅游保险，不仅取决于游客自身，还与我国的法律环境、政府政策、旅游产业各经营主体有关。总之，我国旅游保险市场仍有很大的空间，并且随着我国旅游风险的加大，旅游保险市场有发展趋势，通过进一步开发旅游保险市场，我国旅游业将进一步得到发展。

1.2.1 营业部旅游意外险产品开发现状

随着居民收入的增长和旅游消费能力的增强，假日居民出游的人数越来越多，旅游风险也越来越大。就所调查的人群来看，意外人身伤害、财物丢失损坏、证件遗失、交通事故是人们出游时极为担心的风险，旅程延误的问题占比虽不及上述几项，但仍达到 46.49%。这些事故的发生与我国的治安环境、各旅游产业经营主体（如旅游交通部门、旅行社、景区管理等）、游客自身意识等密切相关，故各方面对旅游保险的需求很强（如旅行社的责任保险、游客自身意外险等）。发掘旅游保险市场营销，提高游客的被保障程度，旅游业与保险业都将得到更好的发展。保险产品是每个保险公司经营战略、技术能力、市场定位、人力实力，以及服务水平等的最为直接的体现，其不仅仅是对其保险公司的整体竞争实力的真实反应，而且还可以对国家及地区的市场化程度进行科学的反应。保险产品实际上是一种无形的服务产品，因而决定了保险某种意义上的独特性。保险产品是当客户发生了签订的保险合同中所约定的相关事件时，才可以得到给付或者是补偿。在这之前，客户只能通过公司的相关声誉，以及营销人员的有关介绍、理赔服务的及时性与客观性等来对公司提供的保险产品进行相应的衡量。除此之外，其异质性就是指，在提供保险产品的过程中往往存在的不一致和差异性。因为每个营销人员对保险产品都有不同的理解，因而顾客就会相应的做出不同的对产品的反映。特别是顾客单单只通过营销人员的描述来对产品进行购买的时候，常常是倾向于按照他们的讲述来做出对保险产品的相应的评价。而且，每个人员面对不同的客户也不会提供始终如一的产品服务。

旅游意外保险是指，在旅游过程中，以意外事件而致被保险人死亡、残疾或住院医疗为给付保险金条件的人身保险。辽宁省分公司营业部为客户提供有旅游保险意外保险、综合意外保险及交通意外保险等各类在线直销产品。旅游意外险保险具有短期性、灵活性、保费低廉等特点。

目前，PICC 辽宁省分公司营业部为用户提供的旅游意外险的产品种类，是依照 PICC 中国人民保险集团股份有限公司制定的产品进行营销的。包括境外商务出行期间医疗费用补偿、金钱损失、海外住院医疗津贴、随身物品遗失等 13 项保障，更有境外 24 小时紧急支援服务，适用人群为境外商务出行户外活动，保额高达 270 万元，具体产品如表 1－4 所示。相应的几大保险公司都推出了旅游保险产品，形成了旅游保险的竞争格局，各保险公司在旅游意外险市场推出的营销产品大致相同，如表 1－5 所示。近年来在我国意外险迅速发展的背景下，营业部的旅游意外险也迅速发展，主要表现在公司已经开始重视旅游保险的开发和营销在产品方面，截止到 2014 年底，公司开办了 76 个专门针对境内外旅行的保险产品。在市场营销方面，公司都开始了旅游意外险的网上投保业务，同时在促销方面也增加了优惠的力度，如推出了网上投保旅游意外险最低 5 折的优惠等。旅游意外险的品种逐渐增多。

目前，国内各大保险公司已经推出了各自的旅游意外险产品，并对市场进行了一定的细分，如中国人保财险为自驾游、商务游、境内游、境外游等旅游者提供了针对性的保险组合。

表 1－4　　　　　　　　　旅游意外险产品目录

序号	旅游意外险产品种类	适合人群	保障期限	保障利益
1	e 时代自驾车意外伤害保险	出生后满 18～70 周岁	1 年	
2	e 时代综合意外保险计划	出生后满 28 天～65 周岁	1 年	
3	e 时代旅游综合意外伤害保险	出生后满 28 天～70 周岁	3 天；7 天；14 天；30 天	
4	e—四海商务行保险	境外商务出行、户外活动	1－182 天	270 万元
5	e—四海逍遥游保险	境内自助旅游户外活动	1～30 天	最高 80 万元
6	e—神州逍遥游保险			
7	e—神州自驾游保险	自驾出游户外活动 1～70 周岁	1～30 天	
8	e 出行无忧保险	经常出差旅行人士	1 天～1 年	最高 200 万元
9	航空意外年度保险	经常出差旅行人士	12 个月	200 万元

	种类	保险金额	说明
保障项目	海外医疗补偿	10～50 万元	包括继续就诊费用 10％。产品特色：提供境外商务出行期间医疗费用补偿、金钱损失、海外住院医疗津贴、随身物品遗失等 13 项保障，更有境外 24 小时紧急支援服务，保额高达 270 万元
	海外住院医疗津贴	80/100 元	最高给付 10 天
	医疗运送和送返	40～100 万元	
	意外身故残疾和烧伤	10～50 万元	
	遗体送返	8～20 万元	包括丧葬费用 2 万元

续表

种类		保险金额	说明
保障项目	行李和随身物品丢失	5000～7000 元	每件或每套物品最高赔付限额 1500 元，每件或每套物品免赔额 100 元
	金钱损失	1000～1500 元	每次免赔额 100 元
	旅行证件遗失	2000～3000 元	每次免赔额 100 元
	旅程延误	900～1200 元	每 6 小时延误赔付 300 元
	行李延误	1000～1500 元	超过 6 小时延误
	旅程取消或缩短	0.75～1 万元	
	慰问探访费用补偿	0.75～1 万元	每天 300 元津贴
	个人责任	30～50 万元	

表 1－5　　　　　　　　竞争对手旅游意外险产品种类

序号	竞争对手公司名称	旅游意外险产品种类	保障期限	保障利益	保费
1	安联保险集团	安联亚洲旅行保险	出生满 60 日～85 周岁	15 万元意外身故/伤残 15 万元公共交通工具身故/伤残 6 万元医药补偿 40 万元紧急医疗运送和送返 20 万元个人及宠物责任	30 元
2	太平洋保险公司	太平洋境外旅行综合保险尊贵计划	1 周岁～60 周岁	10 万元意外身故/伤残 30 万元住院医疗 100 万元紧急医疗运送和送返 1200 元旅程延误 10 万元个人责任	49 元
3	美亚保险公司	美亚"乐悠游"境外旅行保障		30 万元意外身故/伤残 8 万元医药补偿 100 元/天住院津贴 40 万元紧急医疗运送和送返 5000 元随身财产 40 万元个人责任	55 元

续表

序号	竞争对手公司名称	旅游意外险产品种类	保障期限	保障利益	保费
4	美亚保险公司	美亚"万国游踪"国际旅游保障计划	18 周岁～80 周岁	60 万元意外身故/伤残 60 万元公共交通工具意外 40 万元医药补偿 实际费用紧急医疗运送和送返 1 万元随身财产 1800 元旅程延误 100 万元个人责任	210 元
5	史带财产保险股份有限公司	"乐游全球"境外旅行保障计划	18 周岁～85 周岁	60 万元意外身故/伤残 3 万元疾病身故保险金 50 万元医药补偿 实际费用紧急医疗运送和送返 900 元签证拒签补偿	20 元
6	华泰保险公司	华泰全球旅行保障计划（不含北美）	1 周岁～80 周岁	10 万元意外身故/伤残 30 万元医药补偿 30 万元紧急医疗运送和送返 750 元旅程延误	32 元
7	中国平安保险公司	中国平安快乐旅程	1 周岁～65 周岁	30 万元意外身故/伤残 30 万元意外及急性病医疗 200 万元紧急医疗运送和送返 100 万元遗体或骨灰运送回国和安葬 10 万元酒店住宿意外身故、伤残	86.25 元
		平安签证无忧旅行保障计划		（含延误责任）	114 元

1.2.2 营业部旅游意外险营销现状

营业部自 2012 年成立以来主要集中开发旅游行社的旅游意外险市场营销，旅行社游客相对集中，开展保险业务方便且见效快。但是随着自助游和自驾游等休闲旅游方式的快速发展，针对旅游景区的旅游意外险市场营销，经过对全省 347 个旅游景区的市场分析，按照市场营销理论，营业部旅游意外险的市场营销活动目前采取多种方式，一种是业务人员直接营销方式，即利用业务员跑市场和介绍客户进行市场营销，针对旅行社、旅游景区、旅游客车公司等机构购买的大客户，建立了具有专业素质的业务人员队伍，以传统的营销方式进行；另外就是种类繁多的非业务人员营销，包括广告营销、网络营销、微信营销等方式。营业部旅游意外险的市场营销方式及营销范围（如图1－9所示）。

现阶段营业部的保险业务市场营销还处在一种传统营销向现代营销转变的阶段，营销观念还处于传统状态，作为新兴业务部新的市场定位格局仍未形成。与保险市场垄断相应的是各家保险公司几乎都未按市场细分的原则进行定位，保险营销不仅仅包含保险推销，而且运包括保险市场预测、设计新险种、协调保险企业的内部环境、外部环境以及经营活动的目标，促进保险企业在竞争中取胜等内容；保险营销还是一种注重长远利益的保险企业活动，也就是在注重促销的同时还注重树立保险企业的形象，为保险企业的发展做出预测与决策。在保险营销业务中，责任险、意外险、信用保险、保证保险、医疗保险等在不同程度上受到了相互模仿的冲击，没有明显的经营和营销特色，致使有些险种竞争激烈，有些险种营销艰难。

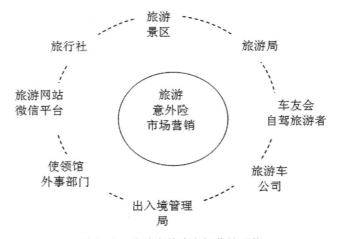

图1－9 旅游意外险市场营销现状

1.3 案例正文

1.3.1 团队长眉头紧锁

案例背景：新兴业务部办公室，团队长眉头紧锁，呆呆地看着全省旅游景区汇总表中的347个旅游景区陷入了思索。

2014年9月29日，十一将至，各种媒体都在强力推介辽宁省内旅游景区、休闲旅游、乡村旅游、自助游、自驾游等营销推广接踵而来。好多家庭和游客都在为十一长假安排旅游行程，可是PICC辽宁省分公司营业部新兴业务部仍然在为旅游意外险业务的营销犯难，早晨八点三十分刚上班，业务员就接到了去团队长办公室开会的通知，在新兴业务部团队长的办公室里，大家围坐在会议桌前，议论纷纷，开什么会？是不是又下新的业务指标？现在的都完不成，可别再增加了呀？是不是又不能按天放假了？这时团队长走了进来，说："咱们开会吧，我先说一下开会的内容，这个季度我们旅游意外险要完成的任务额度是×××，我们研究一下如何开展市场营销才能完成任务。"大家听了团队长的话面面相觑，谁都不吱声。团队长接着说："旅游意外险是一个新兴业务，虽然旅游市场火爆，但是旅游意外险业务营销一直开展的不好，是营销方式不对路还是咱们没有重视，就咱们省来说，旅游景区有 347 个，旅游意外险市场也很大，比如景区有水上娱乐项目的、有刺激项目等风险系数大的项目都需要旅游意外险，看看我们用什么样的营销方式才能扩大旅游意外险的营销市场，提升业绩。"大家七嘴八舌的议论上了。一会儿说旅游意外险市场营销难，一会儿说旅游意外险营销用传统营销跑市场效果不明显，去景区找老总谈了半天，但是对方总是态度不明确，随门票的旅游意外险保险人数一般只占游客的 10%，"大家的意思我明白，小李你说说，你对全省旅游景区做过调研相对比较了解，全省这么多的旅游景区我们团队的旅游意外险营销业务为什么就是上不去，应该从哪入手？以你的看法，省内哪些旅游景区需要我们近期拿出营销计划，进行重点市场营销。"

业务员小李："队长，我认为那些风险性大、体验性强的旅游景区我们要重点做好营销，比如铁岭新月水世界、抚顺热高乐园、营口海滨旅游风景区、温泉旅游景区等。"

团队长："你不是去了抚顺热高乐园了嘛，谈的情况怎么样，有进展吗？"

业务员小李："队长，根据您的要求，我们对抚顺热高乐园进行了实地调研，按照几个旅游时段进行了问卷调查"。团队长（插话）："你们都调研了哪些时段？"小李接着说"我们将周一至周四分为一个时段、周五至周天分为一个时段、小假期为一个时段、暑期和十一为旺季时段，做了详细的调研，根据调查的信息，我们昨天去了抚顺热高乐园，和负责景区旅游保险业务的副总进行了沟通，景区老总问我们公司保费收取的标准等一系列与保险有关的业务问题，我们认真的给予了解答，但是同时了解到现在还有几家保险公司都在盯着抚顺热高乐园的旅游意外险的保险，竞争很激烈。"

业务员小宋："我是这样看的，我们公司在保险理赔上有优势，但是和其他保险公司比我们在保费上没有自主空间，不能做活，这给我们营销带来了困难，虽然有 347 个旅游景区，但是怎么能拿下，能拿下多少个旅游景区的旅游意外保险我们还是心里没底，一天 N 访，太难了，我们能坚持几天？介绍，能介绍几单？增员，能增多少，又能留住多少？"

业务员小宋："我认为我们在保费上确实没有自主空间，而且我们是省公司营业部，从区位上也没有优势，因为旅游景区都坐落在各市县区，我们 PICC 辽宁省分公司就已经形成了营销的内部竞争，何况还有其他保险公司与我们竞争，虽然辽宁旅游景区多，但是旅游意外险的营销光靠一个个景区跑，这种传统的营销方式效果太差，而且靠关系营销也不太理想，还是需要利用科技手段研究创新的营销方式，来进行营销，才能扩大旅游意外险的保险市场份额。"团队长："你有想法啦，用什么样的创新营销方式？"小宋回答说"我想我们可以利用二维码技术，在旅游景区设置二维码扫描进行营销，这只是一种想法，怎么实现还没有具体考虑。"团队长说："这个营销想法很好，马上就快十一了，大家回去做一下功课，研究一下怎么用二维码实现旅游意外险的保险营销，看看有没有可能，如果大家去旅游也有目的的和景区唠一唠，看看有没有可行性。好了，今天的会议就到这，大家利用十一休假都考虑一下，我们营业部的旅游意外险业务市场营销怎么突破瓶颈，提高业绩在全省作新兴业务的营销典范。"会议结束了，团队长没有离开座位，看上去仍然在为旅游意外险的营销业务着急想对策。

1.3.2 一起保险旅游卡招标的混战

2014 年的元旦前夕，营业部的新兴业务部的程明团队长突然得到一个消息，消息说沈阳市旅游局准备与华夏银行合作推出沈阳保险旅游卡，保险旅游卡的功能就是旅游意外险的保险业务。一个电话引起了营业部的特殊重视，业务部自成立以来，新兴业务开展的不甚理想，尤其是旅游意外险业务始终没有大的突破和进展，业务部老总在每次的会上都把旅游意外险的业务当作重要的会议内容提出来，要求尽快加快这一业务保费额的提升。程明团队长马上把这一信息汇报给了营业部的老总，老总听后告诉程明，第一要核实电话的真实性，第二准备迎接旅游保险卡营销会战。经核实旅游局与华夏银行合作推出保险旅游卡确有此事，而且正在准备招标文件，向社会的各个保险公司公开招标。得到这一消息后，老总马上召开了业务部团队长紧急会议，会上新兴业务部的程明团队长，表示一定做好各项营销准备工作，一定要拿下这项业务。会议一结束，程明团队长马上回到办公室通知相关的营销业务员开会，在会上讲了这次营销工作的重要性和旅游保险卡的意义。同时布置了相关营销工作，指定业务员小王负责马上与旅游局接洽、业务员小李负责与华夏银行接洽、小黄负责突击做出保险旅游卡的营销方案。任务布置完毕，几个业务员当即进入了全面营销状态。

业务员小王驱车来到了沈阳市旅游局，找到了负责此项业务的主管副局长，问明了保险旅游卡的招标时间和授标要求等相关事项，在下班前赶回了公司，公司的其他部门的人都下班了，只有新兴业务部的灯亮着，团队长领着我们业务员连夜加班，准备招标材料和营销方案，一直忙到半夜十二点才结束。第二天早晨，七点刚过，团队长程明又接到了一个电话，电话来自辽宁省分公司的主管领导崔总，崔总问道："程明，你们是不是已经和沈阳市旅游局取得联系准备参与沈阳市保险旅游卡的招标。"程明回答说："是的。"崔总说："你们不要介入这个项目了吧，咱们市保险公司也在做这个项目，你们退出吧。"程明当时就说："为什么是我们退出，我们已经去市旅游局询问过了，这个业务没有指定的保险公司，走招标程序，谁都可以投标，而且沈阳市旅游局也已经同意将招标文件发到我们业务部，为什么我们不能参与招标？"团队长程明心事重重地到了办公室，马上召开了紧急会议把最新情况向大家做了说明，问道怎么办？这时业务员小李说："市保险公司说他们已经跟踪这个项目两年了，说我们不能抢他们的业务，几个人一起说这哪是抢他们业务啊，这是公平竞争。经过讨论大家还是觉得应该继续推进，于是向部门老总做了汇报，决定参与投标。这时省公司老总表态说，谁接到招标书，谁就可以参与招标。经过这一番激战，才争取到了机会。同时还了解到，沈阳还有其他的保险公司也在与市旅游局联系，也在准备参与保险旅游卡的招标。

1.3.3 深夜来自境外的求助电话

2015年5月2日的午夜1点20分，"铃……铃……铃……，"营业部保险业务员小李的手机突然响了，熟睡中的小李被手机铃声惊醒了。谁这么晚了还来电话啊？小李睡意蒙眬的接起来电话"喂，您好！请问哪位？"电话的另一方急促地问："您是人保业务部的小李吗？我是高先生，我们在毛里求斯自由行旅游，同行的旅伴在海滨浴场突发急病，现在已经送到了当地的急救中心，我现在正在急救中心，由于语言障碍与医生沟通有问题，请您帮助我一下好吗？""好的，请您保持手机畅通，我马上给您与95518联系，为您提供24小的语言沟通服务，您还有什么困难，请及时和我联系，我们会为您及时提供旅游意外险投保服务。""谢谢！太谢谢了！我等您的电话。"这几位游客在决定去毛里求斯自助旅游之前，小李知道信息后，马上与几位游客联系对他们说明，去境外旅游参加投保的重要性，提醒他们出境游应该投个旅游意外险的保险，在小李的讲解下，这几位游客投了200元保费的旅游意外险保险。接到游客的电话，小李睡意全无，即刻联系95518，保险公司的旅游意外险含24小时的语言沟通增值服务，小李知道现在最重要的是要为出境游客提供语言翻译人员，好及时和当地的医生进行无语言障碍的沟通，及时把病人平时的身体状况和用药情况提供给医生，协助治疗。由于毛里求斯以法语为主，客人与医生沟通病人的情况有困难，所以第一步首先求助24小时增值服务，时间在一分钟一分钟的过去，小李知道对方在焦急地等待着自己的电话，5 分钟过去了，又一个 5 分钟过去了，10 分钟过去了，经过了 20 分钟终于为境外游客联系了法语翻译，提供了 24 小时增值跟踪翻译服务。在营业部小李的配合下，提供 24 小时增值服务的翻译人员与医生进行了很好地沟通，向当地医生介绍了病人的情况和身体状况，病情很快得到了控制。经过几个小时的紧急抢救，病人暂时脱离了危险。鉴于当地的医疗条件，境外游客又表达了病人需运送回国接受治疗的意愿，请求保险公司又为其安排接运客机将病人运送回国。

几位游客回国后，来到了营业部找到小李，对小李说，感谢你在出发前，找到我们耐心细致地为我们讲解去境外旅游投保旅游意外险的重要性，让我们在保险后的事故中，得到了 24 小时增值服务和保险救助保障。但是你们的 24 小时增值服务的能力还需要提高，接到电话 20 分钟才提供跟踪翻译服务，与你当时承诺的保险服务条例还是有差异。但是我们还是非常感谢您在我们出境前为我们提供的购买旅游意外险的服务，让我们游客受益。以后再出去旅游我们一定主动的购买旅游意外险，无论是出境游、国内游，还是在省内自驾游我们都会主动购买旅游意外险，同时，也会告诉亲朋好友购买旅游意外险有多么重要。小李说："这是我们的业务，我们做旅游意外险营销不单单是卖保险，而是要为游客在旅游过程中，以保险的形式降低游客旅游风险，使游客得到最佳的出游保障。这是我们旅游营销的宗旨。

2　案例分析

2.1　理论依据

2.1.1　4P 营销理论

1948 年詹姆斯·柯立顿指出，企业经理是一个艺术家、决策人和各种要素的组合者。这种组合要素理念影响了美国哈佛大学的尼尔·鲍顿教授，他试着从市场营销的角度来寻找工作组合要素，以期简化营销工作。经过长时间的努力，1953 年尼尔·鲍顿教授在美国市场营销协会上发表演讲，并提出 12 因素理论。理论指出企业市场营销组合包括 12 个因素：产品计划、供销路线、陈列、人员销售、促销、包装、扶持、定价、广告、厂牌、实体分配和市场调研。尼尔·鲍顿教授的市场营销组合也被称作是销售组合或者销售综合结构理论。市场营销组合是指"市场营销人员根据其营销目标和营销战略，综合运用并优化组合多种可控因素，以实现其营销目标的活动的总称"。

理论在现实中总是被不断的演进和验证，在 20 世纪 60 年代，美国著名的营销学家杰罗姆·麦卡锡出版了著名的营销书籍——《Basic Marketing》。在书中，杰罗姆·麦卡锡对尼尔·鲍顿教授提出的 12 个要素营销组合策略进行了高度的概括。经过杰罗姆·麦卡锡的反复琢磨与推敲，在尼尔·鲍顿教授提出的 12 个要素营销组合策略的基础上，杰罗姆·麦卡锡提出了著名的 4P 组合理论，即市场营销组合策略包括产品（Product）、价格（Price）、渠道（Place）、促销（Promotion），由于四项指标的英文单词首字母均为"P"，因而命名为 4P 组合理论。杰罗姆·麦卡锡指出营销组合是"一个企业经理所能支配的所有资源能满足目标市场的所有要素的组合"。美国的另一位著名的营销学大师菲利齐认为"如果公司生产出适当的产品，定出适当的价格，利用适当的分销渠道，并辅之以适当的促销活动，那么该公司就会获得成功"。由此可见，菲利齐与杰罗姆·麦卡锡的 4P 营销理论观点吻合，这也为营销组合模式的形成奠定了坚实基础。

2.1.2　7P 营销理论

"闻道有先后，术业有专攻"，美国服务营销学家彼特那与巴姆斯在 4P 理论的基础上，将服务业的特色与属性融合，终于在 1981 年提出了 7P 理论，该理论适用于服务业，即在 4P 理论的基础上增加有形展示（Physical evidence）、人员（Participants）和过程（Procedures）三个要素。由于该理论主要针对服务业，因而也被称为"服务营销组合"。克里斯托弗·洛夫洛克（Christopher H. Lovelock）是美国另一位著名的营销大师，他在 2001 年提出了 8P 组合策略，其中 8 个要素包括产品、价格、渠道、促销、实体环境、流程、人员、生产效率和质量。然而，克里斯托弗·洛夫洛克的 8P 理论提出后，引来众多非议，许多学者认为克里斯托弗·洛夫洛克的 8P 理论与彼特那与巴姆斯的 7P 理论没有本质上的区别。

2.1.3　4V 策略理论

1994 年我国台湾学者罗文坤提出 4V 策略理论，然而他的理论并没有得到业界的认可与支持。2001 年，中南大学吴金明教授发表文章《新经济时代的 4V 营销组合》，其中吴教授把 4V 营销策略理论称为第三代营销模式，这才使罗文坤的 4V 理论重新备受关注。4V 营销组合理论是指差异化（Variation）、功能化（Versatility）、附加价值（Value）和共鸣（Vibration）。自此，4V 营销理论得到了广泛的认同和传播。

综上所述，无论 4P、7P 营销组合理论，还是 4V 营销组合理论，其实质均是对企业营销理论与方法的抽象概括。这些理论在市场营销环境与企业经营实践的基础上，根据众多案例与情况概括而来。不同的营销理论不是取代而是发展和传承，不是诋毁而是继承与创新，不是替代而是互补与完善。

在众多营销组合理论中，4P 理论是最早被提及的基础框架理论，其中包括的产品、价格、渠道和促销的组合是每个行业企业营销活动都会面对的问题。虽然现有的每一种营销组合策略都有一定的价值与适用性，但均是以 4P 营销组合为基础而发展的。在掌握市场营销组合理论发展的基础上，结合人保财险辽宁省分公司营业部的实际来指导旅游意外险的营销活动，会得到更多的收获。本论文以 4P 理论为基础，将 7P 服务营销理论和 4V 组合营销理论相结合，以期研究营销组合理论在旅游意外险产品市场推广中得以借鉴。

2.2 问题的原因分析

前面所述的三个案例分别反映出中国人民保险公司辽宁省分公司营业部旅游意外险产品在市场营销过程中存在的几个问题。第一，旅游保险险种单一，由于对市场细分的程度不足，无法满足众多保险消费者和潜在消费者的购买需求。第二，旅游保险销售渠道单一，我国的旅游保险销售主要依靠代理形式，包括旅行社代理、机票点代售和网上投保，这使得旅游保险业务失去了相当大的一块客源市场，销售渠道的单一化制约了保险产品的市场发展，制约了游客对旅游保险购买的积极性。第三，保险公司销售旅游意外险产品对传统的营销方式过度依赖，没有摆脱旧式思维，使营销业务处于被动状态。目前，我国旅游意外险的产品市场营销处于无序竞争状态，多家保险公司经常对大型客户陷入争抢市场份额混战，打价格战，都没有各自的市场定位和市场细分。第四，保险企业经营中旅游意外险的增值服务产品能力不足，旅游者的流动性很高，出境游人数屡攀新高，相应的境外出险比率较以往有所提高，这对保险公司的核保、定损和理赔均提出更高要求。如果一旦境外理赔环节有问题，一方面给游客造成损失，另一方面会给保险公司带来负面影响，进而影响消费者对旅游意外险的购买信心与期望。如果投保游客在境外发生意外而保险公司不能提供承诺的增值服务的责任和义务，无法保证游客的合法权益，就会直接影响公司未来旅游意外险的市场营销的开展。第五，旅游意外险业务专业人才紧缺，企业内部工作协调性不足，同时，营销人才的匮乏会降低旅游保险投保人的购买积极性，从而制约了旅游保险企业的良好发展。

2.2.1 旅游意外险营销理念宣传不到位

各大保险公司目前都对旅游意外险的宣传缺乏意识，导致对旅游意外险市场营销的保险宣传不到位，因而旅游者投保意识不强，制约了旅游意外险市场营销业务的开展。由于旅游者对风险的心理预期不足，且受文化影响，有些游客认为购买意外险不吉利等现象时有发生，因而不会主动购买旅游意外保险。

而现在非常流行的一日游、郊区游成为人们日常的主要旅游形式，游客往往因为对周围环境比较熟悉，存在侥幸心理，会觉得没有必要为此花钱买保险。此外，由于旅游保险多由旅行社代办，缺乏正面和主动接触，保险公司和消费者之间没有有效沟通，因而相互之间缺乏信任度。其实这些现象最终都是由于业务部门对旅游意外险的保险营销理念认识不到位，在一定程度上忽视了市场营销的促进作用造成的。

2.2.2 保险公司对旅游保险业务重视程度不够

由于企业对眼下利润的过分追求，很多保险企业将营销焦点聚集在传统骨干险种，比如财险及旅游责任险占财险市场的比重较大，保险公司就把重点放在责任险种上，因而忽视了旅游意外保险等潜力险种的市场开发。部分保险企业认为旅游保险的利润低，工作量大，且客户不固定，没有稳定客源，难以形成规模经营，而旅游保险又自有保险期限短、赔付率高和利润低的属性，保险公司因而对旅游意外险业务的开办缺乏热情，对旅游意外险的宣传、改良和销售等方面都不予以重视，此外，由于旅游保险产品大部分是通过旅行社代卖，而保险公司并没有对旅行社制定相应的激励机制，各旅行社因而对旅游意外险的推销并不积极。

2.2.3 旅游意外险市场竞争不规范

由于保险行业近年来发展较快，国外各大保险公司和国内民营保险公司如雨后春笋般出现，于是很多保险公司通过降低保险费率、提高理赔额度和盲目扩大保险责任等恶意竞争手段使得保险市场日益不规范。同时，我国主要的旅游保险销售渠道，如旅行社等代理机构缺乏积极性，只是在游客参团时询问其是否购买保险，并不会进一步向游客主动推荐旅游意外险保险产品。

由于旅游意外险这一险种进入保险市场时间短，在市场营销的管理与组织上未规划出适宜的营销方案，企业对人员的管理和培训不足，不能有效地利用人才，使得管理考核与激励相脱节。这均对旅游保险企业的健康发展产生负面影响。

2.2.4 营销对象只注重旅行社和景区

旅游风景区和旅行社是一个巨大的旅游意外险销售市场，旅游意外险营销一般都把重点放在当地的旅行社和旅游景区，而且往往对旅行社投入的营销力量要大于对旅游景区的营销。旅游意外保险在销售过程中对旅行社等代理商依赖严重，作为保险产品的经营者保险公司因此就处于被动状态，导致了旅行社等代理商的销售积极性直接决定了旅游意外险的销售情况，但是与此相矛盾的是旅行社已投保强制旅游责任险，因而他们对旅游意外险的销售热情肯定不高。

由于目前人们出游形式的多样化和旅游出游次数的增加，游客旅游面对的风险亦发生改变，但是保险公司却没有及时地对旅游意外险这一险种的营销方式进行创新改进，完全不能满足消费者的需求。同时这一险种的设计也缺乏针对性，保险公司的旅游意外险的条款都和一般的人身意外险没有太大区别，没有针对游客这一身份进行市场细分，使整个市场存在供需不对称的矛盾。随着休闲旅游时代的到来，在假期形成了自助游和自驾游的旅游潮流，大量的休闲旅游的游客在外出旅游时，由于不与旅行社接触，因而很少有主动购买旅游意外险，保险公司由于对休闲旅游市场营销动态把握不够，导致目前大量散客市场营销基本处于零营销状态。

2.2.5 旅游意外险增值服务链不足

现在对旅游意外险的竞争已经发展到增值服务附加值的竞争上来了，虽然公司提出了 24 小时救援和全球通业务，即在境外随时可购买人保财险的旅游意外险产品，但是目前的旅游意外险的售后服务质量却不高，境外出险对保险公司的业务提出更为严格的要求，然而保险公司的服务不能满足市场需求，这将对游客产生损失，降低购买热情，同时也损害了保险公司的声誉。

2.2.6 旅游保险业务人才紧缺

我国目前主营旅游意外险的两大机构：旅行社和保险公司，只停留在简单的代理与被代理关系上，相互之间的业务指导和信息沟通渠道不畅，未形成良好的合作机制。此外，从事旅游保险业务的专业人才紧缺，代理人不能良好地掌握旅游知识与保险业务能力，无法激发游客对旅游保险消费热情，制约了旅游意外保险行业的发展。

3 对策与建议

3.1 加大宣传力度提高游客旅游意外保险意识

游客旅游涉及到吃住行游购娱等各个方面，在外旅行风险系数相应提高，此时一份旅游意外险其实要比游客在家的一份保险显得格外重要，但因为旅游具有一次性和短期性的特点，很多游客忽略了旅游意外险的重要性。近年来由于媒体报道的各类旅游事故让旅游意外险出现了转机，因为目的地有任何一个因素的不安全都会引起游客安全意识警觉，再加上保险企业和政府的正面引导，游客的风险意识逐渐增强。作为旅游意外险主要代理的旅行社出于风险转移的考虑，也开始重视旅游意外险的销售，可以说一份旅游意外险是双重保障。在此基础上，人保财险辽宁省分公司营业部要顺势而上，加大旅游意外险的宣传，动用各种宣传渠道，加大宣传力度，使旅游意外险深入人心，做到出行一次，参保一次。一是扩大宣传面，利用好各种媒体，重视传统媒体的同时要注重开发新兴媒体，可以在高速路口、车站、景区口发放意外险传单，甚至可以设置意外险代理处，也要注重新兴媒体危险如手机 APP 的宣传研发，时时提醒旅游者风险防范意识要强；二是加大宣传，抓住旅游意外事故案例进行宣传，尤其是典型事故案例，剖析风险概率，告诉游客危险随时降临，抓住心理进行宣传。

3.2 加快对旅游保险产品研发

游客旅游本身涵盖吃住行游购娱六要素，所以可根据不同的旅游要素对旅游意外险的险种进行研究开发。第一，加大旅游意外新险种的开发力度，对现有统一的旅游意外险整合后再根据旅游六要素进行细分，针对每一个要素进行险种开发，比如旅游餐饮险、旅行车船意外险、酒店预订取消险等，使各个险种相互互补，为游客提供全方位的保障。二是细分市场，扩大保险对象，将自助游、商务游及公务旅行纳入意外险保险范围，针对不同的细分市场制定相应保险条款，确定费率。三是针对探险项目开展特殊旅游意外险险种开发。现在新兴很多"驴友"进行自助野外攀岩、漂流、探险等，这些新兴的旅游项目相比传统的观光体验旅游来说，风险发生概率相对较高，人保财险辽宁省分公司营业部可以根据这些新兴项目的特点开展险种的开发，进行项目危险系数评估，提供专业的攀岩险、漂流险等，迎合旅游者需求，也会给公司带来利润。

3.3 提升旅游意外险经营层次

旅游意外险目前主要是由旅行社和保险公司业务人员来统一代理。提升旅游意外险的经营层次，就要拓宽旅游意外险的经营渠道，除了与旅行社开展常态合作外，保险公司可以与各大酒店、景区、经营车船的公司等开展合作，大力开展旅游意外险的销售，形成一旅游意外险多种销售的气氛；可以利用手机微信渠道，制作公众号，增加点击率，同时可以与微信钱包合作，开展旅游意外险微信销售渠道；可以利用手机网络定制手机 APP，使人们能随时、随地、随身的了解旅游意外险和购买旅游意外险；可以与银行或者邮政、移动网络公司开展附加服务，当人们的储值或者业务量达到一定量的时候，附带赠送旅游意外险；甚至保险公司可以与超市合作，将旅游意外险制作成卡片在超市柜台销售，让旅游意外险进入人们的生活，成为生活中必不可少的一部分。

3.4 利用"互联网＋保险"推出二维码营销

在总理工作报告中，李克强总理提出了"互联网＋"的新概念，各行各业现在创新都离不开互联网的助力。保险业也不例外，但保险业目前借助互联网的创新，实则原动力是对市场客户的抢夺，是一场纯粹的"数据"之争。在互联网上直接争抢数据，直接剥离掉各种销售渠道，使保险公司与客户直接的对话，保险公司不再依赖其他渠道来研究消费者，消费者也抛掉渠道直接与保险公司对话，这些都将改变旅游意外险的销售现状。

人保财险辽宁省分公司直属营业部在 2012 年才成立，在保险产品中主营旅游意外险，通过与旅行社合作销售旅游意外险险种，旅行社游客集中，销售便捷且见效很快。但是由于近年来自助游的兴起，旅游意外险的市场占有率受到影响，经过对全省 347 个旅游景点的市场调研，以及对休闲旅游市场进行分析，营业部有必要对旅游意外险销售模式进行创新改变，同时拓宽旅游意外险的销售渠道。由于旅游具有流动性强、一次性消费、周期短、分散性强的属性，保险公司应充分利用电子商务等现代化销售渠道与传统销售渠道，相互补充，形成良性互动的健康营销新格局

"互联网＋保险"还是一个新兴事物，最终将要发展成什么样还无法预测，对我们营业部而言，在"互联网＋保险"的发展过程中应首先抓好旅游意外险的互联网销售渠道，网络渠道是进行直销的最好的方式，网络化也将是旅游意外险发展的必然趋势。现在，各个保险公司已经实现并覆盖了网络投保，保险公司针对消费者推出了在线投保业务、在线咨询服务，消费者可轻松登录网站，根据自己需要只需点击鼠标就可以完成一个保险的投保过程，甚至现在大部分网络投保都能完成在线支付。如何放弃传统投保的烦琐过程，将目光聚焦到保险产品以外的形态上来，注重保险生活化，保险体验化，让旅游者享受购买保险的过程，营业部自行设计了可以进行网上销售，还可以进行手机投保，经过和电子商务部合作开发并实施旅游意外险扫描二维码创新营销方式。

（1）市场分析。

据数据显示，我省 A 级以上旅游风景景区共有 347 个。目前，游客购买旅游意外险都是通过报名参加旅行团而发生，并且很多时候旅游意外险都包含在团费之中。而日益普遍的自驾、自助旅游，购买意外险的情况还是较少，并且这部分人群所占比重正在日益增高，究其原因，一是我国民众传统的保险意识欠缺，游客"不想买"，保险根本不在考虑范畴；二是购买保险过程烦琐，程序麻烦，游客"不会买"；三是购买渠道单一，除了旅行社报团以外，游客不知道去哪里买。传统的旅游意外险营销渠道是营业部与景区景点通力合作，

也与提供车船服务的企业合作，可以在销售车票、门票时搭售意外险，但此行为难免有推销之嫌，强塞之意，此行为往往遭受诟病，因为购票时间短暂，人们重点放在出门游玩，根本无心在短时间内顾忌保险一事。而目前出于各种因素影响，游客自愿购买旅游保险的情况已经在日益改善了，但由于旅游意外险产品的投保流程复杂，并且渠道单一，现有的旅游意外险销售模式根本无法满足游客市场需求。鉴于此，我认为应该为游客提供一种简单便捷的购买方式，同时满足普遍的保险需求，易于提升旅游意外保险的客户体验。

（2）开发需求。

目前，省公司营业部通过二维码已经建立了专属的销售渠道，游客可以进入 e－picc 网上销售平台进行购买，但客户仍然需要面对复杂多样的保险产品和烦琐的购买流程。针对旅游意外险，我们拟通过"操作便捷＋固定产品"的模式提升客户体验：

①按照现有旅游意外险费率，设计价格为 1－5 元的价格低廉的定额保险产品，特点是能够满足基本保险需求，且具有普遍适用性。

②设计更为便捷的投保及支付操作流程，改变以往通过链接来进行网销平台的销售方式，改为直接通过扫描二维码进入投保及支付界面。具体流程如图3－1 所示。

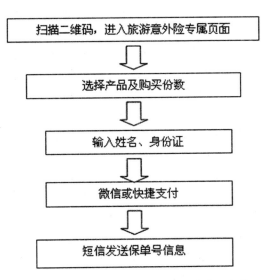

图 3－1　旅游景区二维码投保（营销）流程

③投放渠道。营业部目前正在与辽宁省旅游局进行接洽，就推动旅游意外保险产品发展，促进辽宁旅游市场稳定发展已达成初步合作意向。营业部根据

自身资源拟在省内主要景区及游乐场所售票处设置统一的投放营业部，张贴"手机扫一扫，安全有人保"旅游意外险宣传海报，大力宣传游客可通过手机扫描二维码自愿投保旅游意外保险，在游客进入景区之前即完成保费支付。如此方便、快捷、人性化的客户体验，非常有利于促进散客市场的发展，有利于政府部门宣传引导，有利于景区转嫁风险，更是有利于提高客户对公司品牌认同。该项目一旦运作成功，将建立稳定、可持续的业务发展渠道，如果按我省旅游客流量保守预计，每年旅游意外险参保费将超百万余元。

3.5 植入以游客为中心的 24/7 服务营销理念

旅游保险市场目前正处于发展瓶颈期也是发展机遇期，提高产品的服务质量和水平是旅游保险继续高质量发展的关键所在，保险产品模仿性极高，想在激烈的市场中站住脚跟并赢得发展，很大程度上取决于保险产品服务质量的竞争。运用现代管理学知识对企业进行全方位武装，引进先进管理理念显得尤为重要。目前国际上非常倡导一种"24/7"的服务理念，即通过各种手段，使客户每周 7 天每天 24 小时都可以随时与保险公司取得联系，公司也可以随时在电脑网络中建立并查询客户信息，通过分析客户的消费行为来制订客户的个性化保险需求，并对有旅游意外险需求的客户主动推荐适宜的旅游意外险。对售后服务也要有所倾斜，一但发生旅游意外事故，保险公司要迅速启动理赔机制，利用自身网络优势，对内协作，对外合作，及时理赔，使游客对旅游意外险的购买信心增强，避免游客由于理赔难等问题降低购买旅游意外险的热情。同时保险公司在产品同质化严重的今天，提升保险产品附加值，延伸保险产品相关服务已经成为保险公司在同类产品竞争中采用的必要手段。

旅游者如今越来越崇尚个性化、人性化的服务，保险公司应根据这个趋势推出人性化的服务过程。同时要延展服务内容，如保险公司可以将境外紧急救援服务发展成为旅游意外险产品中的重要内容。

如保险公司可以与中国旅游救助中心合作推出"旅游救援险"项目，该项目包括旅游意外险的全部保险责任，同时还延展产品服务，负责安排旅游者就诊、转院治疗、子女护送、帮助安排患者回原居住地、后事处理等服务项目，在事故发生时提供及时救助，使消费者感受到人性化的服务。国际救援救助行动、境外旅游综合紧急救援保险等既是体现服务质量的表现，也是提升旅游意外保险产品附加值的一种大胆创新尝试。

3.6 完善法律法规加强旅游保险监管

任何产品的良好运行都离不开法律法规的监督管理，旅游保险产品也同样需要法律法规的约束和规范。对于这一问题，相关旅游行政部门应与保险监督部门强强联手，相互之间对行业要有深度了解，对旅游保险这一专业性较强的产品责任条款的公平性提供指导性意见，并对产品的实施加强监督。同时应针对时下发展的异业互动，立法部门应适时调整法律，适当考虑将旅游意外险像交强险一样作为一种强制险在旅行团中推广，并鼓励散客参保，同时划清法律责任，做好法律援助，从立法的高度来对旅游意外险产品的推广划好界限，保险公司、旅行社等销售渠道各司其职，各负其责，营造一个良好的法制环境。

3.7 提高代理人素质

在保险市场强烈的竞争环境下，保险公司不仅要推出具有竞争力的保险产品，还要具有专业的人员将这些产品有效的推广到市场，这些业务人员需要掌握销售的知识，同时也需要掌握保险费率计算等专业知识，甚至需要掌握心理学等知识，为扩大市场做好准备。销售人员是公司的代表，他们对于公司市场的开拓起着很重要的作用，可是，由于各种原因，保险公司业务人员的素质参差不齐，企业任职培训流于形式。所以，保险公司应不断对营销人员进行职业培训，使得其个人素质和工作技能等各个方面都有所提升。保险公司一方面要重视保险销售人员岗前培训，注重保险人员掌握扎实的旅游意外险业务知识，同时对营销技巧、礼仪和举止行为等方面进行充实训练；另一方面企业对营销人员的素质与技能进行及时跟踪和补充，使代理人的能力顺应时代的发展和客户的需求。

结束语

本论文首先以 PICC 辽宁分公司营业部为研究对象，在对其营销情况分析的基础上，研究了旅游意外险的市场营销目标、产品市场定位、营销的增值服务，以及在现有市场营销中存在的主要问题。而在对营业部旅游意外险的市场营销分析中，主要从旅游市场营销竞争、辽宁省经济环境趋势、人民收入的增加及保险相关意识的增强等方面入手，研究得出营业部旅游意外险的市场营销潜力较大。通过对旅游意外险竞争对手发展现状研究分析，科学的总结得出公司的几大相关的营销优势，另一方面也看到了营业部在营销管理科技化，以及营销经营模式市场化上的问题及不足。最后，为 PICC 辽宁分公司营业部以后市场营销的发展提出相关对策建议，为公司的市场营销提供科学的操作方案，以期加大企业的市场竞争力，使其在保险行业中走可持续发展之路。旅游意外险研究在我国现阶段的保险市场上是一个崭新的领域，目前对旅游意外险市场营销研究尚处于探索阶段没有系统的研究，很少有针对具体某个公司进行理论探讨。因此，本文只是对 PICC 辽宁分公司营业部市场营销研究的一种尝试。

本论文的不足之处主要在于，基于个人理论水平、实践经验的局限，以及相关学术成果、研究结论的匮乏，本论文没有对 PICC 辽宁分公司营业部未来市场营销态势进行准确的预测，希望今后随着自身水平的提高，能对 PICC 辽宁分公司营业部市场营销的研究进行更深入的理论研究和实践探索。

参考文献

［1］Emily Mathieu Toronto Star. 10 things to know about travel insurance ［J］. Canada：Toronto Star，2013.

［2］MCLEAN，Catherine—Trials，litigation. Failure To Exchange Sickness From Group Accident Travel Policy Bars Insurers From Rejecting Coverag ［J］. InsuranceAdvocate，2011.

［3］PR Newswire. Pan—American Life Insurance Group Announces New Blanket Accident Policy ［N］. US：PR Newswire，2013.

［4］Tolle，Norman L. Award from Business Travel Accident Insurance Policy Offsets Long—Term Disability Plan Payments ［J］. UNITED States：Employee Benefit Plan Review，2007.

［5］Zenzola，Dominick. 3 Ways to Sell Business — Travel Accident Insurance ［J］. US：National Underwriter / P&C，2012.

［6］柴寿升，龙春凤，鲍华. 中国旅游保险市场协调发展策略 ［J］. 社会科学家，2012，01：74—76＋90.

［7］陈素平. 中国旅游保险发展探析 ［J］. 统计与决策，2006，09：43—44.

［8］崔连伟. 对于发展我国旅游保险业的思考 ［J］. 旅游学刊，2003，01：31—34.

［9］崔连伟. 对于发展我国旅游保险业的思考 ［J］. 旅游学刊，2010，01：31—34.

［10］邓小艳. 利益主体理论在旅游意外保险领域中的应用与思考 ［J］. 社会科学家，2004，06：107—110.

［11］董王四，刘桦. 当前发展意外险面临的问题与对策 ［J］. 保险研究，

1998，11：37—38＋32.

［12］费广玉. 关于旅游意外保险在旅行社遭"冷遇"的若干思考［J］. 贵州教育学院学报，2009，01：55—57.

［13］龚锋，周俊涛. 论加快人身意外险业务的发展［J］. 保险研究，2000，07：7—8＋30.

［14］郝婧怡，王荣. 浅析我国公交意外险业务的发展［N］. 保险职业学院学报，2010，03：14—16.

［15］黄克. 略论海外游客旅游意外保险之赔偿［J］. 旅游学刊，1992，05：29—31＋7.

［16］黄荣哲，农丽娜. 意外险的需求模式、感觉阈限与通货膨胀率：基于三区制门限回归模型的实证分析［J］. 保险研究，2011，08：27—36.

［17］黄寿邦. 司乘责任险与司乘意外险异同探析［N］. 中国保险管理干部学院学报，2000，02：33—35.

［18］姜真. 对于我国旅游意外险产品设计和销售渠道的思考［J］. 金融经济，2009，16：54—55.

［19］姜真. 旅游意外险的产品设计与销售［J］. 中国保险，2009，09：55—57.

［20］姜志远. 游客旅游意外保险金损失赔偿责任分析［J］. 中国集体经济（下半月），2007，08：128—129.

［21］金梦媛. 按需投保意外险［J］. 大众理财顾问，2014，06：28—29.

［22］孔令学. 旅游权内涵解析及其保险保障机制探讨［J］. 旅游学刊，2013，07：41—47.

［23］李保华. 意外险避免八大认知误区［J］. 大众理财顾问，2009，12：38—39.

［24］李燕怡，姜洪峰，刘明. 旅游保险中的相关法律问题［J］. 山西财经大学学报，2008，S1：128—129＋132.

［25］刘春济，高静. 我国旅游保险业发展探析［J］. 旅游学刊，2009，01：81—86.

［26］刘萌. 拓展意外险之路［J］. 中国保险，2003，12：52—53.

［27］莫骄，宋占军. 意外伤害保险需求的影响因素分析［J］. 中国物价，2014，04：71—74.

［28］漆世雄. 航空意外险感知风险与购买意愿关系研究［J］. 技术经济与管理研究，2012，05：29—32.

［29］王福新. 意外险市场发展分析［J］. 中国保险，2005，06：26—29.

［30］项安安．浅析现代旅游业发展的相关立法问题：以宁波市为例［J］.中国青年政治学院学报，2009，06：101－104.

［31］张明科．关于我国体育旅游保险问题的思考［J］. 体育与科学，2006，06：46－48＋30.

［32］张焱．短期意外险卡单式业务风险及防范［J］. 中国保险，2009，07：40－42.

［33］周建涛，巨珣，董楠等．保险公司诉讼与诉讼预期相关性研究［J］.保险研究，2010，04：94－103.

［34］周沛，郑向敏．旅游保险企业顾客资产函数模型构建：基于互补性理论的探讨［J］. 中国流通经济，2012，07：120－127.

［35］朱劲松．基于扎根理论的中国旅游保险发展影响因素研究［J］. 旅游学刊，2010，01：38－41.

沈阳 DC 进口大众汽车 4S 店营销策略研究
Research on Marketing Strategy of
Shenyang DC 4S Shop

作者：侯炬辉　指导教师：张　舒　教授

摘　要

随着沈阳人们生活水平的日渐提高，汽车已经真正进入到了家庭时代，截止到 2015 年 2 月，沈阳汽车保有量已经达到了 160 万辆。而不可忽视的是，真正助推汽车在沈阳实现快速流通的经销模式正是当下仍然普遍流行的汽车 4S 店模式。

本文研究的沈阳 DC 进口大众汽车 4S 店就是一家在沈阳高端汽车品牌市场打拼了 10 年的老店，也是大众（进口）汽车品牌在沈阳的第一家授权经销商，沈阳 DC 进口大众汽车 4S 店作为一家高端汽车品牌 4S 店，经营 10 年来，经历了沈阳汽车市场的时代变迁，当然，也在经历着市场变化的不断磨炼和洗礼。现在，随着互联网营销的日益普及，以及新的汽车产业政策的发布与落实，沈阳 DC 进口大众汽车 4S 店和众多高端品牌汽车 4S 店一样面临着巨大的机遇与挑战。

过去 10 年，高端品牌汽车 4S 店是资本逐利的宠儿，而经过 10 年的大发展，高端品牌汽车 4S 店确实出现了短期局部饱和的状况，导致汽车新车毛利大幅缩水甚至大面积亏损，在这种状况下，新车营销策略研讨对于像沈阳 DC 进口大众汽车品牌的高端汽车 4S 店就显得更为重要。

本篇论文正是着眼于新形势下，沈阳 DC 进口大众汽车 4S 店如何在全方位提升自身的新车营销和盈利能力方面进行深入的分析和研究，从多个维度进行诠释，力求从新车营销策的角度给出新形势下高端品牌汽车 4S 店的生存和发展之道。

本篇论文以绪论、基本理论、沈阳 DC 进口大众汽车 4S 店营销策略演变历程及现状特点、沈阳 DC 进口大众汽车 4S 店营销策略存在的突出问题及成因分析四大部分为前提，利用定性定量分析方法、比较分析方法，以及规范研究分析方法提出沈阳 DC 进口大众汽车 4S 店营销策略组合调整与保障方面的若干建议和思考，以供读者和市场从业者研究和参考。

关键词：营销策略　4S 店　新车销售

ABSTRACT

With people's living standard growing up，the car business has been booming up indeed. The number of registered car in Shenyang has exceeded more than 1.6 million units until Feb. 2015. In fact，the key reason on boosting car business is the popular 4S shop business model.

So－called 4S shop commonly means the first character of Sales，Service，Spare parts，and Survey.

The object of this article is about one of ten－years 4S store named Shenyang DC Company which focuses on the high end car segment market in Shenyang. As the first authorized dealer of Das auto（China）imported company，Shenyang DC company has went through the big market change in the last ten years in Shenyang，as well as the constant difficulty and challenge. Nowadays，with the the development of internet marketing business and the new auto industry policy issued by Gov.，the company will face more and more opportunity and challenge.

In the past ten years，the high－end car business has been pursued and admired，but now，things has been changed with doubt，the margin bonus deceased so fast so that big loss occurred in so many high－end 4S store. Under the situation like that，the new market strategy will be getting more and more important for the 4S store just like Shenyang DC company.

This article is talking about Shenyang DC 4S store how to survive and develop well in future from new car saling and marketing aspect，in order to help the company to find a good solution to develop.

This article aims to give the optimization solution on the new car sales marketing strategy of Shenyang DC 4S Shop in future，after talking about the four parts of content including introduction，theory，history and characteristic of evolution of marketing strategy of Shenyang DC company，and the Prominent problem and reason，in order to help reader to better optimize the market strategy.

Key Words：Marketing　4S Shop　New car sale

绪　论

0.1　研究意义与目的

2015 年国家宏观经济进入新常态，汽车流通领域也进入到新的一轮调整期，而作为汽车流通领域中当之无愧的主力军，各大品牌汽车 4S 店也加入到本轮调整的洪流。

沈阳作为东北经济的重镇，近年来汽车市场竞争可谓是日益惨烈，各品牌为了最大限度地切割沈阳细分市场的蛋糕，可谓是八仙过海，各显神通，但市场的增量是有限的，如何在有限的细分市场中最大限度地获取市场份额是各品牌 4S 店面临的最大营销课题。同时，随着互联网金融和跨界营销思维的日益盛行，传统行业必然面临着营销方面的突破和创新，如何有效合理的控制营销成本的同时，达到营销策略的预期效果，是当前汽车流通领域普遍关注的热点和难点问题。

沈阳 DC 进口大众汽车 4S 店是 2005 年大众进口汽车在沈阳成立的第一家授权经销商，作为一家高端汽车品牌 4S 店，沈阳 DC 汽车 4S 店在新车销售、售后服务、备件服务、保险服务、汽车金融、二手车置换等领域都有涉猎。

本文所阐述的所有营销策略均狭义地特指 4S 店在新车销售方面的营销策略。

之所以选取新车销售营销策略作为论文的特指研究对象，主要是由于在整个的 4S 店的价值链中，新车销售是所有其他业务模块成败的关键和基础，如果没有这样一个基础，其他的任何业务都没有长期发展和立足的根本，4S 店很快就会进入到衰退的循环，可以说，新车销售营销策略是 4S 店营销策略的主体。为此，本文希望通过对沈阳 DC 进口大众汽车 4S 店在新车销售营销过程中遇到的突出问题进行深入剖析，找到问题的关键所在，运用营销管理理论及结合商业企业的特点，提出一整套与时俱进的营销对策，使之提高市场竞争力，从而进入良性发展态势。

具体的研究意义和目的有以下几个方面：

（1）为沈阳 DC 进口大众汽车 4S 店未来的营销提供理论的指导。随着高端品牌 4S 店的日益增多，市场对营销和服务的要求越来越高，如何在新形势下更好地顺应潮流的发展和变化是摆在沈阳 DC 进口大众汽车 4S 店面前的一个重要课题，而根据新形势和新要求进行的新车营销策略调整就显得尤为必要。

（2）作为高端品牌汽车 4S 店的缩影，沈阳 DC 进口大众汽车 4S 店的经营反映了当下绝大多数沈阳高端品牌汽车 4S 店经营过程中所面临的营销困境，具有很强的代表性。

过去 10 年，高端品牌汽车 4S 店是资本逐利的宠儿，而经过 10 年的大发展，高端品牌汽车 4S 店确实出现了短期局部饱和的状况，导致汽车新车毛利大幅缩水甚至大面积亏损，在这种状况下，新的营销策略研讨对于像沈阳 DC 进口大众汽车品牌的高端汽车 4S 店就显得更为重要。

本篇论文正是着眼于新形势下，沈阳 DC 进口大众汽车 4S 店如何在全方位提升自身营销和盈利能力方面进行深入的分析和研究，从多个维度进行诠释，力求从营销策略的角度和宏观战略的高度提出新形势下高端品牌汽车 4S 店的生存和发展之道。

0.2 论文的主要内容及框架

本论文主要包括五部分，论文框架图为图 0－1 所示。

绪论部分首先介绍了论文的选题背景、研究的意义和目的，研究的内容和主要问题，并确定研究思路和研究方法。

第 1 章　基本理论部分主要阐述消费者行为分析理论、4Ps 理论、STP 营销理论的核心思想和主要观点，为下文中理论联系实际提供必要的理论依据。

第 2 章　沈阳 DC 进口大众汽车 4S 店营销策略发展演变历程及现状特点。首先总结了沈阳 DC 进口大众汽车 4S 店营销策略发展演变历程及沈阳高端汽车市场环境，然后深入解析沈阳 DC 进口大众汽车 4S 店的营销策略现状特点。

第 3 章　沈阳 DC 进口大众汽车 4S 店的营销策略存在的突出问题及成因的分析。重点指出沈阳 DC 进口大众汽车 4S 店在营销策略方面存在的突出问题，包括产品策略不明晰，商品定价缺乏合理性与科学性，尚未形成多元化的立体渠道策略，促销带有盲目性。并深入剖析其形成的过程及形成的原因，主要有对竞品的分析不充分，缺少对细分市场中目标消费群体价格弹性的研究，过于依赖传统的营销模式与渠道，对于消费者消费心理和消费行为的分析不够全面。

第 4 章　沈阳 DC 进口大众汽车 4S 店的营销策略调整与保障。有针对性地提出具有可操作性的沈阳 DC 进口大众汽车 4S 店营销策略调整的方向与构想，并提出与之配套的相应解决问题的保障措施。

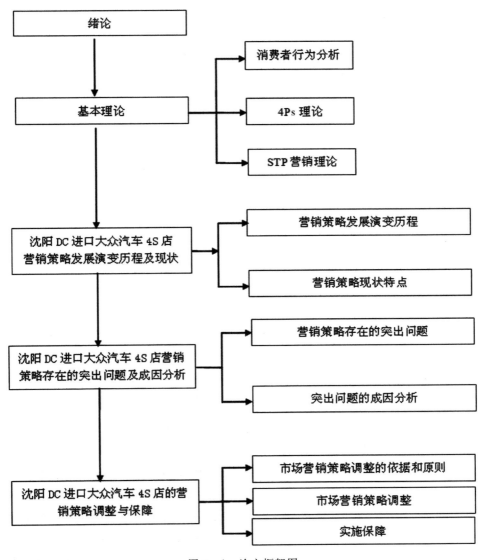

图 0—1　论文框架图

0.3 研究方法

（1）定性与定量相结合的分析方法。

本文以沈阳 DC 进口大众汽车 4S 店近年来的数据统计资料、内部发文、研究报告为依托，在提出该公司营销策略调整建议时，进行了定性分析，同时，辅之以必要的定量分析。

（2）比较分析方法。

通过与同地区的同业竞争对手在高端品牌汽车市场占有率等方面进行比较，分析出沈阳 DC 进口大众汽车 4S 店在业务发展过程中面临的机遇和挑战。

（3）规范研究方法。

规范研究则是指出为了适应竞争环境下的企业发展新趋势，沈阳 DC 公司应该如何进行营销策略的调整，即"应怎样"的实践问题。这是一种"实然"和"应然"统一的研究。

1 基本理论

1.1 消费者行为分析理论

消费者行为研究的是个人、群体和组织，如何挑选、购买、使用和处置产品、服务、构思或体验来满足他们的需要和欲望的过程。营销者必须充分理解消费者行为的理论和实践。

消费者的购买行为受文化、社会和个人因素的影响。其中，文化因素的影响最为广泛和深刻。

文化因素：文化是影响人的欲望和行为的基本决定因素，每个文化又都包含更小的亚文化。同时，所有人类社会都存在社会分级，经常以社会阶层的形式体现。社会阶层是在一个社会中具有相对同质性和持久性的群体，他们按等级排列，每个阶层的成员具有类似的价值观、兴趣爱好和行为方式。

社会因素：除了文化因素，消费者的购买行为还受到一系列的社会因素的影响，如参照群体、家庭和社会角色与地位。参照群体对其成员至少产生三个方面的影响。参照群体迫使个人接受新的行为和生活方式，影响个人的态度和自我概念，还会制造从众压力。家庭是社会上最重要的消费和购买组织，而家庭成员构成了最有影响力的主要参照群体。对于汽车、住房等贵重产品和服务，更多的是由夫妻双方共同做出决策。

个人因素：购买者的决策也受到个人特征的影响，包括年龄和生命周期阶段、职业和经济状况、个性和自我概念、生活方式和价值观。消费行为时刻受到家庭生命周期以及家庭成员数量、年龄和性别的影响。职业也会影响消费模式，经济状况对产品和品牌选择具有很大影响，包括可支配收入（收入水平、稳定性及支配时间）、储蓄和资产（包括流动资产比例）、债务、借款能力和对支出与储蓄的态度。另外，每个人的个性特征、生活方式和价值观都会影响其购买行为。

1.2 4Ps 理论

1967 年菲利普·科特勒在其畅销书《营销管理：分析、规划与控制》第一版进一步确认了以 4Ps 为核心的营销组合方法，即产品、价格、渠道和促销。

麦卡锡也把不同的营销活动概括成四大营销组合工具，即营销中的 4P：产品，价格，地点和促销。每类营销活动所涉及的变量如图 1—1 所示：

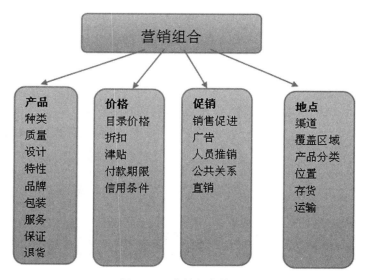

图 1—1 营销组合的 4P

然而，考虑到营销的深度、多样性和丰富性，上面提到的 4P 还无法真正准确地反映全部营销活动。于是就产生了新的现代营销形式并且具有代表性的营销概念：人员，流程，项目和绩效。

人员：指的就是内部营销。也就是说，员工对营销成功至关重要。如果组织中的员工不够优秀，那么很难设想营销可以获得持续的成功。换句话说，组织员工的素质直接影响营销的成功程度。

流程：营销管理中所涉及的所有创造力、规则和结构。营销者必须避免临时的规划和策略，并确保最先进的营销思想和观念能够在自己的营销决策和营销实施中发挥相应的作用。只有那些建立了一套正确的流程的企业，才有可能建立起长期互惠的关系。

项目：企业内部与消费者直接相关的所有活动。其中，既包括传统的 4P，也包括与陈旧的营销观点很不匹配的其他营销活动。无论某项营销活动是在线上发生的还是在线下发生的，也不论该项营销活动是传统的还是非传统的，企业都应该对其进行整合，使所有营销活动都能够作为一个有机的整体，并确保它们有助于实现企业的多重目标。

绩效：一系列可以从财务角度和非财务角度进行测量的结果指标（如利润、品牌资产或者顾客资产）。高层管理人员不仅要重视销售收入，还应该关注营销计分卡，了解市场占有率、顾客流失率、顾客满意度、产品质量和其他绩效指标的水平。

1.3　STP 营销理论

STP 理论可以描述为以下三个方面，缺一不可。

（1）市场细分：识别并描绘出因需要和需求不同而形成的独特购买者群体。

（2）选择目标市场：选择一个或多个细分市场进入。

（3）市场定位：针对每一个细分市场，确立并传达公司市场供应物的独特优势。

市场细分是将一个市场划分为界限清楚的几个部分。一个细分市场由一组具有相似需要和需求的消费者组成。营销者的任务在于识别细分市场的适当数量和性质，并决定以哪个市场为目标。

目标市场的选择。一旦公司识别了它的市场细分机会。它必须决定针对多少细分市场以及哪些细分市场。并不是所有的市场细分方案都是有效的，要想有效，市场细分必须在五个关键指标上表现良好：可测量、足够大、可进入、可区分、可操作。在评估不同的细分市场时，公司必须考虑两方面的因素：细分市场的总体吸引力；公司的目标与资源。营销者有一系列或连续性的可能细分层次，可以指导他们的目标市场决策，正如图 1-2 所示的，一端是本质上只有一个细分市场的大众化市场，另一端是定制化市场。在两者中间是多元化细分市场和单一细分市场。

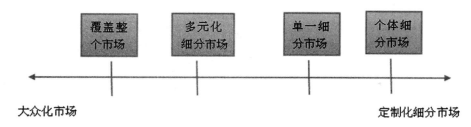

图 1-2　细分市场的类别

市场定位。市场定位是企业及产品确定在目标市场上所处的位置。简单地讲就是：你在这个市场上提供什么产品来满足这些客户群体什么样的需求。

市场定位是指根据竞争者现有产品在市场上所处的位置，针对消费者或用户对该种产品的某种特征、属性和核心利益的重视程度，强有力地塑造出本企业产品与众不同的、给人印象深刻、鲜明的个性或形象，并通过一套特定的市场营销组合把这种形象迅速、准确而又生动地传递给顾客，影响顾客对该产品的总体感觉。

2　沈阳 DC 进口大众汽车 4S 店营销策略发展演变历程及现状特点

2.1　营销策略发展演变历程

沈阳 DC 进口大众汽车 4S 店于 2005 年 8 月正式落户沈阳，成为沈阳地区第一家大众（进口）汽车授权的经销商，按照大众汽车在中国的发展策略，所有大众进口汽车的车辆均由大众（进口）汽车授权的销售网络向中国市场销售，产品主要包括途锐、辉腾、甲壳虫、尚酷、高尔夫旅行、迈腾旅行、进口途观、夏朗、迈特威、凯洛威、SPORT VAN 和 UP 等各个等级的进口大众车型。同时作为一家高端汽车品牌 4S 店，沈阳 DC 进口大众汽车 4S 店在售后、备件、保险、汽车金融、二手车等领域都有涉猎，经营 10 年来经历了沈阳汽车市场的时代变迁，是一家在高端品牌汽车细分市场中比较传统又在不断变革中稳步前行的汽车 4S 店（销量数据详如图 2-1 所示）。

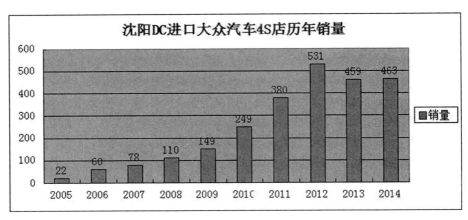

图 2-1　历史销量

2.1.1　2005～2008 年平稳扩张阶段

2005～2008 年沈阳高端品牌汽车流通市场尚处于一个起步阶段，保时捷、奔驰、宝马、奥迪、进口大众、雷克萨斯、凯迪拉克等品牌均在这一时期相继登陆沈城，纷纷设立自己的品牌授权 4S 店。由于当时开业的高端品牌店面数量相对不是很多，特别是一个品牌往往仅有一个品牌 4S 店，所以各品牌之间的彼此竞争的压力并不是很强。可以说各大高端品牌 4S 店在这一时期确实是按照自身所规划的节奏在进行着市场方面的运作。尽管在销售数量上确实不如后两个阶段，但由于在新车的盈利能力方面比较可观，所以也为后一阶段市场的快速扩张打下了一定的基础。

沈阳 DC 进口大众汽车 4S 店是在 2005 年正式挂牌营业，成立初期由于品牌刚刚进入沈阳市场，所以厂家的各项指标要求并不是很高，市场开拓方面也处于一个店面熟悉市场并且让市场熟悉店面的阶段。可以说在 2005～2008 年这一时期沈阳 DC 进口大众汽车 4S 店市场开拓方面的总策略主要以稳健的平稳渗透方式进行。

产品策略是经典加高端的产品组合策略。由于刚刚进入中国，当时大众（进口）汽车引进中国的基本车型主要有三款，分别为途锐、辉腾、甲壳虫。甲壳虫为大众经典车型，也是车界的一个传奇，它创造了单一车型历史销量冠军的纪录。途锐与辉腾则满足了高端市场的需求，所以沈阳 DC 进口大众汽车 4S 店当时是以途锐、辉腾和甲壳虫作为主打车型在市场当中进行推广。

价格策略是高价策略。由于这一时期的市场竞争并不是非常充分，并且大众（进口）汽车对各经销商的销量指标的要求也不是很高，所以各车型在定价时仍然采用厂家的市场指导价进行销售。

渠道策略是坐店经营。沈阳 DC 进口大众汽车 4S 店最初的经营地址是在江东街,虽然在二环以内,但该条街道既不是主干道,也并非是 4S 店扎堆开业的地方,所以平时自然进店的顾客很有限。

促销策略是广告促销与大型车展相结合。基本上是通过在报纸上发布广告来招揽客户,车展方面一般仅参加一年一度的沈阳大型国际车展。

2.1.2 2009~2012 年快速渗透阶段

进入 2009 年,尽管 2008 年金融危机的影响仍然在持续,但由于国家四万亿的投入,中国的经济并未经历剧烈的深度调整,沈阳的经济也是在短期的低迷后迅速反弹,在这一时期由于热钱的涌入和资金泛滥,市场中的投机行为与盲目投资的行为比较普遍,投资高端品牌 4S 店在那一时期被认为是既赚钱也有面子的投资行为,所以沈阳的高端品牌 4S 店的发展在经历了前期的起步阶段之后进入到了快速的发展期。

沈阳 DC 进口大众汽车 4S 店也正是在这一时期随着整体车市的快速发展而进入到销量的快速增长期。在这一时期沈阳 DC 进口大众汽车 4S 店的营销策略又有了新的变化:

产品策略是多元化的产品组合。除了上面提到的第一阶段的三种车型外,大众(进口)汽车随着对中国市场的进一步了解,引入中国的车型也日趋丰富,如途欢、尚酷、CC、迈腾、高尔夫、夏朗等车正是在这一时期进入了沈阳市场,为广大的车主朋友们所喜爱。

价格策略是快速渗透与高价策略相结合的策略。随着高端品牌汽车 4S 店在这一时期进入到快速扩张的时期,市场的竞争较之前有所增强。针对相对竞争比较激烈的中低端市场,当时主要采取快速渗透的定价策略;而针对途锐等的高端市场,由于正好赶上产品的换代升级,所以主要采取高定价的策略。

渠道策略是多渠道策略。公司的经营地址由第一阶段所说的江东街搬迁至鸭绿江街,新址仍然不是主干道,也不是 4S 店集中的地区,所以地理方面的因素没有任何的提升,相反有所下降。为此除第一阶段所提及的坐店经营的策略外,沈阳 DC 进口大众汽车 4S 店在第二阶段增加了城市展厅、二级网络开拓等销售渠道,以补充坐店经营的不足。

促销策略是多样化的促销组合。广告方面较前期有所丰富,比如除了纸媒,又增加了电台、短信、LED;人员促销方面增加了车展集客的小蜜蜂;活动方面除了大型车展外,2010 年开始新增了试驾活动,联谊活动等。

2.1.3 2013~2015 年激烈竞争阶段

2013 年起,随着沈阳地区高端品牌 4S 店的爆炸式扩张,再加上宏观经济出现下行压力后汽车厂商对后期业绩增长的不合理预期,导致高端品牌汽车市场份额的竞争进入到非常惨烈的阶段，如表 2－1 所示。在这一阶段，各品牌 4S 店为了完成厂家下达的不合理任务，纷纷加入到降价促销的行列，导致整车销售行业的整体盈利能力大幅缩水，甚至整体亏损已经成为当时汽车流通行业非常普遍的现象。

表 2－1 　　　　2014～2015 年（1～2 月）沈阳进口车市场份额对比

沈阳	2014 排名 8		2015年 1-2月 排名11		
品牌（进口车）	2014		2015 1-2月		差异
丰田	3052	19.2%	930	28.7%	9.41%
雷克萨斯	1350	8.5%	269	8.3%	-0.22%
路虎捷豹	1253	7.9%	262	8.1%	-0.17%
奔驰	1086	6.8%	239	7.4%	-0.52%
奥迪	966	6.1%	189	5.8%	-0.27%
三菱	481	3.0%	179	5.5%	-2.48%
吉普	947	6.0%	164	5.1%	-0.92%
宝马	852	5.4%	159	4.9%	-0.47%
英菲尼迪	565	3.6%	134	4.1%	-0.57%
斯巴鲁	723	4.6%	130	4.1%	-0.55%
进口大众	791	5.0%	103	3.2%	-1.81%

沈阳 DC 进口大众汽车 4S 店在这一时期为了更好的适应市场上出现的种种不利因素，也在不断地调整着营销策略。此阶段沈阳 DC 进口大众汽车 4S 店的营销策略特点是：

产品策略是有层次的多元化的产品组合。相比第二阶段，大众（进口）公司的产品组合没有太大的变化，仅有部分车型进行了相对较小的改款，产品对市场的吸引力也在逐年降低。沈阳 DC 进口大众汽车 4S 店根据这一情况，结合沈阳当地的市场特点，在各车型的细分产品组合方面下足功夫，力求做到层次分明，重点突出。

价格策略是快速渗透策略。由于市场竞争非常的激烈，价格也较前期透明很多，为了能够更好地在细分市场中占据一席之地，各车型的价格策略均调整为以快速渗透的策略为主。

渠道策略是双渠道策略。取消了二级网络的授权，但仍然延续 4S 店、城市展厅双轨并行销售的渠道策略。

促销策略是立体多样化促销策略。在广告宣传方面，增加了汽车网媒的后台管理，加强了网上的宣传攻势，在减少纸媒投入的同时，适时穿插电台、LED、小区电梯广告、软文、DM 等方面的宣传，同时，力争获得厂家的市场资源，用于投放户外的大牌广告；在人员促销方面，加大了销售人员以及车展小蜜蜂的奖金激励力度，同时，开创了全员销售均可获取佣金的模式；在活动方面，除年度的三大车展外，不时地还安排月度的外展，同时，公司在这一时期还经常通过跨界的异业合作，增加车辆的展示频度和宣传力度。在公关方面，公司不定期地开展社会公益活动并进行相应的宣传。

2.2 营销策略现状特点

2.2.1 产品策略特点

（1）产品策略对厂家的依赖性较强。由于沈阳 DC 进口大众汽车 4S 店是大众（进口）汽车的授权经销商，所以公司所经营的产品只能是大众（进口）汽车引进的大众品牌的产品，绝不允许销售非大众（中国）授权销售的任何其他产品，而且公司的进货渠道也只能是大众（进口）汽车这一个渠道。因此，公司的产品组合策略在总体上必须在大众厂家的整体产品发展策略的框架下进行。例如，沈阳 DC 进口大众汽车 4S 店认为市场中高尔夫旅行轿车的销量非常好，希望能够从厂家多备一些库存，但由于大众厂家调配中国的该产品库存数量有限，那么经销商就无法在市场真正有需求的时候充分满足市场的需求；再比如，大众新上市了一款车型并引入到中国，由于设计上并不符合沈阳当地市场的需求，那么经销商只能根据自身的市场状况减少相应产品的备库。

（2）产品线丰富，但小众车型的占比仍然比较大。沈阳 DC 进口大众汽车 4S 店当前的产品线较为丰富，低端从 up、甲壳虫、尚酷、高尔夫旅行车，到中端的迈腾旅行车、途观、夏朗，再到高端的途锐、辉腾，T5，可以说基本上可以满足各层次消费者的需求。不过，在 2013 年和 2014 年整个的产品分布中（如图 2-2 和 2-3 所示），我们也不难看出，在中低端的产品组合中，中规中矩的三厢车产品基本是缺失的，投放到大陆市场上的中低端产品基本都属于小众车型，这部分车型的潜在客户比例相对来说还是比较少的。

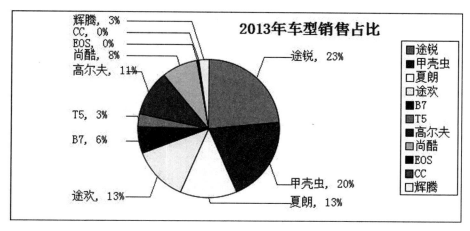

图 2-2　2013 年车型销量占比

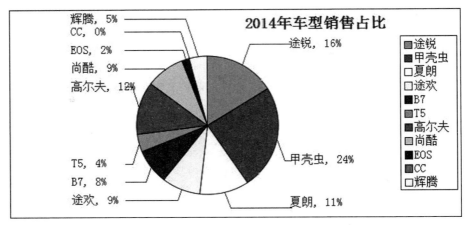

图 2－3　2014 年车型销售占比

（3）进口大众和国产大众在产品线上的交叉与冲突仍然比较明显。目前，在售的产品中，沈阳 DC 进口大众汽车 4S 店与国产大众存在着很多产品线的交叉与冲突，这主要是与大众汽车在中国的整体发展策略相关联的。例如，上海大众经销商销售的途观，一汽大众经销商销售的迈腾、高尔夫、CC 均可在沈阳 DC 进口大众汽车 4S 店销售的产品线中找到相应的原型产品。尽管南北大众销售的车辆是经过改良后的国产化产品，而进口大众一般销售的是同一产品线中的高端产品，但品牌的交叉与冲突仍然不可避免。

（4）处于衰退期的车型产品仍然在产品组合中占据主力位置。目前，在沈阳 DC 进口大众汽车 4S 店的产品组合中，像迈腾旅行车、途锐、辉腾、T5 都处于即将在明年需要升级换代的产品，新产品在没有投放市场以前，这些老款的车型仍然是市场上销售的主力军，所以，像这些产品在换代之前再也无法企及当初刚上市时的辉煌，只能在其细分市场中慢慢流失客户。

（5）不同时间阶段有不同的车型重点。由于大众汽车的资源分配或者是生产规划的问题，可以说在不同的时期沈阳 DC 进口大众汽车 4S 店产品组合中的重点车型排序均是不同的，比如，2014 年大众汽车为了消化港口中积压的大量高尔夫敞篷车，花费了大笔的费用，那么，在这一时期，经销商就会将拿到的部分费用投入到市场中去，力争完成车辆的快速消化任务。

2.2.2　价格策略特点

（1）议价能力低，只能随行就市。在当下中国的汽车流通领域，由于竞争的程度越来越激烈，各大品牌汽车经销商对车辆的议价能力明显都在降低，沈阳 DC 进口大众汽车 4S 店处在这样一个商业模式和市场变换的背景下，也必然需要遵守这样的游戏规则。而在十几年前，情况绝对不是这样的，那时 4S

店模式在中国还刚刚崭露头角的时候，由于竞争的不充分，汽车产品尚处于市场上的稀缺资源，那时的 4S 店是有非常强的议价能力的。而今，时代已经变迁，随着 4S 店，特别是高端品牌 4S 店在各地乃至辽沈地区的遍地开花，再加上各大厂商为了所谓的细分市场中的市场份额的争夺而大量逼迫经销商提高库存及上牌量，4S 店也只能跟着市场上的行情，不断并及时的调整价格策略，否则，很快不是被库存压倒就是被银行逼债到破产。另外，考虑到厂商的商务政策的变化性较强，导致各车型的成本在每个月，甚至是上、下半月都会出现重大调整的情况，紧跟市场，随行就市既是不得已，也是能够保证生存的一种手段。

（2）前瞻性不够，价格策略有较强随机性。由于与大众厂商的信息并不完全对称，再加上厂家的商务政策的变化性较强，导致沈阳 DC 进口大众汽车 4S 店在经营过程中只能根据历史的过往经验进行预判，这样有很多时候就会出现价格策略的前瞻性不够。例如，上一个月大众厂家出台商务政策，销售甲壳虫还补贴 1 万元，下一个月厂家根据市场情况就有可能调整为补贴 2 万元，或者是取消补贴，这样如果当地只有一家经销商，问题还不大，但如果有两家或者是两家以上的经销商，为了冲销量，反应快的经销商很有可能就直接将厂家补贴这 1 万元贴到车价当中去让利给消费者以赢得更大的销量，反应慢的经销商则可能还在观望是不是需要将这 1 万元补贴给客户，以至于有可能在短时间内就失去战机。沈阳 DC 进口大众汽车 4S 店在处理类似的状况时有时也会出现左右为难的情况，让利则可能面临利润损失的同时销量还未见增长，不让利则可能会迅速失去大部分的市场，所以，如何能做到及时、科学、有效地预判和前瞻，进而稳定价格体系是未来的重点。

（3）定价策略缺乏整体布局。设定一个车辆的价格，有的时候是为了将这一车型产品在短时间内销售出去，有的时候将产品在短时间内销售出去并不是当前定价的主要目的，而作为价格掩护，帮助其他产品提升销量可能是这时的首要目标。所以，一定要充分明了当前的销售策略的重点，进而及时地调整定价策略，这样才能达到预期的效果。以途锐车型为例，为了尽快消化一批标配的途锐，而经过分析，此时库存中途锐舒适产品的库存数量已经很低了，这时候就可以考虑将舒适的价格大幅上调，以配合途锐标配产品的出货。目前，沈阳 DC 进口大众汽车 4S 店在这方面的价格策略的重视程度尚有不足。

2.2.3　渠道策略特点

（1）渠道策略单一。4S 店的商业模式是厂商授权的经营模式，而 4S 店在经营的过程中，往往受限于厂家的网络发展政策，很难再在网络下面开发出自身的营销网络，沈阳 DC 进口大众汽车 4S 店也不例外。从 2005 年到 2014 年，沈阳 DC 进口大众汽车 4S 店也曾试图尝试过开发区域性二级网络以拓展自身的销量，但由于考虑到资金与风险的因素，最后并没有实质性的进展，经营的模式也仍然停留在以 4S 店为经营主体，城市展厅相辅助的二元经营渠道模式。

（2）渠道策略与时俱进的速度较慢。当下随着李克强总理的"互联网＋"概念的提出，跨界经营已经成为时尚，不论是汽车厂商、各传统的金融机构，比如各大商业银行，还是各大互联网巨头全都觊觎互联网汽车营销这一未来巨大的蛋糕，而沈阳 DC 进口大众汽车 4S 店处于这样一个大时代的背景下，也不得不考虑并尝试通过互联网的渠道营销汽车这一模式。例如，沈阳 DC 已经成为辽宁省工商银行注册的第一家网上商城的汽车商户，并已经开展了多笔业务，但坦诚的讲，即使这样，目前公司在这一领域的重视程度仍尚显不足，进展的速度也相对比较缓慢。

（3）大客户渠道并未列入渠道策略的重点方向。目前针对商务政策，各 4S 店在开发大客户的渠道时可以获得大众厂家的额外支持。沈阳 DC 进口大众汽车 4S 店目前在大客户领域的深度开发方面没有一套良好的渠道开发策略，这也导致公司在大客户开发方面签订的框架协议虽然很多，但是同一公司或该公司的员工重复购买的比例非常低，这是非常值得我们深思的。目前，对于 4S 店来讲，传统的坐店营销的模式已经江河日下，而大家常挂在嘴边的口碑营销才是未来的希望，所以，利用口碑营销加大大客户渠道的深度挖掘是沈阳 DC 进口大众汽车 4S 店接下来必须要强化和提升的重点。

（4）渠道策略过于审慎。如前所述，沈阳 DC 进口大众汽车 4S 店的渠道策略比较单一，这主要是由于公司在开发二级市场时过于审慎造成的。常规来讲，像沈阳 DC 进口大众汽车 4S 店这一类在省城的一级 4S 店一般都是需要在二三线城市进行布局的，通常的合作模式，是双方签订合作意向，由二级的销售商在当地进行品牌推广、产品展示和促销活动，一级经销商提供相应的产品支持、物料支持和技术支持，这样合作的前提是双方有一定的了解和互信，同时二级经销商需要再向一级经销商提供一定的车辆展示保证金，并且车辆的相关手续由一级经销商保管。实际上，这种模式自 4S 店成立以来一直在各地区均有普遍的存在，但由于近些年二级经销商的违约行为增多，导致一部分一级经销商蒙受了一定的损失，所以，为了保险起见，一部分一级经销商就放弃了这部分的市场，沈阳 DC 进口大众汽车 4S 店就是其中放弃这部分市场的经销商的一个代表。但客观来讲，毕竟市场还是客观存在的，合作有风险可以寻求更稳妥的合作方式，但放弃市场势必意味着就直接放弃了这些二三线城市的购车者，终究远水解不了近渴，很多时候，这些当地的小经销商在当地还是非常有影响力的。

2.2.4 促销策略特点

（1）缺少针对性。目前沈阳的汽车流通市场，如果要说谁家不做促销那是不现实的，要生存就必须有促销策略和办法，市场竞争如此激烈，沈阳 DC 进口大众汽车 4S 店当然也不能例外。说到促销，沈阳 DC 进口大众汽车 4S 店每月可以说都在上演着各式各样花样翻新的汽车促销活动，从参加大大小小各种名目的车展，到周年庆、团购、闭店会、总经理签售会可以说五花八门，不胜枚举。但回头来看，每次促销都能达到预期效果吗，当然不是。分析其中的原因，其中很重要的一点是因为促销策略的针对性不强，前期对市场和潜在客户分析和把控的不够，往往是领导说要促销，马上弄一个噱头就开始宣传，没有做到做好深层次的分析这一项看似简单，但实则是重中之重的工作；要不就是看别人家做什么效果挺好，马上照猫画虎的也弄一个，殊不知人家的客户群的消费习惯和自己家完全是两回事儿，所以最终弄了个事与愿违，钱也花了，事儿没办成。

（2）缺乏有效创新。前面提到了有的时候别人家做了个好的活动，取得了较好的效果，马上我们也跟着做了一个，这样做并不是说绝对就错了，不断地向别人取经学习的精神还是很可取的。但如果只是学习表面的文章那是绝对不够的，要学习深层次的东西，别人做好了，为什么，做得不好，又为什么，学习了，并不是意味着就成功了，要在别人成功的基础上进行反思、改良和突破。而突破是比较难的，因为你要下功夫做各种分析和准备。沈阳 DC 进口大众汽车 4S 店在这一方面就还有比较大的欠缺，往往跟着走的时候多，引领市场的时候少。例如，宝马店刚刚做了一个团购闭店销售活动，现场签售了 50 台车，我们觉得不错，希望马上跟进，所以很快就形式上照搬弄了一个，结果成绩非常不理想，所以，不要总是一味地跟随，要力争成为引领市场的人，而不要成为被竞争者引领的人，这里面关键的问题就在于突破。

（3）有较大局限性。沈阳 DC 进口大众汽车 4S 店有一个比较大的问题是经营地点的问题，由于历史原因，公司的经营地址发生过两次变更，但变更的结果并不是很理想，原因是因为沈阳 DC 进口大众汽车 4S 店选择的经营场所地处鸭绿江街，周围没有任何 4S 店集群效应，同时鸭绿江街也并非是沈阳的一级马路，很难会有自然流入的进店客户，就这一点，就远不如竞争对手在地理方面的优势。所以，每当公司要开展促销方面的活动，营销团队总是在邀约方面捉襟见肘，不是来不了人，就是来的人场面上不够，进而导致效果打折扣，这就使公司的促销策略在制订的时候受到比较大的局限，很多时候成功的促销活动人气是非常重要的，缺少人气，即使策略战术都 OK，结局也好不到哪去。

（4）促销策略不够连续。沈阳 DC 进口大众汽车 4S 店制订的促销策略往往由于促销侧重点的经常变化或者没有新颖的创意导致连续性不够好，一项促销活动做完之后，马上跟进另一项活动，几项活动之间没有很好的衔接，给客户的感觉就是好像天天都在做促销，又好像又都没有什么实质性内容，客户变得对促销越来越不感冒。这说明，策略的制订缺少整体上的规划，一段时间内好像有很多的策划，但各项活动之间并没做到很好的衔接，导致策略在制订和执行上很不连贯。例如，这个月初刚做完一个小型车展，没到半个月，公司又安排了另一个小型的车展，销售顾问再邀约客户时，客户就弄不清楚了，前两天你们车展说政策力度最大，这两天车展又说又有新的优惠政策，价格还可以更低，客户马上就开始怀疑了，是不是我再等一等，过几天你们还有更好的政策出台，有的时候就是这样，同样的活动，你总是在做总是在做就没有任何新意了，客户久而久之就开始麻木了。这时候促销策略的连续性就显得尤为重要了，什么时候做车展，什么时候做一款车型的释放，什么时候做全系车型的释放，都需要通盘的考量，只有根据实际的市场状况，全盘的进行规划和设计，才会更加的吸人眼球。

3 沈阳 DC 进口大众汽车 4S 店的营销策略存在的突出问题及成因分析

3.1 营销策略存在的突出问题

3.1.1 产品策略不明晰

沈阳 DC 进口大众汽车 4S 店作为大众厂商授权的经销商，经营的产品线可以说全部来自厂家，也就是大众（进口）汽车授权网络下的所有 4S 店提供给消费者的产品线基本是统一的，比如说，沈阳 DC 进口大众汽车 4S 店提供给消费者的产品一般在大众（进口）汽车的其他 4S 店同样可以买到。此外，由于受到大众厂家在全球以及中国汽车市场整体发展策略的影响，导致并不是在大众全球各地工厂生产的全部产品，都会在中国市场投放，一般来说，大众（中国）会根据对中国市场的预判，以及车型本身的产能状况决定是否投放该款产品到中国市场。即使是大众（中国）决定将一款新车拿到中国市场销售时，这款产品也未必就一定通过大众（进口）汽车全国的销售网络去销售，比如上海大众 2014 年就曾经获得过大众（中国）的授权，允许其旗下的经销商销售大众（进口）汽车产品线中的五款主打产品，搞得市场上价格严重混乱，经销商的生存空间受到严重挤压。尽管 2015 年初, 大众 (中国) 看到事态的发展已经严重背离当初的设想, 又重新收回了上海大众网络的销售权, 但是, 作为补偿, 夏朗这样一款 7 座的多功能 MPV 还是被留在了上海大众的经销网络, 不能不说是一种遗憾。

在这种经济一体化的大背景下, 沈阳 DC 进口大众汽车 4S 店在制订产品策略时就会出现随机性较大, 连续性差的情况。此外, 由于前些年市场竞争还没有这么激烈, 再加上途锐改款后新品的上市, 公司基本上就是本着什么车好卖卖什么车, 卖不动的车型就先放着不卖, 这样久而久之就导致热销的车型库存没有了, 滞销的车型在库存中越积越多, 越放越赔钱。这两年, 由于市场竞争的加剧, 公司在这方面的认识略有提高, 对库存结构的控制也比之前要好很多, 但是谈到产品策略, 仍然可以说还没有达到很明晰的程度。例如, 回到途锐这款车型, 三年前新产品刚刚投放市场的时候, 可以说是供不应求, 只要有车, 就不愁卖不出去, 可是进入 2015 年, 随着改款即将上市, 客户观望的心理较之前明显升高, 不论是不带底盘升降的标配, 还是舒适、高配、顶配, 销售的状况都远不如以前, 为此, 在同一车型的细分车型当中进行有层次的取舍就显得尤为重要, 如果消费者对价格的敏感度非常的高, 那么选一款低价的标配款车型就比较靠谱, 如果客户对性价比要求较高, 那么舒适款就非常的合适, 所以, 即使是在大的产品线不可能改变的情况下, 有一套非常明晰的产品策略也是非常必要的, 目前的沈阳 DC 进口大众汽车 4S 店还有比较大的不足。

3.1.2 商品定价缺乏合理性与科学性

沈阳 DC 进口大众汽车 4S 店经营的产品线的价格变化区间非常大, 从目前市场上销售的 16.80 万元的甲壳虫到上百万元的辉腾和途锐, 每一款产品的定价都会直接决定了这款产品是否适销对路, 按照价格弹性的理论, 在一定价格区间, 随着产品价格的逐渐升高, 同一款产品的销售量也会随之有所下降, 汽车产品也是一样。所以, 制订科学合理的价格策略对于企业的盈利状况至关重要。

目前, 沈阳 DC 进口大众汽车 4S 店在进行商品定价时, 缺少一整套系统的、合理的理论依据, 商品的定价过于死板, 并带有随意性。以一款 1.2T 标配的甲壳虫产品为例, 市场指导价 19.18 万元, 目前公司的展厅报价 17.88 万元, 而这款车算上所有返利后的最终成本为 17.20 万元, 按照成本定价法, 似乎这样的定价无可厚非, 如果产品可以正常销售出去, 公司还是可以保障一定的利润空间, 反观竞争对手的网上报价, H 公司的同一款产品的网上报价为 16.98 万元, 这样, 问题就出来了, 公司的产品价格虽然好看但可以卖的动吗？产品是同质的, 报价已经相差了快 1 万块钱, 客户会来吗。再以途锐为例，目前市场上标配途锐的市场零售价是 72 万元，沈阳 DC 进口大众汽车 4S 店的展厅报价 57.8 万元，另一舒适版的途锐的市场指导价是 79 万元，目前展厅的报价是 64 万元，似乎看起来没有任何问题，但再看看我们的库存结构，标配途锐库存 2 台，舒适款有 12 台，比例可以说是严重失调的，在这种情况下，完全按照成本定价法制订商品的价格，就会导致产品价格的层次感不分明，希望卖出去的产品卖不动，不希望卖出去的产品却可能收到了很多的订单而无法交货。所以遇到类似的状况，一定不要只考虑单方面的因素，而要根据产品本身的特性，库存的结构，市场竞争的状况进行综合的考虑，才有可能制订出相对合理的价格。而目前沈阳 DC 进口大众汽车 4S 店在进行产品的定价时首先并没有综合地列出可能影响到定价科学性的各种要素，同时也没有办法将各种因素科学有效地进行深入系统的分析，进而制订出既能迎合市场需求，又能满足公司盈利需要，同时又能跟上销售节奏的价格。再比如，大众（进口）2015 年初上市了一款限量版途锐，全国的市场投放量才不过 500 台，在这种情况下，如果再紧盯成本进行定价就更加没有科学性了，如果市场的接受度和认可度足够的好，完全可以根据市场的接受价格进行定价，毕竟资源是稀缺的，所以，在定价之初，沈阳 DC 进口大众汽车 4S 店如何能够在复杂的各种价格要素中找到关键的因素，并根据市场的实际接受度制订出科学的价格就显得尤为的重要，毕竟我们既希望商品走量，又希望产品不要卖亏了。

3.1.3　立体多元化的渠道策略尚未形成。

随着 4S 店在中国的发展壮大，越来越多的人对 4S 店的运作模式开始熟悉。厂家的授权制的经营模式，就是汽车厂家可以选择增加经销商，但经销商不可以越过厂家将这一品牌授权给其他的汽车经销商，沈阳 DC 进口大众汽车 4S 店作为大众（进口）汽车在沈阳的经销商同样面临这样的问题。

所以在渠道策略方面，本身就受限于厂家的沈阳 DC 进口大众汽车 4S 店如果再不能打破传统，搭建适合自身发展的销售网络，就很难在未来的市场竞争中占有先机。目前，沈阳 DC 进口大众汽车 4S 店基本采用的模式还是自营的坐店经营的模式，虽然也可以称其为二元渠道，因为既有 4S 店，又有城市展厅，但毕竟它们的所有权都属于公司，所以在城市展厅方面也就谈不上二级网络的概念。前面提到过，由于近些年市场的竞争非常激烈，那么如何在良莠不齐的二级经销商市场中选择出信用和业绩都不错的经销商并与其建立起合作的关系是建立二级经销网络的第一步。接下来，更重要的一步是确定什么样的合作模式可以既保证展示车辆的安全，又可以让二级经销商有信心和意愿愿意和你进行深入的合作，在这一点上，沈阳 DC 进口大众汽车 4S 店目前尚没有一套策略进行下一步的动作，如果这个问题解决好了，公司才可能真正地将触角延伸到周边的三四线城市。

此外，在互联网营销方面，沈阳 DC 进口大众汽车 4S 店尚有比较长的路要走，因为目前公司在互联网方面的工作重点还是仅仅停留在营销的初级阶段，考虑的也仅仅停留在是不是需要在汽车网站上投放广告，需要投放什么样的广告之类的问题，而并没有真正把互联网变成是直接可以销售汽车的空中渠道，而这一渠道有可能才是未来企业长期发展的根本所在。

再有，在大客户的渠道开发方面，沈阳 DC 进口大众汽车 4S 店也是严重的落后，首先是没有一套大客户渠道的开发策略，更谈不上接下来开发大客户需要使用的资源与手段，而大客户渠道的开发是属于先难后易的模式，一旦与大客户之间的信任建立起来以后，后续的车辆销售可谓是水到渠成的，不论是公司购车，还是指定公司内的员工买车，都会达到一种双赢的状态，而这才是需要从现在开始就必须花精力去开拓的。

3.1.4 促销活动带有较大盲目性

在激烈的市场竞争中，促销俨然成为各 4S 店赖以生存的救命稻草，不论您在何时打开电台，不论在任何时段，似乎总能听到某某 4S 店正在或者将要开展这样那样的促销活动，沈阳 DC 进口大众汽车 4S 店处在这样一个竞争态势下，更主动地提供这样的场合和氛围，迎合消费者货比三家的心理，否则，就会很快在时代的竞争中败下阵来。

众所周知，没有哪种促销方式可以一招打遍天下，当然也做不到别人的成功经验，拿来马上就能取得希望的效果，目前，沈阳 DC 进口大众汽车 4S 店在促销方面就存在比较大的盲目性。

首先，促销活动模仿痕迹明显。模仿不是坏事，但一味地跟着潮流进行模仿就出现问题了，前面模仿过的还没有好好地总结和消化，后面紧跟着就模仿下一个促销活动，这样一来二去，别人的东西没学过来，自身的东西也失掉了。例如，深圳某某兄弟店最近为配合途锐产品的促销，开展了比较大型的闭店团购活动，图片显示活动现场异常火爆，最终的签单量也是非常的可观，结果沈阳 DC 进口大众汽车 4S 店马上也予以跟进，希望在一周之内也搞一个类似的活动，大家对这样的活动也都给予很大的希望，可是等到活动当天，大家心又都凉了，人气不够，可以说远没有达到预期，活动前期准备严重不足，客户邀约数量和质量与深圳店简直不能同日而语。这样的情况，不能说总在发生，但也绝对不是个例。

其次，促销活动的同质化较严重。随着市场竞争的愈加惨烈，似乎每一个周末都用来做活动都不够用，不是参加车展，或小型外展，就是店头回馈活动，似乎总在做促销，而每次促销的新意又不足，客户来了机会，再想要约就比较困难了，这说明公司的活动同质化比较严重，亟待进一步的升级和创新。

第三，没有针对不同的车型和客群，科学地进行区别分类开展活动。即使都是大众（进口）汽车的产品，甲壳虫的客群与途锐、辉腾的客群是截然不同的，如果每次开展促销活动时不加以区别对待，所有车型每次都混在一起，久而久之也会出现问题的，在这一方面，沈阳 DC 进口大众汽车 4S 店之前做得还不够理想，基本上很少看到公司针对一款或少量几款车型而开展的专项促销活动，所以说针对这方面的促销策略还是需要进行深入的分析和讨论，只有活动更加有针对性了，才可能达到预期的效果。

3.2 突出问题的成因分析

3.2.1 对竞品的分析不够全面、深入和透彻

任何一款产品，在投放市场后均会有相应的竞争对手，由于大众进口汽车的旗下产品线比较长，导致各级别的产品在各自的细分市场上均有不同类型的竞品，比如大众甲壳虫的传统竞品就是宝马的 Mini，途锐的竞品就是宝马的 X5、奥迪的 Q7、奔驰的 ML 系列、保时捷卡宴等，一般来讲，处于同一细分市场中的各品牌的车型在市场上的售价出入不会相差很大，基本都处在同一个价格区间。

目前针对竞品这一块的分析和研究，沈阳 DC 进口大众汽车 4S 店始终也都在摸索和进行，比如细分市场中相同级别的车型都有哪些，价格区间如何，最近网上的宣传都有什么样的促销活动等。但仔细分析来看，公司目前针对竞品全面、深入和透彻的分析还是远远不够的。

首先，针对竞品的优势和劣势分析不够。任何竞品都不可能没有任何优势，所以，如果能够对竞品的优势和劣势分析的更加透彻，那么对于市场策略制定的精准性将会更有帮助。沈阳 DC 进口大众汽车 4S 店在这一方面做得就不够到位，基本上对竞品的分析还处于一个非常初级的阶段。自己家产品的特性基本都知道，对别人家的东西好坏似乎就没那么感冒，也不愿意深入地挖掘，所以在制订产品策略时，缺乏知己知彼，基本上是自己搞自己的，很少是有针对竞品的特性而进行的相应的优化。

其次，针对最终选择竞品的客群分析和研究不足。在这一点上，实际上 4S 店本身是可以拿到第一手资料的，毕竟有一部分客户来过本店，也曾经试图研究过进口大众的车型，但由于各种原因的综合考量，最终客户选择了购买竞品的车型，问题就来了，销售顾问接到客户电话或者在回访的过程中得知这个客户已经战败了，那么第一时间的反应肯定是非常的沮丧，可能大多也就没有什么心情去了解最终促成客户购买竞品的真正原因，实际上，这样就丧失了

一个很重要的动作,而这些看似不重要的动作对于市场策略的制订都是至关重要的。试想,如果能够与这样的客户多多地交流,首先是尽管这次机会是没有了,但是,你却给客户留下一个非常好的印象,下一次客户在出手购买的时候或者是有朋友要买车的时候还会想到你;其次更重要的一点是,我们会在未来大大地降低这种战败的几率。否则,每次战败都不进行总结和研讨,等于资源都白白地浪费掉了。

再有,针对竞品的市场动作不太敏感。细分市场规模一定,要么就是几家店联合起来将整个的细分市场份额做大,要么就是在有限的细分市场中,切割的比例有所提升,往往 4S 店在运作的时候首先考虑的是后者。简单地讲,一般 4S 店首先关心的是同城同品牌的 4S 店都有什么市场动作了,都有什么优惠了,而针对第一种情况考虑的就非常的不够,恰恰有的时候,公司要想提升业绩,首先要考虑的却是前者。沈阳 DC 进口大众汽车 4S 店在同城之前一共有两个同品牌的授权店,后来由于经营的不善,其中一家在 2014 年申请退网了,另外一家 H 公司由于地理位置的优势非常的明显,经营的状况相对较好,是沈阳 DC 进口大众汽车 4S 店的主要竞争对手。所以,沈阳 DC 进口大众汽车 4S 店在日常的市场运作过程中对 H 公司的关注程度就非常的高,而对真正细分市场中的其他品牌的竞品的关注就非常的低,似乎他们多卖了几台车和沈阳 DC 进口大众汽车 4S 店没有多大的联系似的,却没有看到同一细分市场中客群如果购买了竞品就没有机会购买大众汽车的产品了。

3.2.2 缺少对细分市场中目标消费群体价格弹性的研究

在产品的定价方面,沈阳 DC 进口大众汽车 4S 店之前并没有对历史的数据进行过深入的研究和比对,所以也就没有针对价格弹性方面有任何理论上的分析和数据,在这一点上,可以说还是有比较大的欠缺的。所谓的弹性理论,目的在于说明价格变化比率与需求量(或供给量)的变动比率之间的关系。价格的值每变动百分之一而引起需求量变化的百分率。通常,用价格变动的百分率引起需求量变化的百分率来表示。

如果要精确地确定每一款车型的价格弹性相对来说确实还是比较困难的,但是不能因为比较难就放弃对这方面的探讨和研究,毕竟,这是在制订价格策略时必不可少的要素。

目前,沈阳 DC 进口大众汽车 4S 店在需求弹性方面的探讨尚处于初级阶段,没有一套理论上的依据做支撑,基本上是一款产品投放市场,通过成本定价法并参照周边市场的竞品价格进行定价,然后利用一段时间进行试验,观察产品销售的状况,如果销售非常不理想,再按一定比例下调产品的价格,再观测市场的反应,直到产品开始销售,但这种方式有一个比较大的弊病,就是时间成本的问题，看到产品不动，多长时间调价，下调多少，基本上是没有依据的，往往是想到了才动，没有任何的逻辑感，这样就造成了极大的浪费，有些车型可能下调个 2000 元当时就能走量，但错过了那个时间，即使下调 5000 元也是于事无补，所以事前进行科学的推理和论证就显得非常必要了。再比如，一款产品定价之初销售就异常火爆，完全超过了预期，那么如果适当的上调价格是否对销量构成比较大的影响也没有相关的依据。像这种情况，实际上是各高端品牌 4S 店都会面临的问题，如果能够系统的予以解决，至少提供一定的理论依据和方法，也会在降低相应的不必要的损失方面有所贡献。

3.2.3 过于依赖传统的营销模式与渠道

对于 4S 店来讲，传统的经营模式就是坐店经营。如果一家店选了一个理想的店址，那么经过几年的宣传与口口相传，一般来讲人气一定会越来越旺。但如果一家店在建店之初就没有进行很好的选址工作，草率选择地点，并且从一开始就认为地点不是那么重要，只要把未来的宣传工作抓好一样会起到相同的效果，那么就很可能要走相当一段弯路。沈阳 DC 进口大众汽车 4S 店当初建店就走入了这样的误区，导致虽然每个阶段的市场费用都不少花，但是却很难弥补地理上带给 4S 店的决定劣势。即使在这种情况下，公司也并未在二级网络的渠道策略上进行相应的变革，以弥补这方面的短板。目前沈阳 DC 进口大众汽车 4S 店的二级渠道策略基本上是空白的。其原因如下：

首先，对于二级渠道重要性的认识不高。公司始终认为二级渠道的开拓是可有可无的，只要把自身的店面宣传做好了，就会达到酒香不怕巷子深这样的效果，客户会源源不断地从四面八方流向 4S 店，集客根本不是问题。但事与愿违，客户选择购买汽车一般会经过综合的比对之后才会做出最终购买的选择，所谓货比三家就是这个道理，如果你的周围没有可比的对象，那么客户选择到你这里看车本身就要花费比别人更大的努力，为什么人们购买逛街要去大商场扎堆的商业街，这是同样的道理。

其次，对于二级渠道的运营风险估计过高。凡事都有两面性，二级渠道一方面给 4S 店提供下游的销售通道和业绩提升，另一方面也会给 4S 店的经营带来一定的风险。例如，下游经销商和 4S 店签定了合作协议，提车保证金定为 20%，那么车辆在另外 80% 款项未付的情况下就需要交付，4S 店只是保留车辆的相关手续以用于控制风险，所以一旦下游经销商产生资金上的问题，或者恶意拖欠，4S 店将面临比较大的诸如经销商恶意拖欠或跑路的纠纷与麻烦。但反过来如果 4S 店不去开拓二级网络，别人去了，就很可能丧失了大面积的当地市场，所以一般高端品牌 4S 店会根据综合的评估有选择地进行合作对象的取舍，将这一风险降到最低。而像沈阳 DC 进口大众汽车 4S 店这样完全就放弃这块市场的经销商确实只占少数。

此外，抛开 4S 店二级渠道的策略暂时不谈，再来看看公司在空中渠道方面的建设。所谓空中渠道是指通过互联网的在线商城直接将车辆销售给消费者的渠道。目前，随着互联网营销在中国的快速发展，包括汽车在内各种商品基本上都可以在网上商城中直接采购到。沈阳 DC 进口大众汽车 4S 店在这方面也进行了初期的尝试，包括已经与辽宁省工商银行签订合作协议，进驻工商银行融 e 购商城，并开展网上商城直接营销模式。但即使是这样目前看来还是远远不够的，毕竟工商银行也属于传统的银行业，在网上营销方面的流量还是非常有限，而人们还是比较习惯到淘宝、天猫、阿里巴巴等网站购买消费，所以公司在新载体方面的突破还需要一段时日。

3.2.4　对于消费者消费心理和消费行为的分析不够全面

消费者购买商品有着各式各样的理由，很好地把握消费者的购买心理和行为是商家成功路上的必修课，如果一味地、盲目地寻求促销形式上的变化，而没有对潜在消费者的消费心理和行为做深入的分析，很难取得应有的效果。作为汽车 4S 店的沈阳 DC 公司在这一方面也不例外。例如，前一段时间沈阳 DC 进口大众汽车 4S 店经常搞店内促销活动，不论何种车型都采用同一个套路，选一个周末，邀约各种车型的客户进店，然后准备冷餐和节目，现场宣布促销政策，结果收效远没有达到预期的成交量。分析原因，主要就是对各车型车主的消费心理把握不够，途锐和辉腾的潜在车主，与甲壳虫、尚酷的车主在职业、日常行为习惯、作息时间、朋友圈等各方面都有着显著的差异，他们分别喜欢参加什么样的活动，活动的每一个细节是否都是针对该车型的车主精心设计的，这些问题如果都没有弄清楚，就把所有活动都千篇一律的不加区分地进行和组织，是很难达到应有的预期效果的。

另外，沈阳 DC 进口大众汽车 4S 店在客户数据的分析和处理方面也是非常不系统的，想想看尽管公司已经成立了 10 年的时间，却仍然拿不出像样的针对已经购车的车主的数据分析，已有的数据也仅仅局限在车主姓名、年龄、联系方式等方面的简单的信息。而针对客群的职业、业余爱好、从事的行业、家庭成员等却没有任何的分析。总之，不能很好地回顾和总结历史，就没有办法更好地展望未来。只有将各种有用的信息充分的掌握了，才能勾勒出客群的画像，也才能进一步的分析客群的消费习惯，进而更好地分析客群的消费心理和消费行为。

再有，沈阳 DC 进口大众汽车 4S 店在运作过程中对消费者消费心理和消费行为分析的重要性并没有放在一个比较高的高度，大部分的营销人员认为即使不分析，不总结，也同样不会耽误市场营销的正常工作，殊不知，失之毫厘，谬之千里，活动倒是没少组织，钱也没少花，但效果却差强人意。

总之，对大众（进口）汽车旗下各个产品线潜在客户心理和行为的分析工作沈阳 DC 进口大众汽车 4S 店需要保持一种常态，只有对这些方面分析的更加透彻了，才能有的放矢的制订相应的、有效的策略，以及营销活动计划。

4　关于沈阳 DC 进口大众汽车 4S 店的营销策略调整与保障

4.1　市场营销策略调整的依据和原则

从上述的分析中，我们不难看出沈阳 DC 进口大众汽车 4S 店在产品策略中主要表现为产品策略不明晰，重点不突出；在价格策略中，主要表现为定价缺乏合理性与科学性；在渠道策略中，则过于传统，没有突破意识和精神；在促销策略方面，又表现为对潜在客户消费行为和消费心理分析不够。综合上述的分析，沈阳 DC 进口大众汽车 4S 店在营销策略的制订和设计方面还存在着一定的问题，需要结合市场行情进行优化和调整，并不断完善，只有这样，才有可能在日益激烈的市场竞争环境下更好的生存和发展。

在这样一个竞争日益激烈的市场环境中，任何商家如果不能看清自身的问题，或者看清之后，又不能提出有效的改善建议和调整建议，则很快就会面临更大的问题和挑战。为此，市场营销策略的调整对于沈阳 DC 进口大众汽车 4S 店来说就更显得迫在眉睫。试想，在目前这样的 GDP 增速回归理性的大环境下，如何不断地提升自身的本领，加强内功，是每一个在汽车流通领域打拼，特别是在高端品牌汽车市场打拼的汽车人和 4S 店每天都要重点关注和考虑的问题。

当然，在我们知道了市场营销策略的调整的必要性后，我们更不能忽略调整的原则：

首先，调整建议要有针对性。针对沈阳 DC 进口大众汽车 4S 店当前所面临的市场环境和问题，需要有针对性地提出相应的调整建议和改善措施建议。

其次，调整建议要考虑资金的效率。市场的运作涉及大量的资金投入，如果策略制订的很激进，也许总体效果会有所体现，但是综合评价之后就有可能发现资金的效率比较低，这样就不是一个非常理想的调整方向。

再次，调整建议要有可行性。比如说，正常来讲市场方面的投入一般会占年销售额的 0.6%～0.8%，如果超过了这个范围，就会缺乏可行性。再如，不同的地区市场所处的市场环境不尽相同，在城市 A 实施效果非常好的策略花费比较少，但拿到 B 城市，费用就有可能上升的很高，也未必会有一样好的效果，这些情况都需要进行综合的考虑。

最后，调整建议还必须考虑可评估性。调整策略、调整建议如果被采纳并实施后，需要有科学的方式予以评估，也就是对于效果的好坏要有衡量的标准，如果没有衡量的标准，调整建议就很难确定是否有效。

4.2 市场营销策略调整

4.2.1 明晰的车型策略

作为大众汽车在沈阳授权的区域经销商，沈阳 DC 进口大众汽车 4S 店虽然没有研发产品的职能，也无法直接干预厂家制订的产品推广策略，但是在自身的库存结构配比方面却可以根据市场的实际需求进行有针对性的组合和调整。

首先，沈阳 DC 进口大众汽车 4S 店必须进行充分的产品需求市场调研，尽可能多地了解市场上客户的真正需求。只有真正地了解了市场上的需求，才能够做到有的放矢，未雨绸缪，并取得良好的导入效果。在没有充分了解市场需求的情况下贸然从厂家提货，结果往往导致进货的部分车型很快就消化掉了，而有些车型的销路却始终没有任何进展，最终只能长期积压。所以，市场调研是制定差异化产品策略的第一步，也是关键的一步。在具体的调研方向方面，当然既可以采用针对老客户调研，也可以针对潜在客户进行调研。但不论采取什么方向的调研，调研的结果都要力求全面，并有较强的代表性。

其次，需要结合调研出来的市场需求，进一步针对厂家供货清单中的产品进行对比分析。分析的项目包括各车型的库存数量、每月发货配额、当月或当季度车型政策、车型细分市场份额预估、毛利预估、市场竞争强度预估。公司需要经过深入的车型对比分析之后再来决定什么车型在市场当中更具竞争力，什么车型的市场竞争力相对较小，毛利空间更加可观，而不能一概而论，从高到低，全部进货。

再次，经过车型分析之后，需要初步确定公司现阶段销售的主打车型和辅助车型的组合。由于各车型的产品生命期、市场需求、毛利水平、厂家任务、市场竞争强度在各阶段均有不同，为此，需要明确什么样的车型组合可以产生最大的效益，这里面主要包括两个维度，一个是量（销量），一个是质（毛利），即我们需要确定哪些车型是走量车型，哪些车型是毛利车型，或者是二者兼有，并初步完成第一阶段的车型组合策略的制订。

此外，要适当关注小众车型的组合搭配，并进行适当调剂和补充。大众汽车有很多车型都属于小众车型，如果调研充分，能够确定受众客群的购买需求，那么就可以适当的考虑调配一些小众车型来补充现有常规的产品线。例如高尔夫 R 和尚酷 R 车型，一般来讲，这两款车型如果要上量销售，困难是很大的，因为这两款车本身定位的细分市场就是酷爱跑车又有相当家庭经济实力的年轻人群，这种车卖的时候由于受众群本小且有很多不确定因素，所以 4S 店配货的很少，有的经销商甚至不备货，因为价格卖不上去，没有利润，而且很可能价格倒挂严重，否则就会变成积压产品，沈阳 DC 进口大众汽车 4S 店对这种车型就是担心亏损所以之前就不备货，结果导致有潜在客户到店后无法看到实车也就无法下单的情况。所以，对于不同时期的市场状况，要及时进行相应的调研，然后再根据调研的结果进行车型产品的组合，而不能仅仅根据一方面的判断影响了整个车型策略的布局。

最后，要做到及时关注厂家和市场动态，对已经初步形成的产品组合策略及时地进行有效的修正与调整。厂家的政策和市场的反应是随时间不断变化的，今天的有效策略明天就有可能不再有效，所以要做好各方面的预判，做到产品策略的不断创新和提升。

4.2.2 合理科学的定价策略

谈到定价的环节，科学灵活的定价策略是目前沈阳 DC 进口大众汽车 4S 店暂时缺少的，很多的时候，一款产品到店后的定价流程一般是这样的：先确定一款产品的直接进货成本，然后再减去该车当月销售预估可以拿到的所有返利的金额，这基本上就是该车型的最低成本，然后再加上在这个基础上按照预算中计划的毛利率标准推算出的相应的毛利，最终得出该款产品的价格。但往往这样以成本定价法制订的价格策略在实际的市场状况下不是定的高了，就是定的低的离谱了，因为这样定价考虑因素比较单一，所以往往导致最终价格的制订缺乏科学和合理性。所以沈阳 DC 过口大众汽车 4S 店在未来制订价格策略的时候应纳入更多参考的维度：

（1）成本定价策略。成本定价策略是车辆定价策略的基础，随着互联网的普及，消费者获取车辆价格的渠道越来越多，汽车在市场中的价格透明度越来越高，商家很难做到脱离成本制订高溢价策略，为此，成本定价仍然是车辆价格制订的基础。在考虑预估返利的时候，建议不要过度地进行测算，即要综合评估各等级返利获得的几率大小，如果获得全额返利奖金的几率很低，测算时还按照这一概率进行计算，那么成本估算就很可能估低了，反映到毛利水平上则表现为毛利率偏低。

（2）结合产品定位和库存的成本定价策略。沈阳 DC 进口大众汽车 4S 店首先需要结合产品策略中产品组合的产品定位在原成本的基础上进行适当地价格调整，考虑到走量的车型的价格弹性一般比较大，所以对于这种车不要过于追求单车的毛利，因为一旦车辆价格略有提升，销量也会随之迅速回落，这样就影响了整体的策略。而对于毛利车型，由于产品的稀缺，导致价格弹性较低，对于这种车型可以根据市场的接受度适当地进行溢价。此外，库存时间方面，超过 90 天的库存均视为超期库存，价格需要有一定程度的下调。库存深度＝当月销量／上月期末库存量，一般来讲库存深度在 1～1.5 之间属于合理范围，如果大于 2，则说明这款产品库存积压了，需要制订相应的价格调整方案和促销方案。如果库存深度小于 1，则说明产品供不应求，可能需要提高价格控制销售的节奏，或者相应的增加库存。

（3）引领市场的定价策略。引领市场的定价策略主要是针对市场中品牌竞争力较强的车型而制定的价格策略，此部分车型包括途锐、夏朗等车型，另外，对于由于厂家车型政策力度较大而造成的车型性价比增高的车型也可以采取引领市场的定价策略，比如甲壳虫、尚酷等车型在厂家补贴之后，市场接受度迅速攀升，对于这部分车型可以考虑迅速调低产品定价，以达到快速出货的目的。

（4）跟随市场的定价策略。对于混合价格弹性所涉及的强势竞争品牌，沈阳 DC 进口大众汽车 4S 店应考虑跟随竞品的定价策略，当相应的竞品价格调整时，而我方的价格不动，则很有可能丧失扩大市场份额的机会。同时，由于沈阳 DC 进口大众汽车 4S 店经营的产品在同城同品牌的 4S 店或者周边的 4S 店也可以买到，所以沈阳 DC 进口大众汽车 4S 店在制订产品的价格时也应该综合考虑这些店对自身的影响，进而根据自身的产品策略以及库存状态适时地采取跟随的定价策略。

4.2.3 搭建立体多元化的渠道策略

沈阳 DC 进口大众汽车 4S 店在渠道方面过于单一，建议进行多元化调整。

（1）在鞍山、盘锦和丹东设立二级分销商，以提升当地的市场份额。首先来讲，这种布局是十分有必要的，毕竟远水解不了近渴，客观的来讲，由于大众（进口）汽车的品牌市场推广力度十分有限，导致进口大众这一品牌并不是特别的强势，也并没有特别强的品牌号召力，所以如果当地没有经销商的配合，在当地进行展示或者宣传，那么当地的客户就很难对车型有比较深刻的印象，掏钱购买的就更少了。其次，沈阳 DC 进口大众汽车 4S 店之所以没有开发二级经销商的另一个主要原因是渠道策略过于谨慎，担心风险无法承担，其实，这一点，只要认真研究是可以做到将风险降到最低的。第一，对二级经销商评估前要进行充分的调研，获取信息要多渠道进行，比如银行、合作伙伴；第二，在试运营期配合频繁的不定期飞行检查，防止车辆卖出后车款被挪作他用；第三，在保证签约二级经销商合理利润的情况下，通过商谈，在合作初期尽量提高保证金的比例；第四，如果可能，可以商量要求合作提供第三方担保或者不动产或者票据质押。总之，不能因为有风险就完全放弃周边区域的市场，不应因噎废食，而要尽可能地在风险降到最低的情况下与重点周边城市的二级销售商展开战略性合作。

（2）进一步开拓网上商城，与大型的网上商超建立合作关系。除了上述已经提到过的已经合作的工商银行融 e 购外，沈阳 DC 进口大众汽车 4S 店目前尚未与大型互联网公司达成任何合作意向，所以，建议深挖网上销售渠道，下一阶段可以考虑与天猫、京东等公司建立合作关系，开拓网上售车的新渠道。

（3）深挖大客户销售渠道。大客户的渠道开发就像喝水掘井一样，开始的时候不见得短期的投入就产生明显的效果，但是如果不间断地进行开发和维护，口口相传之后在企业中会产生裂变的效果，所以建议在大客户的渠道开发上决不能惜力，要有投入，才会有产出，而且一旦效果产生后，后续的维护成本相对来说是非常低的。

4.2.4 有针对性的促销策略

在汽车领域，每一天促销大战可以说都在上演，不仅是 4S 店，可以说进入 2015 年后各大厂商都纷纷加入到降价促销的行列当中，不论高端还是低端市场，竞争态势都是相当惨烈。在这种严峻的市场环境下，沈阳 DC 进口大众汽车 4S 店更要注重促销策略的针对性，而绝对不能盲目。

首先，促销绝不能简单模仿，而应该有效创新。谈到创新，就一定不要盲目地模仿和跟随，特别是在活动的组织方面。要经常进行团队的头脑风暴，保证团队思维的灵活性，并经常进行头脑激荡，总结出适合自身的活动促销策略。不要人家做一个团购闭店活动，就马上跟进也做一个闭店，这个时候一定要细想一下，如果要做团购，要用什么样的噱头，什么样的活动形式更加新颖，客户的感觉更好更到位，更能营造现场的气氛，人家团购的时候比如设定指定车型、限量销售、有奖销售、抽奖环节，这些环节有没有创新的空间，这些都要不断地总结、思考和完善。在宣传的形式方面，创新就显得更有必要。汽车营销领域的宣传目前一般包括纸媒、电台、电视台、LED、户外大牌、DM、汽车网站、微信营销等方式，前六项属于传统的营销载体，后两项是当下比较流行的媒介。未来随着人们生活习惯的变化，还会有更多更新颖的宣传形式被 4S 店所采纳。4S 店在未来的经营的过程当中不断的探索新颖的宣传方式，以便于整合现有的媒体，达到最好的效果。

其次，要尽快建立起针对客户的数据库系统。这里面谈到的数据库系统既要包括保有客户的数据，也要包括潜在客户的数据。要搭建起能够细致描绘客户画像的数据库系统，既要很好地根据实际需要定义好关键字段的架构，又要要注重日常客户关键字段信息的搜集，并有效制订信息搜集、录入和维护的奖惩措施。此外，各部门之间的配合也尤为重要。然后，要根据有效的数据分析，结合各种客户消费心理的实际情况，对各类客户进行有效的调研，深入了解客户的深层次的需求，进而制订出有效的促销方案。只有针对客户的分析工作和调研工作做到位了，我们才能更加有的放矢地进行促销工作。所以，始终要牢记一点，实践是检验真理的唯一标准。

最后，采取差异化的促销策略。途锐和辉腾等高端车型的促销策略不要过于频繁，因为客户往往担心的不是买贵了，而是是否买到了面子，所以针对这部分客户，不要仅仅用利益吸引客户，而要结合客户的真正需求制订专有的方案。甲壳虫和尚酷等低端车型，客户往往较为时尚，对价格的敏感程度也比较强，所以要经常利用引领时尚的噱头针对这部分客户的促销活动。

总之，由于任何的促销方案都伴有相应的费用，所以沈阳 DC 进口大众汽车 4S 店更要不断分析和总结，制订有针对性的促销策略。

4.3 实施保障

4.3.1 优秀人才的有效激励

不论是做营销还是做企业，优秀人力的储备和激励才是制胜的根本，如果没有优秀人才，就根本没有取胜的机会，如果没有对优秀人才进行激励，那么就好比捧个金碗要饭，没有做到人尽其才，物尽其用。在沈阳地区竞争惨烈的高端品牌汽车市场上，未来比拼的就是优秀人才的战斗力。优秀的市场营销方面的人才确实是难能可贵的，所以更要很好的做好人员的选、育、用、留，让优秀的人才在企业当中能够尽情地发挥，有更好的空间和平台。沈阳 DC 进口大众汽车 4S 店毕竟经营的是大众进口汽车品牌，在高端汽车市场中占有其独特的市场地位，所以能够在一定程度上吸引到部分优秀的人才，加入之后，要花费大的心思和力气让他们很好地融入企业的文化，让他们感觉到企业对市场销售工作的重视和对他们的认可，在此基础上必须制订出一套能够符合企业现状又能达到激励效果的激励方案，让市场销售营销人员的付出与回报真正有机地结合起来，只有在实践中不断地摸索和调整，才能不断地调整出适合企业发展的优秀人才激励计划。

4.3.2 强化互联网和自媒体思维

在李克强总理阐述的"互联网＋"的时代，如果不能顺应时代的潮流，跟上时代的脚步，抓住互联网思维带给各行各业的机遇，也就无法在未来的竞争中立于不败之地，汽车行业也是一样。所以对于 4S 店来说，学习并利用互联网时代新兴媒体实施网络营销就必须具有时不我待的精神，只争朝夕，无论是互联网汽车网站的后台维护工作、微信营销的客群获取、管理与维护的工作，还是网络红包的设计工作，以及网络直销平台的搭建工作都务必做到精细化管理，千万不能出现小事做不好，大事做不了的情况。网上后台的文章，要求是根据各车型的销售目标制订宣传计划，结果在实行过程中，网络专员确实也都完成了要求的文章数量，但是在质量方面不做任何总结和跟踪，也并不去深入探讨什么样的文章可以更加吸引客户，那么结果可想而知，线上的集客水平怎么能够提高上去，因为从一开始方向就错了，互联网思维不是嘴上说的，而是要从实际行动中去认可的。

再如，自媒体营销。众所周知，微信现在已经成为中国老百姓当前不可或缺的沟通平台，那么如何利用微信平台增加与客户的接触就成为市场营销团队必须要解决的问题，如果销售顾问有很强的自媒体营销意识，那么他会将慢慢积累的客户资源变成巨大的财富，你可以通过朋友圈让更多的朋友了解大众汽车的各款车型和配置，也可以让大家及时掌握公司最近的优惠促销信息，以前这种想法你想都不敢想。所以，培养每一个市场营销团队成员的互联网和自媒体意识是未来工作中的重中之重，只有所有相关人员的意识加强了，才会取得全民皆兵的效果。

4.3.3 汽车市场调研的标准化和制度化建设

市场调研是制订市场营销策略的前提和根本，如果没有很好的调研结果，很可能出现失之毫厘，谬之千里的情况。那么如何才能做到有效的汽车市场调研呢？一般来讲，市场部是获取市场信息的重要渠道，比如网络的报价、媒体信息的收集、宣传媒介的收集等，但是，在当前的市场竞争环境下，市场信息的收集如果仅仅依靠市场部那是绝对不够的，一定要将市场调研这项工作的流程设计好，并做好标准化和制度化的建设。简而言之，就是要有一套完备的计划去指导市场调研的工作，而不能盲目地进行市场信息的收集和市场的调研，否则往往事与愿违，不能达成希望的效果。

4.3.4 优化客户数据分析模型

对客户数据的分析绝不应该是简单粗浅的分析，而应该科学合理的建立客户数据分析模型，并利用分析的数据指导市场营销策略的制订，只有做到这一点，市场策略才不会出现无的放矢的情况。要优化客户数据分析模型，就要做好数据的准备，只有客户相关的信息准备充足了，数据库字段完备了，才能进行下一个优化的动作。一般基本需要收集的信息包括年龄、性别、职业、行业、喜好、购物偏好、娱乐偏好、家庭成员数量与结构、贷款偏好、改装偏好、朋友圈等，这些信息得到后要进行有机地组合和分析，最终要从分析结果中找到潜藏在其中的重要线索和信息，在优化客户数据分析模型的过程当中，要重点抓住能够代表客户特征的关键信息字段，并将它们有机的关联起来，这里要注意一点，各字段之间绝不是没有任何的联系，而是经过有机的关联之后，可以推演出客户可能消费的主要场所，接触的主要媒介等重要信息，最终得出公司需要的各细分市场相关人群的画像。而这些画像清晰，那么对制订市场营销策略就越有利。例如，热爱滑雪的且购买了香奈儿香水的女士比例是否超过了 60%，如银行业的高管热爱高尔夫运动，且购买了途锐比例的客户的占比是否达到了 10% 等，这些信息经过有效的组合后会给市场营销从业人员带来灵感和方向，帮助他们在制订策略的时候更有针对性。

4.3.5 建立有效沟通机制

在企业当中，沟通分为向上沟通、向下沟通，以及水平沟通，沟通的成效如何直接影响到团队的整体能力、效率，以及市场策略的有效性。比如公司经过慎重考虑，将 6 月份的主要资源和人力都分配到车辆外展当中，那么相应的宣传的投入势必有很大程度的减少，如果市场部和销售部不进行有效的沟通，就会发生销售团队认为市场部没有按照销售的需求制订营销方案，对外展不抱有信心，这样导致的结果一定是策略的执行出现偏差，效果大打折扣。所以，要有一套有效地沟通机制保证公司的信息可以很顺畅的从左到右，从上到下，从下至上的流动，避免出现一些因为信息的不对称导致营销策略在制订和实施过程当中产生不必要的误会。建立有效的沟通机制重点强调"有效"两个字，所有的沟通如果无效就是浪费时间和资源，所以"有效"两字最为关键。建立有效的沟通机制可以在以下几个方面进行尝试，例会制度、碰头会、报表信息的及时传递、快速决策机制、利用微信平台的信息沟通、建立不同功能的微信群、制定群信息发布规定等等。

4.3.6 打造学习型组织

有人会认为打造学习型组织与市场营销策略之间似乎没有什么必然的联系，但是，我们又不可否认，如果一个团队没有超越自我的勇气和决心，以及实际的行动，那么很快就会在未来激烈的市场竞争中败下阵来。

学习型组织的核心就是自我超越。要顺应市场的发展，我们就要不断创新、不断超越。如果我们的营销组织没有不断超越的信念和实际行动，那么很难适应汽车市场不断变化的节奏。2014 年随着国家汽车产业政策又一次变革，汽车 4S 店未来的生存空间将越来越小，那么对于像沈阳 DC 进口大众汽车 4S 店这样的公司来讲，如何能在夹缝中更好地生存，团队的力量是至关重要的，打造学习型组织就是提升团队战斗力的最好的方式。

结束语

本文以沈阳 DC 进口大众汽车 4S 店为研究对象，首先由公司的营销策略演变历程入手，接着从产品、价格、渠道、促销四个方面客观地阐述了公司的营销策略现状特点，以及当前营销策略存在的突出问题和相应的成因分析，并结合消费者行为分析理论、4Ps 理论、STP 营销理论最终给出以下四个调整建议：

（1）明晰的车型策略。

（2）合理科学的定价策略。

（3）搭建立体多元化的渠道策略。

（4）有针对性的促销策略。

同时，为了能够更好地保证以上调整建议的顺利实施，本文还特地增加了有关保障措施方面的探讨，并分别从人员、思维、制度、模型、沟通、学习六个维度给出了相应的保障措施建议。总之，希望通过本篇论文的阐述、论证和分析使沈阳 DC 进口大众汽车 4S 店在未来的营销策略制订，以及公司的发展方向方面得到有力的理论支撑和依据，进而实现公司在高端汽车市场进入新常态后更好的生存和发展。

参考文献

［1］Laut Peng. Proposed 4C theory to replace the traditional 4P theory ［J］. Advertising Age，1990.

［2］Peter Rauch. SWOT analyses and SWOT strategy formulation for forest owner cooperations in Austria ［J］. European Journal of Forest Research，2007.

［3］Philip Kotler. Marketing Management：Analysis，Planning，and Control ［M］. Prentice－Hall，1967.

［4］Philip Kotler. Megamarketing ［J］. Harvard Business Review，1986.

［5］W. 钱·金，莫博涅，吉宓译. 蓝海战略 ［M］. 北京：商务印书馆，2005.

［6］彼得·圣吉，张成林译. 第五项修炼 ［M］. 北京：中信出版

社，2009.

[7] 崔迅. 顾客价值链与顾客满意 [M]. 北京：经济管理出版社，2004.

[8] 丁树雄. 汽车产业链营销全攻略 [M]. 上海：机械工业出版社，2014.

[9] 菲利普·科特勒，凯文·莱恩·凯勒，梅清豪译. 营销管理（第 12 版）[M]. 上海：上海人民出版社，2006.

[10] 冯丽华. 消费者行为分析 [M]. 北京：人民邮电出版社，2012.

[11] 经营者（汽车商业评论）[M]. 北京：中国兵器工业集团公司，2006 年创刊.

[12] 柯林斯，俞利军译. 从优秀到卓越 [M]. 北京：中信出版社，2009.

[13] 黎万强. 小米口碑营销内部手册：参与感 [M]. 北京：中信出版社，2014.

[14] 李杰. 汽车营销客户关系管理实战 [M]. 化学工业出版社，2014.

[15] 刘向晖. 网络营销导论 [M]. 北京：清华大学出版社，2012.

[16] 罗伯特·B·西奥迪尼，闾佳. 影响力 [M]. 沈阳：万卷出版公司，2010.

[17] 迈克尔·波特，陈小悦译. 竞争优势 [M]. 北京：华夏出版社，2004.

[18] 迈克尔·R·所罗门，卢泰宏，杨晓燕. 消费者行为学 [M]. 北京：中国人民大学出版社，2009.

[19] 汽车观察 [M]. 北京：汽车观察出版社，2005 年创刊.

[20] 汽车纵横杂志 [M]. 北京：汽车纵横杂志出版社，2011 年创刊.

[21] 石建鹏，文丹枫. 微信力 [M]. 北京：电子工业出版社，2013.

[22] 史玉柱. 史玉柱自述：我的营销心得 [M]. 北京：同心出版社，2013.

[23] 斯蒂芬·P·罗宾斯，玛丽·库尔特. 管理学 [M]. 北京：中国人民大学出版社，2012.

[24] 托马斯·皮凯蒂 21 世纪资本论 [M]. 北京：中信出版社，2014.

[25] 肖俊涛. 汽车营销政策与法规研究 [M]. 知识产权出版社，2011.

[26] 谢春昌. 营销组合理论的回顾与展望 [M]. 大连：商业研究 [J]. 2012.

[27] 许迎春. 汽车营销技术 [M]. 西南交通大学出版社，2014.

[28] 余鑫众. 品牌战略与决策 [M]. 大连：东北财经大学出版

社，2008.

　　[29] 詹姆斯·C·柯林斯，杰里·I·波拉斯，真如译. 基业长青 [M].
北京：中信出版社，2009.

　　[30] 郑喜昭. 汽车电子商务 [M]. 上海：上海交通大学出版社，2012.

ZSY 公司海外并购的财务风险案例研究
Study on the financial risk case of
ZSY company overseas M & A

作者：王秀平　指导教师：张胜强　副教授

摘　要

　　企业并购，最早于 19 世纪 80 年代兴起于西方工业化初期，作为企业发展壮大的有力途径。国际上至今已历经五次并购浪潮，随着世界经济全球化的多元性拓展，越来越多的国家开始将并购活动由国内延伸至国际。海外并购近年来不断兴起，我国作为经济飞速发展的世界贸易大国，也成功加入到企业海外并购的潮流中，虽然起步较西方发达国家稍晚，但发展势头蒸蒸日上，毫不逊色于世界各大经济发达国家，与海外众多工业壮大、能源丰厚及科技先进等优势企业强强联合，通过兼并与收购的方式，不断优化企业资源配置，获得经济协同效应，从而在竞争日益激烈的全球经济中立于优势地位。然而，任何事物都是双刃剑，我国在获得海外并购成功所带来的优势与利益的同时，也存在不少失败的海外并购案例，这也给我国一些企业造成了巨大的损失。由于我国企业并购活动的发展与发达国家相比仍存在一定差距，我国企业进行海外并购过程中，部分企业缺乏系统的海外并购财务风险评估与防范措施，从而无法成功实施对目标公司的兼并与收购，同时对重组企业的后续经营管理效率不高，只有一半的企业经营业绩较并购前有所提高，另一半企业经营业绩都有不同比例的下降，从而提醒我国企业在海外并购过程中不仅要大力追求经营效益，而且也要谨慎防范和控制并购中的财务风险。

　　本文从梳理 ZSY 公司的经营概况和行业背景入手，介绍了 ZSY 公司海外并购的发展现状，然后通过 ZSY 公司海外并购的实际案例来分析企业海外并购中存在的财务风险及其类型，对海外并购的定价风险、融资风险、税务风险及后期整合风险分别进行了具体的介绍分析，其各自风险形成原因与包含的细小问题都有详细阐述，最后提出解决对策，分别对四类财务风险分点给出防范与控制风险的建议对策，为我国以后进行更多更成功的企业海外并购活动做出贡献。

关键词：ZSY 公司海外并购　财务风险　风险防范

ABSTRACT

Mergers and acquisitions, started in western industrialization, as early as in 1880s. As a powerful way of business development and growth, the international M&A wave has been going through for five times. With the globalization of the world economy expanding in diversity, more and more countries join in the M&A activity; they extend it from domestic to international. Overseas M&A begins to rise in recent years. China has rapid economic development as one of world's largest trading nation, also add to the success overseas trend. Though it started late compared with western countries, the momentum flourish favorably. China collaborate with many overseas companies, which have growing industry, rich energy and advanced technology. By the way of M&A, China continuously optimizes the allocation of resources, access to economic synergies; thereby remains important position in the competitive global economy. However, everything is double—edged sword. Our success in overseas acquisitions obtain benefits, but there are also failing cases, which give some of our business huge losses. Because there is still a gap conpare Chinese overseas M&A process with western developed countries. Some enterprises' overseas M&A lack systematic financial risk assessment and preventive measures, which can not be successfully implemented on the target company's M&A. While subsequent reorganization of the enterprise management efficiency is not high, only half of the former improve business performance with mergers and acquisitions. Thus it remind Chinese enterprises overseas M&A process will not only vigorously pursue operational efficiency, but also prevent and control the M & A process financial risks.

This thesis combines ZSY company's operating profile and industry background, introduces the development status of ZSY company overseas acquisitions；it also analyzes the financial risks that exist in overseas acquisitions by actual case，including pricing risk，financing risk，tax risk，and the risk of post－integration . The paper makes specific analysis of the issues，and puts forward countermeatures，four points to prevent and control financial risks，then make recommendations for the future success of more and more overseas M&A activities.

Key Words：Overseas M&A　Financial risks　Prevention

绪　　论

0.1　研究背景

　　企业并购出现于西方工业化的初期，伴随着全球经济的飞速发展，国内乃至国际间企业竞争十分激烈，兼并与收购是企业寻求不断发展壮大的有力途径。自 19 世纪 80 年代美国花旗集团以 830 亿美元的价格兼并旅行者公司至今，整个国际上至少已经历了五次企业并购的浪潮，包括波音并购麦道、埃克森收购美孚、宝马兼并劳斯莱斯公司，以及惠普对康柏的并购等，都是全球化企业并购的典型例子。由以上众多著名的企业之间兼并与收购的案例能够得知，在当今经济全球化多元化发展的时代中，企业互相通过国内外并购的方式来增强自身竞争力，从而在目前国际经济全球多元发展的时代中屹立不倒，这是企业发展的潮流所趋。

　　我国企业并购起步较西方国家晚一些，但伴随我国社会主义经济体制和法律法规的健全，以及资本市场的逐步发展和完善，我国企业并购已逐渐形成一定的规模浪潮，成就了一系列竞争实力雄厚的跨国家、跨地区、跨行业经营发展的并购重组企业。近些年，我国企业之间兼并与收购的行为越来越活跃，并购成交金额在过去五年内以 70％的速度保持高速稳定增长，我国逐渐发展成为国际上并购活动发达的国家，经济一体化进程显著提高。由汤森路透调查统计表明，2014 年是我国企业海外并购贸易活动的里程碑，仅 1 月至 6 月的半年中，我国企业涉及的并购活动贸易金额就高达 1766 亿美金，同比增幅为 47.4％，贸易总量为 784 件，比去年增长高达 79.8％，其中 717 件交易金额得到披露，同时我国不断有更多的企业将投资目标设定为国际上成熟完善的贸易市场，并购交易活动十分活跃，2014 年 1 月至 6 月是我国自 1982 年来数额最大的并购之半年。另外在数量方面的表现也有持续增长的趋势，国内外分别占 687 件与 75 件，及外资的 22 件，其中最突出的贡献来源于矿产与能源行业。

2009 年至今，我国企业并购迎来了新一轮的火爆热潮，在企业实行能源合作战略和国际需求不断提高的市场环境中，我国大中小企业踊跃按照政府的要求施行"走出去"的政策，进行国内外企业兼并和收购的活动，典型案例有中石油收购上游资产、吉利收购沃尔沃，以及联想并购 IBMPC 的业务，这些成功并购的例子充分说明我国并购浪潮已逐步形成规模，我国企业并购正处于积极发展中。但是相对于国际上的发达国家来说，我国作为发展中国家在企业兼并与收购的交易活动方面还是无法与其所竞相媲美的，我国企业进行并购后，对重组企业的后续经营管理效率不高，只有 46% 的企业经营业绩较交易前有所提高，其余 54% 的企业并购后并没有实现期望的商业价值，从而提醒我国企业在并购过程中不仅要大力追求经营效益，而且也要谨慎防范和控制并购的财务风险。

本文以 ZSY 公司海外并购为例，通过对某个并购案例事件的描述分析，从而找出相应的财务风险，进行财务风险分析，并提出化解对策，为我国以后的企业并购活动提供案例参考模板。因此，本论文选题为 ZSY 公司海外并购的财务风险案例研究。

0.2 研究目的和意义

我国在中国特色的社会主义市场经济体制下，企业间并购活动一定程度上受政府影响和控制，同时由于法律法规还不健全，企业规范制度还未完全成熟，我国企业的并购相对西方发达国家面临更复杂的风险，这就导致企业并购成功率较低。近些年石油行业并购整体成功率仅为两成，无论是政府干预、石油价格大幅攀升，还是外汇波动剧烈，都使我国石油石化企业产成了巨大的损失。石油作为现代工业发展的生命源泉，为经济繁荣提供了基础保障作用。改革开放的大门打开之后，中国经济繁荣腾飞，并保持稳定增长，使石油能源的消耗相应剧增，近年来石油需求大幅依赖从国外产油丰富的资源国进口来维持能源安全稳定。但是若完全依赖从国外进口能源以应对石油的巨额消耗与需求量，将毋庸置疑会导致我国进口贸易面临高额成本的危害，而且中国 70% 左右的石油供应来源于中东和非洲的国家，这些产油国家时局动荡不安，矛盾争执连年不息。海运通道马六甲海峡，不为中国掌控，极易遭到美国和印度的封锁，且近年来受到越来越猖獗的组织严密的海盗活动的威胁。因此，石油企业通过跨国并购对外直接投资是获取国际石油资源的一种有效途径。

本文以 ZSY 海外并购的项目为例，充分分析研究企业在进行并购时所要考虑的重要财务影响因素，包括并购定价风险、融资风险、税务风险，以及后期财务整合风险等主要环节因素，进行原因充分分析并给出有效的解决对策。并购前期采用正确的财务分析方法对被并购项目进行周密而系统的财务风险分析研究，不遗漏并购中每一个细小的重要环节，避免企业由于评估考虑欠缺而发生重大并购失误；并购后期注重财务整合工作，使我国企业能够按照预期的经营管理效果对目标公司进行合理有效的兼并和收购活动。

0.3 研究思路及主要内容

本文从梳理 ZSY 公司的经营概况和行业背景入手，介绍了 ZSY 公司海外并购的发展现状，本文以公司并购中真实的案例事件为例，对海外并购的财务风险进行描述，对具体的财务风险进行充分分析，并提出合理有效的化解财务风险的对策，最后得出结论。本文以 ZSY 公司海外并购案例作为研究对象，利用作者自身的工作经验和财务知识，对海外并购中存在的财务风险问题进行生动的描述分析，从而给出合理有效的化解对策，为我国以后进行更多更成功的企业并购活动做出贡献。

本文采用案例与文献研究相结合的方法，识别、分析 ZSY 公司海外并购活动中的财务风险问题，探寻并购活动财务风险的原因和类型，最终提出解决这些并购风险的对策建议。本文包括四大框架内容，下面进行详细阐明：

第一部分：绪论。介绍本文的研究背景、目的和意义，以及研究思路与主要方法内容。

第二部分：案例描述。介绍了 ZSY 公司的经营概况和行业背景，以及其海外并购发展的现状，同时结合 ZSY 公司几个真实典型的案例事件进行详细的描述，为文章下一步的深入研究做好理论铺垫。

第三部分：案例分析。首先阐明了文章的理论依据，包括并购基础理论和财务风险理论，以及海外并购财务风险类型介绍，接下来利用理论依据充分剖析了 ZSY 公司海外并购中存在的财务风险问题，依次为定价风险、融资风险、税务风险和后期进行财务相关整合的风险，并对各项财务风险的原因进行了详尽的分析研究。

第四部分：对策及建议。在案例分析的基础上，分别从不同方面进行财务风险的防范与规避，结合作者自身的实际工作经验，提出了合理有效的海外并购财务风险化解对策。

1 案例描述

1.1 ZSY 公司简介

ZSY 公司成立于 20 世纪 90 年代后期，其前身是原中国石油天然气总公司，目前是由国家控股并授权的特大跨国经营的综合性石油石化集团公司，公司采用现代企业内外贸、产销一体化及上下游的运营制度，2013 年世界综合排位列于第四，并以第五名的成绩荣居世界五百强企业排行榜。2013 年，ZSY 公司分别以 2.2%、2.8% 与 3.8% 的同比增幅完成了 1880 亿元的总利润、2.76 亿元的营业收入并上交 4078 亿元的税金。ZSY 公司作为国有重点发展企业和我国油气能源供应的龙头老大，其生产经营业务包括建设油气工程、开发新型能源、投资与装备制造，以及经济金融与技术服务等，其自身实力和国际竞争力均十分雄厚。

伴随我国经济的繁荣发展，交通运输和工业发展逐渐发达起来，随之而来的石油能源消耗需求量大幅增长。根据英国《BP 世界能源统计年鉴》显示，国际原油价格不断超越历史价格，而我国石油能源日消费量高于 1022 万桶，石油能源净进口量值达到了全世界石油储量增长值的 86%。自 1995 年至今，我国每年石油天然气能源消费量增速接近 6%，原油进口依赖度不断增长直至近几年来赶超美国，到 2013 年，我国原油的进口依赖性高达 58.1%，预计未来不久我会继美国之后成为世界原油消耗量第一位的国家。然而国内的石油储量有限，每年产油量较为稳定，增长速度缓慢，截至 2013 年底，我国石油剩余探明储量 24 亿吨，居世界 14 位，人均石油探明价值储量为 2.6 吨/人，低于世界石油储量人均水平。据专家预测，在未来 10 年内，国内原油缺口将增大至 2.5 亿吨，中国经济只有摆脱能源资源约束这一问题，才能更好地发展。然而依靠国内自身石油资源来发展工业是不可能的，要实现石油工业的可持续发展，就必须放眼国际进行海外并购活动。

历经近五十年的经验沉积与技术创新和设备改进，ZSY 公司目前拥有大量完整且先进的专业技术、勘探人才和开发装备，组建了一支专业型油气能源开采团队，ZSY 的团队具备国际上领先的油气勘探开发技术与服务能力，其竞争实力位于国际上游水平，尤其在对油气田获得高能采收率领域的技术服务领先于世界。中国石油深厚的财务能力和雄厚的油气开采技能服务，是其在海外优质油气资源收购中一项得天独厚的优势。

1.2 ZSY 公司海外并购发展现状

伴随我国经济的飞速发展，我国对国际经济发展的推动作用不断加强，对全球经济的繁荣与多元化起着不可替代的作用。1993 年，ZSY 公司成功中标秘鲁塔拉尔油气区块，获得油气资源的勘探开采权，开始了我国石油企业国际化经营投资合作；发展到 1997 年，我国石油企业逐步扩展投资领域并加大投资规模，参与国际大型油气项目的勘探与开发，签订了委内瑞拉、哈萨克斯坦和苏丹三大国际油气区块合作活动。这三大项目是我国石油企业成功实施"走出去"战略的典范，大大加快了中国石油企业海外并购经营的步伐；2000 年，ZSY 公司在境外的第一个炼厂——苏丹喀土穆炼油厂，顺利建成并一次性投产成功，委内瑞拉陆湖项目原油日产突破 4 万桶，海外原油作业产量突破 1000 万吨，原油权益产量超过 500 万吨，海外并购项目由较大规模投入阶段进入投资回收阶段；2002 年，我国相继签署阿塞拜疆、土库曼斯坦、吉尔吉斯斯坦、利比亚、阿曼、印度尼西亚等国家的油气合作项目协议；2004 年，原油操作生产的海外投资业务量超过 3000 万吨，权益作业量超过 1500 万吨。海外油气业务初步实现上中下游一体化发展；2007 年，海外原油作业产量突破 6000 万吨，权益产量超过 3000 万吨，海外五大油气合作区格局初步形成；2008 年，我国成功签署伊拉克战乱结束后首个海外石油投资合作项目；2009 年，购买了加拿大油砂项目和哈萨克斯坦 MMG 项目；2010 年购买了澳大利亚箭牌项目和幼发拉底 COOP 项目；2012 年购买了加拿大四方上下油项目；2013 年购买了哈萨克斯坦昆山项目及莫桑比克等几个大项目；截至 2012 年年底，国外投资合作能源生产量同上年一样持续两年突破一亿吨，权益作业量高于 5000 万吨；到 2013 年底，ZSY 奉行"贡献能源，共创和谐"，施行能源、市场和海外投资策略，成功创立出包括管道营运、能源勘测开采、销售服务、装备制造等多项作业产销链，并实现了对各大石油天然气战略合作通路的营销与运营构造，有力地保障了国家能源方面的安全，促进了我国 GDP 的不断稳定增长，并为日后的成长规模和高超质量打下了夯实的基础。

截至 2014 年 5 月，ZSY 公司海外油气业务扩展到全球 34 个国家，管理和运作着 100 多个油气合作项目，是国际上众多国家在石油天然气等能源合作方面优质的另一半，不断促进世界能源多元发展。其中，重点油气资源及合作内容包括：五大国外油气协作区（中东协作区、美洲协作区、中亚－俄罗斯协作区、亚太协作区和非洲协作区，包含伊拉克、委内瑞拉、苏丹、印度尼西亚等众多产油大国在内，年油气能源产量均突破千万吨），四大油气战略通路（东北通路、西北通路、海上通路和西南通路，四大通路协作共同完成油气运输供应工作），三大国际油气营运站（欧洲油气营运站、亚洲油气营运站和美洲油气营运站，三大营运站合作实现跨国并购交易的实施）。

　　ZSY 公司自走出国门开始进行海外并购投资后，海外兼并与收购规模跟数量逐年递增，海外并购活动已经成为 ZSY 公司乃至我国大型石油企业走进国际市场提高企业竞争实力和国际影响力的重要途径方法。2010 年 3 月，ZSY 公司协同壳牌能源公司共同出资并购箭牌公司，同时获得壳牌握有的油气能源资产，合作以两方分别持有合资企业一半的股权终结。并购结束，投资两方分别获得 CBM 和 LNG 资产的一半股权，并采取共同营运及治理的形式来实现合作交易。事实证明，不断成功推进海外并购活动对 ZSY 公司及整个石油行业来说意义重大：一是 ZSY 公司可以实现对国际上具有优质发展潜力的油气资源领域的战略性进入，并以此为契机拓展海外投资规模；二是通过持有大量比重股份来获得潜能相对比较高的上游资源且进入能源的开采工作，有利于石油天然气能源的政策性保证；三是通过上下游一体化项目的实施使我方有机会掌握国外先进的油气勘探开发的生产技术，四是与国际优质能源企业进行战略协作，对于 ZSY 公司的海外市场竞争地位的提高具有极大帮助。ZSY 公司自成立以来海外并购活动不断扩大，已成功进行数十项海外并购业务，业务范围包含了世界上各大产油区块，项目业务量高达上百个，然而石油行业本身资本密度较大，海外并购活动又牵涉到巨额资金运作，因而在并购中存在较大的财务风险，企业在通过并购活动获得高收益的同时，需要密切进行关注并及时防范规避，否则极易危及企业的生存与发展。企业在进行并购活动中面临着定价、融资、税务及后期财务整合等多方面的风险因素，加之外界经济环境和法律法规不完善的影响，极易导致企业股权稀释、负债增多、现金短缺等业绩下跌的现象发生，这大多归咎于兼并与收购交易进行之前没有对被并企业进行正确的价值评价和估计，没有采用合适的融资方式，加之并购活动完成之后对公司的财务整合不够充分等与财务相关的风险原因，因而在企业进行海外并购前必须充分考虑各种财务风险因素，采取措施进行合理有效的风险防范与规避，从而保证企业能够在获得高收益的同时避免风险损失，成功进行海外并购活动。

1.3　案例正文

1.3.1　进军南美市场

　　湛蓝的天空，徐徐的微风，沐浴着和煦的阳光，人们的心情也如音符般轻快愉悦，此时坐落在北京 ZSY 总部 20 层的会议室，公司总经理与各部门经理及核心人员齐聚一堂，总经理王总首先宣布了一项重大的战略决议——："我宣布，我公司 ZSY 已与艾芬豪公司就南美 T 区块项目达成基本合作意向，我 ZSY 公司欲通过购买艾芬豪公司 70％的合同权益进行并购，双方签订联合作业协议，由我方 ZSY 担任作业者。"听到这个消息大家纷纷点头示意，心里都深知这次并购举动意味着 ZSY 公司海外并购进程的又一次跨越性发展，挑战性极大，但同时机遇也十分难得。王总接着说："下面由战略发展部陆总为各位做项目具体情况介绍。"

战略发展部陆总起身向在座各位同事问好之后，结合投影 PPT 展示，开始做具体介绍。南美 T 区块（以下简称 T 区块）位于厄瓜多尔首都基多东南 200 公里处的亚马逊盆地，紧邻安第斯山脉，区块面积为 426 平方公里，第三方储量评估公司评估储量为 43～121 亿桶。2013 年 8 月，我方 ZSY 公司准备通过购买加拿大艾芬豪公司的合同权益对其进行并购。T 区块是艾芬豪公司于 2008 年 8 月 28 日同厄瓜多尔管理当局签署一项"南美 T 区块"服务条约，合同属于风险服务合同，合同期限为 30 年，服务费为 37 美元/桶。

合同共分为评价阶段、先导试验阶段和开发生产三个阶段。其中，评价阶段从合同者取得环境许可证后即可开始，期限为 3 年。在评价阶段合同者可以进行地震勘探，钻探井及评价井，利用蒸汽驱进行试生产等工作。评价阶段第一年预期投资为 2000 万美元，第二年及第三年均为 9000 万美元，合同者有权在认为无商业价值情况下退出。先导试验阶段同样为时三年，合同者将承担评价及试生产工作，进行地震及钻井试井工作将在选定的先导试验区域进行，并着手建造第一座 HTL 装置，这一阶段将在 HTL 装置正式运行后结束。先导试验阶段第一年预期投资为 1.2 亿美元，第二年为 3.51 亿美元，第三年为 5.6 亿美元，合同者有权在认为无商业价值情况下退出。开发生产阶段预计投资为 35 亿美元。以上各阶段投资费用均由合同者承担，厄瓜多尔石油公司同样拥有前两阶段开采出的原油的所有权，在其认可原油具有商品标准后，合同者可获得协定的合同报酬。

合同者前两个阶段的预计分年投资如表 1—1 所示，合同者还需每年向厄瓜多尔政府预缴下一年预期投资额的 5％作为投资保证金，在相关工作履行完后退还。所有的合同者收入都集中在 Contract payment 中支付，Contract payment 的初始价格为 37 美元/桶商业化产量，随后将随着美国劳动部劳动统计局公布的生产者价格指数 PPI 每 3 个月调整一次（计算公式为：当期合同者收入油价＝上季度合同者收入油价×上季度美国劳动统计局公布的 PPI 指数）。Contract payment 中包括合同者所有的投资、操作费、税费、保险费等各项支出的资金回收，以及利息和利润。合同者获得收入的形式可以有三种：以现金支付、原油支付或从保证金账户中提取。若合同者以原油实物形式获取报酬，将按港口 FOB 价格计算，此种方式还将涉及管输费问题。如合同期内发生油价低于初始协定价格 37 美元/桶，合同者需保证政府收入不低于总油气收入的 20%，如对合同者造成损失，政府同意在今后油气销售收入中对合同者损失给予补偿与回收。合同者所有的投资，成本及费用均从合同付款中回收，若有实际发生成本大于预先审批额度的，合同者有资格就超额部分获得补偿，具体补偿方式还需在双方签订的互补协议中进一步落实。

表 1—1　　　　　　　　　各阶段年份时间表

年份	项目	年底预估（MM$）	5%投资保证金（MM$）
2008 年	批准阶段	1～2	—
2009 年	评价阶段	20	1.00
2010 年	评价阶段	90	4.50
2011 年	评价阶段	90	4.50
2012 年	先导试验阶段	120	6.00
2013 年	先导试验阶段	351	17.55
2014 年	先导试验阶段	560	28.00

1.3.2　讨价还价的困惑

一个小时后，经过战略发展部陆总详尽的介绍，各部门经理对此次并购活动已经有基本的了解，于是有人提出想听取开发方案设计和具体的财务定价，以及融资与税务等方面的并购策略，总经理王总开怀一笑，说："那是当然，财务决策可是咱们并购成功与否的关键核心因素啊，有请财务资本运营部赵总给大家做财务方面的具体方案过程讲解。"

财务资本运营部赵总深知自己身负重任，丝毫不敢大意，运用自己认真严谨的财务素养为大家开展了深入的财务决策介绍。首先介绍开发方案，此次对南美 T 区的并购活动主要有两种可行的开发方案，分别是改质方案和掺稀方案，改质方案是指将原油改质后达到合同要求的 21 API° 后外输，改质厂采用目前成熟的技术（延迟焦化与加氢），总投资 65 亿美元。掺稀方案则是对掺稀比例按 3∶2（重油∶稀油）进行估算，稀油油品为 29 API° 以上原油，考虑建设 70 公里稀油管道从厄瓜多尔输油管道（SOTE）购买稀油，总投资约 39 亿美元。两种方案具体的投资细分和规模投资量数据见附录。

1.3.2.1　定价过程

在项目定价分析过程中，我方 ZSY 公司进行了相关尽职调查，包括资产收购而非公司收购，专注于资产层面的调查；支付卖方历史成本的 70%，卖方历史成本是尽职调查的主要内容；调查历史税库、分类历史成本，为交易对价调整做支持。定价过程中采用现金流贴现的估价方法，经过一系列计算分析，两个方案定价结果如下：

（1）建改质厂方案评价结果，指标为艾芬豪100％权益值：

①项目累计净现金流为99.5亿美元。

②10％折现率下净现值为4.53亿美元。

③内部收益率12.64％。

④投资回收期16年。

⑤单桶净现值（10％折现率）为0.51美元。

（2）掺稀方案评价结果，指标为艾芬豪100％权益值：

①项目累计净现金流为62.34亿美元。

②10％折现率下净现值为5.86亿美元。

③内部收益率18.15％。

④投资回收期14年。

⑤单桶净现值（10％折现率）为0.66美元。

定价评估结论：

方案一的改质方案项目内部收益率可以达到12.64％，10％折现率下净现值为4.53亿美元，单桶净现值为0.51美元/桶。因项目涉及分阶段开发，在两个产量台阶阶段间，项目单年净现金流回正，但累计净现金流未回正，因而总体看投资回收期限较长为16年。方案二的掺稀方案项目内部收益率可以达到18.15％，10％折现率下净现值为5.86亿美元，单桶净现值为0.66美元/桶，项目涉及滚动开发，因而投资回收期限较长为14年。

在两个开发方案中，从净现值、内部收益率和投资回收期来看，方案二具有优势，但是掺稀方案中需对稀油来源及原油性质要进行进一步的专业调研和分析，确定稀油掺入比例，达到标准，这是个难点。所以虽然方案二好，但是实施的不确定性较高。

1.3.2.2 融资计划安排

介绍了具体的定价分析过程后，财务资本运营部赵总接着给大家讲解融资具体计划如下：根据厄瓜多尔法律规定，执行石油服务合同的合同者的财务费用（贷款利息）不能税前抵扣。因此，在厄瓜多尔境内，无论是注资还是贷款，无论资金来源，雇员红利分享税（15％）、公司所得税（22％）和外汇出口税（5％），都是无法进行规避的。由于艾芬豪公司不具有单独融资的条件，需与ZSY捆绑融资，所以艾芬豪公司坚持要ZSY公司安排银行对该项目勘探，开发阶段进行全过程融资。为推进项目建设，又不过早做出融资承诺，

ZSY 公司准备按以下方式来分阶段为项目运作提供资金。

第一阶段：项目开发方案批准以前的后续投资资金需求，由 ZSY 以追加投资的方式来进行支付。项目在开发方案批准以前，中方共需投入资金约 2.5 亿美元（含购买成本 4000 万美元），足够满足项目勘探及先导实验期的投资需求。

第二阶段：待勘探期和先导实验期结束后，编制相应的开发方案报厄瓜多尔政府批准。此时 ZSY 可根据项目建设需求安排银行进行项目融资。

（1）推荐的银团贷款限制严格，促使艾芬豪公司放弃与 ZSY 捆绑融资而去单独融资（此时艾芬豪公司应已具备一定的单独融资的条件）。

（2）推荐的银团贷款以相对合理条件提供项目融资。

由于借用了银行的资金，且利息费用不能税前抵扣，降低了 ZSY 的净收入额，但会因财务杠杆效应，提高中方投资的收益率水平。

1.3.2.3　具体财务方案

总经理和各部门经理听取了赵总的具体定价、融资决策后，纷纷表示赞同，认为方案可行并能够进军南美市场，最后赵总对具体实施方案进行细致介绍，南美 T 区块项目相关财税政策如表 1－2 所示。

表 1－2　　　　　　　　　　财税政策表

员工利润分享税	利率 15%，税基是税前利润
公司所得税	税率 22%，税前利润扣除已缴纳的员工利润分享税后的金额作为纳税基础
股息预提税	税率为 0，但是从厄瓜多尔公司向避税岛国家或任何所得税率低于 15% 的国家或地区分红时，预提税为 12%
利息预提税	税率 22%，可根据双边税收协定降低（目前厄瓜多尔与 11 个国家有协定，不包括中国）
外汇出口税	税率 5%，向厄瓜多尔境外汇出外汇都必须缴纳，但向非避税岛和低税率国家分红不缴纳
资本弱化	厄瓜多尔规定资本弱化条件为 3∶1，故需要向新公司注资一定满足此条件

方案一：直接在厄瓜多尔设立子公司。

根据厄瓜多尔相关法律规定，在厄瓜多尔设立公司至少需要两名股东，并且和政府签订石油合同的公司及其母公司不得是避税岛公司。基于此原因，目前大多数外资石油公司在厄瓜多尔投资都不在厄国设立子公司，而只在厄国境内设立分公司。如果采用直接投资的方案，则将厄瓜多尔子公司作为投资主体，并作为 T 区块的作业者。虽然采用直投方式层级较少、管理成本低；不考虑卖方要求的联合融资方案，使用母公司无息贷款方式，也不会产生额外税负。但是这种方式下，在法律和税务上存在严重的缺陷劣势。在法律方面，如果以厄瓜多尔子公司为合同签约主体，争取到采用国际仲裁条款来解决法律纠纷的可能性，相比较于以厄瓜多尔境外公司为签约主体的可能性要小很多，对 ZSY 公司恐怕会有不利影响。在税务方面，厄瓜多尔子公司向厄瓜多尔境外银行还款时，需缴纳该国利息预提税 22％和外汇汇出手续费（5％），税负较大。

方案二：在中国设立子公司作为合同者，在厄瓜多尔设立分公司。

这种方案下，虽然能直接适用中厄税收协定，从特定的几个中国银行贷款，偿还利息时也不用缴纳利息预提税，在厄瓜多尔缴完税之后，没有其他额外税赋；而且层级较少，管理成本较低。但是，这个方案面临较大的资金渠道问题和法律问题风险。在资金方面，收购款可由 ZSY 公司向中国子公司注资方式提供，由该子公司完成向境外支付的程序；由于是中国境内子公司直接对外投资，该子公司的资金出入都要受到我国外汇管理部门的监管，其资金渠道的通畅性存在不确定性；即便是在开发期后，双方联合从外部银行贷款，由于 ZSY 公司只能使用中国境内公司作为贷款主体，其实际在使用资金时仍然要受到我国外汇管理部门的监管。在法律方面，在我国设立子公司的程序较为复杂，时间比较长，不利于项目顺利实施及完工，有可能造成项目后期意外变故。

方案三：通过荷兰 A 公司和荷兰 B 公司间接持股收购资产，由荷兰 B 公司在厄瓜多尔设立分公司。ZSY 公司在荷兰已设有 A 公司，可以在该 A 公司下面设立一个新的荷兰 B 公司，再在厄瓜多尔设立该 B 公司的分公司，该新设荷兰 B 公司作为项目的投资主体。采用这种结构，需将荷兰层面做实，同时需密切关注荷兰 A 公司形式的稳定性并向荷兰税务机关申请预先裁定，确认荷兰 A 公司和 B 公司的税务影响。

对比上述三个方案，各自存在不同层面的缺陷和劣势问题如表 1—3 所示：

表 1－3   三个方案对比表

	方案一	方案二	方案三
设立程序	需要在厄瓜多尔设立新公司，该新公司需要两个股东	在 ZSY 公司下新设立境内子公司及其境外分公司，审批程序复杂，所需时间较长	需要在已有的荷兰 A 公司下设立新的荷兰 B 公司，以及厄瓜多尔分公司
维持成本	需要每年在厄瓜多尔召开董事会，准备各种会议文件，满足厄瓜多尔公司法相关规定	主要满足中国境内子公司的监管要求	需要做实荷兰 B 公司，面临更多的监管，层级较多，会计管理更加复杂，管理成本较高
税务负担	在当地缴纳雇员分享税（15%）和所得税（22%）； 分红无厄国预提税； 分红时无须缴纳外汇汇出手续费 5%； 分红到中国要补交 3% 的中国所得税差额； 对于开发期的联合贷款，贷款主体是厄瓜多尔子公司，向境外还款时，需缴纳厄国利息预提税（22%），本金和利息需缴纳厄国外汇汇出手续费（5%）	在当地缴纳雇员分享税（15%）和所得税（22%）； 分公司利润汇回无厄国预提税； 分公司利润汇回至中国境内子公司时无需缴纳外汇汇出手续费 5%； 到中国要补交 3% 的中国所得税差额； 联合贷款主体是中国境内子公司，利用分公司利润汇回偿还利息及本金，无须在厄瓜多尔缴纳利息预提税和外汇汇出手续费	在当地缴纳雇员分享税（15%）和所得税（22%）； 分公司利润汇回无厄国预提税； 分公司机构利润汇回不需支付 5% 的外汇汇款手续费给荷兰 BV 集团公司； 荷兰 BV 收到汇回利润，直到荷兰 A 公司向 CNODC 分红，中间层级都无须缴纳股息预提税； 分红到中国要补交 3% 的中国所得税差额； 联合贷款主体是荷兰 B 公司，利用分公司利润汇回偿还利息及本金，无须在厄瓜多尔缴纳利息预提税和外汇汇出手续费

	方案一	方案二	方案三
资金渠道	收购款可以由 ZSY 公司注资； 开发期联合贷款之前，可由 ZSY 公司提供无息贷款； 开发期联合贷款之后，从第三方银行取得贷款； 资金渠道基本畅通	直接投资主体为中国境内公司，无论自有资金、母公司贷款、从外部融资，都要受到中国外汇管理部门较为严格的监管、审批程序； 资金渠道不畅通	收购款可以由 ZSY 公司注资； 开发期联合贷款之前，可由 ZSY 公司提供通过 A 公司提供贷款； 开发期联合贷款之后，从第三方银行取得贷款； 资金渠道畅通
法律仲裁条款	发生法律纠纷时适用国际仲裁条款的可能性较小	发生法律纠纷时适用国际仲裁条款的可能性较大	发生法律纠纷时适用国际仲裁条款的可能性较大
投资保护	合同权益受中厄双方投资保护协议（简称 BIT）间接保护；股权受中厄 BIT 直接保护	合同权益受中厄双方投资保护协议直接保护	合同权益受荷厄双方投资保护协议直接保护

综合考虑税务、资金及法律方面的优缺点，方案一比方案二、方案三在还息时需多缴纳利息预提税（22％）和外汇出口手续费（5％）；较方案一、方案三，方案二的资金渠道更不通畅；争取到适用国际仲裁条款来解决法律纠纷方面，方案一的可能性较小。对于方案二，在税务和法律方面都有其独特的优势；但是项目时间较为紧张，方案二需要研究、报告、批准的问题较多，可以继续研究。如确实可行并得到批准后，可在未来项目中采用。至于 T 区块项目，考虑到时间上的紧迫性，可以暂时先采用方案三，但该方案仍存在自身劣势，需要进一步改进完善。

1.3.3　一声叹息，并购失败

同一座大楼，同一间办公室，同样的与会人员，却是不同的天气，不同的心情。外面阴雨绵延，乌云蔽日，似乎在诉说着办公室内各位 ZSY 公司核心成员的忧郁心情。ZSY 公司并购艾芬豪公司关于南美 T 区权益的项目已经运行很长一段时间，大家满心欢喜希望能得到这一具有战略意义的并购项目成功的消息，然而世事岂能尽如人意，在我国海外并购活动发展还不是十分成熟完善的市场大背景下，想要成功实现跨国并购这一巨大飞跃的确困难重重。总经理王总总结到："我 ZSY 公司在实现海外战略的过程中，各战略目标都存在一定程度的政治、经济和法律等方面的风险，如果不能对这些因素可能给项目造成的影响进行准确评估，并制定相应的防范对策，就会给项目带来巨大损失，就如同本并购项目最终以失败告终一样，大家都谈谈自己的看法吧。"

总经理王总率先表示，他认为并购前期定价工作信息收集不全面，估价方法不适用，投资决策不科学。具体原因如下：

本项目是为实现中国石油的海外发展战略和国家的能源战略进行的海外收购活动，工作程序符合国家和集团公司的相关规定，但是在项目前期定价工作中评估体系不健全，未组织公司内部相关技术、经济专家对项目进行深入的技术经济论证，对资源国的法律法规、区块油气资源量、项目的经济效益等多方面的评估不够深入细致，致使信息收集存在局限性，同时定价过程中采用现金流贴现的估价方法，该法对被并企业预期现金流的预测和折现率的确定较难，具有一定的人为主观性，而且此法需要外界经济环境和内部经营环境的相对稳定作为支持，否则会对企业价值评估结果造成影响。所有这些工作的不完善一同导致了投资决策的不科学性，项目因而无法取得良好的投资效益，为 ZSY 公司在厄瓜多尔的进一步并购埋下了失败的伏笔。

紧接着财务资本运营部赵总自我反省到，项目运行后发现投融资计划安排不是十分合理，经济效益回报相对较低，达不到预期理想目标。理由如下：

本项目对于投融资架构的安排，共有三个备选方案，但从上述方案分析可看出，每一个方案都存在明显的缺陷，方案一在法律和税务上存在严重的劣势，牵涉到负责的法律纠纷和巨额税负；方案二面临较大的资金渠道问题和法律问题风险，资金渠道不畅通，受我国外汇监督管制较严，且法律程序繁杂易发生意外变故；方案三虽相对于方案一和方案二有所优化，但实际上管理成本较高，税务风险较大，总结以上三种方案，即使是较为有优势的方案三，在具体并购运行中也会给 ZSY 公司带来潜在风险损失，所以最终未能在融资方面对并购产生助力，反而连累并购活动的实际运行不畅通。

然后，法律事务部吕总补充道，他认识到我方 ZSY 公司未充分了解资源国法律条款与合同模式，因而影响到了项目的投资收益。分析如下：

海外石油勘探开发项目的效益与资源国的财税制度和合同模式密切相关，厄瓜多尔经营环境变化巨大，环保要求苛刻，这些因素都对项目的运行与发展产生不利影响。面对复杂的法律税收条款，ZSY 公司未在抵御政治、经济、社会和自法律风险上设置紧急安全预案，该项目中存在前期公司遗留的税务争议 1000 万美元，以及劳工纠纷、社区冲突、政府事务等一系列棘手法律问题。项目面临的主要风险为合同模式的变更，在政府合同转制谈判中未能积极争取有利的合同条款，相应的经营对策不合理，使 ZSY 公司的投资效益受到严重影响。

最后战略发展部陆总发言，提到项目并购后期管理成效不高，管理团队国际化经营不熟悉，从而导致项目运作不顺利。究其原因如下：

自项目交割以来，ZSY 公司面临石油法反复修改、政府频繁更替、重谈石油合同等困难，各类矛盾未能一一妥善处理，公司成立以来，虽未发生任何重大安全环保事故和伤害事故，但与外国公司合并后其整合管理缺乏系统性，财务管理体制及资源未能有效整合，合并后应尽快组织起一支业务能力强，熟悉油田勘探、开发与生产经营，拥有强烈的事业心，肯钻研，善于思考，熟悉国际化经营的管理队伍，以保证项目的顺利运作。然而本项目中这些方面的财务整合都未能有效进行，作业权的转移对项目的正常运行产生了一定的影响，而且中外企业文化的融会贯通完成度较低，后期整合不利导致项目无法顺利运行，仍需不断完善改进。

2　案例分析

2.1　理论依据

2.1.1　并购理论

并购，包含收购与兼并的双重理论，专业术语称作 M&A。收购（Merger）是指，一家企业为获得另一家企业的所有权或控制权，通过采取支付股票、现金或证券等方式以拥有或控制目标公司的行为。兼并（Acquisition）是指，两个或多个独立企业因故吸收合并成一个完整企业，其中实力较强企业通过有偿支付形式合并其他一家或多家弱势企业，使其失去法人资格、变更法人实体的行为，兼并方式多样，包括吸收资产、支付资金、控制股权，以及债务承接等多种形式。因此，并购作为收购和兼并两种方式的综合理论主体，就是指企业间通过多种多样的购买支付手段以获得不同企业产业控制权的活动，其本质是一项企业间的权益主体变更和权利转让与过渡的业务活动。海外并购，则是海外跨国兼并与收购的总称，是两个不同国家间一方通过一定的购买支付方式来获得另一方资产控制所有权的行为，涉及权益和国际资本流动之间的转换。

2.1.2　财务风险理论

2.1.2.1　财务风险定义

财务风险是指，企业在经营活动中由于资本结构不合理、财务状况不佳等原因所导致的未能达到企业预期经营目标，或对企业造成负面影响所造成的企业蒙受损失的可能性。

企业海外兼并与收购活动一般要经历评价估计目标公司资产价值、进行可行性的判断分析、筹集交易活动的资金、对支付方法的选择和并购之后企业的财务整合这些过程与步骤，每一个环节相应都会产生特定的财务风险，这些风险因素综合起来相互影响会导致企业财务状况发生变化受到负面影响，使并购后企业价值的实现与原预期设定的目标严重不符，最终给企业带来损失，即称作并购中的财务风险。

2.1.2.2　财务风险类型

并购交易涉及的相关财务风险类型包括定价风险、融资风险、税务风险，以及后期财务整合的相关风险等，这些都是海外并购活动中涉及到的相关财务风险类型。

定价风险起始于并购源头，即对被并目标企业的选择上，而被并企业的选择标准则是对其企业价值的正确评估，这是保证企业并购活动能够成功实现的关键所在。因此，企业并购活动的第一个财务风险就来自于对被并企业价值评估的准确性上，即定价风险。我国石油企业在海外并购活动中对定价的把控能力较弱，由于油气资源勘探技术与国际先进水平还有一定的差距，以及国家对油价变化的预测能力存在缺陷，直接导致定价风险成为并购交易活动成功与否的第一要素。

对于融资风险来说，当被并企业作为目标确定后，下一环节就显得尤为重要，即筹措资金的融资环节。雄厚的资金后盾作为并购成功的前提保障是毋庸置疑的，有效的融资渠道选择，以及合理的融资方式确定能够在很大程度上确保企业资本结构的优化配置，从而降低融资成本，规避融资风险。

税务风险是在海外并购过程中，由于不同国家的法律税收体制和财务会计准则的差异，而产生的较为复杂的一种财务风险。

相关的财务整合风险是并购结束的最后一个阶段，即并购活动成功实现之后，并购方对被并方所实施的整合控制，是最容易被忽视的一个至关重要的环节，如若整合不当，企业将随时面临多重风险隐患，局面将难以控制，最终以失败落幕。

2.2　ZSY 海外并购财务风险失控原因分析

2.2.1　定价风险分析

2.2.1.1　信息不对称

在 ZSY 公司海外并购的案例中可以发现，其存在严重的信息不对称所导致的定价风险。在海外并购开始前，ZSY 公司作为并购企业需充分搜集有关被并购企业目标公司的各方面有效信息，当然重点是财务信息，以便了解被并方财务经营状况，从而制订合理有效的并购战略计划。但是从近年来石油企业海外并购的实践案例来看，并购成功率仅为 30%，这其中绝大多数的原因归根结底就是对目标公司信息了解不透彻，使油气资产并购交易过程中出现财务漏洞，最终导致财务风险的出现。信息不对称从客观因素上要追溯到海外并购活动中不同地域国家的政治、经济、文化等方面的差异，如地域性市场结构的不同、法律制度规定的财务系统要求不匹配，以及企业文化价值差异大等阻碍，这些都会直接或间接导致并购时 ZSY 公司对被并企业信息取得存在疏漏；而从主观因素上来说，就是目标公司人为的刻意隐瞒其财务损失及负债风险等不利信息，为使其并购资产价值被高估反而夸大商誉之类的无形资产，导致 ZSY 公司对其价值进行评估时产生估价错误偏差，高估其油气资产的使用价值及未来收益，从而引发并购方付出高成本代价却获得低未来收益的亏损并购。即使并购公司在评估定价过程中进行仔细的勘察估算，也无法完全获得目标公司全部客观真实的信息资料，而事实上中国企业在这方面的努力也着实不够，缺乏对海外相关被并企业长时期的追踪与勘察，从而使得我方公司在海外并购中一直处于被动的劣势地位，无论是海外并购上市公司还是非上市公司，我方都无法真正意义上的深入到目标公司真实的内部信息中，财务报表以外的信息很容易被掩盖忽视掉，即使是公开宣告的信息也存在对其真实性的合理质疑，不能保证完全真实可靠，这一切的信息不对称因素都导致了定价风险的客观存在，极易使并购决策失误从而导致活动失败。

2.2.1.2 估价方法和体系的局限性

ZSY 公司海外并购中对，被并企业价值评估方法选择所产生的风险是指，由于采取不当的估价方法导致对目标企业资产价值和预期收益能力估计产生偏差所发生的财务损失的风险。目前，国际上海外并购活动重点使用的价值评估方法包括重置成本法、现金流贴现法和市盈率法。

（1）重置成本法是根据会计计量方法核算的账面价值来确认被并企业目前资产价值的评估方法。这种方法所需的财务信息数据在获取上简便快捷，对于无法得到完全详尽数据的并购活动具有较强的适用性，因而在我国使用频率较高。但由于这是一种静态的评估方法，反映的是企业的历史成本价值，忽视了市场环境变化所带来的企业资产和收益价值的变动，同时也没有考虑到企业资产贬值和通货膨胀等因素的影响，脱离了企业的现实价值，容易导致对被并公司未来盈利能力的估算偏差。

（2）现金流贴现法相对来说是理论与实践的完美结合估价法，在海外并购活动中被广为接受并使用。这种方法是将企业未来一段时间内的净现金流量按照一定的折现率贴现，所得到的净现值就是被并目标企业目前的价值，对于上市公司和非上市公司都可以进行应用。这种方法将企业并购存在的潜在风险和预期收益现金流紧密结合考虑在一起，充分考虑了被并企业预期收益现金流对其自身价值的影响，具有较高的科学性，得到国际主流企业并购活动的广泛认同。但是这种方法也存在一定的缺陷，如对被并企业预期现金流的预测和折现率的确定较难，具有一定的人为主观性，而且此法需要外界经济环境和内部经营环境的相对稳定作为支持，否则会对企业价值评估结果造成影响。

（3）市盈率法是将企业的收益与市场价值进行比较，是一种相对市场价值的评价方法，反映市场对被并目标企业盈利能力的评价，通过寻找并参照可比公司的价值，从而估算出目标企业的价值。市盈率法可以表示为 P/E，可以很好地将目标公司的价值和盈利能力有机地联系起来，但是这种方法只适用于具有盈利前景的目标企业，对于亏损状态或濒临破产清算的企业则失去效果意义。海外并购案例中又有相当大比重的目标公司财务经营状况不佳处于亏损状态的情况，因而在海外并购活动中具有一定的局限性。

另一方面，我国目前海外并购评估体系还不健全，缺乏专业性的目标油气公司价值并购评估机构，大部分并购活动都是由石油企业自身内部评估完成的，因而定价风险较大。

2.2.2 融资风险分析

ZSY 公司海外并购活动中隐含的融资风险是指，企业存在负债经营时，如果未能按债务规定的期限或金额偿还本金和利息，可能引发的股东权益的损失，包含财务风险和支付风险两方面。

财务风险是指财务杠杆风险，即债务融资不当而给股东权益造成的损失。众所周知负债利息存在一定的抵税作用，如果企业能够有效经营，使经营负债率低于资产收益率，则会使股东权益增加给股东带来利益流入。但如果企业经营负债率高于资产收益率，则相应的负债净损失就会造成股东收益减少。支付风险则是因企业在负债经营过程中资金支付能力不足，或者支付的股利收益无法满足股东的要求所产生的风险，导致企业无法按时或足额向债权人支付本金和利息，从而给企业和股东带来巨大的损失。海外并购的支付手段具体有三种，分别是股票支付的方法、现金支付的方法和混合支付的方法。

ZSY 海外并购活动中，在融资方面主要存在的风险需要从融资计划安排和筹得资本结构，以及支付方式所带来的风险等几方面来进行具体分析。

2.2.2.1 融资计划风险

融资计划风险是指，ZSY 公司在并购活动中通过合理安排融资的方式，以及选取适合的融资渠道，使并购方可以及时筹措获取交易应付出的全部资本，从而让并购计划能够在定价成功后继续开展下去，避免由于融资计划安排不合理所导致的并购融资风险。ZSY 公司海外并购活动中融资方式具体有两种，分别是从外部筹得资金和从内部筹得资金。外部资金是指，企业从集团外部筹集资金的方式，主要包括权益性融资、债务性融资和混合式融资。内部资金则来源于企业集团内部现有的闲置资金，其主要形式包括收购分公司证券、自由资金、贷款，以及担保等多种形式。

ZSY 公司海外并购战略中资金筹措的形式没有进行优化改进，体现在筹资风险高、缺乏新颖模式、不恰当的构造及体制滞后等地方。ZSY 公司想要成功进行海外并购活动，必须提高资金使用效率，同时节约成本。对于资本市场融资总体上还是分为国际市场融资和国内市场融资两大方面。我国石油公司利用国际证券市场资源发行债券、配股进行资金筹措的方式属于国际市场融资，有利于改善国有石油企业落后的经营体制，增强国际影响力。ZSY 公司在国际债券市场上进行了多次挑战，在中国香港、美国、英国等发行债券并取得可观收获。ZSY 公司股份改造完成后，成功在纽约、中国香港、中国 A 股上市，股权结构逐步完善趋于成熟，公司尝试巨额配股，把握良好时机获得成功。国内证券市场相对于国际市场能力较低，规模较小，但也同样具有一定的融资价值。我国海外并购融资渠道主要包括吸收投资、公司跨国内部融资、发行债券、增发股票等多种渠道，其中吸收投资包含吸收法人、国家和个人投资方式，和发行股票、留存收益一样都是企业重要的筹资方式，有利于降低财务风险提高项目信用级别，但资本成本较高且易分散企业控制权。

2.2.2.2 融资结构风险

ZSY 公司海外并购融资结构实际上就是企业的资本结构，即企业通过债务融资或股权融资这两种主要融资渠道所筹措到的不同资金比例结构的关系。在海外并购活动中，由于所涉及到的资金数量极大，无法通过单一方式筹措到如此巨大的一笔资金，所以需要多种融资渠道相结合的方式来筹措并购资金款项。而不同的融资结构对应的不同比例关系，如果不合理则会给企业并购带来财务负担，相应就会出现融资风险。具体分析来说：

（1）以企业内部自有资金为主的融资结构，相对来说筹措资金的阻力较小，企业没有偿债压力，有利于并购中融资风险的降低。但是由于企业内部流动资金被大量占用，很有可能会影响到企业自身正常经营活动的运行，继而企业资金有停滞周转的危险性，会带来较高的财务风险。

（2）以股权融资为主的融资结构，虽然具有无偿和长期的优点，但是如果股票增发之后公司经营业绩无法达到股本高速扩张的所要求的股东回报率，极易造成股价波动、股东权益发生稀释的后果，导致股东利益受到损害，企业财务负担增大，同时不排除会引发恶意收购现象，从而引发 ZSY 公司陷入财务困境。

（3）以债务融资为主的融资结构，其筹措资金的成本较低，融资风险较小，但是债务融资对企业有到期按时还本付息的硬性约束力。如果企业实际经营状况达不到预期的理想效果，会给企业造成较大的归还本金和支付利息的财务压力，从而产生财务融资风险，尤其对于杠杆收购更为明显。企业大部分资金通过发行债券和银行借款的途径筹集，相应的偿付风险尤为突出。

此外，对于 ZSY 公司海外并购活动还存在一项特有的融资风险——汇率风险，在当今全球金融危机、通货膨胀、人民币升值的市场经济环境下，ZSY 公司进行海外并购活动面临着不容忽视的利率波动和汇率变动的财务风险。例如，2014 年 2 月哈萨克斯坦兑美元的汇率由 153.61 贬值到 184.06，贬值幅度达到 19.82%，直接使 ZSY 公司产生巨大的汇兑损失。

2.2.2.3　支付风险

股票支付、现金支付以及混合支付是当今海外并购所采取的三种主要支付方式，其各自对应着不同的支付风险。

（1）股票支付是指，用并购方的股票置换被并公司股票的交换方式达成的并购活动。这种方式虽然可以避免现金支付中现金流债务压力，但极易造成 ZSY 公司股权稀释的风险，不仅使并购方 ZSY 公司对被并企业控制权减弱，还会导致 ZSY 在资本市场中股票价值下跌，给公司带来营运风险，影响并购公司进一步发展。

（2）现金支付，即并购企业使用现金作为支付工具，通过支付给被并企业股东相应金额资金来完成对被并企业并购的手段。因其支付速度最快，在国内外各大并购案例中使用频率最高，对于 ZSY 公司也不例外。但是现金支付存在不少会给企业并购活动带来风险的固有因素，首先在资金流动性上，现金支付对企业来说是一项巨大的货币资金即时支付负担，会给企业带来巨大的现金压力，同时对企业财务造成巨大冲击，使并购活动成败及交易规模受制于 ZSY 公司的融资能力与现金流量。而且被并公司股东收到并购方现金支付的收益后需要纳税，无法享受并利用税收优惠政策，增加目标公司的税收负担。被并公司股东也因不具备合并后企业股权而失去未来新企业的盈利机会，如若并购交易处理不当使被并公司股东恶意采取抵制手段稀释并购方股权、抬高交易成本等，会带来不必要的财务风险。另一方面在跨国并购中，汇率变动所造成的支付风险是无法避免的，也需并购方注意。

（3）混合支付在一定程度上既能缓解单纯现金支付的资产流动性风险，也对股权稀释风险有相当的控制力，但存在资本结构发生偏离无法达到理想确认状态的风险，同时多个支付方法夹杂衔接无法得到有效担保，也会因并购交易过程推迟而造成后期相关财务整合危机。

2.2.3 税务风险分析

伴随世界经济的多元化发展，更多的中国企业将眼光投入到国际市场里，我国海外并购浪潮不断加速进展，无论是投资领域还是并购数量都展示出多样的成长模式，ZSY 公司就是其中的典型活跃代表。然而进行海外并购过程中，由于不同国家的法律税收体制和财务会计准则的差异，产生了较为复杂的海外并购税务风险。

2.2.3.1 或有纳税义务风险

海外并购后被并公司的法律形态能够分为新设合并、吸收合并及控股合并三种合并形式，我国税法和《公司法》对这三种不同并购形式赋予了不同的法律责任，从而导致 ZSY 公司并购后企业的税收风险会受到被并企业在合并前的有纳税义务影响。

新设合并是指，新公司成立后原有公司均失去独立法人资格的收购。吸收合并是指，被并公司在合并后消失，而并购方继续存在并确认公司的资产负债。我国《公司法》约定，并购双方合并过程中的债务权利与义务，由并购后持续存在或重新成立的公司负责承担。按照该法规要求，如若被并公司在合并前存在或有纳税义务，并经核实成为企业应纳未纳的现实纳税义务后，并购完成的企业则有继承被并企业的纳税义务风险。控股合并是指，并购完成后并购方确认并购形成的长期股权投资，并购双方公司在合并后依然各自保持独立的法人资格。我国《企业会计准则》规定，使用成本法对企业并购长期股权投资进行核算处置，因而若被并目标公司具有纳税义务，合并后再履行，会对长期股权投资的资产账面价值造成减少的影响，进而影响到并购后企业集团的后续财务发展状况和经济效益水平，带来税务风险。同时，并购活动完成之前目标公司若具有纳税义务，却没有呈现于财务报表上，不但会使目标公司股东权益莫须有的增加，还会无故提高并购交易的成本。

2.2.3.2 重复缴税风险

ZSY 公司海外并购中首要税务风险就是国际间存在双重征税的问题，其主要产生原因就是国际间不同国家税务主权对并购重组企业同一项经营所得额进行税收叠加，包括法律和经济两方面的税收叠加。法律性税收叠加主要表现为不同国家对同一纳税实体进行属人和属地管辖权之间类似税种的重复征收，经济性税收叠加则针对经济型实体的结构安排和所得的经济流动性。如对企业股东权益收入进行征税前已对整个企业利润征收过企业所得税，如果税法在国际间合作相关法规中没有合理规定双边贸易税收抵免政策及相关条约协定，则会给企业海外并购带来重复缴税的税务风险。这种重复缴税的风险是企业海外并购活动所特有的，因而需国家及国际间相关法律法规的特定协调与配合，其主要产生原因在于国际间纳税期间的不相匹配，这要求并购重组的两个国度间跨国纳税人在同一个纳税年度的同一匹配期间内发生同一项应税业务，从而通过不同国家间签订双边税收协定和外国税务相互抵消减免的条约来防止国际间二次纳税的现象发生。

2.2.3.3　合法合规风险

由于 ZSY 公司海外并购活动会涉及到两个及两个以上国家的税收法律法规，如果财务会计人员没有充分了解熟悉投资国与被投资国双方的相关法律制度的税务要求，无法完全理解并购双方签订的双边税收协定，则不能对海外并购活动项目是否需要在被投资国缴纳税金，缴纳何种税金，以及相应的税率、税目、计税方法等相关问题做出职业判断，更有可能错过税收优惠政策，导致企业在并购过程中承担过多不必要的税收负担，甚至违反当地税收法律法规的要求进行投资并购，提交不合法的税务申报，导致无法通过被投资国税收机关的税务审计，造成巨大财务风险和损失，同时也会给公司在国际上的信誉度造成严重的负面影响。另一方面，在合法的基础上还要注意防范合规性风险，即税务项目处理的程序是否符合规章制度的要求，如企业要严格按照被投资国的要求履行当地注册等一系列程序，而且不同国家的纳税申报年度和截止日期也会有所不同，如果不注意这些细节性程序而违反法规要求或制度履行程序有误，都会给 ZSY 公司海外并购活动带来不必要的麻烦，因而相关合法合规性税务风险应该引起企业重视。

2.2.4　财务整合风险分析

海外并购活动中 ZSY 公司取得被并公司控制权后，并不代表并购活动真正成功完成，并购后的财务整合工作才是整个海外并购成功与否的核心所在，调查显示我国企业进行海外并购后，对重组企业的后续经营管理效率较低下，只有 46% 的企业经营绩效较并购前有所提升，其余 54% 的企业并购后并没有实现期望的商业价值，从而提醒 ZSY 公司在并购过程中不仅要大力追求经营效益，更要谨慎关注并购的后期财务整合风险。ZSY 公司海外并购后期财务整合风险因素主要包括以下几方面内容。

2.2.4.1　财务管理体系制度的不一致

ZSY 公司进行并购重组后期望实现财务协同效应，即并购交易完成后将被并企业低收益项目的资金转而投掷于高收益项目，从而使并购后企业资金盈利能力获得更高的财务收益。然而 ZSY 公司与被并公司在会计核算方法体系、财务制度体系、财务管理目标及财务决策等方面，由于不同国家文化、政治、经济环境的差异，使得这些财务管理体系制度存在众多不一致，直接导致并购双方财务政策选择差异和追求的财务目标不同。如并购方 ZSY 公司财务目标更侧重于追逐利润最大化，而被并公司则可能更倾向于追逐股东财富或企业价值的最大化。在财务政策的选择上双方自然会选择对自身利益主体发展更有利的财务政策，而忽视了并购整合后整个集团主体的利益，这些不一致都会造成 ZSY 公司海外并购财务整合的相关风险。

2.2.4.2　企业财务资源的整合问题

ZSY 公司海外并购的财务资源主要指，企业的存量资产和存量负债。存量资产的整合是指，在并购活动完成后，即被并公司控制权转移给 ZSY 公司以后，并购方 ZSY 公司对双方存量资产进行鉴别、吸纳、分拆、剥离和流动等一系列资源优化配置的企业内部结构整合活动。存量负债的整合则是指，将并购后整合企业的债务期限结构、资本结构等进行改变，从而减轻并购后企业的偿债压力，同时降低企业的债务成本，最后使并购后企业实现财务协同效应，能够获得更高的预期收益并提高企业财务能力。企业进行海外并购的意义在于扩大国际市场份额，降低运营成本，从而提高企业的市场竞争实力，企业存量资产和存量负债能否成功整合优化配置资源对于企业达到并购目标具有十分重要的影响。如果整合不当就会产生相应的财务风险，因而在并购整合后期需要格外关注。

2.2.4.3　并购方 ZSY 公司承担债务风险较大

因为目前我国资本市场运行尚不完善，企业并购的融资方式不够创新与多元化，同时融资渠道不够宽广，因而 ZSY 公司并购目标企业过程中所需资金大部分是通过债务融资进行筹措的，想要全部通过企业内部自由资金筹集是不实际的，从而加大了海外并购过程的债务风险。ZSY 公司并购完成后不仅需要偿还自身在并购过程中筹集的债务资金，还需要在一定程度上承担被并目标公司的偿债压力，这给并购方带来了巨大的债务压力和偿债风险。如果在并购完成后不能进行良好的后期财务整合的话，极易给企业带来巨大的财务风险。

3 并购财务风险规避对策

3.1 防范定价风险

3.1.1 合理选择并购项目

首先，并购方 ZSY 公司要明确并购动机和目的，其进行海外并购主要初衷即通过兼并和收购目标公司以期望得到并购后的协同效应，提高企业盈利能力。因此，对于并购项目和目标公司的选择要更加谨慎，所选目标公司与 ZSY 公司并购后新企业的发展趋势应该是和并购目的一致的，朝有利于并购双方发展的方向运行。

然后，为了对目标公司进行合理估值评价，单靠并购方 ZSY 公司自身的人员技术是不够的，不妨借助于专业对企业进行价值评估的中介机构，如投资银行，资产评估机构和会计师事务所等专业咨询机构。通过对目标公司进行全面的尽职调查工作，对被并企业内外部环境进行充分调查了解，包括目标公司内部的发展战略、组织结构、财务状况、人才素质和公司外部的经济发展、社会文化、法律制度等一系列相关信息进行尽职调查，以全面掌握目标公司高质量的重大信息，避免被并公司刻意隐瞒财务亏损信息或造假，降低定价过程中信息不对称的风险。在整个尽职调查过程中，通过经验丰富的会计师事务所对目标公司信息进行详细核查鉴证。重点关注被并公司资产质量、债务状况和盈利能力的可信性，挤出可能存在水分的信息。利用调整修正后的财务报表数据信息，同时也要注意报表之外会使目标公司财务状况发生改变的信息，同时确认交易中会存在的未尽事宜法律责任，签订相关法律协议。之后借助投行的专业分析能力对调查和鉴证过的信息进行全面的财务分析，使并购方 ZSY 公司对被并公司经营能力、财务状况和预期盈利能力充分掌握，从而降低信息不对称性，防范并控制海外并购定价风险。

3.1.2 科学选取评估方法

目前，国际上海外并购活动主要采取的估价方法包括重置成本法、现金流贴现法和市盈率法三种方法，三种方法分别在不同领域被广泛运用，但又各自具有一定的局限性。其实这三种方法本身都是正确的，只是在海外并购中具有的实用意义不同，导致不同评估方法估算出的企业价值会有差异。所以要求 ZSY 公司在并购过程中需科学选取评估目标公司价值的方法，使得尽量减小估价方法带来的实际价值偏差，最终确定合理的并购交易价格，以防范海外并购的定价风险。经过上文的分析可知，对于 ZSY 公司活跃的海外并购市场来说，现金流贴现法和市盈率法广泛适用于未来持续经营、预期盈利能力较好的目标公司；而重置成本法则主要针对目标公司濒临破产无法持续经营产生收益的情况。在 ZSY 公司海外并购活动中，我们认为现金流贴现法的关键参数折现率和未来现金流的确定主观因素较强，对目标公司的价值估算结果不准确，因而主要采取市盈率的方法，将企业未来盈利能力作为衡量估算其价值的一项重要标准，通过寻找并参照可比公司的价值，从而精确估算出目标企业的价值，有效防范定价风险。

3.1.3 健全完善评估体系

ZSY 公司海外并购过程中的定价风险一方面来自于对目标公司价值评估方法的选择，另一方面则是由于企业自身价值评估体系不健全、不完善所导致的。从根源上来讲是因为我国整体石油行业缺乏这样一个系统、健全的目标公司价值评估体系。为合理防范并有效控制海外并购活动中的定价风险，我国应建立一套规范化的石油行业价值评估体系制度，规定各石油企业严格按照规章制度进行并购定价，不得掺杂并购方主观影响因素；同时鼓励国内专业性、有经验的并购资产评估中介结构大力发展，利用其专业资产评估技能对被并企业进行长期跟踪调查，在海外并购活动中充分发挥其职业效用。避免由于并购方对被并企业了解不充分或情绪化做出主观决定，防止价值评估结果大幅偏差的不确定性，使 ZSY 海外并购活动最终朝企业期望的有利方向发展，有效控制定价风险。

3.2 规避融资风险

3.2.1 采用合适的融资方式

ZSY 公司海外并购的融资方式主要分为内部融资与外部融资两种方式。内部融资，即利用企业自身闲置的资金来完成兼并与收购的支付。外部融资又包括权益性融资、债务性融资和混合式融资。其中，权益性融资即 ZSY 公司通过公开发行股票以招募到并购所需的资金成本，债务性融资即 ZSY 公司从银行等金融机构处贷得款项或发行债券的形式融资，混合式融资则是企业根据并购实际情况采取权益与债务性并存的混合融资方式。

在并购活动融资方式的选取上，ZSY 公司应采取先内部融资后外部融资的形式。由于内部融资具有筹集资金阻力小、成本低和风险小的天然优势，企业在做好保密原则的同时又无须支付多余的发行费用，而且可以增强企业的剩余控股权，因而应作为海外并购融资方式的首选。然而 ZSY 这种大企业进行海外并购过程中所需资金往往是巨额的，内部融资受企业预期收益、盈利能力等因素的限制，仅靠有限的内部积累资金是无法达到并购数额要求的，因而可以在内部融资的基础上结合外部融资的方式，通过向银行等金融机构贷款的形式，筹集到大量、快速、低成本的外源资金。同时 ZSY 公司作为信用评级良好的大型企业，想要获得金融机构的外部融资还是很便利的。最后一步再选择证券市场发行债券或股票的方式筹集资金，当然这同样也是外部融资的方式之一。之所以在外部融资中区分筹资的先后顺序，是因为证券市场发行债券或股票的方式相对于银行贷款的筹资成本较高、速度相对较慢且保密性得不到良好保证，不过通过这种方式所筹集到的资金的数量却是相当可观的，因而也作为海外融资的一种有力方式进行选择。

3.2.2　优化资本结构以防范流动性风险

在融资方式已经恰当选取之后，ZSY 公司防范海外并购活动的融资风险其下一项重要措施，就是综合考虑优化企业资本结构和并购交易中涉及的融资成本风险。ZSY 公司的资本结构，即债务性融资和权益性融资两种方式所筹集到资本的数量比率关系。优化融资结构应首先遵循资金成本最低的原则，对自有资金、债务资金及权益资金三者各自筹资成本实施对比分析，同时也包含各自的边际收益与边际成本研究；其次是使债务资本和权益资本维持恰当的比例关系，分析债务资本的期限结构，将 ZSY 公司未来现金流入和债务偿还流出进行期限匹配，以明确掌握企业流动性风险，同时要注意有效调控长、短期债务的份额搭配。

海外并购融资计划安排中，分为四个层次，自上而下依次是优先债务、从属债务、优先股和普通股。融资成本在这四个层次中自上而下越来越大，相反融资风险越来越小，相应的不同融资方式所占比重也是自上而下依次减少的，这样稳健的计划安排企业融资结构有利于企业融资风险的有效防范与规避。在海外并购融资过程中，股权融资比例越高，融资成本越高，同时较大份额的股权数量越可能稀释掉股东权益的价值；而债务融资具有财务杠杆的调节作用，其比例越高杠杆作用就越强，但相应的会给企业造成较高的融资风险。因此，ZSY 公司海外并购融资过程中需要在股权价值稀释和财务杠杆利益之间进行权衡比较，同时控制好债务资本比例，从而优化自身资本结构，达到融资成本与风险的综合衡量优化。

3.2.3　拓宽并购融资渠道

对于防范和控制 ZSY 公司海外并购融资风险的问题，最重要的方法就是拓宽企业融资渠道。

ZSY 公司可以采取国际与国内融资相结合的方法，在国际上拓宽市场，树立良好的企业声誉形象，利用自身优势创造品牌吸引力，从而吸引资金拓宽融资渠道，从中选择融资风险最小、成本最低、投资回报率最高的投资方案和合作对象。而国内资本市场同样需要不断完善，通过增强 ZSY 公司资金实力，从而提供融资便利。遇到资金周转困难时，可以通过公司内部融资，从母公司或兄弟公司处获得资金支持；也可以增发股票，在国内外各大股票市场上市，扩大经营力度，改善融资结构；或吸收国家、法人及个人的投资，直接获取投资者先进的技术设备，有利于生产经营并提高企业信用评级；还可以借款或者发行债券，但相对来说融资风险较高，限定因素也更多。

目前，ZSY 公司并购过程中融资渠道过于单一，现金支付使用频率过高是其关键阻碍之一。因此，需借助政府的援手，国家当前应继续加快资本市场的投入建设工作，采取积极的培养、引导与监督相结合的促进方法，使我国资本市场不断发展壮大，从而提高 ZSY 公司等企业的融资能力。同时还可以开辟新的融资途径，如通过金融机构作为中介来找寻信托公司，企业向信托公司进行贷款的资金筹集活动。这种全新的融资方式筹资周期短，手续简单，速度较快，且无债权、股权方面的法律限制，是建立在公司资产信用基础上的信托融资。在优化 ZSY 公司财务结构的基础上，同时又不改变公司的资产负债率，有利于企业实现其再融资活动。另一方面，国家还可以大力发展高水平投资银行，通过其专业的融资计划设计和监督执行，来降低 ZSY 公司海外并购融资活动中的成本和风险。

3.3 控制税务风险

3.3.1 通晓税收政策

ZSY 公司进行海外并购过程中应该充分了解并购双方国家的税收政策，以便及时跟进外国和我国的新旧税收法规及改革方案，从而能够更准确地分析税务风险并做好防范措施。并购过程中或后续经营期间一旦发生税务风险，可能产生巨额税负及相应处罚金，甚至会影响企业的声誉及信用评级。因为 ZSY 公司海外并购后的利润基本都来自于分红与股权转让收入，所以不论是直接投资还是间接投资，其获得的收益均会受到企业所得税法相应规定影响，所以我们防范税务风险的基础工作就是通晓国内外税收政策，有利于以后通过合理的税收筹划工作来减轻税负控制风险。

就我国税务法律法规的要求来说，相关税务政策规定如下：

（1）重组优惠。我国财政部门与税务机关对企业重组过程中相关的所得税问题制定了对应的法律条文，该法规要求居民企业对非居民企业投资时，如果该非居民企业属于居民企业全资控股持有的情况，则该居民企业允许采取相应的特例法规进行税务活动的处理，可以通过递延资产或股权转让收益的缴纳税款期限，十个纳税期间都应将其计到各自应纳税所得额的年份内。

（2）境外所得境外已纳税款抵扣。基于防止纳税企业重复缴税的考虑，我国的《企业所得税法》与相关法规条约设立了居民企业境外所得已缴税款的抵扣制度，分为直接抵免和间接抵免。直接抵免主要针对跨国纳税人其彼此拥有同一个经济实体的情况，间接抵免则针对跨国纳税人属于不同的经济实体的情况。《企业所得税法》规定，由外国企业分给我国境内居民企业的境外红利及股息等收益，允许由外国企业于我国境外已缴纳的所得税税款内归于居民企业承担份额进行抵免所得税境外款项，如果超出法律约定的抵免上限则不归于费用类支出，而是在之后的会计年度内进行结转，法律约定是五年，另外若低于抵免限额部分则继续缴税，即向该境外国补交所得税款项。

（3）税收饶让。税收饶让属于一种税收优惠政策，其方法是并购双方签订税收协议或合同后按照该协议的约定，对方国家给予我方投资者的税收减免类政策，即境外国同意我方企业将投资收益相应的所得税款项汇款至本国缴纳后，协议认为我方已经依据非税收优惠的相关税率缴纳税款，允许将已经上交的税款进行抵免。税收饶让包含两种饶让方式，分别是单边饶让与双边饶让。中国企业在与西方发达企业合租中多签订单边饶让协议，代表该国认同我方对其投资企业的税收优惠政策。截至目前，我国内地共和 97 个境外国进行了相关税收饶让协议，还包含为避免企业重复纳税而与中国澳门、中国香港特别行政区签署的协议。由此可见，我国企业如 ZSY 公司在进行海外并购活动时，应充分调查我方是否与目标方所在国签订过税收饶让协议，从而获得更多的税收减免优惠，达到规避预防税收风险的目的。

3.3.2 应对各环节税务风险

ZSY 公司海外并购活动中存在的税务风险并不是一个单一环节，在具体分析时应该从海外并购前期的价值评估、并购过程中的投资融资，以及并购后期的企业运营多个方面去考虑问题。

在并购前期的价值评估方面，被并企业的估价会受到历史性税务风险的影响。历史性税务问题，即并购活动双方贸易结束之前，被并企业存在的纳税责任。股权并购方式下被并企业的历史性税务风险会转嫁给 ZSY 公司，因而可能引发判断企业预期持续盈利能力的偏差。例如，买家 ZSY 公司就该海外企业固有的系统风险与被并企业就价格方面进行谈判，至于是否将其采纳为谈判价码，ZSY 公司应充分听取专业税务顾问的评判意见，以避免税务风险带来的影响。

在并购过程中的投资和融资方面，对于会影响企业预期收益的重要型税负，包括并购交易进行中的税负、企业后期经营的税负和退出投资活动的税负等，ZSY 公司应该在并购前期就进行相关了解与关注后，对企业税务框架进行合理规划，经过对不同并购方案的剖析恰当进行税收筹划，制订对并购双方都有利的税收框架，从而降低企业整体税负。同时企业可以充分发挥财务杠杆在融资活动中的作用，掌握投融资过程涉及的税务问题，以顺利筹得海外并购活动的资金。

在并购后期的企业运营方面，ZSY 公司对被并公司要实施有效管理运营，协同被并公司实现国内外业务的高效率配合，使并购后企业全面提高税务效率。既能在并购整合后合理避免税务风险，又能有效的节约税务成本。利用实施专业的税收筹划安排，在世界转让定价及境外流转税的一系列问题上成功应对，保证并购后期企业相关税务申报处理能够顺利进行。

3.3.3 制订税务筹划方案

合理的税收筹划方案的制订与执行已经成为当今经济全球化发展浪潮中，ZSY 公司海外并购能否取得成功的关键因素。海外并购税务筹划是利用并购双方不同国家间税收法规、差异化外汇政策，通过利用正当途径，尽可能使税负下降并防范风险的方式。税收筹划的时机必须在并购之前，不同的策划方案对并购资金产生的影响差异较大。通常税务筹划的层面越高，筹划的方法和途径越广泛。

制订合理有效的海外并购税务筹划方案，首先应该明确并购市场的发展战略，选择合适的并购主体，并购主体可以设定为子公司、分公司和常设机构等形式。由于子公司具有独立的法人地位，而分公司不具备法人资格，很多国家对二者适用不同的税收规定和外汇政策。总体来说，以子公司形式税负较低、得标难度小，但利润不便于汇出；以分公司形式税负高、中标难度大，但资金流通限制较低。因此，可以通过采取二者形式相结合的方式进行并购，在一定程度上能够消除部分外汇管制的影响。

同时，要以企业所得税作为海外并购中税务筹划的重点工作，在多个流程采取多种形式合理节税避税。可以通过合并纳税的方式，降低项目总体纳税水平，从全局利益出发，对于预期盈利较高的项目，将其与亏损项目合并在一起进行纳税筹划，以平衡总体利润，有效降低企业所得税的税负，实现总体利益最大化；可以通过控制价格的方式来转移经营成果，可以合理利用经济特区来转移定价，采取价格控制的手段将高税区经营成果转移到低税区来合理避税，也可以利用免税期间优势将不同期间的利润进行转移，合理利用优惠政策后移成本费用，以及通过关联方企业平衡利润，转移不同纳税主体间的盈亏水平。此外，还要控制企业资本结构，采用精细化决策管理，实现企业的效益最大化。

3.4 重视并购的后期财务整合

3.4.1 财务管理制度整合

ZSY 并购目标公司后需要在并购双方间明确一个统一的财务管理目标，根据该目标直接指导并购后期双方公司的财务经营策略和管理体制，从而规范并购双方经营目标，以便高效开展并购后期的财务经营工作。

一个规范化的企业运行必须将具备明确的财务发展目标作为企业战略经营管理的核心依据，组织机构才能正常有序的运行起来，因而设定一个统一的财务管理目标是财务管理制度有效整合的前提保证。并购双方在成功完成海外并购活动后形成一个有机的企业群体，群体间各企业在总体财务目标具有一致性的基础上，更需要合理有效的整合财务管理体系制度，以保证各公司在选择具体财务政策时，从整个企业集团群体的利益出发为重点考量因素，而不是单纯注重自身利益的片面财务政策抉择。

财务管理制度整合包括投资融资制度、会计核算制度、权益分配制度和内部风险管理控制制度等。这些财务管理制度的有效整合是企业并购后期能够顺利经营的必要环节，如并购双方企业为了满足利益相关者对企业财务信息的需求，要对会计核算体系制度中的凭证管理、会计科目设置、财务报表编制方法等进行统一整合，从而保证并购后期企业的成功经营运行。

3.4.2 财务队伍培养整合

ZSY 企业海外并购是跨越了不同国家主体的经营活动，其经营运行环境极其复杂，受不同国家经济、社会、法律、文化等因素不同程度的影响，因而需要具备高素质的跨国财务素质人才，形成优秀的跨国财务队伍。这支财务队伍的成功培养与整合，将直接决定并购后企业能否成功整合，在并购双方间形成协同效应。

这支财务队伍的人才不仅要熟悉本企业的经营环境和发展战略，还要对被并目标公司所在地法律法规、社会环境、人文习惯等多方面指标有相当程度的了解。通过对这批跨国经营管理性人才队伍的培养，将他们有效整合到并购后的企业环境中，同时吸收外部具有国际经营经验的新鲜血液，整合融入到企业后续财务经营管理活动中。将这两类固有的和吸收的高素质财务人才有机整合到合并后企业群体的经营管理工作中，充分发挥各自优势强化企业竞争力，从而使并购后企业能够在日益激烈的世界经济贸易浪潮中百战不殆。

3.4.3 财务组织机构整合

ZSY 公司与目标公司并购后的企业需要根据自身经营管理过程的复杂程度来确定相应财务组织机构的规模大小和人员安排数量。经营过程较复杂的企业相应的财务会计核算的业务量较大，需要设置与其适应的较大规模的财务组织机构。内部人员分工应具体明确，保证财务组织机构内部各员工间权责分明，以防推卸责任影响企业经营效率与效果，同时严防岗位重复人员浪费的情况发生，并可根据细分职能区分不同的财务会计部门机构，从而形成一个积极主动、统一指挥、高效执行的财务组织管理机构，使企业的经济资源在并购完成之后能够被恰当有效的利用与处置。相反经营过程较简单的企业则财务会计核算业务量较小，财务组织机构可以相对设置较小，内部职责分工也可以粗放些。

另一方面，对于被并企业，为保证其有效履行自身责任义务促进企业后续经营发展，应将其财务管理职权和义务相对应。ZSY 公司可以委派相关财务管理人员到被并企业中实施有效的管理控制，起到全面监控管理并购后企业财务经营活动的作用，合理防范控制海外并购后期企业的财务整合风险，从而保证并购后企业朝目标设定的财务经营方向高效率的运行发展。

3.4.4　资产及负债存量整合

ZSY 公司完成企业并购后，财务整合的主要目标之一就是提高整合企业的资产效率，对企业存量资产及负债进行整合，如采取停止收益较低的生产经营活动或者缩减办公费用及人工成本等有效措施，以尽可能消除不良资产及债务，整顿公司资产管理策略，提高公司资产质量情况和使用效率。同时对于 ZSY 公司这样资金充裕、实力雄厚的大型国际化企业来说，可以通过筹集资金的形式给企业注入新的资金，以实现对被并目标公司不良资产的置换改造，强化其资产利用率。

参考文献

[1] Anonymous. M&A：Chinese Firms Stand Out with Global Buying Spree [M]. London：Managing the Merger，2008：23－39.

[2] Borghese R J.，Borghese P F. M&A from Planning to integration [M]. New York：McGraw－Hill，2001：57－82.

[3] David Johnston. International Petroleum Fiscal Systems and World Trends [C]. Bolivia Gas & Energy International Conference，2010，(08).

[4] DeAngelo，H.，DeAngelo，L.，&Whited，TM. Capital structure dynamics and transitory debt [J]. Journal of Financial Economics，2011，17 (1)：21－38.

［5］ Haspeslagh P.，Jemison D.．Managing Acquisitions：Creating Value Through Corporate Renewal ［M］．New York：Free Press，1991：75－108．

［6］ Larry D Qin& Wen zhou．International merger：Incentives and welfare ［J］．Journal of International Economics，2006，14（1）：109－118．

［7］ Louise Esola，Roberto Cenieeros& Regis Coecia．Concentrated Risk of Merger ［J］．Business Insurance，2006，40（43）：2－7．

［8］ MeColl. S. Comment：SMC Stage Highlights Risks of Acquisition Strategies ［J］．Design Week，2007，5（2）：16－20．

［9］安青松．我国企业并购趋势分析 ［J］．经济研究参考，2013（4）：11－15．

［10］陈敏敏．企业并购决策有效性理论研究 ［J］．中外企业文化，2013（2）：40－44．

［11］陈霞．我国企业并购的可行性及案例分析 ［D］．硕士学位论文，西北工业大学，2001．

［12］杜文娟．中国石油企业"走出去"研究 ［D］．硕士学位论文，对外经济贸易大学，2008．

［13］范瑞娟．我国企业并购融资问题研究 ［J］．中国连锁，2014（1）：36－39．

［14］黄煌．企业并购的财务风险控制研究：以 A 公司并购 B 公司为例 ［D］．硕士学位论文，厦门大学，2014．

［15］贾玉玲．企业并购的财务风险及控制 ［J］．东方企业文化，2013（3）：23－26．

［16］李崇．浅析我国企业海外并购的财务风险及防范建议 ［J］．会计师，2014（5）：42－45．

［17］刘开毅．企业并购的财务风险及其控制 ［J］．经济研究导刊，2013（4）：33－36．

［18］刘淑敏．国有石油企业海外并购财务风险与对策 ［J］．中国总会计师，2014（1）：26－29．

［19］里光年．发展中大国企业跨国并购研究 ［D］．博士学位论文，吉林大学，2010．

［20］栗怡．中国企业海外并购的财务风险研究 ［D］．硕士学位论文，长安大学，2013．

［21］罗群．中国企业跨国并购的动机、控制权与并购绩效的关系研究

[D]．博士学位论文，华南理工大学，2014.

[22] 罗文宝．企业并购的财务分析及其对策研究 [J]．甘肃科技纵横，2013（4）：17－21.

[23] 秦宇．企业并购中的财务风险及其防范 [J]．现代营销，2014（2）：16－19.

[24] 史红燕．企业并购的财务风险控制 [D]．博士学位论文，中国社会科学院研究生院，2003.

[25] 孙存军．试论企业海外并购中财务风险与防范 [J]．现代商业，2014（7）：28－31.

[26] 王浩．企业并购财务风险的分析与防范 [J]．会计师，2013（6）：42－46.

[27] 王清剑．企业并购的产业结构效应与税收调控研究 [D]．博士学位论文，北京交通大学，2014.

[28] 王仁荣．跨国公司跨境并购法律问题研究 [D]．博士学位论文，复旦大学，2012.

[29] 王文佳．企业跨国并购财务整合问题研究 [D]．硕士学位论文，山西财经大学，2014.

[30] 王晓静．企业并购中存在的风险与对策分析 [J]．商，2013（3）：15－19.

[31] 王岩．基于 SWOT 视角的企业并购分析 [N]．长春理工大学学报，2014，25－32.

[32] 徐翠梅．中国企业跨国并购的财务风险研究 [D]．硕士学位论文，山东师范大学，2013.

[33] 许四兵．企业跨国并购财务风险控制研究：A 集团跨国并购案例分析 [D]．硕士学位论文，华东理工大学，2013.

[34] 徐伊欣．企业并购的财务风险及防范措施的探讨 [J]．全国商情，2013（1）：14－18.

[35] 余燕妮．企业并购绩效及影响因素的实证分析 [D]．博士学位论文，吉林大学，2012.

[36] 张华玮．我国企业海外并购财务风险控制研究 [D]．硕士学位论文，山东财经大学，2014.

[37] 张家婧．基于过程分析的中国企业海外并购财务风险研究 [D]．硕士学位论文，集美大学，2013.

[38] 张梦娇．企业并购决策的影响因素分析 [D]．硕士学位论文，吉林

大学，2013.

［39］郑侠. 中国企业跨国并购的财务风险管控研究 ［D］. 硕士学位论文，北京邮电大学，2013.

附　录

表 1-4　　　　　　　　　　　　　油田投资（改质法）

编号	名称	单位	规模	单位投资 mm $	总投资 mm $
一	钻完井				1575.20
1	水平生产井	口	716	1.10	787.60
2	注气井	口	716	1.10	787.60
二	地面工程部分				4930.75
1	生产设施				
1.1	生产井场及井口装置	座	716	0.12	85.92
1.2	注气井场及井口装置	座	716	0.10	71.60
1.3	计量配气站	座	43	2.50	107.50
1.4	转油站	座	2	7.50	15.00
1.5	中心处理站	座	1（600万吨/年）	370.00	370.00
1.6	发电站	座	1	45.00	45.00
1.7	热（蒸汽）注站	座	5	17.00	85.00
2	油田内部管线				
2.1	油井到计量站管线（4″）	km	1074	0.25	268.50
2.2	计量站到转接站管线（6″-8″）	km	55	0.40	22.00
2.3	接转战到处理站管线	km	40	0.50	20.00
2.4	注蒸汽干线（8″-10″）	km	30	0.55	16.50
2.5	单井蒸汽管线（4″-6″）	km	1074	0.25	268.50
3	原油改质厂（450万吨/年）	座	1	2200.00	2200.00
4	生产辅助系统				

续表

编号	名称	单位	规模	单位投资 mm $	总投资 mm $
4.1	供电	km	1074	0.12	128.88
4.2	单井道路	km	716	0.20	143.20
4.3	营地				56.00
4.4	通讯及供水				41.00
三	工程保险认证费				394.46
四	不可预见费				591.69
五	合计				6505.95

表 1—5 油田投资（掺稀法）

编号	名称	单位	规模	单位投资 mm $	总投资 mm $
一	钻完井				1575.20
1	水平生产井	口	716	1.10	787.60
2	注气井	口	716	1.10	787.60
二	地面工程部分				2263.88
1	生产设施				
1.1	生产井场及井口装置	座	716	0.12	85.92
1.2	注气井场及井口装置	座	716	0.10	71.60
1.3	计量配气站	座	43	2.50	107.50
1.4	转油站	座	2	7.50	15.00
1.5	中心处理站	座	1（600 万吨/年）	370.00	370.00
1.6	发电站	座	1	45.00	45.00
1.7	热（蒸汽）注站	座	5	17.00	85.00
2	油田内部管线				
2.1	油井到计量站管线（4″）	km	1074	0.25	268.50
2.2	计量站到转接站管线（6″—8″）	km	55	0.40	22.00
2.3	接转战到处理站管线	Km	40	0.50	20.00

续表

编号	名称	单位	规模	单位投资 mm $	总投资 mm $
2.4	注蒸汽干线（8″－10″）	km	30	0.55	16.50
2.5	单井蒸汽管线（4″－6″）	km	1074	0.25	268.50
3	掺稀管线（18″）	km	70	0.95	66.50
4	生产辅助系统				
4.1	供电	km	1074	0.12	128.88
4.2	道路	km	716	0.20	143.20
4.3	营地				56.00
4.4	通讯及供水				41.00
三	工程保险认证费				181.11
四	不可预见费				271.67
五	合计				3839.08

WL 公司互联网金融业务模式案例研究
Case Study of WL Corporation Internet Banking Business Model

作者：徐海通　指导教师：霍春辉　教授

摘　要

随着我国经济的快速发展和科技的巨大进步，企业和个人均受到了深刻地影响。近年来兴起的互联网金融更是将互联网与金融结合在一起，不仅有利于解决企业、个人的资金需求问题，而且展现出了普惠金融的特点，给许多个人带来了丰厚的理财收益。在互联网金融行业蓬勃发展的同时，行业发展也存在着诸多问题，尤其是一些问题平台的跑路行为更是给整个行业造成了不利影响，同时这也对行业内其他平台的规范、持续经营提出了要求。2015 年 7 月 18 日，中国人民银行等十部委联合发布了《关于促进互联网金融健康发展的指导意见》，对互联网支付、网络借贷等互联网金融业态进行了明确规定，这是我国首次发布促进互联网金融发展的文件规范，成为业内首个权威性规范文件。

本文采用案例研究的方法，对 WL 公司的 P2P 网贷业务问题进行了分析和研究。通过对 WL 公司发生的四件事情的描述，折射出公司三方模式业务存在的一些问题：首先，贷前审核困难且成本较高；其次，贷后催收清算存在坏账风险；最后，债权端和流量端受限。针对经营中遇到的问题，本文利用产品层次理论、全面风险管理理论、网络整合理论对此进行分析，找出这些问题的原因所在。最后在理论分析的指导下，提出了相关的对策与建议：以构建风控体系作为公司业务模式的核心，采取线上线下相结合、担保及抵押的模式，使平台由三方模式提升为四方模式，促进平台的持续、健康、稳定的发展。通过以上提出的建议和制订的解决对策，将很大程度上有效地解决 WL 公司业务模式的可持续问题，而且对同行业具有重要的借鉴意义。

关键词： 互联网金融 P2P 业务模式

ABSTRACT

With the rapid development of our economy and the great progress of science and technology, enterprise and individual profoundly affected. In recent years the rise of the Internet financial is the Internet and finance together, is not only beneficial to solve the problem of capital requirements of enterprises and individuals, and showed the characteristics of inclusive finance, has brought many people generous financial gains. In the Internet industry is booming at the same time, the industry development also exist many problems, especially some problems platform run behavior is caused adverse impact to the industry, at the same time specification within the industry on other platforms, continuing operations requirements are put forward. On July 18, 2015, the people's bank of China, such as 10 ministries jointly issued the "about promoting the healthy development of the Internet financial guidance", on the Internet to pay such as the Internet, network lending financial forms made specific provision, this is China's first release file specification, promote the development of the Internet financial become the industry's first authoritative specification file.

By using the method of case study of WL P2P network credit business problems are analyzed and studied. Through the description of WL company four things happened, reflects some problems of the company's business: first, before the credit audit difficult and high cost; Secondly, after the loan collection liquidation risk of bad debts; Finally, creditor's right side and the flow are limited. Aiming at the problems in management, in this paper, using the theory of product level, comprehensive risk management theory, network integration theory, find out why these problems. Finally under the guidance of the theory analysis, this paper puts forward the relevant countermeasures and suggestions: to construct risk control system, which is the core of the company's business model, adopting combination of online, guarantees and the mortgage mode, promote the sustainable, healthy and stable development of the platform. Through the above Suggestions and countermeasures，largely can effectively solve the sustainable problem WL company business model，and has an important significance to the same industry.

Key Words：Internet Banking P2P Business Model

绪　论

0.1　研究背景

随着我国经济的快速发展和科技的巨大进步，互联网行业、金融行业也日益进步着，尤其是 2013 年被业界称为互联网金融元年，自此之后，互联网金融公司如雨后春笋般地兴起，更是推动了金融业的繁荣。互联网金融的产生之初备受社会争议，焦点在于其合法性、安全性等。但时至今日，社会对此的认可度是较高的。从国家的层面来看，李克强总理在 2014 年的政府工作报告中指出"促进互联网金融健康发展"。就此可以看出，互联网金融的确是得到了国家的认可和相应的市场定位。互联网金融不仅方便了公众的生活，给用户带来较高的收益，而且对中小型企业的经营产生了积极影响。一方面，互联网金融具有普惠金融的特征，更好地为普通民众服务，降低了双方的交易成本，提高了交易效率，实现了价值的增长；另一方面，由于我国商业银行信贷资源的稀缺性，以及"玻璃门"等现象的普遍存在，这就使得大多数中小微企业无法获取经营所需资金，而互联网金融的出现就为这些企业获取经营资金打开了方便之门。国务院办公厅在《关于金融支持小微企业发展的实施意见》中提出，"增强服务功能、转变服务方式、创新服务产品，是丰富和创新小微企业金融服务方式的重点内容……充分利用互联网等新技术、新工具，不断创新网络金融服务模式"。从 2014 年开始，政府对互联网金融不断放出利好政策，在2015 年初，李克强总理亲率财政部、发改委、工信部、银监会、证监会等多个部委负责人在深圳对前海微众银行、柴火创客空间、华为技术有限公司进行考察调研，首次参观互联网金融公司。李克强总理更是在现场对微众银行表示："希望你们在普惠金融方面不仅自己能够杀出一条路子，为其他的企业提供经验；也期待你们用你们的方式，来'倒逼'我们传统金融机构。政府要为互联网金融企业创造良好的发展环境，让你们有'舒适度'，不再被绑住手脚。"另外，2015 年 7 月 18 日，中国人民银行等十部委联合发布《关于促进互联网金融健康发展的指导意见》，对互联网支付、网络借贷等互联网金融业态进行了明确规定，这是我国首次发布文件规范，促进互联网金融的发展，成为业内首个权威性规范文件，互联网金融将纳入法治化和依法监管的轨道。这一系列举动都表明互联网金融企业做的是符合国家利益、政府意愿的事情。政府层面也期待互联网金融行业规范、阳光、健康的发展，在支持中小微企业，提高人群服务面发挥作用。不可否认，互联网金融对我国国民经济和社会发展产生了广泛而深刻的影响。互联网金融归根结底还是属于金融业的范畴，最大特点莫过于其载体是互联网。互联网金融是金融机构或金融组织以互联网为媒介和渠道，以网络信息技术为支撑，提供金融产品和金融服务的各种金融活动。互联网金融是传统金融与互联网相融合的新型业态，其重要特性在于金融业务结合了互联网"开放、平等、普惠、协作、分享"的特点，使得金融产品和服务参与度更广、操作更加便利、交易成本更低、规模效用更大。伴随国家大力倡导的"互联网＋"产业发展战略的发展，互联网金融得到了快速发展。

当前，我国的互联网金融公司数量日益增加，交易规模也不断增加。在互联网金融繁荣景象的背后，也还存在着诸多问题。首先，作为互联网技术与金融结合的产物，互联网金融不但面临传统金融活动中存在的信用、流动性和市场等风险，还面临由互联网信息技术引起的技术风险，由虚拟金融服务引起的业务风险，以及由法律法规滞后引起的法律风险。技术风险包括系统性的安全、技术选择、技术支持等风险；业务风险包括操作风险、市场选择风险、信誉风险；法律风险主要有两类，一类是与传统金融无本质差别的权利义务风险，另一类是互联网金融的立法相对落后和模糊。因此，如何更好地将金融业务安全地通过互联网营销出去是亟须关注的问题。其次，当前众多的互联网金融公司均推出了不同的产品，但从本质上来看，这些产品之间都存在着同质化的特点，这就需要不同公司实现差异化经营以达到一定的市场占有率。实现差异化经营，既需要对业务渠道进行拓展，也需要对公司资源进行有效的配置。最后，互联网金融公司业务的每个环节均存在着经营风险。例如，在企业经营资金的抵押贷款中，如何做好对抵押物的价值评估和抵押期间的监控，以及如期偿付融资额与利息等，都是互联网金融公司所面临的现实经营问题。因此，加强对业务每个环节的经营风险的监管是很有必要的。

从互联网金融的业务模式上来看，基本上包括第三方支付、P2P网络借贷、众筹、大数据金融等形式。其中，P2P网络借贷成为众多企业涉及的业务。截止到2014年年底，全国P2P网贷平台达到1575家[①]，P2P行业虽然是

---

① 《中国P2P网贷行业2014年度运营简报》

市场热点，夺人眼球，资本蜂拥而至，但同样也面临着各种各样的问题：缺乏监管、行业标准不明确、成立门槛低、跑路问题时有发生。例如，2014 年深圳 273 家 P2P 公司，其中有 75 家跑路或出现提现困难。由于是基于互联网而出现的新生事物，普通投资者对 P2P 认识较为模糊，行业内也出现了很多状况。例如，资金池业务、平台自保自融、期限错配、虚拟债权等。此外，行业没有准入门槛、管理团队缺乏金融知识、风控体系不健全、潜在挪用客户保证金等诸多风险也影响到了整个行业的健康发展。

0.2 研究目的与意义

从当前我国互联网金融的业务模式上来看，基本上包括第三方支付、P2P 借贷、众筹、大数据金融等形式。不论是哪一种形式，一定程度上均存在着法律法规缺失、风险控制不足等问题。这些问题也是每个从事互联网金融业务的公司所面临的现实问题。本文的研究目的在于通过对 WL 公司的案例描述发现公司 P2P 网贷的业务模式所存在的共性与个性问题，借助相关理论对此进行原因分析，并根据原因分析结果提出相应的对策与建议，以期解决 WL 公司 P2P 网贷业务模式上所存在的问题，同时也为互联网金融行业的发展提供有益的经验。

0.3 研究内容与方法

本文以 WL 公司为研究对象，通过对其若干案例描述发现业务模式所存在的实际问题，借助相关理论对此进行原因分析，并根据原因分析结果提出相应的对策与建议，以期解决 WL 公司业务模式上所存在的问题，同时也为互联网金融行业的发展提供有益的经验。总体而言，本文采用了规范的研究思路，以提出问题、分析问题、解决问题的逻辑顺序展开研究。

本文的研究方法主要包括二手资料法和案例分析法。顾名思义，二手资料法即收集公司有关的书面材料并对相关内容信息加以整理、分析的方法。本文所选取的二手资料包括公司的战略规划书、业务操作手册等，通过对这些资料的整理、分析，发掘公司经营中业务模式所存在的问题。业务模式体现了公司的经营方式和发展战略，透过对公司业务模式的详尽剖析更能够发掘公司经营中所存在的共性与个性问题。共性问题具有普遍性，是行业内大多数公司所面对的普遍问题；而个性问题却是公司所特有的问题，具有特殊性，适于采用案例分析法。

1 案例描述

1.1 WL 公司概况

1.1.1 公司简介

WL 公司总部位于北京，具有 0.5 亿元人民币的注册资本。Investment bank、PE、私人银行、资产管理、互联网金融等涉及金融业的业务都是 WL 公司的所经营的重要活动。WL 公司是以我国的市场作为自身发展支撑点的创新型金融服务企业，其主要的高管人员曾经均有 Goldman Sachs、Morgan Stanley、Merrill Lynch 等著名的国际投行，以及 Citigroup、HSBC、DBS Bank 等知名的外资银行的从业经历，在金融机构的从业年限平均都达到了十年以上的水平，在海内外金融行业的阅历和经验都是相当充分的，他们的奋斗目标在于为国内的客户设计、创造高品质和个性化的金融与财富管理服务。WL 公司的业务具有风控体系健全、没有资金池业务、没有期限错配、没有平台自保自融的特点；所有客户资金均由第三方支付平台划转，账户资金安全由平安保险全额承保；全网站 256 位加密，账户姓名、身份证、手机、银行卡一一对应；所有项目现有生息债权经过审核后再进行线上筹资；不做信用标，所有项目均有足值或第三方代偿；购买时间、购买项目、电子合同、资金流水、债权关系、担保关系等全部实时可查；手机 APP（IOS/安卓）、电脑均已上线。

2014 年 2 月，全球顶尖的风险投资基金 IDG 资本对 WL 公司投资了将近千万美元；2015 年 5 月，我国白光 LED 封装器件的最大生产商鸿利光电（股票代码：300219）对 WL 公司投资了 3 千万美元。由此，WL 公司成为了我国互联网金融行业内获得融资最快的企业。

1.1.2 公司 P2P 业务介绍

网利宝是 WL 公司旗下在线理财平台，致力于打造中国第一家互联网私人银行。平台的宗旨是，以用户各自不同的理财需求为基础，根据每个用户的风险偏好、财务状况、家庭结构等因素，为用户量身定制出不同的理财配置方案，力求树立一个 P2P 行业里靠谱公司的标杆。网利宝将凭借丰富的金融行业资源及互联网优势，联合信托、券商、基金、银行理财、私募、公募、P2P、货币基金、保险等上下游金融机构进行业务合作，为用户提供一站式"安全、便捷、最优收益"的在线理财服务，致力于为客户的资产增值保驾护航。WL 公司拥有自己的投行业务及金融产品研发团队，还将推出自主研发及发行的稀缺投资理财服务。网利宝主推 3—6 月期年化 10％—18％高收益投资产品，并通过多重行业风控及第三方担保，确保投资者的资金安全。网利宝与国内领先的信用评级机构联合信用互为战略合作伙伴，为投资人提供资金最安全、收益最稳定的理财服务。除网利宝网站外，网利宝 IOS、安卓 APP 客户端可在各大应用商店下载，轻松实现随时随地理财。由于风格稳健，业绩突出，WL 公司 P2P 平台"网利宝"上线不到一年，全国排名已至 28 位①。截止到 2015 年 7 月底，WL 公司线上线下的整体交易额已经超过 30 亿，累计注册用户 45 万人，累计交易用户 14 万人。

网利宝首创"PPP 模式"英文全称"Peer to Partner to Peer Lending"，即"点－行业合作伙伴－点"贷款。"Partner"是指，网利宝精选的细分行业专家及龙头企业，网利宝与行业专家合作深耕细分行业，以该行业的行业规律和业务模式为基础，量身打造该细分领域的信贷产品及风控模式、风控模型及风险定价。同时，网利宝通过构建信贷云系统，在各细分行业积累核心数据，从而更有效地把控行业风险。网利宝运营之初即严格把控风险控制与贷后管理。根据对行业的深入了解，网利宝会选定该行业优质的行业机构为合作伙伴，并结合其业务模式共同开拓该行业的信贷产品，帮助该行业优质的中小企业及个人解决融资难的问题。而基于对行业的深入研究及行业数据积累，使得网利宝能够更准确把控风险，并确保项目的安全性和流动性。平安保险对网利宝用户账户资金安全进行全额承保，竭力为广大投资人营造安全、放心的互联网理财平台。网利宝为用户构建了严密的安全体系，投资理财用户要经过手机号、身份证、银行卡、实名认证 4 重认证，理财资金在本人银行卡购买和赎回，平安保险对用户账户资金的全额承保更加稳固了安全保障。

1.1.3　P2P 业务的发展现状与趋势

如图 1—1 所示，2005 年，全球第一家 P2P 网贷平台 Zopa 在英国开始运营；2006 年，美国的 Prosper 和 Lending Club 成立。自从 2007 年国外的网络借贷平台模式引入中国开始，在近几年我国互联网金融大发展的背景下，我国的 P2P 网络借贷平台繁荣进步、层出不穷，达到了前所未有的规模状态。P2P 网贷凭借其自身所具有的高效快捷的融资特性和成本优势，不仅为中小微企业的创业融资创造了极大的便利性，而且为个人的消费需求提供了诸多的支持，对社会经济和金融改革的创新起到了不可忽视的正向推动作用。

① 《2015 年 7 月网贷平台发展指数评级》

2014 年是互联网金融最为火热的一年，随着国家鼓励民间资本进入金融领域等政策的相继出台，我国互联网金融便成为民间资本争相涌入的新领域，尤其是 P2P 网贷行业由于其具有低门槛、前景良好的特点，更是迎来了爆发式的发展。由于监管政策的缺失，P2P 网贷行业处于无序、野蛮生长状态，问题平台①屡见不鲜。

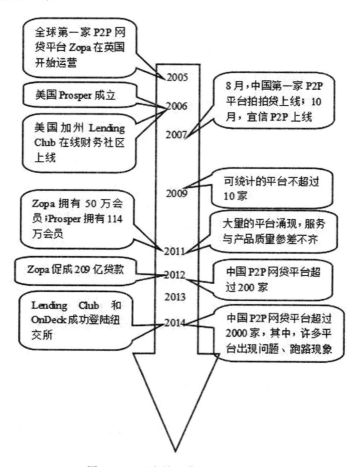

图 1-1　国内外网贷平台发展历程

截止到 2015 年 7 月，国内的 P2P 网贷平台已达 2136 家②。对于这些平台，从其创立背景来看，主要可以分为五类：民营系、风投系、上市公司系、

①　问题平台是指 P2P 网贷平台出现跑路、停业或提现困难等现象。
②　"网贷之家"的贷款行业数据。

国资系和银行系。其中,累计问题平台已达到 895 家,全部为民营系的平台,尤其是 2015 年 7 月 18 日《关于促进互联网金融健康发展的指导意见》的发布之后,跑路平台数量猛增。2015 年 7 月各类平台业务状况如表 1－1 所示。

表 1－1   **2015 年 7 月各类平台业务状况**

类型	成交量（亿元）	运营平台数量（家）	累计问题平台数量（家）	贷款余额（亿元）	综合利率	平均借款期限（月）
民营系	569.12	1975	895	1127.76	15.74%	4.34
风投系	134.12	58	0	458.36	11.9%	7.9
上市公司系	84.46	42	0	281.86	13.09%	7.14
国资系	38.9	59	0	148.89	12.72%	7.91
银行系	32.41	13	0	173.36	9.91%	26.43

按照行业生命周期理论,P2P 网贷行业也将经历四个发展阶段:自由探索阶段、市场洗牌阶段、标准化发展阶段和成熟阶段,如表 1－2 所示。在自由探索阶段,这是 P2P 网贷行业所处的最原始的阶段,也是当前我国 P2P 网贷行业所正在经历的阶段,在这个阶段,行业尚处于野蛮、无序发展的状态;在市场洗牌阶段,随着竞争的加剧、法律的引导和消费者的选择,行业内的平台呈现出优胜劣汰的态势;在标准化发展阶段,随着优胜劣汰的完成,平台通过自身的提升使整个行业的服务都具有标准化的特色;在成熟阶段,行业将呈现出寡头竞争形势。

表 1－2   **P2P 网贷发展阶段**

发展阶段	特点
自由探索阶段	市场参与者众多,政策较为宽松,企业自由探索市场,行业门槛低,行为规范靠自觉
市场洗牌阶段	通过自由市场竞争的淘汰、资本市场的影响,以及政策的引导,行业迎来洗牌阶段,大批 P2P 平台退出市场
标准化发展阶段	政策进一步明朗,服务与产品的质量,以及标准化水平提高,市场集中度提高
成熟阶段	行业发展成熟,市场由少数 P2P 企业占领,市场集中度高

经过 2014 年的野蛮式生长,P2P 网贷行业已经经历了自由探索阶段,随着政策的相继推出,尤其是 2015 年 7 月 18 日《关于促进互联网金融健康发展的指导意见》的发布,行业将迎来市场洗牌阶段,未来 P2P 网贷行业的发展

趋势可以归结为六点：行业洗牌、利率下降、行业门槛提高、垂直细分、跨界合作和供应链金融。在经历了市场自由探索阶段后，受到政策导向和资本市场的指导意见的影响，将使 P2P 网贷行业进入市场洗牌阶段，其结果便是造成大量的平台被淘汰，P2P 网贷行业将朝着标准化阶段发展，但是因为以前所遗留下来的大量问题，以及市场泡沫仍然很普遍，行业的自我净化的过程将存在较长的时期。在市场的初步阶段，由于所有的企业都着重于形成平台的用户流量，便不得不给理财用户较多的优惠条件，这就导致了融资成本维持在一个居高不下的阶段，在市场不断走向成熟、稳定的阶段，理财用户亦将保持清醒，最终融资成本即利率会不断地降低直至一个合理的区间。随着市场的不断发展，行业的准入门槛会不断提高，进入壁垒会越来越多，这既是对风险控制体系的强弱的考察，也是对平台的资金实力的要求，只有这样才是企业持续经营的根本。在市场进入稳定的状态后，行业的发展状况也将出现极大的分异，一方面，良好的资产将被大的企业所占有，从而形成规模优势，另一方面，小的企业将会着重于各个地区、各类用户的细分市场，打造差异化优势。跨界合作在贷款端的开发与运作上具有巨大的优势，不仅能够提高平台的获利水平，而且能够与背景较好的企业共同打造强大的风险控制体系。平台的经营对象将呈现出多元化特点，尤其是为中小微企业解决资金流动困难发挥优势，不断朝着供应链金融发展，在供应链的 P2B 基础上，完善平台的全产业链经营，使高净值用户对平台具有黏性。

1.2　WL 公司互联网金融业务模式问题描述

1.2.1　珠宝玉石贷款业务的思考

A 珠宝公司是一家具有百余年历史的老字号珠宝公司，已成为集黄金、铂金、钻石、翡翠等珠宝首饰研发、设计、生产、批发、零售、加盟为一体的功能齐全、规模庞大、综合实力雄厚的专业公司，并在深圳投入巨资建立首饰公司和首饰研发中心，是典型的前店后厂式企业。产品将传统工艺与现代技术相结合，在北方一枝独秀，销量名列全国前茅，深受广大消费者的青睐，同时连锁加盟店及销售网络覆盖全国各地。

"珠宝玉石在普通老百姓的身边并不陌生了，尤其是近些年来百姓财富的增加，都会投资珠宝玉石。但这些东西对外行人来讲真的只是看热闹，假货太多了，还是得经过专业机构对此加以鉴定。"产品总监对着电脑中的珠宝玉石的图片介绍着珠宝玉石贷款业务，"现在许多人由于手头上的资金紧缺，会去典当行典当自己的珠宝玉石，这就要做好鉴定、评估、保管和回购。做这一类业务的要点莫过于四点：评估要准、打折要狠、变现要快、监管要严。"说完四点要点，产品总监喝了口白开水，进一步对这些要点进行了阐述，"珠宝玉石你只好按照市场价格对此进行评估，千万不能评估过高，必须要准，在此基础上要狠狠地打折，就是能够贷出去的金额。但也并不是所有的种类都可以用来抵押，还要选取一些容易很快变现的物件，如果无法很快变现就会成为自己的负担。最后，就是对珠宝玉石的监管了。如果公司自己监管这些珠宝玉石，那成本就大了。这需要仓储、监控设备、保安人员等，买摄像头还得花钱，雇一个保安一个月还要三四千块钱啦，更何况不止一个保安。所以，与那些珠宝公司展开合作就很重要。鉴定、评估、保管和回购均可由珠宝公司完成，毕竟他们就是做这方面的，拥有深厚的资源。就比如说保管吧，珠宝公司都有现成的仓库和店面，在安保措施上是没有问题的，我们把抵押物件寄存在他们那里也是没有什么问题的。当然，珠宝公司也拥有物件的回购权，一旦借款人不要抵押物了，他们就要对抵押物进行回购。因此，前面的三条要点评估要准、打折要狠、变现要快这个时候就突显出来了，作为回购方的珠宝公司总不至于为难自己吧？总的来看，珠宝玉石的抵押贷款利率还是挺高的，原因在于其风险高并且流动性较差。风险高是因为许多贷款人没有打算赎回物件或者归还资金，流动性差是因为市场对二手珠宝玉石的需求量有限。但珠宝玉石抵押贷款的优势还是有的，一个就是这方面的需求量较大、资金期限短，一个就是成本低，因为像这类业务都有四方协议，而且都有回购方，就是珠宝公司。"

休息片刻之后，产品总监接着提出了几个问题："作为我们的合作伙伴，A 珠宝公司为我们这类业务提供了诸多方便。但从这类业务本身来讲，又存在一些问题。首先，就是金融产品的同质性问题。做珠宝玉石抵押业务还是很普遍的，担保公司在做，典当公司也做，如何使我们的产品具有吸引力就很关键。其次，就是珠宝公司作为回购方，它也会考虑自己的利益问题，对于那些升值空间较大的珠宝玉石会强力推荐或者并不希望贷款人还款收回抵押物，回购方有时更多的是在扮演食肉动物的角色。最后，就是抵押物变现的问题。由于这类业务的抵押贷款利率较高，所以很多贷款人都没有打算再归还资金，这就成为了一笔坏账，这就导致许多抵押物需要变现，如果变现能力较差也就是资金产生了时间成本。"

1.2.2 联信汇业考察之行的隐忧

联信汇业仓储集团公司是一家专注于中国红木产业链的金融仓储监管公司，致力于为红木产业建设综合性的金融服务平台，涉及红木仓储融资、红木交易、物流配送、评估等多项业务，立志成为中国红木产业最大的综合性金融服务集团。公司依托综合业务信息系统、严密的动产监管和内部管控，为客户提供红木原材料金融仓储、红木产品卖场金融监管服务、红木产品消费信贷服务及给中小企业的工商财务税管等金融服务。联信汇业是目前进入红木产业领域可提供全方位金融服务的唯一公司，具有良好的先发优势。服务红木产业的实体经济，面向中小微企业，符合我国经济产业结构调整的大气候，培养市场上新的投资消费热点是迅速发展做大的契机。公司与联信汇业仓储集团公司进行合作，采用红木质押方式协助红木企业进行生产资金的筹集。该项融资渠道与银行贷款相比较，网贷融资手续简便，放款周期更加快捷。

"红木在日常管理中，我们需要注意以下几点。首先就是防偷盗：红木原材及家具一般价值比较高，体积小，容易成为盗窃目标。"联信汇业的刘总边说边指着旁边库位的一块红木，"别看这块红木很小，可价值近一万块钱啦，而且体积小很容易放在车的后备箱内。"一群人跟着刘总继续走在仓库中，刘总继续为我们讲解着红木保管措施："然后，就是要防蛀。蛀虫是红木木材的大敌，尤其是白蚁等害虫，会不停地蛀食家具中的木纤维，损坏木材及家具。其次是防火，木材具有易燃特性，所以在存储过程中要绝对避免火灾事故发生。还有就是通风性，木材需要在通风性好的环境中储存。最后就是湿度，木材的存放需要仓储环境具有一定湿度，湿度太大容易造成质物腐烂变质，湿度太小容易造成质押物开裂脱皮等现象发生。"刘总刚说完注意事项，董事长便询问道："对于这些事项，仓库都有哪些防护措施呢？"只见刘总露出骄傲的笑容，自信地说："作为全国最大的红木仓储企业，对于这些问题我们可都是未雨绸缪的。用于红木存放仓库内的基本配置包括，消防栓、灭火器、库区内监控设备（监控设备保证无死角、无盲区），仓库顶层风转、应急照明灯、杀虫剂等。此外，各公司根据存放质物种类及属性，可以另行增配其他必要设施。"听着刘总的讲解，我们也确实看到仓库内的消防栓、灭火器、监控设备等都是一应俱全的。时间过得真快，很快就把几个仓库都参观完了，对于仓库的管理状况有了直接的接触。我们便准备驾车离开，到了库区大门口，保安人员示意我们停车，停车后保安对我们说：需要检查车辆。经过对车内和后备厢的仔细检查，并登记过后，保安才让我们离开。离去的路上我们均谈论各自对仓库管理的想法，大家真的感受到了仓库管理措施做得很到位。

8月的北京正值盛夏季节，屋外的阳光很火热，如果没有空调，估计会议室里的大家都得大汗淋漓了。会议室的气氛也如这炎热的天气一样，大家都在发表着各自对联信汇业仓储集团公司的意见。产品总监首先发表了观点："推出一支优质的有别于其他公司的金融产品很重要，不仅有利于吸引投资人的投资，而且有利于贷款人方便、快捷获取经营资金。从实际的考察情况来看，联信汇业的总体管理体系是完善的，这一点不容否定。但我们首次涉足红木这一行业，亟须获得行业内企业数量及经营状况数据，并掌握行业内企业贷款资金需求量的大小和盈利状况，这样在设计金融产品时将更为有利。"营运总监听完产品总监的发言后补充说："风险管控也要关注。红木生产企业以红木产品质押贷款，对于红木的产品鉴定、价值评估、保管和回购均由联信汇业经手。因此，联信汇业在整个过程中的作用就很关键，一旦借款方出现流动性危机，它是否有足够的能力对抵押物进行回购？它拥有红木行业的数据，我们能否获取或共享这些数据呢？"大家也都对这些问题补充了各自的想法，最后，董事长总结发言："对于大家提到的问题，会进一步与联信汇业谈判。"

1.2.3 车贷业务培训中的质疑

广州市同城货的汽车有限公司是广州市第一家响应政府号召，以"节能减排，低碳行车"为宗旨，以"货运出租车"新颖模式运营的运输企业。公司拥有中华人民共和国道路运输经营许可证，主营道路普通货物运输、汽车销售、汽车租赁、汽车信息咨询等业务。公司拥有各种型号的营运车 500 辆，已经成为苏宁电器、国美电器、京东商城、1 号店、顺丰快递等机构的物流服务供应商。广州同城货的一直坚持统一形象、统一管理、统一调度、统一配送、统一计价的营运模式，立足广州，服务珠三角。公司利用 GPS 系统、车辆调度管理系统、呼叫中心等现代信息技术，解决"空车回程""空置率高"等问题，缓解城市路面出行压力，促进广州市物流行业高效、绿色、规范、健康、快速发展。

7 月的北京虽然很热，但从会议室的窗户可以看到道路上的汽车还是川流不息，公司副总裁给大家介绍着车贷业务的情况："同城货的经营模式很新颖，有点类似于出租车行业。大货车经常是要跑长途的，当司机把货物送达目的地后，一般又会空着车回来，这就造成了资源的浪费，也就是空车回程很多。但是如果货车司机加入了同城货的，就可以有效解决这个问题。但同城货的这个平台的账期有点长，许多司机个人因此会手头有点紧，个人生活资金不足，要想去银行贷款，他们也又达不到那个条件。所以，针对这种情况，我们推出了解决个人营运资金、生活资金的车辆抵押贷款业务。在这个业务中，同城货的是担保方，司机以车抵押贷款。从整个贷款业务来看，个人贷款的坏账率还是挺高的，风险是挺高的，尤其是我们国家目前还没有个人的征信系统。但我们并不怕贷款无法收回，这主要是基于两方面的考虑。第一，他的车子抵押在这里，如果真还不上贷款，就把车子处理变现了；第二，司机在同城货的这里的收入是要高于同业水平的，除非找到比这个还高的收入，不然也不会走的；另外，前面也说到了账期比较长，司机在同城货的营运收入也不可能很快拿到，这也是贷款的还款保障。"

"同城货的那些司机只是我们初期贷款较多的人群，但现在所涉及的人群远不止于此了，实际操作过程中所面临的风险问题也更多了。"副总裁看了看下面的人，接着补充车贷业务的风险点："就汽车抵押贷款的类型上来说，这又包括押证不押车和押车不押证两种。押证不押车的主要风险点存在一车多抵和车辆价值评估的问题，押车不押证的主要风险点是车辆产权不清晰、按揭车或已抵押车风险、车辆是否大修情况不明和借款人资质差等问题。除此之外，即便同是车辆抵押业务，不同的地区又存在着区别，即车辆的抵押对象会有所差别，因为有些地区规定车辆只允许抵给金融类的机构，而有些地区却可以抵给个人，这给实际的处理带来了一定的困难，无法很好地加以控制，这也是我们工作中需要格外关注的问题。对于车辆的价值评估也是很关键的，这关乎到可贷金额的多少，以及后期出现坏账时进行处理变现可收回的金额。但也并不是所有具有价值的车都可以较好地得到变现，有些车可能存在高能耗或者年代较长了，二手市场对此并不是很欢迎，这就不利于变现处理。因此，在车贷过程中需要按照流程审核必备的要素。最后，就是对车辆的管理，如何确保车辆的完好，不被借款人私自处理。"经过中午副总裁在会议室短暂的介绍，大家对车贷业务的流程、风险点都有所了解，相互交流了各自的心得。

1.2.4 流量变现业务的顾虑

"作为一个网贷平台，一方面，需要开发借款端，只有有了借款标的才可能有接下来一系列的业务；另一方面，需要获取投资者，构成流量端，充足的客户流量才能保证借款方能够按时、足额的获取贷款。为了获取充足的流量，我们推出了流量变现的活动。"董事长介绍着流量变现活动，"什么叫流量变现呢？所谓流量变现就是想借助于视频类网站所拥有的大量受众，将这部分用户吸收为我们的理财客户。目前我们已经和迅雷、爱奇艺等达成了合作协议，效果还是不错的。对于通过迅雷、爱奇艺注册并购买我们产品的用户，会享有专属收益，收益要略高一些。就以迅雷来讲，大家应该都会使用迅雷下载电影、电视剧等文件，如果网速有限，下载的速度会很卡，但办理了迅雷会员后的下载速度会提升许多。你办理一年的会员，迅雷也就只能收入 100 多块钱。但我们与迅雷达成合作协议，只要有一个用户在迅雷注册并购买我们的产品，我们就会给迅雷返现 1%。这对于迅雷来讲并没有什么损失，如果一个用户购买了 1000 块钱的产品，迅雷就能得到 10 块钱的返现，要是 10000 块钱，那就是 100 块，办一个会员一年也只能赚到 100 多块钱，但通过这样的方式却可以得到返现，何乐而不为呢。另外，迅雷本身也是一个上市公司，在美国纳斯达克上市的，就在迅雷公布与我们进行合作开展互联网金融业务的消息的第二天，迅雷的股价便大幅增长，这也反映出了市场对这一利好消息的认同。我们主要是想通过迅雷这个平台得到我们的客户，毕竟迅雷的客户流量还是很大的。对用户来讲，真的是一举多得。第一，年利率最高 13％，这是余额宝的 3 倍，是银行活期存款的 30 倍；第二，迅雷会员补贴，会员投资最多享受额外的 1％收益；第三，迅雷会员免费送，充值就送 7 天迅雷白金会员，投资就送一个月会员；第四，平台活动奖励，通过迅雷投资会获取各种实物奖励。迅雷在与我们合作的这个过程中，与其他的几种形式都不相同，迅雷并不为此提供任何形式的担保，对他来讲是没有任何风险和不利因素的，这也正是流量变现业务的核心目的所在，即通过这些流量平台获取用户，挖掘潜在的投资者。"

休息片刻之后，董事长继续表达了一些他所担心的问题："流量变现是平台的资金端的一个来源，也只是投资者对我们平台进行投资的一个体现。在吸收到了投资之后，又有问题来了。首先，我们应当如何保护好注册用户的个人信息和账户安全。如今黑客盛行，一旦窃取了用户的个人信息和账户资金的话，后果是不堪设想的。其次，就是对于投资资金的管理问题。到底是平台自己保管这些资金，还是通过银行对这些资金进行托管。最后，就是这些投资资金的安全问题。投资人的资金处在一个流转的过程中，万一不见了该怎么办，是否应当引入保险机制。"

2 案例分析

2.1 理论依据

2.1.1 产品层次理论

第一阶段："有形物品"。

在产品的内涵的研究上，学者们和大部分人对此都经历了一个由表及里、由浅入深的阶段。在二十世纪八十年代以前很长的时期内，大多人基本上都将产品定义为有形的物品，也就是说一个产品所具有的所有内涵便只是其实体组成。从本质上来讲，作为近于"物化"的认识只是表明出消费者在产品的消费中所要求的是最为基本的部分，也可以认为这只是产品的供给者对于产品的所具有的特点的看法。但是，随着研究的不断深入，这种认识已经为大家所摒弃，毕竟这是很狭隘、也不完全的观点。

第二阶段："三层结构理论"。

在 1988 年，全球著名的营销学方面的专家科特勒（P. Kotler），出版了他的一本著名的著作《Marketing management: analysis, planning, implementation, and control》。在这本书中，有关于产品的"三层结构理论"

被首次提及，这个理论的主要思想在于，所有的产品均能够被划分成三个不同的层次：第一个层次便是核心利益（Core Benefit）层次，这就是产品的所具有的使用价值或效用；第二个层次就是有形产品（Form Product）层次，这不仅是式样、包装的体现，同时也是品牌、名称等的集合；第三个层次就是附加产品（Extra Product）层次，意指附加的服务或利益。在科特勒的著作论述中，这三个层次构成了一个紧密相连而且共同影响的有机组成集合。科特勒对于产品的"三层次结构理论"，不仅对于消费者的多元化需求进行了全面的展示，尤其是对消费者的消费驱动因素给出了合理的原因，而且指出了产品的实体和其无形的服务是紧密结合在一起的。

"三层结构理论"的作用是不可忽视的，这不仅在市场营销实务界得到了肯定，而且在营销理论界的研究中具有划时代的意义。在后来，学者们也在逐步完善、发展产品各个层次所应当包括的形式。但是，产品三层次结构说依旧没有摒弃生产者在产品价值创造之中的主导形式，所带来的主要影响只是指挥生产者与销售者基于消费者的总体要求而生产相应的产品或者服务。任何科学理论都在经历着一个不断发展和逐渐完善的过程，不可能一蹴而就，产品层次理论也是如此。

第三阶段："五层结构理论"。

在 1994 年，科特勒在其专著《Marketing management：analysis，planning，implementation，and control》的修订版中，进一步将产品概念的内涵由"三层次结构说"扩展为了"五层次结构说"，这五个层次就是核心利益（Core Benefit）层次、一般产品（Generic Product）层次、期望产品（Expected Product）层次、扩大产品（Augmented Product）层次和潜在产品（Potential Product）层次。因为科特勒在他的著作中注重于阐述各层次的具体内涵，并且未能从更为具体的层面分析"三层次结构说"与"五层次结构说"之间存在的不同特点，正是因为这样，国内对于这一新名词的认识也并没有太大的深入。从我国的学术界的研究来看，学者们仅仅是单纯地将科特勒的英文著作阐述进行翻译而已。截止到目前的一些文献中，一些学者也都还仅借由"三层次结构说"来说明产品的内涵。

对于产品的供应计划，管理层应当综合借鉴五个产品层次，毕竟每个层次都会提升更多的顾客价值、架起了顾客的价值层级（customer value hierarchy）。核心利益（Core Benefit）是消费者所确实需要的最为一般的服务与利益，归根结底地来讲，所有的产品从根本上均是为了消除一定的问题所产生的服务；一般产品（Generic Product）是产品最为基本的形式，同样地，它包含着品质、式样、特征、商标和包装等；期望产品（Expected Product）是顾客在消费产品时所希望产生的和产品紧密相连的全部事项；扩大产品（Augmented Product）是顾客在消费这个产品的同时，生产者所需要额外提供的服务和利益；潜在产品（Potential Product）是既有的产品包括全部附加产品在内的、并有潜力成为以后的最终产品的潜在状态的产品。

2.1.2 全面风险管理理论

全面风险管理的含义是，公司为了实现其最终的战略目标，而在经营管理的所有步骤与过程中，采用风险管理的一般形式，形成优越的风险管理文化，完善全面风险管理的体系，最终达到风险管理的战略目的而给予一定的保障与支持的工具。作为企业经营管理的有力工具，大部分的规模较大的公司都使用整体风险管理，特别是金融业企业的使用较多。从整体风险管理的应用案例来看，应用的公司均在内控管理优化和成本节约方面取得了巨大的进步，对于公司的持续发展能力产生了深远的影响。

在 1992 年，肯特（Kent D. Miller）是第一个使用整合风险管理（Integrated Risk Management）这一名词的学者。以此为开始，在接下来的二十多年里，全面风险管理理论的演变能够划成两个时期：多学派百家争鸣的阶段和整体风险管理思想的融合阶段。

第一阶段：多学派百家争鸣的阶段（1992－2001）。

不同方面的人均从其所从事的方面为起点，对于整体风险管理相关的表述都做了研究，其中具有代表性的学派如下：

整合风险管理（Integrated Risk Management）。工业管理、工程项目管理方面的人认为，公司应当以全局层面为基础，分析、识别、评价公司所涉及的全部不利因素，从而采取一定的应对措施。其核心观点是，公司能够从一定的风险因素出发，将不同的风险管理方式联系在一起，注重风险研究领域。

完全风险管理（Total Risk Management）。心理学、社会学和经济学等多学科的人认为，风险管理活动会包括三个不同方面：价格、偏好和概率。价格是可以衡量出对所有风险因素进行提防应当负担的代价；偏好能够度量应对风险的实力、期望；概率被用以确定各种风险出现的大小如何。风险管理需要把这三个方面给联系在一起，以便做出正确的选择。

综合风险管理（Global Risk Management）。金融学界的人在对金融机构，尤其是保险企业的风险管理活动中，形成综合风险管理。这一理论注重对金融机构所涉及的不利因素形成具有联系性的估计，努力着形成谨慎的流程，以发掘全部风险在公司的经营业务领域内的分布特征，并对各种形式的不利因素如何加以定价并合理配置资本。另外，在金融业的内部形成相应的风险管理机构，主要是应对风险，从而避免由此所形成的代价。

第二阶段：整体风险管理思想的融合阶段（2001－至今）。

随着在深度和广度上的拓展，以上理论均突破了既有的研究范畴，各种学说的内涵都不断地融合与统一。北美非寿险精算师协会（CAS）对于整体风险管理定义是这样的：整体风险管理是一个对不同来源的风险进行评价、控制、研发、融资、监测的过程，不同行业的公司都能够借此增加利益相关者的价值。该概念既表明了风险管理的战略向导，又率先把风险管理方式延伸到了"研发"等领域，表现出了风险管理理念的前沿研究状况。紧接着，在内部控制方面具有绝对话语权的 COSO 委员会，在 2004 年 9 月发布了《整体风险管理——总体框架》的报告书。该报告从内部控制的层面，阐述了整体风险管理的方式和应用的关键，成为了整体风险管理理念在应用方面的关键经历。

2.1.3 网络整合理论

网络整合理论认为，公司为了能够完全地达成品牌传播和产品营销的目标，需要全面整合使用以互联网资源为主的所有方式，以统一的形式，向社会大众传达完全的信息，达到和顾客的共同交流，刻画企业良好的品行，形成产品与顾客的持续联系。网络整合理论基于信息网络（主要是互联网）之上，其核心思想包括三个方面：传播资讯的统一性，也就是公司以一个声音说话，顾客不管从何处获取的资源均是相同的；互动性，也就是公司与顾客可以进行具有深度的沟通，可以敏捷地获取信息并回复；目标营销，也就是公司的所有活动均需要以公司的目标来开展，达到全程营销。

网络整合营销是 20 世纪 90 年代开始在国外流行的营销概念。它相对于传统的营销"以产品为中心"而言，着重于"以客户为中心"。相对于传统的营销"4P"，整合营销理论的关注点是"4C"：就"产品"而言，应当着重于消费者的需求和欲望（Consumer wants and needs），生产可以达到消费者需求和欲望的产品；就"价格"而言，应当着重于消费者潜在的代价（Cost）；就"渠道"而言，应当着重于消费者购买的便利性（Convenience）；就"促销"而言，应当着重于与消费者的交流（Communication）。

2.2 原因分析

2.2.1 风险控制体系不完善

根据全面风险管理理论，公司为了实现其最终的战略目标，而在经营管理的所有步骤与过程中，通过采用风险管理的一般形式，形成优越的风险管理文化，完善全面风险管理的体系，最终达到风险管理的战略目的而给予一定的保障与支持。由于 WL 公司的网贷平台上线时间不长，风险控制体系还处在不断完善的过程中，在某些方面不可避免地存在一些问题。作为信贷产品，就存在贷前、贷中和贷后三个阶段的风险控制，其中贷前的风控是最为重要的。围绕着贷前、贷中和贷后所展现出的便是业务风险控制体系，贷前着重于解决信用风险，贷中着重于解决操作风险，贷后着重于解决流动性风险。

由于我国当前的征信系统尚不完善，尤其是个人征信系统的缺失，这就对贷前的审查造成了极大的困难，风险因而变大。作为贷款业务，信用在这里就扮演着关键的角色，信用的高低也就决定了风险的大小，由此决定是否可以贷款、贷款的期限长短和收益的高低。由于征信系统的缺失，为了能够确实掌握贷款方的信用状况以确定风险状况，公司不得不通过实地考察、人工审查等方式对贷款方的状况进行了解，这不仅耗费了较多的人力资本，而且还不一定能够掌握到该行业的深层次经营风险所在。这就对业务人员的风控能力、专业知识有着较多的要求，但公司的业务风控团队还并不健全，在这方面存在着一定的欠缺。和大多数的 P2P 平台一样，在平台成立之初公司便设计了一个贷前风控模型，P2P 贷前风控模型是用来排查、筛选 P2P 资产端的潜在风险，如有效甄别蓄意欺诈、低信用人群、还款意愿和还款能力低下人群，以及由于特定社会变迁或经济变迁导致的高风险人群。但是，贷前风控模型无法百分之百控制逾期，因为很多时候，逾期是由小概率事件导致的。WL 公司车贷业务中，借款人大多是个人，而且这类业务数量比较多，占据了公司所有业务较大的份额。由于我国个人征信系统并不完善，如果仅是通过手动审核必备借款要素，这就会耗费较多的人力资本，造成效率低下的后果。

贷中的风险控制主要是对资金端、抵押物、质押物等的管理。在资金端上，既有对注册用户的个人信息的保密，也有对那些投资者的账号信息和资金安全的保障。在互联网空前发展的同时，也存在着诸多危机，这其中最大的危险莫过于黑客攻击与网站漏洞。WL 公司平台网站系统当前也是处在一个不断磨合的期间，尚未达到非常稳定的状态，因而用户信息的保密成了较大问题。对于投资者投入的资金直接放在平台的资金账户上，既有受到外部（比如黑客）盗取的危险，也有内部挪用的威胁，会给投资者带来平台会有跑路的心理。对于抵押物、质押物的管理也是公司的一个重大负担，如果通过公司自身对这些物品进行管理，就会很明显地增加了公司的成本，最终也会导致收益降低。WL 公司董事长对流量变现业务的顾虑正是出于资金安全与信息安全的角度，一旦这些安全受到威胁就会对整个平台产生致命性地打击。珠宝玉石贷、车贷对抵质押物的管理均是对 WL 公司的考验，珠宝玉石体积虽小但价值不菲，只押证的车辆存在被借款人私自处理的风险，这些抵质押物都需要 WL 公司在实际中加以控制。

贷后的风险控制主要是贷款的催收与贷后管理。在贷款期限到来时，如何按时全部收回贷款的本金与利息，这也对公司提出了要求。某些企业或个人在贷款到期后无法按时归还借款和本金，出现逾期现象，如果无力偿还，这就形成了平台的坏账。在收回款项后，由于投资者较为分散，如何将本金和收益准确无误并且安全地转入到他们的资金账户之中，也对公司的系统提出了较高的要求，这也是平台需要花费较多人力、时间进行处理的问题。

2.2.2 同业竞争激烈

当前，互联网金融企业数量在不断增长，不同平台均推出了各式各样的互联网金融产品。截止到 2015 年 7 月，全国共有 2000 多家 P2P 网贷平台。总体而言，当前 P2P 网贷行业尚处在一个探索发展的阶段，业内平台之间的竞争激烈，这主要体现在理财端和流量端上。在理财端，优质的债权成为众多平台争夺的焦点，尤其是传统的车房贷更是体现出各自的竞争力。从现有平台推出的理财产品来看，在起投金额、投资期限、年化收益率、投资标的等方面均存在着不同的差异，这也成为投资者对这些理财产品选择的重要依据。但是从深层次的角度来看，这些产品都存在着同质化的特点，即理财产品的设计趋同。同质化也反映出行业内在这方面的竞争压力很大，同质化的结果就是产品没有特色，在市场上的竞争力减弱。即便是同一个平台，其所提供的理财产品也都存在着同质化的现象，这样便导致投资者的选择性减少。从产品层次理论的角度来讲，核心利益（Core Benefit）是消费者所确实需要的最为一般的服务与利益，归根结底地来讲，所有的产品从根本上均是为了消除一定的问题所产生的服务；一般产品（Generic Product）是产品最为基本的形式，同样地，它包含着品质、式样、特征、商标和包装等；期望产品（Expected Product）是顾客在消费产品时所希望产生的和产品紧密相连的全部事项；扩大产品（Augmented Product）是顾客在消费这个产品的同时，生产者所需要额外提供的服务和利益；潜在产品（Potential Product）是既有的产品包括全部附加产品在内的、并有潜力成为以后的最终产品的潜在状态的产品。从本质上来讲，互联网金融产品作为一种无形产品也遵循着产品层次理论，也应当包括核心利益、一般产品、期望产品、扩大产品和潜在产品五个部分。具体来讲如图2-1所示，互联网金融产品的核心利益是风险控制，一般产品是基本业务，期望产品是理财收益，扩大产品是增值服务，潜在产品是衍生产品。因此，平台应从用户的角度出发，选取优质、安全、收益高的债权。在 WL 公司的业务中，车房贷、珠宝玉石贷的数量较多，而这些贷款业务类型很普遍，担保公司在做，典当公司也在做，其他网贷平台也在做，如何使公司的产品具有吸引性就很关键。同业竞争激烈就对 WL 公司在设计信贷产品的时候提出了要求，因而 WL 公司首先需要确保业务风险可控性，这也将是平台长久经营的核心产品。

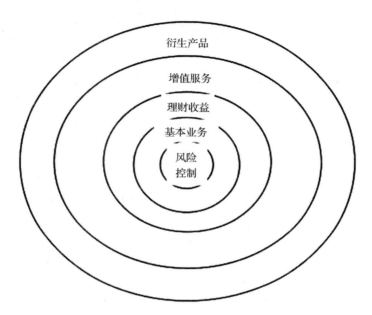

衍生产品

增值服务

理财收益

基本业务

风险
控制

图 2—1 P2P 网贷平台产品层次

在流量端上，如何吸引投资者进行投资也是所有平台所面临的问题，吸收投资成为平台间竞争的焦点。为了抢夺市场上的投资者，不同平台都推出了各种各样的诱人的注册或投资红利。这也就不可避免地推高了平台的经营成本，最终将推高贷款人的融资成本。由于公司成立时间不长，如何吸引更多的投资者进行投资是经营中所面临的重要难题，毕竟平台投资的现金流不能够断掉；此外，由于公司进入网贷业的时间并不早，许多投资者已经成为那些成立时间较长的平台的忠实用户，因而对于剩余潜在投资者的开发上更是成为众多后来成立平台争夺的对象。作为一个从事互联网＋的企业，应当利用好互联网进行营销以获取流量。网络整合理论认为，企业应当综合协调使用以互联网渠道为主的各种传播方式，以统一的目标和形象，传播连续一致的企业或产品信息，实现与消费者的双向沟通，迅速树立品牌形象，建立产品与消费者的长期密切关系，更有效地达到品牌传播和产品行销的目的。因此，WL 公司有必要通过互联网渠道获取、维护潜在投资者。WL 公司的流量变现业务也正是通过网络获取投资者的措施，但如何能够维持这些投资者也是平台与其他平台竞争之处。

2.2.3 征信系统不完善

国家法律法规将 P2P 网贷平台定位为信息中介平台，其职能应是信息服务、信息匹配与信息撮合。做贷款类业务关键就是掌控风险，从而决定是否贷款并进一步设计出适宜的产品类型，而对于风险最好的衡量就是掌握借款者的信用状况。但从一开始，平台为了获取客户的信用状况的途径较少，成本较高。其中的原因主要有两点：第一，我国的征信系统并不完善。信息不对称现象普遍存在，这就使得借贷双方掌握的信息存在差异，尤其是作为网贷，投资人对于贷款方的状况并不可能全部掌握，如果平台只做一个纯信息中介的角色，这将导致融资效率的缓慢。此外，即便贷款方自己上传了相关的证件、证明信息，但还是难以保证这些信息的可靠性、真实性。而第三方提供的征信信息是解决信息不对称现象最好的方式，但由于我国征信系统并不完善，无法完全、准确地获取所有个人、企业的征信状况。第二，WL 公司的平台成立时间较短，至今也只有一年，未能形成内部的信用评价体系。控制风险、保证安全是平台的宗旨，为了了解到贷款企业的状况，公司通常都是先去实地考察、调取企业的相关资料，以此掌握对方的征信状况，然后才在平台上推出相关贷款标的供投资者进行投资。这种方式虽然可以获取较多的企业信息、降低信息不对称现象，从而将风险降低到一定的可接受程度，但不可避免地会使成本增加，最终也将导致贷款利率的提高。此外，即便通过实地考察是否可以贷款的情况，也还是难以对企业所面临的行业环境、经营风险、财务风险等方面有更为深刻的了解，这也就会对贷款方的还款能力产生重大影响，平台对这些风险也是无法完全控制的。

WL 公司车房贷业务中，借款人大多是个人，而且这类业务占据了公司所有业务较大的份额，数量比较多，由于我国个人征信系统并不完善，如果仅是通过手动审核借款必备要素，这就会耗费较多的人力资本，造成效率低下。对企业的贷款中，贷款金额相对于个人而言要高出许多，对此进行的贷前审核也更为重要，但平台所对接的都是中小微企业，其在国家的征信状况大多并没有，这就需要平台对此花费较多的人力对潜在借款方进行审核，尤其是实地调查更会花费较多的人力、时间，产生较高的成本。即便如此，平台所掌握的也只是企业表面上的情况，无法深入地掌握到行业层面的情况，毕竟这些企业借款的目的大多是为了缓解短期的流动性不足状况，借款期限较短，因而企业需要在这段时间内实现充足流动性以偿还本金和利息。不同行业的经营周期、收款状况等方面均存在着巨大的差异，这都构成了企业还款能力的差异。对联信汇业公司的考察之行，WL 公司首次涉足红木企业的贷款，对于其中企业的信用状况、经营周期和核心数据都是缺失的。

信息不对称现象是普遍存在的现象，征信系统是解决此类问题较好的方式，通过该系统可以较多地了解对方的信息。从形式上来看，我国的征信系统是不完善的，想通过征信系统了解对方的信息的途径不通。但从本质上来讲，即便存在完善的征信系统也并不是一劳永逸的，因为系统中所记录的信息反映的是其过去的行为结果，可以影响到贷款的发放与否，但由此还是无法对其还款能力做出深层次的评估。因此，征信的缺失并不利于做纯信用贷款，公司应当通过相关措施解决这个问题。

3 对策与建议

3.1 构建风险控制体系

从产品层次理论的角度来看，P2P 网贷平台的核心在于其对风险的控制，风控做得如何决定了平台的远期发展能力。全面风险管理理论也要求企业应当针对自身的各个方面设置风险控制措施，以此构建企业的风险控制体系，形成全面的风险管理。WL 公司的平台成立较短，平台在诸多方面存在着不足之处：WL 公司的珠宝玉石贷款、红木贷款业务、车贷业务等都需要对其中的信贷风险加以控制，而在流量变现业务中需要平台对资金安全、信息安全有所保障。因此，应从以下三个方面构建平台业务的风险控制体系。

3.1.1 建立专业的风控团队

WL 公司需要建立一支专业全面的风险控制团队，应当包括管理人员、业务员、法务人员、财务人员和信息工程人员。这支团队涵盖平台的各个方面，从不同的方面对平台业务的发展提供内部保障和合规风险管理。管理人员负责从全局角度管控平台，业务员负责业务拓展、资料审核，法务人员负责业务中涉及的法律问题，财务人员负责对每笔业务进行账务处理、税务筹划、结算，信息工程人员负责网站开发维护、系统安全。

在管理人员方面，聘请具有丰富经验的银行、证券、投行和担保行业的管理人士，构建专业的核心决策与管理团队，深化平台业务的模式化、规模化、专业化、精细化运营。管理人员对金融知识的掌握程度、在金融行业的从业经验的多寡均会对其决策和经营管理起到至关重要的作用。P2P 网贷平台是属于互联网＋的一部分，虽然其形式寄托在互联网之上，但从实质上来讲，它的核心还在于金融领域。法律对平台的定义为信息中介，而非信用中介，这一点明确了平台的职能范围。因此，WL 公司需要对平台的贷款标的进行信息管理，管理人员以其专业知识、从业经验等，可以判断出某个行业、某类业务的风险点和盈利点所在，选取风险水平较低、盈利能力较好的行业和业务，从而做出平台业务经营范围上的决策。

业务人员主要对接每笔贷款业务的具体事项，这是最基本的团队，因而业务人员应当具备银行信贷经验，毕竟他们对贷款的业务流程和所需资料接触得更多，也更为了解其中的风险点所在，这样才能确保做好每笔业务资料的审核工作。WL 公司的合作机构在线下审核了贷款人的情况后，取得了贷款人的相关资料，业务人员需要对这些资料进一步地进行审核，确保贷款各个要素均已具备，尤其是贷款合同的签订和评估价值的确认。业务人员复核了所有资料的合规性之后，经过产品总监的最终把关，确认没有任何问题之后交由系统人员在网站上进行放标融资。对于资料欠缺或存在问题的业务，业务人员应当要求贷款人或者合作机构进行补齐，之后再进行接下来的流程。

由于业务总会涉及一些法律问题，这就构成了平台经营的经营风险。为了降低这部分风险的不利影响，平台需要拥有一支法务团队解决应对这些问题。国家对网贷平台要求的法律法规，法务人员应积极读取其中的政策要求，并将平台经营的业务方面与其中的条文进行比对，以确保不存在违法违规经营的情况，符合国家的明文要求是业务开展的最基本的红线。在每笔贷款具体业务方面，法务人员需要对合作机构、贷款人提供的资料进行审核，其中很重要的一部分即为这些资料的合法性的审核，包括抵押物的权证是否合法、借款合同及其具体条款是否具有合法性。法务人员对 WL 公司的业务提供了法律支撑。

作为一个贷款平台，必然涉及资金的流转问题，从投资人投入资金到发放资金给贷款人，从收回贷款人资金到归还本金和利息给投资人，这都需要财务人员对此进行处理。对于投资人的投资资金都应直接进入平台托管在银行账户中，平台不应直接接触账户资金，以防资金的挪用风险。财务人员对于平台系统中显示的投资金额要做到账账核对，即平台系统中的账户金额每天要与银行的资金账户进行核对，以确保投资金额的准确性和安全性。在贷款到期之后，财务人员需要对各方面的金额进行处理，投资人需要归还本金和收益，合作机构需要支付相应比例的担保费用或渠道费用，这些也都涉及税务处理，需要财务人员具有一定的从业经验以将其中的财务风险进行有效控制。

作为一个互联网平台，信息工程人员确保了平台系统的安全、有效地运转。当前网络黑客等问题越来越严重，网络风险无处不在，因而需要他们构建安全的网络保障措施以确保平台资金、投资人信息的安全与保密。网络风险是信息工程人员职能的一部分，他们还承担着系统的开发、运营与维护的职能。平台网页上的贷款标的模块展示、投资进程的显示，都需要他们的设计。移动应用端开发与推广也都由他们进行设计。因此，信息工程人员是对平台其他各个方面的工作的最终保障，对于平台的运营发挥了至关重要的作用。基于长远的角度，P2P 网贷平台终究是一个信息中介平台，平台扮演的仅是信息公布、信息撮合的角色，因而回归互联网的角色，加强网络建设、运营，构建一支专业的信息工程人员队伍必不可少。

3.1.2 由三方模式到四方模式

三方模式（借款人、平台、投资人）是理想中的 P2P 网贷模式，但在实际中并不利于贷后的清偿工作，因而有必要解决这个风险点，引入第四方是最好的选择，由此将三方模式提升为四方模式（借款人、平台、第三方、投资人）。平台作为一个信息中介，需要做好自身的风控保障和信息服务，而在业务来源、项目审核、尽职调查和担保责任等方面应当有赖于线下合作机构。对于线下合作机构的选择，WL 公司既要选择那些担保公司，也要基于业务模式精细化的发展目标，选择朝阳、新兴行业中的龙头公司作为战略合作伙伴；同时，WL 公司还要与银行、保险公司达成合作。不论选择哪一类的合作机构，目的都是为了能够从源头控制风险。

WL 公司选择担保公司作为战略合作伙伴的原因在于，担保公司具有担保资质，尤其是那些经营时间较长、势力雄厚的担保公司在具体业务的风险控制、业务流程和评估回购上具有更多的经验。每一个融资项目，都要同时接受平台风控及第三方实力担保公司的独立尽调，采取一票否决制，任何一方持否定意见，那么该融资项目都不会推荐给投资人。第三方担保公司要对每一个融资项目实行全额本息担保，也就是说担保公司要对通过的项目负责，要对投资人本息负责，一旦出现逾期或有风险，都将采取代偿，先行赔付，第一时间保障投资人权益。担保公司在整个业务中扮演了重要角色，需要对项目进行尽职调查、风险审核、抵押物价值评估、担保、先行赔付和回购，因而对担保公司的选择至关重要，平台应选择具有实力、经验丰富和影响力深远的担保公司。

未来 P2P 市场比拼的不是规模，而是核心竞争力，而这需要平台向垂直化、专业化、精细化方向发展。龙头企业既可以是某个或某些地区的龙头企业，也可以是某个行业内的龙头企业。不论是地区的龙头企业还是行业的龙头企业，关键在于这些龙头企业具备足够的影响力和资源。开发和研究一个优良的理财产品的前提就是选择一个好的行业，从产业角度、产融结合，真正掌控所有数据，打造风险闭环。而对于行业的选择标准主要包括三点：第一，行业的规模要足够大，每年的交易金额能够达到千亿级甚至更多；第二，需要选择一个朝阳、新兴行业，这样具备发展的可持续性，不能像高污染行业似的走下坡路；第三，这个行业里要有众多的中小微企业，有较强的融资需求。基于这三点，还要看这个行业有没有真正能够把控风险的要素，比如有没有核心的抵押物或质押物，以防信贷放出去之后，出现问题能够通过质押、抵押、回购使资金有所保证。通过对行业的深挖和调研，在选择一个好的行业之后，就是与行业的龙头企业进行接触，毕竟龙头企业不仅在整个行业内拥有较多的影响力，而且掌握着行业业务的上下游资源。与龙头企业达成了战略合作伙伴关系，WL 公司便可利用龙头企业的影响力和资源，在贷款端客户获取和风险控制方面都具有比较优势。一方面，中小企业在经营中过程中出现流动性不足的现象较为普遍，但想快速、便捷地取得银行贷款的途径很窄，龙头企业较好地掌握着行业的经营周期状况和了解其他企业的资金需求状况，这样便可为平台带来贷款端客户，由此设计出相关的理财产品；另一方面，龙头企业对行业的经营风险状况和其他企业的经营状况更为了解，可以通过它们在线下直接对贷款人的资质状况、基本情况、抵押物或质押物情况等进行尽职调查和审核，并与贷款方签订相关协议，最终形成线上平台所披露出的信息。在这个过程中，龙头企业既起到了发掘客户、尽职调查、贷前审核等角色，也发挥了贷款担保、抵押物保管与回购等角色，而且龙头企业因此也能够获得相应的经济回报，这就使其利益与平台的利益趋于一致，担保措施强调风险闭环，把平台潜在的风险，变成另外一方潜在的收益。

与银行形成合作关系，目的在于平台的资金账户由银行进行托管，平台并不直接接触到账户中的资金，以此杜绝资金的挪用风险，保障投资人的资金安全。保险公司对平台资金进行全额承保，对于每一笔贷款项目都提取缴纳一定的保险金额，以防坏账对投资者和平台的利益造成损失。

在与第三方机构形成合作的同时，WL 公司也由此可以与这些机构共同利用大数据形成自有的征信系统。贷后要进行计量管理，通过串联大数据，贷后模型对贷前、贷中进行修复，也就是说，哪些资产绝对不能碰，哪些可以碰，哪些可以有限度地碰，贷后可以反馈给你。贷前、贷后形成一个闭环，贷前模型的结果帮助贷后模型快速、准确地找出愿意还钱的人和他们的行为弱点；贷后催收的真实结果再反馈给贷前模型，完善风险识别能力。此外，平台还可以接入有实力的征信机构，通过大数据来筛选借款人，或者接入高效的风控审核系统，从而可以提高审核效率，还能减少人工审核的错判概率。

3.1.3 形成信息披露制度

信息披露是指，企业借由各类途径对消费者和利益相关方披露企业的情况的措施。信息披露主要涵盖着两层的意思：第一，企业应当对外界披露内部的经营发展状况；第二，企业还需要对其理财者表明平台可能存在的风险和债权标的等情况。信息披露是为了保障投资者利益、接受社会公众的监督，使投资者更充分了解公司情况。提高平台的信息披露水平，一方面有利于平台推进自身的风控、增信和健康发展，另一方面也有利于向投资者展示平台的风控水平和发展状况，吸引投资者的投资。

第一，平台自身资质信息的充分且真实公开。这些资质信息主要包括：公司证照、团队介绍、办公环境和组织架构等。公司证照包含营业执照、税务登记证、组织机构代码证、业务营业许可证及相关网站信息安全认证等证件，这些证件是反应平台真实性的最为基本的信息披露；团队介绍、办公环境及组织架构，能够反映出平台管理层素质、公司经营理念、公司架构，是衡量平台经营稳定性、平台管理能力、组织结构科学性的重要参考信息。

第二，借款项目的透明。这主要体现在发标预告、还款公告及借款方详尽信息披露。这个板块建设关键点是在不涉及借款人隐私，及在合法的条件下详尽公开借款人及项目信息。需要涵盖的信息有：借款人基本信息及账户详情、借款人信用档案（信用等级及历史借款记录）、借款项目照片、借款的文字描述、风控相关文件、还款计划及详情、相关合同协议和资料审查状态。通过这些信息，投资者可以衡量风险程度，并且有利于反应标的的真实性，是平台信息披露最为重要的组成部分。

第三，平台运营数据的公开展示，包括实时数据及定期报告。平台实时展示数据主要可以包含：成交额、还款额、待收款数据、收益率、垫付或风险准备金、满标时间、坏账率、逾期率、逾期列表及黑名单等。定期报告包括月报、季度报、半年报和年报形式。运营数据透明化是投资者极为重点关注的信息披露。真实、准确、完整的数据可以反映平台可持续运营、财务及发展状况，也是评价平台安全性的重要参考信息。平台应当定期公布的运营数据包括：投借款人数、撮合贷款额、还款项目数、收益、贷款余额及明细、垫付或风险准备金总额及明细、正常还款总额、逾期总额、逾期率和坏账率等，同时涉及指标计算的，例如逾期率等，应当提供计算依据、公式说明。

第四，合作机构信息披露。合作机构的报告主要有：担保公司基本情况报告、经营情况报告、银行提供资金（风险准备金）托存管报告、第三方合同托管查询、第三方审计机构出具的审阅报告形式等。合作机构监管报告是有效提升平台透明度及信誉的方式，作为平台应当尽可能地提供，既方便投资者及社会公众的监督，也降低平台自身风险。既然担保公司提供了担保，投资者一定会去关注担保公司的经营状况，特别是担保公司现阶段的总体担保金额、最大可担保金额、剩余可担保余额、历史累计违约率情况。平台应当将担保公司的这些信息予以定期公布，体现出实际的风控能力。另外，平台应当公布与银行签署的风险准备金托管协议或者存管协议，并定期发布余额公告以显示平台准备金的安全。

第五，提供风险揭示及说明。信息披露不止包括之前所谈及的资质、项目、运营等，也包括了对投资人的风险揭示。主要体现在：风险提示说明文字，比如在投标页面明确标注提醒投资人投资有风险；保障计划及风控体系的说明，包括运营模式及风控体系模型、技术保障、政策法规保护。对于投资人来讲，P2P 平台的风险控制措施和资金安全措施都是极为重要的信息，平台应给予真实、客观、详尽的披露，可以采用文字配以流程图及模型等形式说明。

第六，还有几项信息也需要及时有效披露，包括资费说明及变动、平台公告（对于平台运营造成影响的措施、平台经营重大变化、风险投资的引入、重大合作项目等）。平台信息披露既可以通过线上开辟讨论社区、组建投资人联盟，也可以在线下开展投资人见面会等方式，与投资人及时沟通。

3.2 完善线上线下相结合模式

线上线下相结合的模式，是指 P2P 网贷公司在线上主攻理财端，吸引投资人，并公开借款人的信息和相关法律服务流程，线下强化风险控制、开发贷款端客户，P2P 网贷平台自己或者联合合作机构（如小贷公司）审核借款人的资信、还款能力。这种模式可以将风险控制在一定范围内，平台的经营风险和投资者的投资风险都较小。由于对借款人的开发、实地调查等耗费的成本较高，因而 WL 公司将这部分工作可以转移给线下的合作机构完成，平台需要做好贷前审核的最终把控和信息服务，从而形成线上线下相结合模式，既可以降低风险，也能够降低成本。

3.2.1 线上扮演信息中介

互联网的普及与发展，不仅有利于平台推广相应的理财产品，而且也更容易吸引投资者。作为一个互联网金融公司，由于我国征信体系的缺失和法律环境的薄弱性，如果只是按照国外的 P2P 网贷平台那样只做纯线上的模式，这就不可避免地会产生较高的逾期率和坏账率。而且从当前全世界的金融业的状况来看，金融脱媒的形式也是不现实的。平台仅在线上同时完成资产端、理财端和流量端等的工作存在一定的难度。因此，平台在线上完成的工作更适用于贷中和贷后，而对于贷前的审核工作更适于在线下完成。平台在这个过程中，也并不是单纯的中介：一方面，在贷中，平台要对投资者的信息安全和资金安全提供绝对的保障；另一方面，在贷后，平台也扮演着联合追款人等复合中介的角色。

理财端通过线上平台，既可以使产品信息得到全面披露，也可以让投资者的理财选择空间扩大。WL 公司为了扩大用户的粘性行为，在完善网站应用的同时，还应开发出相应的移动应用端，比如手机、平板安卓应用等。通过平台的网站，发布理财产品信息、公开借款人的信息和相关法律服务流程等。对于不同的理财产品的性质有所差别，因而所披露的细节信息也会有所差异，但必要的信息是不可省略的。在平台上所需要披露的信息包括：理财产品信息、项目信息、风险保障、风险控制、相关文件和合作机构审核清单。这个大框架是平台所设计的针对所有理财产品的信息披露机制，每个理财产品都是一样的，存在差别的是每一项信息中的具体内容。以房产抵押贷款为例，理财产品信息包括投资金额、还款期限、年化收益率、还款方式、融资进度、剩余投资时间和借款描述；项目信息包括第三方担保机构的详细信息、借款人详细信息、还款来源；风险保障措施有借款企业经营收入、第三方担保机构代偿、质押物处置、平台风险准备金、法律援助；风险控制措施包括企业征信报告、借款企业公司验资报告、借款企业此次借款股东会决议、借款企业最新年度银行流水、借款企业年度审计报告、借款企业最新财务报表、借款企业经营场所证明、公司法人征信报告；相关文件即为有关借款企业的信息的文件的照片，包括企业法人营业执照、税务登记证、开户许可证、机构信用代码证、借款企业办公场所、反担保物所在商务楼、反担保物价值认定书；合作机构审核清单包括借款企业征信报告、借款企业营业执照、借款企业税务登记证、借款企业开户许可证、借款企业组织机构代码证、借款企业信用机构代码证、企业此次借款股东会决议、借款企业最新年度银行流水、借款企业公司验资报告、借款企业最新财务报表、借款企业经营场所证明、借款企业法人身份证、借款企业法人征信报告。

通过线上对理财产品信息详尽的披露，这不仅是对业务风险控制和风险保障的展示，而且是业务模式化发展的构成。投资者通过对这些披露信息地浏览，既可以获取投资期限、收益的信息，也可以了解到平台的尽职调查、风险控制和风险保障能力。向不同途径获取的平台流量展示出平台的"安全、透明、高收益"等特性，更容易使这些流量变现成为平台的投资者。

3.2.2　线下联合合作机构

相对于线上着重于贷中和贷后的管理，线下更侧重于贷前审核同时兼有贷后管理的部分功能。线下既扮演了开发贷款端客户，同时也扮演着强化风险控制的角色，P2P 网贷平台应该自己或者联合合作机构审核借款人的资信、还款能力。由于我国征信体系的缺失和法律环境的薄弱性，网贷平台如果仅是充当借贷匹配的纯中介平台的话，就无法有效控制风险，最终将对平台自身的生存和发展产生不利的影响。为了解决这个不利局面，平台应加强贷前的信用审核工作。但平台如果为了达到降低风险的目的，仅是以发展线下实体的方式，比如在不同地区开设办公处审核贷款人，这不仅增加了成本，而且使工作效率低下了许多，此外，这也与传统的小贷公司没有太大的本质上的区别。因此，为了解决这个问题，平台可以用战略合作伙伴的方式，选取一些地区的小贷公司、典当公司和龙头企业作为合作伙伴，共同完成线下的工作。这些战略合作伙伴既可以获得一定的担保收益，又拥有借款人的抵押物或质押物的优先处置权。对于不同类型的战略合作伙伴而言，它们所扮演的共同角色都是担保人，但在一些具体的功能上又会存在一定的差异。

小贷公司和典当公司更多的是扮演担保人的角色，从中获取到相应的担保收益。与这些公司达成战略合作伙伴关系，主要是为了解决贷款端客户的信用状况风险问题。有许多借款者想通过平台融资，但平台也并不掌握到其信用状况、经营情况等，借助线下的小贷公司或典当公司可以对其进行担保，而且小贷公司或典当公司在抵押物的评估、保管上比 WL 公司更有经验，省去了平台大量的人力和时间成本，而且一旦出现坏账情况，它们可以对抵押物进行回购变现，毕竟作为嗜血动物，它们对于抵押物的评估要准、打折要狠，进行回购是其潜在的收益。对于小贷公司和典当公司的选择，平台应当选择那些规模较大、资本金充足、资信等级高的公司作为战略合作伙伴，这样便可在出现逾期和坏账的情形下，它们有足够的实力和资金先代偿贷款金额。

3.3　深化担保模式

从 P2P 网贷平台的本质和法律定位来看，平台所扮演的仅仅是纯信息中介的角色，但鉴于当前我国信用状况和国外的实践情况来看，仅充当纯信息中介的角色不可避免地会带来较多的逾期和较高的坏账。对于投资者而言，这就意味着自己的投资受到了损失，因而平台的声誉也将受到影响，最终平台的经营也将受到影响。为了解决这个问题，提高风险控制水平，WL 公司引入担保的方式，对贷款事项进行担保。对于担保方的选择，首先便是传统的担保公司，然后是龙头企业的担保，最后还有风险准备金的担保。担保公司的担保最为稳健，龙头企业的担保是 WL 公司进入细分行业和精细化运营的体现，而平台应当避免法律所禁止的自融自保，风险准备金担保只是以上两种担保形式的补充。WL 公司的珠宝玉石贷款引入 A 珠宝公司作为担保方、红木贷款引入联信汇业作为担保方、车贷业务引入相关担保公司作为担保方等均是对担保模式的不断探索和完善。

3.3.1　以担保公司担保为基础

第三方担保机构担保模式是指 P2P 网贷平台与第三方担保机构合作，其本金保障服务由外在的担保机构完成，其中，第三方担保机构为有担保资质的小额贷款公司或担保公司。在第三方担保模式中，小贷公司和担保公司对 P2P 网贷平台项目进行审核与担保，P2P 网贷公司给予其一定比例的渠道费和担保费。P2P 网贷平台不负责坏账的处理，不承担资金风险，并且逐步剥离自身发掘考核项目的工作，只作为中介存在，提供金融信息服务。但是，第三方担保机构担保模式只是实现了 P2P 网贷平台的风险转嫁，平台上的投资风险并没有消失，坏账率受 P2P 网贷平台合作伙伴的运营能力的制约。因此，平台应当选择资本充足、运营良好、经验丰富并在区域内根基稳定的担保公司。

担保公司类型分为一般担保公司担保和融资性担保公司担保。一般担保公司担保的保障又分一般责任和连带责任。一般责任包括：债务人不能履行债务时，由保证人承担保证责任；出现逾期、老赖、恶意不还等现象，可以先行代偿；如果超出担保能力，可以申请破产，拒绝代偿。连带责任包括：债权人可要求债务人履行债务，也可要求保证人在其保证范围内承担担保责任；不管对方任何原因未还款，均可要求代偿，如果不偿还可以进行起诉。从责任的归属情形来看，一般担保公司的一般责任担保存在和不存在几乎没有太大差别，而连带责任担保可以起到一定的作用。融资性担保公司在注册资金、经营许可和经营杠杆上都要优于一般担保公司，具体表现为：在注册资本方面，融资性担保公司注册资本一般要五千万，甚至是一个亿以上，而一般担保公司五十万以上即可；在经营许可方面，融资性担保公司开展业务活动必须具有省一级的金融办颁发经营许可证，而一般担保公司却不需要这个；在经营杠杆方面，融资性担保公司的担保资产规模与自身注册资本规模之比应当小于 10，即受到 10 倍杠杆限制，随着 P2P 平台的规模上升，融资性担保公司的可保规模也需要提升。选择哪一类型的担保公司对于平台的风险控制和保障具有重要的影响，从长远的角度来看，与融资性担保公司达成战略合作伙伴关系符合平台的远期发展战略，毕竟平台的贷款交易额越来越多，实力较强的融资性担保公司更能够满足其中的担保事项。这也就避免了风险形式上的转嫁而未能解决风险实质问题，一旦出现逾期、坏账等问题，担保公司需要以其资金先行代付贷款额。在对目标区域的担保公司的选择上，平台需要进行实地深入的考察，对其经营资质、法人状况、经营状况和业务范围等都需要详细的审查，在达成合作意向的基础上，还需要共同签订合同协议以明确双方之间的合作事宜和权利和义务状况。此外，担保公司为此进行担保会要求收取一定的费率，而这部分费用也构成了借款人的借款成本，最终将反映在平台理财产品的年化收益率上。因此，平台需要与担保公司一起设定一个合理的费率，以降低借款者的融资成本和提高投资者的收益水平。

3.3.2 以龙头企业担保为核心

龙头企业担保模式是指，平台基于某个行业或某个地区的核心企业的信用，为核心企业的上下游合作企业提供融资并进行 P2P 产品设计和服务创新。

这种担保模式的优势在于由强大背景和实力的核心企业为融资方信用背书，此外，核心企业与融资方一般是长期合作关系，对其比较了解，这都大大降低了平台和投资人的风险。在这类模式中，平台发展的业务既是供应链金融，也是大数据金融。

3.3.3 以风险准备金担保为辅助

风险准备金模式指的是，P2P 网贷平台建立一个资金账户，当借贷出现逾期或违约时，网贷平台会用资金账户里的资金来归还投资人的资金，以此来保护投资人利益。在这种模式下，P2P 网贷平台的资金应当与风险准备金金实现根本上的分离，以防风险准备金被挪用的风险和形同虚设的现象。此外，平台还应当提取相对较充足的风险保障金的比例，以弥补 P2P 网贷投资人的亏损风险。为解决风险准备金账户被挪用的风险，平台需要和商业银行进行合作，专用资金账户交给银行进行托管。对于此类保障，一方面，风险准备金额度本来就不高，仅是由银行存管风险准备金，所产生的费用并不会抬高；另一方面，银行也明确表示"不承担资金来源及投资安全的审核责任，P2P 平台与基础业务相对对方产生的经济纠纷由贵公司自行协商解决，银行不承担任何责任"，那么引入银行后，银行在整个交易过程中只是一个独立的第三方，并不会影响到风险准备金的安全。总的来看，P2P 平台的风险准备金保障应该是坚持实质大于形式。在形式上，平台对于每一笔贷款都应提取一定比例的风险准备金额度，以确保风险的可控性；在本质上，平台应当树立风险准备金的用途在于控制风险、保护投资者和自身的权益的观念。P2P 网贷平台自身为投资人的资金安全提供保障，在这种模式中，投资人与借款人达成的借贷协议中需要包括这样的本金保障条款：贷款到期时，如果投资人无法收回本金和利息的，可以将债权转让给平台，平台会先行垫付本金给投资人，然后将此笔坏账划入平台自己名下，再由平台对贷款人进行追偿。平台具体的操作上，风险准备金是从贷款成交额里抽取，根据用户的信用等级，抽取 0 到 5％ 不等；在借款逾期后，平台将风险准备金先行垫付给投资人本交易所有的未还本金，同时平台贷后部门继续对该笔逾期借款进行催收催缴，将追回的资金重新放回风险准备金中，以确保风险准备金的充足。

风险准备金保本机制是为了适应我国信用状况，提高平台交易量和知名度而被迫采取的。因为只有"保本"，才能聚集更多的客户。但是平台承担了过多的代偿义务后就可能造成风险过于集中，如果坏账过高，风险准备金难以垫付逾期贷款的本金和利息，就会导致平台面临流动性困难，产生经营困境，从而给投资人带来更大损失，引发系统性风险。因此，在机制设计上，可以在风险准备金协议中约定，风险准备金只用于对投资人贷款损失的赔付，但是其赔付的金额范围以风险准备金账户中的全部资金为限。如此一来，既可以保证平台信用审核的公允性，又可以在交易风险失控的情况下保证平台具备维持运营的能力，以便持有债权的投资人可以顺利地通过平台，此种机制在最大程度上能够收回欠款减少损失。

3.4　采用抵押模式

抵押模式指的是，借款人以自有资产作为抵押来借款，如果发生逾期或者坏账时，P2P 网贷平台和投资者有权处理抵押物来收回资金。其中，最为常见的抵押物主要是房产和车辆。由于抵押物可以变现，因而抵押贷款可以有效降低违约风险，尤其是房产和车辆的价值短期内较为稳定、变现较快。WL 公司的车贷业务以贷款人的车辆或其他相关资产作为抵质押物进行贷款，可以较好地解决贷后清偿工作，降低其中的风险，但在其中抵质押物的审核、评估、管理和变现都存在一些风险点，这是质押模式所要关注的关键点。

3.4.1　强化房产抵押

房地产在所有的抵押物中最为普遍，具有价值较高且稳定、易于评估与变现、权证完备等特点。从我国当前的经济环境来看，房地产是最具保值价值的财产，而且在短期内不会有太大的波动性，通过专门的分析师对此进行评估便可得到其相应的价值水平，其变现也相对容易。个人可以通过抵押自己的房产，小企业可以通过抵押厂房等到平台上去申请贷款。

为了控制房产抵押的风险水平，平台与合作机构应做好房产的审查。具体的风控保障业务要点包括：合作机构进行一审，实地考察该房产是否存在，以及当前状况如何，然后对房产的相关资料进行审核，包括房产证原件、购房合同等，确保房产的产权是否归属于贷款人和是否有过抵押等情况，还有对房产周边的环境调查，这也会影响到房产的变现能力；平台应当只选择一、二线城市的房产进行足值抵押，因为在这些城市，房价较为稳定，短期内不会有太大波动，抵押物的价值能得到很好的保证；在基本情况都得到较好的满足后，就需要对房产的价值进行评估，这就有赖于专业分析师的评估；平台对合作机构的资料进行汇总审核，检查必要的证件资料是否齐全、合规，通过该房产所在地块类似房产的同期网上进行比对分析师的估值，确保房产价值处在合理的范围内；最后，在贷款诸要素均符合要求之后，平台根据评估价值的百分之七十进行贷款，在平台的页面上发布。总的来看，房屋看得见摸得着，如果出现违约，可以通过各种渠道变卖房产减少损失。但是不足之处，就是万一风险问题出现时，房屋处置过程过于烦琐，有些 P2P 平台是房屋的二抵押、三抵押，在风险出现清偿时，首次抵押是排在前面的。

3.4.2 推动车辆抵押

车辆抵押业务在操作上比较方便，不仅适合于企业贷款，也适合于个人贷款，毕竟现在车辆的普及水平很高。国内二手车市场较为稳定，不仅价格相对公开透明、评估较易，且行业需求接口较大，正处于黄金时代。而且随着人们观念的改变，只要车辆合法合规可用性好，也并不太在意车辆是不是二手车。因此，在此基础上，二手车不愁没销路。就算万一出现了坏账，质押车辆也可以在短期内很快变现，不会给投资人和车辆抵押平台造成长久损失。车辆的风控也相对容易，比如车辆相对容易追踪，利用多个 GPS 仪器对抵押车辆进行追踪等技术已经非常成熟。

为了确实做好车贷业务的风险控制，平台或其合作伙伴需要采取的风险保障措施关键在于贷前的审查。为了确保抵押车辆的合法性，业务员需要对车辆审查的资料包括：审查机动车登记证原件，查询车辆是否已经抵押，产权人是否为借款人，办理抵押登记或者过户使用；车辆行驶证原件，检查车辆是否已年检，确定是否在有效期内；车钥匙原件，作为贷后管理的必要手段；车辆保单原件，有交强险、商业险、车辆使用税等，作为车辆贷款期限内，发生意外的保障；汽车购买发票原件，作为评估价值的参考。在确定了车辆的合法性并确实归属于借款人后，还要对借款人的资质进行审查。在对车辆和个人的情况进行审查完毕后，应当对车辆的价值进行评估。价值评估采用评估师专业评估和网络评估相结合的方式，具体来讲，先由合作机构的专业评估师对车辆价值进行评估并填写机动车鉴定评估报告书，然后由相关业务员通过网上的二手车价值评估网站检索该类型车辆的价值与评估师的评估价值进行对比，确保评估的准确性。如果车辆的评估差额较大，就需要经过特批。平台可供的贷款额度不应超过车辆评估价值的百分之七十，以防出现坏账时可以足值收回款项，保障投资者、担保者和平台的利益。为了加强对车辆的管理，可以利用多个 GPS 仪器监测车辆的去向。

结束语

本文以作者所在的 P2P 网贷平台作为研究对象，从平台业务中所涉及的问题整理为案例。采用案例研究的方法，对 WL 公司的 P2P 网贷业务问题进行了分析和研究。通过对 WL 公司发生的四件事情的描述，折射出公司三方模式业务存在的一些问题：首先，贷前审核困难且成本较高；其次，贷后催收清算存在坏账风险；最后，债权端和流量端受限。针对经营中遇到的问题，本文利用产品层次理论、全面风险管理理论、网络整合理论对此进行了分析，找出这些问题的原因所在。最后在理论分析的指导下，提出了相关的对策与建议：以构建风控体系作为公司业务模式的核心，采取线上线下相结合、担保及抵押的模式，使平台由三方模式提升为四方模式，促进平台的持续、健康、稳定的发展。通过以上提出的建议和制订的解决对策，很大程度上将有效地解决WL 公司业务模式的可持续问题，而且对同行业具有重要的借鉴意义。

参考文献

[1] Anstead N. The Internet and Campaign Finance in the U. S. and the UK：An Institutional Comparison [J]. Journal of Information Technology & Politics，2008，5 (3)：285－302.

[2] Barbesino P，Camerani R，Gaudino A. Digital finance in Europe：Competitive dynamics and online behaviour [J]. Journal of Financial Services Marketing，2005，9 (15)：329－343.

[3] C. Edwin Cheng T，Lam D Y C，Yeung A C L. Adoption of internet banking：An empirical study in Hong Kong [J]. Decision Support Systems，2006，42 (7)：1558－ 1572/

[4] Frăilă L A，Zota R D，Constantinescu R. An Analysis of the Romanian Internet Banking Market from the Perspective of Cloud Computing Services [J]. Procedia Economics and Finance，2013 (6)：770－775.

[5] Kotler P. Atmospherics as a marketing tool [J]. Journal of Retailing，1973，49 (4)：48－64.

[6] Kotler P. Marketing management ：analysis，planning，implementation，and control [J]. The Prentice － Hall series in marketing，1994，67 (11)：297－320.

[7] 3C 框架课题组. 全面风险管理理论与实务 [M]. 北京：中国时代经济出版社，2008.

[8] 白杰. 我国互联网金融的演进及问题研究 [D]. 硕士学位论文，河北大学，2014.

[9] 陈丽蓉，周曙光. 内部控制系统论 [J]. 财会月刊，2010 (2)：9－10.

[10] 陈一稀. 互联网金融的概念、现状与发展建议 [J]. 金融发展评论，

2013（12）：126－131.

　　[11] 陈志武. 互联网金融到底有多新 [J]. 新金融，2014（4）：9－13.

　　[12] 高汉. 互联网金融的发展及其法制监管 [J]. 中州学刊，2014（2）：57－61.

　　[13] 高彦彬，马孟君. P2P 网络借贷模式考量：优势、劣势与前景 [J]. 征信，2013（9）：81－84.

　　[14] 韩壮飞. 互联网金融发展研究 [D]. 硕士学位论文，河南大学，2013.

　　[15] 何伟俊. 产品五层次结构理论新解：双向动态的产品概念 [J]. 暨南学报：哲学社会科学版，2001（3）：94－97.

　　[16] 黄宪，金鹏. 商业银行全面风险管理体系及其在我国的构建 [J]. 中国软科学，2004（11）：50－56.

　　[17] 贾甫，冯科. 当金融互联网遇上互联网金融：替代还是融合 [J]. 上海金融，2014（2）：30－35.

　　[18] 李博，董亮. 互联网金融的模式与发展 [J]. 中国金融，2013（10）：19－21.

　　[19] 李有星，陈飞，金幼芳. 互联网金融监管的探析 [J]. 浙江大学学报：人文社会科学版，2014（4）：87－97.

　　[20] 刘越，徐超和于品显. 互联网金融：缘起、风险及其监管 [J]. 社会科学研究，2014（3）：28－33.

　　[21] 马运全. P2P 网络借贷的发展、风险与行为矫正 [J]. 新金融，2012（2）：46－49.

　　[22] 莫易娴. 互联网时代金融业的发展格局 [J]. 财经科学，2014（4）：1－10.

　　[23] 宋咏梅，孙根年. 科特勒产品层次理论及其消费者价值评价 [J]. 商业时代，2007（14）：31－32.

　　[24] 陶娅娜. 互联网金融发展研究 [J]. 金融发展评论，2013（11）：58－73.

　　[25] 王国贞. 互联网金融风险及防范对策 [J]. 河北企业，2013（11）：42－42.

　　[26] 王雷. 移动互联网络整合营销传播模式构建探讨 [J]. 今传媒，2012（8）：71－72.

　　[27] 王念，王海军，赵立昌. 互联网金融的概念、基础与模式之辨：基于中国的实践 [J]. 南方金融，2014（4）：4－11.

[28] 吴晓光，曹一. 论加强 P2P 网络借贷平台的监管 [J]. 南方金融，2011 (4)：32－35.

[29] 谢平，邹传伟. 互联网金融模式研究 [J]. 金融研究，2012 (12)：11－22.

[30] 谢平. 互联网金融的现实与未来 [J]. 新金融，2014 (4)：4－8.

[31] 闫真宇. 关于当前互联网金融风险的若干思考 [J]. 浙江金融，2013 (12)：40－42.

[32] 杨立. 网络整合营销理论及其应用 [J]. 中国高新技术企业，2012 (8)：42－43.

[33] 殷凤，万家明. 爆发式增长的互联网金融：现状与展望 [J]. 河南师范大学学报：哲学社会科学版，2014 (4)：53－57.

[34] 曾鸣. 网络营销产品层次与策略分析 [J]. 电子商务，2009 (7)：37－39.

[35] 张吉光. 商业银行全面风险管理 [M]. 上海：立信会计出版社，2006.

[36] 张晶. 互联网金融：新兴业态、潜在风险与应对之策 [J]. 经济问题探索，2014 (4)：81－85.

美林谷滑雪场旅游服务质量管理案例研究
Study on Traveling Grade of Service Management
Case of Mylin Valley Ski Resort

作者：解小东　　指导教师：于锦华　教授

摘　要

近年来，国民经济不断发展，居民的生活水平进一步提高，人们在满足日常消费的同时，有了更多的时间和经济条件投入到旅游当中。旅游业已经步入大众化发展新阶段，正在向国民经济战略性支柱产业目标迈进。目前，全国有三分之一以上的省区纷纷把旅游业确定为支撑地区经济发展的支柱性产业。而旅游业发展具有明显的季节性，尤其对我国北方大部分地区来讲，冬季属于旅游淡季。本文的研究地区即一个旅游业存在明显季节性失衡的地区——内蒙古赤峰地区。该区域旅游资源十分丰富，特别是克什克腾草原，已成为当地夏季观光旅游的主打品牌。但在冬季，当地旅游特色并不突出，一定程度上影响着赤峰旅游市场的健康发展。因此，积极探索开发适合当地冬季旅游的休闲娱乐项目具有很强的现实意义。

本研究在充分了解冰雪旅游服务质量管理相关理论的基础上，对位于赤峰南部旗县的美林谷滑雪场冰雪旅游服务质量管理展开了研究。美林谷滑雪场始建于 2008 年，2009 年 12 月 25 日开业运营。透过美林谷滑雪场发展现状，本研究发现滑雪场服务质量上目前严重存在四个问题，即滑雪场缺乏旅游服务质量规范管理、滑雪场服务人员旅游服务操作随意性强、服务人员缺少为游客提供高质量体验服务的职业素质、滑雪场提供的个性服务难以满足游客需求等。在此基础上，本研究运用理论及案例分析方法，对美林谷滑雪场冰雪服务质量管理的内部条件和外部环境进行了全面分析。分析发现美林谷滑雪场的服务质量不够完善，但仍在区位、规划标准等方面占有相对优势。同时，赤承高速建成通车，以及美林谷滑雪场 2016 年即将承办第十五届自治区全运会滑冰项目也为美林谷滑雪场的发展带来了良好的发展机遇。为此，本研究立足当地冰雪资源实际，结合本土地域文化特色，最终形成美林谷滑雪场冰雪服务质量管理对策建议：严格执行滑雪场旅游服务质量标准、加强对滑雪场教练员工的服务意识培训、完善服务质量监督机制、做好滑雪场工作人员上岗培训、持续完善配套服务功能，从而提升服务质量，实现当地冰雪旅游可持续发展。

关键词：美林谷滑雪场　冰雪旅游　旅游服务质量　旅游品牌

ABSTRACT

With the rapid development of national economy and continuous improvement of living standards, tourism has become an important part of daily expenditure. The popularization of tourism has entered a new stage of development, which is growing into a pillar industry of national economy. Currently, tourism has been taken as a pillar industry of regional economy in more than one third provinces. It is a seasonal industry especially in northern china, which becomes low season in winter. The city in this study is located at such an area with significant seasonal imbalances. Chifeng is a city of Inner Mongolia Autonomous Region, abundant in tourism resources. Especially the Keshiketeng Prairie, it has become a flagship brand of local summer tourism. But in winter, local tourist attractions are not noticeable, which in some extent has affected the healthy development of the tourism market in Chifeng. Therefore, exploring local winter tourism products is of great practical significance.

In this study fully understand the ice — snow tourism service quality management, on the basis of relevant theories, the county is located in the south of chifeng flag of merrill lynch ski ice — snow tourism service quality management for research. Merrill lynch valley of skiing was founded in 2008, opened on December 25, 2009. Through merrill lynch valley resort development present situation, this study found that ski resort on the quality of service is serious exists four problems, namely the ski resort lack of tourism service quality specification management, ski resort service personnel service operations optional the gender is strong, the service personnel lack offers high — quality service experience of professional quality and personality service provided by the ski resort is difficult to meet the demand of tourists, etc. On this basis, using the theory and case analysis method, this study of merrill lynch snow ski service quality management of the internal conditions and external environment has carried on the thorough analysis. Analysis found that merrill lynch ski service quality is not perfect, but still occupies a comparative advantage in location, and the standard of planning, etc. High— speed and opened at the same time, the red cap and merrill lynch ski skating autonomous region to undertake the 13th national games in 2014 project for the development of merrill lynch ski also brought the good development opportunity. Therefore, this study based on the actual local ice and snow resources, combined with local cultural characteristics, eventually forming merrill lynch snow ski service quality management countermeasures and suggestions: strict ski tourism service quality standards, strengthen the service consciousness of ski coach staff training, improving service quality supervision mechanism, a ski resort staff training, continuous perfect supporting service function, improve service quality, local ice—snow tourism sustainable development.

Key Words: Mylin Valley Ski Resort   Ice and snow tourism   Tourism service quality   Tourism brand

绪　　论

0.1　研究背景及意义

0.1.1　研究背景

近年来，随着中国旅游事业的不断发展，冰雪旅游业也迎来了高速发展的时期。冰雪旅游业虽然与国外市场比比较落后，总体上仍处于开拓市场和产业化经营的前期阶段，但发展潜力巨大。据统计，目前全国范围内已经建成滑雪场 200 余家，每年冰雪旅游收入过百亿。值得注意的是，随着我国经济的不断发展，人们生活质量的日益提高，滑雪运动由最初的"精英"社会阶层专属行为，已成为大众最受欢迎的冬季娱乐休闲运动之一。冰雪被世界旅游专家组织认定为未来旅游业发展的三大重点资源之一，冰雪旅游服务产业正在受到越来越多地关注，在中国旅游市场上的重要性亦日益凸显。根据世界冰雪旅游类研究组织预测，我国冰雪旅游市场前景广阔。目前，熟悉滑雪运动的人数不足总人口数的 0.075%，而这一数字将在未来激增至 2%，我国的滑雪事业将在下一个十年内进入高峰。

因此，当前国内冰雪旅游发展总体形势良好，冰雪旅游的冷资源正在逐步变成热经济，冰雪旅游市场大有可为。

在国内，冰雪旅游市场较发达的地区分布于黑龙江、吉林、辽宁、北京和西北部分地区。很显然，这一地域分布特征直接体现了冰雪旅游的地域特性，由于较强的资源依赖性，冰雪旅游的开发既要求开发地具备寒冷的低温条件，同时地形也要适宜。一般的，冰雪旅游区地理位置上应处于寒温带或者中温带，冬季平均气温在 $-30℃\sim-18℃$ 之间，雪期不少于 4 个月，而且以坡度较轻缓的山地地形为宜。适宜的气候条件和地形条件是开发冰雪旅游的先决条件，二者缺一不可。美林谷滑雪场位于内蒙古赤峰市喀喇沁旗境内，通过实际开展情况调查发现，美林谷自然环境秀美，森林覆盖率极高，能够形成自身小气候，同时雪山地形独特，天然雪资源丰富。为开展冰雪运动娱乐提供了良好的天然场地，具有很强的冬季滑雪项目开展优势。事实上，美林谷滑雪场自 2009 年 12 月 25 日开放以来，以其区位和资源优势，已经吸引了来自全国各地的众多游客。2016 年，赤峰市即将承办第十五届内蒙古自治区全运会，再加上高速公路建设的持续推进，这些都将为美林谷滑雪场创造更多的发展机遇。

0.1.2　研究意义

客观来讲，美林谷滑雪产业由于起步晚，正处在新兴的发展阶段，除近几年公路通达问题直接影响客源外，加之目前国内冰雪旅游市场竞争日趋激烈，美林谷滑雪场要实现可持续发展仍面临诸多挑战。例如，缺乏旅游服务质量规范管理、提供个性服务形式过于单一、缺少地域传统文化特色等问题，这些问题都严重影响着游客数量的持续稳定，造成了滑雪场资源的空置和浪费。稳定的客源是旅游企业发展壮大的前提和基础，服务质量是旅游业生存与发展的关键所在，服务质量到位是营造舒适旅游氛围、打造精品旅游的重要环节。因此，美林谷滑雪场服务质量的提高不仅有助于地方经济的发展，而且对推动地方大众滑雪旅游的健康发展亦有极为重要的意义。

0.2　研究内容及方法

0.2.1　研究内容

本文以美林谷滑雪场为对象，采用案例研究分析形式，以美林谷滑雪场旅游项目和旅游服务现状为出发点，通过实际的案例找出美林谷滑雪场旅游服务过程中存在的主要问题，并分析旅游服务质量问题产生的原因，从而提出提升美林谷滑雪场旅游服务质量存在问题的对策建议，使美林谷滑雪场为游客提供旅游服务能够达到游客满意最大化。

本研究由四部分组成：

第一部分为绪论，是本研究的问题提出部分，主要论述研究背景及意义，梳理国内冰雪旅游发展历程及研究现状。

第二部分为案例描述，详细介绍了美林谷滑雪场的发展概况，总结其在当地经济发展过程中发挥的作用，并指出目前美林谷滑雪场冰雪旅游服务质量中存在的问题。

第三部分为案例分析，以美林谷滑雪场为切入点综述了对本研究涉及的相关概念并对其进行阐释，以滑雪场实际案例，对美林谷滑雪场服务质量进行内外部发展原因分析，创造更乐观发展前景。

第四部分为对策与建议，紧承第三部分，对如何提升美林谷滑雪场冰雪旅游服务质量提出建议，并提出美林谷滑雪场旅游服务质量管理具体方案。

0.2.2 研究方法

一是文献资料法。在本研究选题之初，笔者扎实开展了前期准备工作，通过查阅上百篇期刊文献资料，全面了解国内外冰雪旅游研究现状，通过数据梳理，最终确立研究主题；在寻找本研究理论支撑过程中，翻阅十余本专著，涉及旅游地理、经济管理、市场营销等各个领域，为本文写作提供了扎实的理论基础。

二是实地调查法。笔者由于开展了工作经常去当地，所以对美林谷滑雪场的自然情况颇为熟悉。但为了使此次研究更加客观、有说服力，2015 年 2 月份，利用一周时间专程到美林谷滑雪场进行实地调查，通过与企业经营人员和游客进行接触，全方面了解了美林谷滑雪场服务质量管理现状和其中存在的问题。

三是归纳分析法。在对了解国内外冰雪旅游服务相关理论及发展情况和现场调研的基础上，对美林谷滑雪场服务质量采用案例分析，总结出发展中存在的问题与不足，进而归纳出应对对策与建议。

1 案例描述

1.1 美林谷滑雪场简介

1.1.1 国内外冰雪旅游发展现状

国外现状：国外冰雪旅游开发较早，20世纪50年代世界各国纷纷大规模辟建滑雪场，目前，全世界已建成滑雪场6000多个，每年有近4亿人参与冰雪旅游，全球冰雪旅游年收入约七百多亿美元。这期间，冰雪旅游产品服务形态则经历了由最初的主要以滑雪为主产品服务的单一形态逐渐向多元化形态发展的过程。而且从目前冰雪旅游产品服务种类和项目上，雪上和冰上产品服务的占比大体呈现出以雪上产品服务为主，冰上产品服务为辅的特点。地域上，从全球范围来讲，以冰雪旅游胜地著称的地区集中分布于四大区域，即欧洲、北美、东亚和太平洋沿岸，如图1—1所示。这四大区域是世界上接待冰雪旅游爱好者主要的目的地，是全球冰雪旅游业最为集中、最为发达的地区，世界十大冰雪旅游胜地均分布于此。各地区开发各具特色的冰雪旅游服务，每年通过多种形式的冰雪节向全球的冰雪旅游爱好者集中进行展现，典型冰雪旅游国家冰雪旅游服务特色比较如表1—1所示。

图1—1 世界主要冰雪旅游目的地分布图

表 1－1 典型冰雪旅游国家冰雪旅游服务特色比较

国家	冰雪服务质量管理特色	著名冰雪节
瑞士	高山滑雪 冰雪乡村型度假	阿尔卑斯山滑雪节 格林德尔瓦尔德国际冰雪节
挪威 瑞典 芬兰	滑雪、冰旅馆、圣诞文化	奥斯陆滑雪节 瓦萨国际越野滑雪节 北极光节庆
加拿大	滑雪、冰雪建筑	魁北克冰雪节 蒙特利尔冰雪节 渥太华冰雪节
日本 韩国	冰雪与高尔夫、温泉的最佳组合 冰雪博物馆	札幌雪节、北海道冰雪节 大关岭雪花节、太白山雪花节

　　国内现状：国内冰雪旅游资源开发利用较晚，1984 年，黑龙江建成了中国第一家旅游滑雪场——桃山滑雪场，国内冰雪旅游发展自此起步。1985 年 1 月 5 日，哈尔滨举办第一届冰雪节。20 世纪 90 年代末滑雪旅游开始大规模兴起，经过十多年的发展，目前全国已建成滑雪场 200 余家，初步形成了以东北地区为主，遍布全国 21 个省市区①在内的分布格局，国内主要冰雪旅游目的地分布情况如表 1－2 所示。

表 1－2 国内主要冰雪旅游目的地分布情况

省市区	主要城市	冰雪主题活动	规模较大滑雪场个数
黑龙江	哈尔滨 齐齐哈尔	哈尔滨国际冰雪节 中国黑龙江国际冰雪节	77
新疆	乌鲁木齐 阿勒泰	乌鲁木齐丝绸之路冰雪风情节 新疆阿勒泰国际冰雪艺术旅游节	22
吉林	长春 通化	中国长春净月潭冰雪节 吉林国际雾凇冰雪节	19
北京	延庆 密云	北京延庆冰雪旅游节 密云旅游冰雪节	16

---

① 数据来源于中国滑雪网（www. china－ski. com）。

省市区	主要城市	冰雪主题活动	规模较大滑雪场个数
辽宁	沈阳 大连	沈阳冰雪节 大连游园会	10
内蒙古	阿尔山 呼伦贝尔	阿尔山冰雪节 呼伦贝尔中国冰雪节	7
河北	崇礼	中国崇礼国际冰雪节	10
四川	成都 峨眉山	中国南国冰雪节 峨眉山冰雪温泉文化节	4

各地纷纷以滑雪为主项目，兼顾开发雪地摩托、观光缆车、雪橇、冰雕等冰雪娱乐项目，充分利用各具特色的地方冰雪节营销宣传，打造冰雪旅游品牌。随着旅游业的不断发展深入，冰雪作为新兴旅游业态在我国旅游业中的经济贡献渐趋增大，尤其对调节北方地区旅游经济的季节性平衡起到了重要作用。

1.1.2 美林谷滑雪场旅游发展概况

美林谷滑雪场位于内蒙古东部赤峰市境内的美林谷亚高原休闲度假区内，辖属喀喇沁旗，环抱于茅荆坝国家级森林公园之间，拥有"东方雪源圣地"的美誉，曾经是清朝皇家林苑"木兰围场"的一部分。滑雪场占地面积约40平方公里，凭借独特的雪山地形、突出的气候优势和高达98％的森林覆盖率，成为了人们冬季休闲度假旅游的理想去处。美林谷滑雪场每年有近150天的雪季，在营业时间上远远超过国内绝大多数滑雪场。美林谷聘请法国知名设计团队对整个滑雪场的雪道和娱乐场所进行设计，所有雪道预计分三期开发完成，全部建成以后，将是全亚洲规模最大的滑雪场。美林谷滑雪场交通图如图1—2所示，西距北京市299公里，距承德市87公里；东距赤峰城区91公里，距辖区政府所在地锦山镇46公里，紧靠赤（峰）承（承德）高速，赤（赤峰）茅（茅荆坝）一级公路可直达景区。

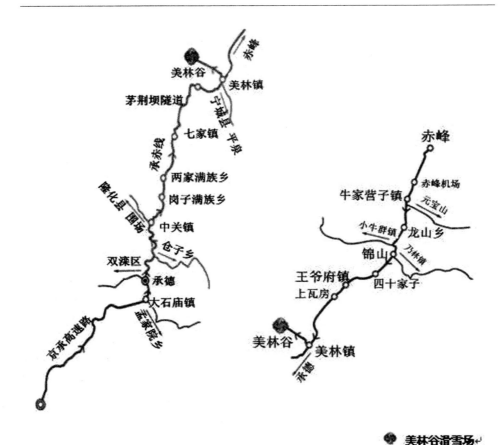

图 1-2　美林谷滑雪场交通图

　　美林谷滑雪场规划从 2008 年 7 月起在 7 年内分三期完成全部建设内容，建设 14 条雪道，分别为 2 条初级雪道，12 条中高级雪道，宽 30 米左右，最大高差为 500 米，最长雪道为 2 公里，雪道总长度为 12 公里；同时，建设体育休闲会馆及相关附属配套设施，总建筑面积为 231699 平方米。一期工程于 2009 年建成，并于当年 12 月 25 日开始试营业。目前，三期工程正在建设中即将竣工，美林谷滑雪场将是全亚洲规模最大的滑雪场。

　　美林谷地处赤峰市喀喇沁旗西北，拥有天然的高山湿地环境，是冬季旅游度假的天堂。滑雪场内设多个旅游项目供游客挑选，包括雪地摩托、冰上曲棍球、滑冰、雪上飞碟、雪雕景观、雪橇、热气球、篝火晚会、雪地自行车等多种娱乐项目。

　　"2013—2014 新雪来潮·美林谷冰雪嘉年华"已成功举办，其中"初中高级道系列滑雪比赛""情人节集体婚礼""美林谷雪地达人征选""美林谷雪地乐园""裸足雪地狂奔"等项目的策划不仅让童话般的林海雪原分外热闹,更填补了赤峰市冬季旅游的空白。滑雪场中最大的亮点是雪场的综合服务区,该区域占地 3200 平方米,由餐饮区、休息区、雪具品牌店、医务室等区域构成,是多种雪场服务功能的集合体。由于国内冰雪旅游市场竞争激烈,加之美林谷滑雪场部分工程还在建设期内,因而目前经营状况与建设之初的发展战略定位仍相去甚远。但是随着工程的全面开工建设,美林谷滑雪场的发展前景还是相当乐观的。

1.1.3 滑雪场旅游服务质量管理现状

(1) 美林谷滑雪场服务质量概况。

①游客数量。美林谷滑雪场自 2009 年 12 月 25 日开放以来,已圆满对外运营四个雪季,如表 1—3 所示,累计接待游客近 7 万人次。

表 1—3 美林谷滑雪场接待游客数量表

雪季	开业时间	结业时间	运营周期	总接待人次	最高每日接待人次
09/10	2009.12.25	2010.03.28	93 天	10463 人	766 人
10/11	2010.11.13	2011.03.20	128 天	17391 人	1168 人
11/12	2011.12.01	2012.02.12	74 天	15096 人	986 人
12/13	2012.11.15	2013.02.27	105 天	9523 人	525 人
13/14	2013.11.28	2014.3.20	113 天	14560 人	1052 人

②旅游服务现状。美林谷滑雪场是目前国内唯一一家利用自然地貌修建的高山森林雪场,为充分发挥谷内优越的地貌优势,聘请法国专业团队进行设计,打造多样化、高娱乐性雪道,雪道分成初、中、高级普通雪道,CAVING 道,mogul 道,单板、双板公园及野雪道。其中,野雪道最大限度保留了美林谷天然雪道的原貌,能够为滑雪发烧友提供自由穿行林间的独特快感。目前,美林谷滑雪场对外开放了 7 条雪道,其中包括两条初级道,5 条中高级道。同时,美林谷滑雪场还设有雪地摩托、观光缆车、雪圈、雪地自行车、篝火晚会等多种滑雪娱乐项目,产品服务形式正在趋于多元化,能够充分保证游客体验滑雪的舒适性和安全性。雪场配套设施中最为关键的是综合服务区,综合服务区占地 3200 平方米,能够提供餐饮、休闲、购物、医疗等多样化服务,同时,还设有 VIP 区域,针对会员提供个性化服务,专门开辟了贵宾专属雪道和免费体验的高档雪具试滑业务。

③配套基础设施。滑雪场配套装备先进,多配备高级进口雪具、雪服,技术先进的造雪机、压雪机,畅通便捷的缆车、拖牵、魔毯等,让游客玩的安

全、尽兴、舒适。滑雪学校拥有众多优秀滑雪教练，包括高级教练、初中级教练和单板教练。他们中的绝大部分曾经是专业滑雪运动员，部分曾参加过国际、国内重大滑雪比赛，滑雪技术具备专业水准。

（2）美林谷滑雪场服务质量的提升对当地经济的起带动作用。

美林谷滑雪场服务质量的提升不仅仅实现了企业个体的发展，而且直接和间接地带动了当地县城经济的发展，在取得经济效益的同时也收到了良好的社会效益。

①增加当地居民收入。滑雪场游客在滑雪活动过程中，对食、住、行、游、购、娱六要素产生综合需求。因此，在滑雪旅游消费中实际上也增加了在当地餐饮、住宿、交通和购物娱乐场所的消费，间接带动了旅游关联产业的经济收入增长。根据国际惯例，平均1元的旅游收入可以带动7.8元的相关收入增长。研究证明，奥地利的明斯克、黑龙江的亚布力镇、哈尔滨的宾县、河北的崇礼县等都通过开发冰雪旅游，对地区经济实现5—6倍的带动效果，正所谓"一个滑雪场，带富一个乡"。因此，美林谷滑雪场如果能够持续健康发展起来，对当地经济发展的促动作用也将逐步显现。

②提高当地知名度。由于美林谷滑雪场所在地喀喇沁旗经济发展基础较薄弱，至今还在国贫县之列，缺少对外宣传，境内丰富的旅游资源多年来无人知晓，优越的投资环境无人问津，经济发展动力不足。美林谷滑雪场的开发建设，通过大力宣传营销，众多滑雪爱好者慕名而来，体验滑雪运动之余，间接了解当地其他旅游资源和经济社会人文环境。企业的宣传实现了良好的社会效益，企业扩大客源的同时也增进了与发达地区的联系和协作，大大提高了当地的知名度，同时起到了扩大对外开放和招商引资的作用。

③带动就业。在当前就业形势严峻的情况下，美林谷滑雪场直接和间接带动了当地就业，从事雪场相关工作人员达2000多人，有效地缓解了当地的就业压力。企业还通过开展技术培训，提升从业人员的专业素养，为企业员工未来的职业发展创造了有利条件。

④改善投资环境。美林谷滑雪场地属农村地区，山区基础设施建设相对滞后，多年来当地贫困现象已陷入恶性循环，农民想富盼富心理急切。美林谷滑雪场的建设为当地经济发展带来了机遇，通过改善当地道路交通、供水、供电、通讯、环保等基础设施，改善农业生产条件，优化农民生活水平，为美林谷地区特色发展、滑雪旅游的不断开发创造了适宜的投资环境，促进了当地经济社会发展。

⑤促进当地产业结构调整。美林谷滑雪场兴建以后带来了客流、人才流和信息流的快速增长，使众多产业投资发展机会向美林谷地区倾斜，基础设施的

改善也为其他产业的发展奠定了坚实的基础，促使美林镇乃至整个县域经济地区生产总值中第三产业的比重大幅度提高。就旅游业而言，由于北方的气候特征，夏季旅游市场较为火爆，冬季则为淡季，缺少适宜的旅游项目来平衡。冰雪旅游的出现正是调整了这一季度失衡的状态，形成旅游冬夏两头热的大好局面。

⑥提高当地人口素质。美林谷滑雪场兴建以后，外来游客对当地居民在价值观、个人行为、家庭关系、生活方式、道德观念、语言、健康等方面产生了积极的影响，一定程度上提高了当地人口的整体素质。同时，发达地区游客的大量涌入也使当地居民为自己生活在这样独具魅力的地方而感到自豪，提升了当地居民的自信，增强了凝聚力和归属感，从而调动了生产生活积极性，实现了地区经济社会的快速发展。

1.2 管理问题

1.2.1 刘总的责问

2014 年 1 月 25 日，美林谷滑雪场上空晴朗，白云悠悠略过美丽的滑雪赛道，湛蓝的天空映衬着银装素裹的山峦，滑雪爱好者们穿着各色服饰，多彩的点缀在蜿蜒曲折的赛道上，每位游客都洋溢着喜悦的笑脸，沉浸在滑雪的乐趣中。这时只听见一声惨叫，大家的目光同时向着惨叫的声音方向望去，看见一个只有 10 多岁的小男孩被雪杖甩出了传送带，重重地摔倒在地，抱着胳膊痛哭不止，随后救护人员直接把小男孩送往了医院。原来是因为美林谷滑雪场因当天是周末的原因游客数量急剧增多，这就给滑雪传送带带来很大压力，同时工作人员也就有了很大压力，为了能够快速疏散游客，工作人员在没有通知滑雪爱好者的情况下，突然加快传送速度，刚加速不到十秒钟，就发生了上述的安全事故。此种做法把原来的快乐变成了痛苦，把本来的赚钱变成了赔钱，把本来该打造的品牌变成了一种负面的影响。事件发生后，刘总非常愤怒，当天晚上就召开了紧急会议，责问工作人员。工作人员的回答是：之所以私自加快传送带的速度，就是因为下面还有很多等待的旅客，只有加快传送带的速度，多传快跑，才能满足下面旅客的需要，才能为公司多赚钱。想法似乎是好的，然而事件已发生，停工停产，得到的结果都是害人害己害公司。问题出了，问题多了，公司的信誉度将下降，公司的美誉度将消失，长此以往，导致的必然是企业的萧条，投资的无效。上述的事件的发生，貌似是小事一桩，实则是管理上的一件大事，一块砖，虽然很小，但就是这一块块很小的砖，筑建了伟大的万里长城；一个蚁穴很小，然而，一个很小的蚁穴却可以在不慎中毁掉千里长堤。所以说，管理无小事，管理无小节。有人说：用钱解决的事儿，那都不是事儿，这话是不对的。俗话说，小不忍则乱大谋，大谋不成，常常就是因为小忍不够；常人说，小心无大错，大意失荆州，小心驶得万年船，哪一句不是强调小节和细节？在管理中，有一句至理名言——细节决定成败。从另一个角度说，谁能在宏观把握的基础上把细节做实、做精、做到位，谁就是管理的明者和胜者。上述的事件，本来可以在预先设置好的速度中稳中求进，然而却被工作人员弄成了欲速则不达。再如，工作人员的一句简短的沟通和一句温馨的提醒，就可以避免上述问题的发生，然而工作人员却没有一丝半点儿的提示和告知。工作人员之所以这样，主要还是来自他的思想和观念。

1.2.2　滑雪教练的抱怨

2014 年 11 月 28 日，美林谷滑雪场冬季旺季营业开始，游者如织、车水马龙，无数游客慕名而来，体验冰雪旅游带来的魅力。由于滑雪运动的特殊性，在滑雪前，很多游客需要专职的教练点拨、指导和保护。就在游客们玩得兴奋的时候，发生在滑雪场的一场争执引起了大家的注意。客户服务部门马上赶去了解情况。原来，游客李女士第一次来到滑雪场游玩，不熟悉滑雪运动，因而聘请了一位滑雪教练。但是李女士年龄偏大，体形偏胖，运动感不是很强，学习滑雪比较慢。李女士聘请的教练起初对李女士进行了教导，发现李女士屡教不会，就逐渐地不耐烦了，语气也强硬了以来。最后，演变成了对李女士不闻不问，不进行指导和帮助。李女士不仅没能在教练的指导下成功地进行滑雪运动，还不断地被教练训斥，心中十分恼火，自己小心翼翼地不断尝试后，慌乱中，雪板偏转的厉害，而一旁的教练不停地大声喊，李女士一时紧张，重重地摔倒了。教练朝李女士发脾气，指责她为什么不听自己的指导，而李女士心中十分委屈，自己花了钱，没能体验到滑雪的愉快，反而被人数落以致自己摔倒。李女士心中的气愤越来越难以压制，最终与教练争吵起来，强烈要求教练道歉，滑雪场退回其教练费用，并补偿其损失的时间。而教练对客服人员抱怨说："每单客人的收费是固定的，但是针对不同客人的服务时间和服务难度确大有不同。接待李女士的时间足够接待 3 个年轻的、学习能力强的人了。我已经对她进行了指导，可是她反反复复总是不得要领，这样的指导很难见成效，也严重地影响了我的时间，接待一个她这样的游客，我这一上午，就接不到别的什么单了。再说，学习滑雪本来就是很难的过程，教练难免严肃一点，李女士不听我的指导，最终学不会滑雪，根本不是我的责任。"

这场争执引起了滑雪场很多游客的注意，大家纷纷上前反映教练教学态度不好，教学水平有限等问题。而滑雪场的教练们也不断进行辩解，要求滑雪场管理人员了解他们的工作困难。这场风波在客服人员和营业值班经理的协调下最终和平解决，值班经理对李女士表达了歉意，并赠送了一些免费的体验项目，同时对教练们进行了一定的教育和安抚。然而，教练们这种消极的工作态度，让游客对滑雪场服务质量的信心大打折扣，减少了滑雪带来的乐趣。旅游旺季发生在滑雪场的这种矛盾，严重影响了冰雪旅游的正常秩序，给游客们带来了负面的心理暗示和影响，不利于滑雪场的形象树立和旅游推广。

1.2.3 哄抢雪橇的闹剧

2014年1月19日上午，当天是礼拜日同时又将至春节，美林谷滑雪场又迎来了众多的游客，在取雪橇时，突然雪橇的数量不够游客所需，每位游客既然来到滑雪场都不想扫兴而归，都想抓紧拥有自己的雪橇，又因工作人员数量有限，在资源有限的情况下做不到全面管理和疏散游客，于是就上演了哄抢雪橇的闹剧，打骂声叫喊声不断，这样的场面实在让人触目惊心。在公共场所哄抢雪橇，近些时间来时有发生。这种乱象的出现，不是哪些人刻意为之，而是更多的来源于人的冲动。游客们关注的不外乎是排队的次序和时间，冲突的起因也不过是谁插了队，其他人看了，觉得影响了自己的利益，进而也开始插队、哄抢，最后演变成大规模的混乱。这种哄抢来源于"羊群效应"的刺激、"法不责众"的思维和"大家都这么做，不插队就是吃亏"的怪异逻辑……说白了，不过是利令智昏。这种哄抢事故，体现了人的道德品质的缺失对于公共秩序的严重影响，"破窗效应"的出现让人们忽略了自身应该遵守的行为准则和道德底线，让人在金钱和利益面前显得无比卑微。利益有价，而道德无价偿，这般的道德失衡，不得不让人深思。

这种现象的出现，有深刻的社会背景。首先，这反映了随着社会的高度发展，一些人在价值取向上的缺失。既有"失德基因"存在，那么即使平时纹丝不露，但只要碰到一个"临界点"，马上就会发作。其次，它反映了部分人对法律法规的认识不深及执法力度缺失。我国在治安管理处罚条例中明确规定"哄抢公共财物，可以拘留并罚款"，可是这一制度在"法不责众"的思维中，难以落实。频频出现的哄抢事件，对于当前社会的"依法治国"水平提出了警示。杜绝哄抢事件，需要企业、司法部门和社会群众的多方面配合。企业应当承担在公共秩序维护中的主动作用，制定合适的规则约束和管理游客；司法部门应该切实加强对哄抢行为的处罚力度；而社会公众个人，应该在道德层面对于自身行为加以约束。其实，惩治哄抢从某种意义讲也是一种道德教化，所不同的是它具有"言教"没有的强制力。

2　案例分析

2.1　理论依据

2.1.1　服务质量差距理论

20 世纪 80 年代起，美国营销学专家贝利（LeonardL. Berry）、赞瑟姆（ValarieAZeithamal）及帕拉休拉曼（A. Parasuraman）等人针对服务质量问题的分析进行研究，提出了服务质量模型。服务质量模型的核心在于"顾客差距"，即顾客期望与顾客感知的服务之间的差距。而"顾客差距"的弥合要从以下四个方面入手，即差距 1——不了解顾客的期望；差距 2——未选择正确的服务设计和标准；差距 3——未按标准提供服务；差距 4——服务传递与对外承诺不相匹配。

服务质量差距模型见图 2-1：

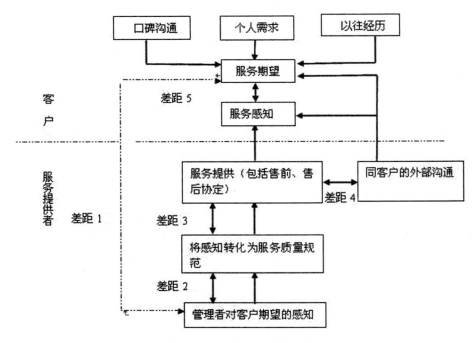

图 2-1　服务质量差距模型

第一，模型对服务质量的形成做出了充分的解释。模型的前部分是与顾客相关的现象。而顾客期望的服务是顾客体验、需求和口碑的函数，同时，也与企业营销能力直接相关。

模型将顾客在实际中的服务体验，称为感知的服务，它往往取决于内部的决策和活动。企业管理者对于顾客期望的熟知程度，能够引导其在确定组织服务质量标准的过程中，更为符合顾客需求。

这个基本框架有助于在分析和设计服务质量的过程中，明确需要参考的步骤，并发现产生问题的原因。模型中的各个要素之间，有五种差异，即质量差距。这种差异来源于质量管理过程中的标准不一致。质量差距最主要的是对服务的期望与感知之间的差距。

服务质量是服务质量差距的函数。服务质量的测量需要通过测量企业内部的各种差距来实现。服务质量差距越大，顾客对企业服务质量的满意度就越低。因此，在对复杂的服务过程的控制中，往往将差距分析作为出发点，通过差距分析为服务质量的改善提供依据。近年来，许多学者都将服务质量差距作为研究重点，从中寻求突破。五个差距模型提出至今，各种理论的出现对其进行了不断的补充和拓展，充分提高了其在旅游质量服务中的实用性。这些拓展研究的对象以顾客、管理者和一线员工三个群体为主，采取定量、定性两种方法进行展开。研究发现，五个差距的产生原因和造成结果分析如图2-2所示：

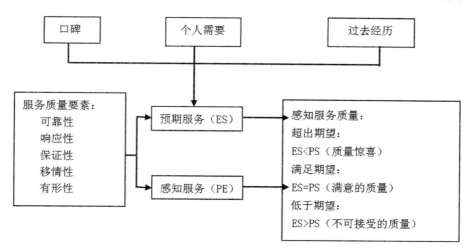

图2-2 服务质量差距模型

（1）管理者认识的差距（差距1）。

这个差距指，管理者对期望质量的感觉不明确。产生的原因有：

①市场调研和需求分析不准确；

②对期望的理解不准确；

③忽视需求分析；

④顾客需求信息在企业层级传递过程中失真或丢失；

⑤复杂的组织结构阻碍顾客反馈信息的传递。

这种差距的解决方式因人而异。例如，一些由管理不当产生的问题，应该通过改变对服务竞争特点的本质的理解来解决，而不是简单的改变管理模式。企业管理者对于服务竞争本质和需求如果不能理解到位，很容易造成严重的后果。

（2）质量标准差距（差距2）。

这一差距指，服务质量标准与管理者对质量期望的认识不一致。原因如下：

①计划制订不切实际或计划不充分；

②计划实施、过程管理不科学；

③组织缺乏战略目标；

④企业高层管理者对服务质量计划认识不到位或不支持。

差距1的大小决定计划的可行性，但是有时候即使顾客期望信息充分、表达正确的时候，质量标准计划的实施也有可能达不到预期效果。这是由于高层管理者的工作没能保证服务质量的实现，服务质量并没有成为组织目标中最重要的部分。改善这个差距的有效措施是改变优先权的排列。在当今社会的服务竞争中，顾客对服务质量的感知程度是服务成功的关键。因此，质量应该位于每个组织管理清单的前列。综上，我们可以看到，服务生产者和企业管理者在服务质量的问题上形成共同认知、缩小质量差距，要比盲目的制订目标和计划重要得多。

（3）服务交易差距（差距3）。

这一差距指，在服务生产和交易过程中员工的行为不符合质量标准，它是因为：

①标准制定过于复杂、苛刻；

②员工对标准不认同，意见不一致；

③标准与企业文化不相符；

④服务生产管理混乱；

⑤缺乏内部营销或内部营销效果不明晰；

⑥当前拥有的技术和系统不能为工作的标准化提供方便。

服务交易差距可能引起各种各样的问题，而引起服务交易差距的原因也是多元化、复杂化的。因此，缩小服务交易差距并不是一个简单的问题。产生服务交易差距的原因可以大致分为管理和监督问题、员工对服务标准和顾客需求的认知问题，以及生产系统和技术的缺乏。

（4）营销沟通的差距（差距 4）如图 2－3 所示。

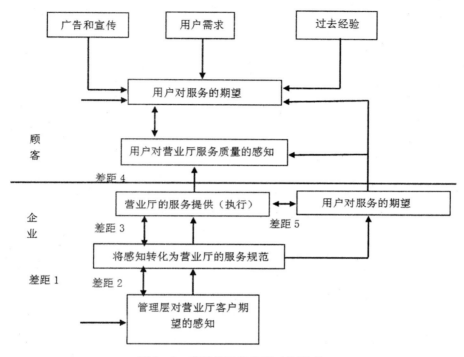

图 2－3　营销沟通的差距（差距 4）

这一差距指，营销沟通行为所做出的承诺与实际提供的服务不一致。产生的原因是：

①营销沟通计划的制订与生产服务的提供不一致；

②固有的营销方式与服务生产之间没有合作；

③组织没有按照既定的营销方案和标准完成工作；

④承诺高于实际，难以落实。

这种差距的出现有一下两个方面的原因：

①外部营销沟通的计划与执行与服务生产不能有机统一；

②广告等营销手段的往往倾向于夸张的承诺方式。

解决第一种问题的方式在于建立内外协调一致的沟通方式和计划，营销活动的计划和执行与服务生产紧密结合，达到共同目标。首先，市场部门的工作中做出的承诺应该与实际工作相结合；其次，对于营销活动中的承诺应该完成，避免因过度夸大而产生的副作用。

解决第二种问题的方式在于避免营销沟通过程中的"滥用"，通过完善营销沟通计划、落实营销沟通计划加以解决。同时，制订更为符合现实需要，完成度高的计划程序，辅以严格的监督制度也是解决问题的有效方式。

（5）感知服务质量差距（差距5）。

这一差距指，感知或经历的服务与期望的服务不一样，它会导致以下后果：

①质量评价负面，质量问题突出；

②服务口碑不好；

③影响公司公关形象；

④失去公司业务。

感知服务质量差距虽然有消极的影响，但是也可能有积极的结果，它有时能够推动符合或高于预期的服务质量。

差距分析模型能够帮助管理者认识到质量问题出现的原因，并且找到合适的方法解决差距。在管理工程中，差距分析是一种直接而有效的工具，它能够发现企业与顾客之间对服务的认知差异，并通过分析这些差距，制订相应的解决措施。明确这些差距，是企业制订战略，以及保证期望质量的理论基础，这能够促使顾客满意于企业服务质量，给予企业积极评价。

2.1.2　旅游管理中的全面质量管理理论

（1）全面质量管理。

20世纪50年代，美国学者戴明通过不断研究发现全面质量管理理论TQM（Total Qualvit Mallagenlnet）。多年来，通过多位学者的不断丰富，此理论已经形成完整的管理体系。具体来说，全面质量管理包括以下几个方面：重视顾客；持续不断的改进；改善工作中的每项工作质量；度量精准；重视授权。全面质量管理的外部制约来源于顾客，所以通过对顾客的强烈关注，不断地关心顾客对产品和服务的需求，同时用一种不断努力的态度，持续的改进质量，提升工作标准，并在生产和经营的过程中全程关注质量管理，针对质量相关的每一变量进行追踪，充分授权雇员保证质量的完成，进而更好的推进产品和服务的质量全面提高。对于旅游管理来说，全面质量管理要把握以下方面：

①质量控制。这里的质量指的是最适合顾客的要求，而控制指的是一种管理手段，即监管计划执行情况和目标的实现。具体包括四个步骤：确定质量标准，制定规范；评价标准的执行；对于存在的问题及时纠正；制订完善标准的相应计划。

②影响质量的因素。一是技术，及相关设备、设施，管理方法和服务标准等；二是人，即参与企业经营过程的员工及在旅游区内从事相关工作的人员。

这两个因素中，人的因素更为关键。尤其对于那些在旅游区租赁摊位自主经营的人来说，他们在旅游区内的行为结果与企业的服务质量直接相关，但是这一群体的特殊身份，又对企业的有效管理造成了一定困难。

③建立质量体系。根据顾客需要建立质量体系，将顾客作为体系中心，围绕顾客开展工作，这是质量管理中最为高效的方法和手段，也是旅游行业亘古不变的主题。只有建立以顾客为中心的质量管理体系，才能实现企业全面质量管理的目标。

④领导作用。这里的领导指的是宏观的领导概念，即管理者在管理过程中的领导行为，包括对员工的指导、监督等多方面内容，好的领导是工作效率的重要保障。在旅游管理的过程中，企业总经理要承担企业质量管理总决策的角色，学会适当传达自己的意图，充分调动下属的积极性和创造力，更好地实现企业目标。

5. 全员参与。服务质量的完善需要员工、技术、管理、领导等多个方面的共同努力。而其中员工作为一线服务质量的集中体现，是较为关键的一环。提高质量管理需要对员工进行针对性的教育、培训，需要创建合适的企业文化，同时需要全体员工的共同努力。在这一过程中，要时刻关注顾客的要求，及时改进企业管理方法，适应市场要求，满足市场需要。

（2）旅游中全面质量管理的实施。

①规范资源的科学合理利用。旅游企业的发展建立在旅游资源的基础之上，而旅游资源作为天然资源是有限的。因此，合理的开发和利用资源是旅游企业发展的根本。但是，在实践中，大部分旅游企业在对旅游资源的开发中，只看眼前利益，随意开发，乱改乱建，违反自然规则和自然规律，不重视对资源的长期投资和保护，有的对旅游资源造成了永久性的、不可恢复的损害。而全面质量管理重视产品开发的"零缺陷"，这种理念有助于企业在对旅游资源的开发过程中，重视资源保护，形成可循环发展。

②重视服务质量的提高。顾客需要是企业管理和发展的出发点和落脚点，全面质量管理重视用最低成本满足顾客需求，不断为顾客提供优质的旅游产品和相关的各项配套服务。作为服务行业，旅游产品的开发要更重视顾客在旅游过程中的即时性体验，旅游产品是产品和旅游服务的复合体，整个产品的提供随着游客的游览过程结束而结束。因此，服务在旅游产品中所占的比例远远超过传统行业，这些服务的完善要照顾到顾客的方方面面，包括及时有效的沟通、舒适的设施场所，以及良好的用户体验。

③提高市场的接受程度。产品的开发和管理要重视其差异性，同质产品在市场竞争中很难占有一席之地，只有明确产品的差异性，让产品在消费者心中

处于独特地位，才能更好地发展企业。全面质量管理立足于发展特质化产品，保证产品在消费者心中的特殊地位，提高市场适应性。例如，同样是冰雪旅游，给予顾客的体验和印象却不一定相同。雪道的设计、雪场的条件、雪的质量、四周风景、配套设施、服务项目和服务水平等可能让游客对这些企业产生不同的感觉。游客心目中的产品印象一经形成，将会很难改变。因此，企业在发展规划中要重视树立消费者心目中的企业形象和独特符号，以便在市场竞争中脱颖而出。

④完善组织文化提高员工凝聚力。企业的发展和进步需要全体员工的共同参与。员工对于企业服务和消费者的反馈有最直观的感受，同时员工也是企业服务和产品提供的直接体现。员工对于企业文化的认同和对企业的向心力，能够促进企业产品的高质量提供，也能为员工自身带来一定的成就感和自豪感。同时企业的高速发展，也能不断促进员工的职业发展和薪酬增加，达到互惠互利的目的。全面质量管理强调将企业和员工视为一个整体，通过参与渠道和科学的管理，完善企业文化，增强员工的质量意识，使每个人都能够成为企业服务质量的提高者。

⑤调整经营成本。旅游企业因为提供产品的特殊性，一旦出现客户不满意的情况，往往造成难以弥补的结果。一些由于旅游企业经营不善、服务不完善、员工不热情等问题的出现，而造成的游客投诉和不良反馈，往往造成企业口碑的急速下降。企业在纠正这些错误的工程中，往往付出高昂代价，提高了经营成本。

⑥责任事故发生率降低。全面质量管理重视形成动态的管理过程，构建畅通的信息渠道，能够在问题发生的时候，及时准确的得到反馈信息，并进行分析，进而迅速达成解决方案，制订对策，及时解决问题。同时，将成功的经验进行总结汇总，形成标准化的解决方案，以便今后迅速处理同类问题。这样能够使员工的责任心增强，减少责任事故的出现，完成组织的既定目标任务。

2.2 原因分析

从以上三个案例反映出美林谷滑雪场的服务质量管理存在四个方面的问题：一是滑雪场缺乏旅游服务质量规范管理；二是滑雪场服务人员旅游服务操作随意性强；三是服务人员缺少为游客提供高质量体验服务的职业素质；四是滑雪场提供的个性服务难以满足游客需求。

美林谷滑雪消费者动机调查如表2-1所示，从调查的结果看，旅游休闲排名第一。因此，如何提升滑雪场的服务质量，关系到滑雪场的服务环境和游客重游率。

表 2－1　　　　　　　　美林谷滑雪消费者动机调查

消费动机	选择人数	所占比例	排名
旅游休闲	190	47.5	1
运动健身	141	35.25	2
体验刺激	36	9	3
追求时尚	21	5.25	4
交际应酬	10	2.5	5
其他动机	2	0.5	6

2.2.1　美林谷滑雪场对服务质量重视程度不够

通过管理问题案例刘总的责问事件我们得知，工作人员操控传送带在没有提醒游客的情况下，私自将传送带调节加快了速度致使事故的发生。如果美林谷滑雪场在服务质量上得以重视，工作人员从游客的切身安全利益上去考虑，也就不会酿此事故了。我们不难看出，美林谷滑雪场的服务质量未能满足顾客的需求，在服务质量的要素的可靠性中，工作人员未能可靠地、准确地执行所承诺的服务和能力。为了更好地对滑雪行业进行指导、监督和管理，充分保障滑雪爱好者人身安全，规范滑雪事业开发、经营，促进滑雪行业进一步发展，我国结合当前实际，制定了《中国滑雪场所管理规范》。

但是，在实际服务管理的过程中，对条例的理解和执行不够。《中国滑雪场所管理规范》规定滑雪场所的运营应该符合一定的安全、密度条件。一些雪道能够供高山滑雪和单板滑雪共用。滑雪场内不能出现逆行雪道。要保证雪道交汇处视野开阔、引导明确，必要处建设立体滑行过桥保证安全。对于参与高山滑雪和单板滑雪的人数要符合规定，避免密度过高。在雪道实际滑行的人均面积不能低于下列范围：

初级道约 50～100 平方米；

中级道约 70～130 平方米；

高级道约 80～160 平方米。

雪道设置避免出现障碍物，清除土石、树桩、杂物等。在冰雪旅游空闲期，要定期对雪道进行养护、绿化，注意排水设施的建设。如有索道，应明确公示运行时间，严格按规定执行。滑雪场的经营主项为滑雪，如有兼营，应重视滑道的修建规范和安全措施。

但是却没有相应的滑雪场旅游服务技术管理规范。由于滑雪场不同于一般的旅游风景区，因而使得滑雪场的旅游服务质量无章可循，只能按照管理者的意识进行粗放的服务管理。因此，在服务管理中出现了许许多多的问题，造成形象受损。

首先，滑雪企业的管理经营者和旅游者对于滑雪运动的认识存在偏差，这种差距对企业的标准化建设造成了不良影响。其次，在旅游服务质量标准化体系上存在脱节现象。再次，旅游专业人才瓶颈的制约限制了旅游服务质量标准化建设的展开，当前从事旅游管理的人才结构不合理，从业人员普遍缺乏敬业精神和高的业务能力，尤其是针对高层管理领域，高素质、具有前瞻性的人才奇缺，让旅游事业的标准化管理进程难度加剧，制约了服务质量标准化的实现。

2.2.2 滑雪教练个性化服务意识有待提高

归根结底，企业的根本是人。但传统的管理是管事的学问，唯有教练是管人的学问。教练认为这个世界上一切伟大的成就与伟大的发明都来自于人，离开了人，再完美的计划、再杰出的创意都失去了意义。同样，世间一切纷繁复杂的事情与看似矛盾的事物背后的根源也是人，只有解决了人的问题，一切问题都会迎刃而解，所以教练倡导从事情的最根源——人，来入手。国内很多企业都提出了"人本管理"的口号，可是对于人本管理的应用却未必尽如人意。这是因为，真正的人本管理必须要对人有深刻的研究。教练不能依照自己的想法就随心所欲，心中没有大局意识，没有把旅客的切身利益作为出发点。

对于人的心理状态的了解是沟通的首要条件，一个人的智力、思维、行为方式、理想、信念、价值观念、身份等，是了解一个人的必要条件，也是影响人际沟通的主要因素。企业在用人的过程中，要重视员工个人的思想状态，充分发挥员工潜力，促使企业盈利。企业教练对于企业最大的贡献就是：教练技术并非是一套理论，而是实践的技术、应用的工具，其真正价值体现在实际运用中。越是运用，越会感受到这套工具对企业的非凡贡献！

2.2.3 尚无严格的滑雪场旅游服务技术管理规范

当前许多企业缺乏规范化的管理体制，也没有形成系统的管理制度。企业管理往往随着问题的出现随机变动，管理模式多为问题导向，企业制度也是以模仿为主，缺乏创新性和主动性。企业家和管理者往往不能对企业的发展以战略化的眼光对待，不能将企业管理与企业发展相贴合。其结果往往是企业管理制度松散而不切实际。

美林谷滑雪场在发展过程中也没能将企业得以持续发展作为战略目标，一些经营目标的制订不能与企业实际相结合，容易造成企业经营陷入多元化混乱的困境。一些企业家已经开始对这些问题进行反思，通过各种方式改善头脑发热和目光短浅的问题，逐步走向持续性、发展性经营的方式，而不是纯粹的追求短期利益。这种改变能够让企业在市场竞争中逐步确立优势，获得长期效益而非眼前利益。

2.2.4 旅游服务监督机制不健全

美林谷滑雪场秩序混乱，很重要一个原因是工作人员的所作所为，比如强拉客、态度差。但再往下追问，教练没有固定稳定的收入，跟企业没有签劳动合同，没有正常薪酬，只能通过各种手段来维生。关键是怎么解决？滑雪教练没有权益保障，没有建立规范劳动关系，没有完善教练薪酬机制，等等。遇到旅游高峰期时，没有应急方案，这些问题都可以体现出服务监督机制不健全。

3 对策及建议

3.1 严格执行滑雪场旅游服务质量标准

服务质量的高低取决于服务标准的高低，要提高服务质量，必须坚持高的服务质量标准。随着经济社会的不断发展，人们的服务要求也越来越高，新事物、新理念更需要我们不断地提升服务质量标准。所以，要真正做到"以人为本、旅客至上"，就要把标准定在"学习创新、注意细节"上，这样才能实现美林谷滑雪场高效运营发展。学习是提高自身素质的必要环节，大众滑雪运动项目刚刚走进我们的生活，滑雪场在服务设施、标准、理念上相对发达地区滑雪场会有很大差距，这就要求我们树立创新意识，敢于打破常规，对各行各业在服务方面的好经验、好做法要借鉴学习，并结合滑雪场自身特点来不断创新，也就是所说的"博采众长、借力发展"；在学习创新的过程中，一定要注意服务的细节，"细节决定成败"，工作中无意的一句话、一个动作，都可能影响到滑雪场的形象。

3.2 加强对滑雪场教练员工的服务意识培训

服务意识的高低取决于人的主观能动性，是一种自觉行为，它的提高，不是一朝一夕的事，而是需要长期坚持一定的服务标准和要求。首先，要让员工明确什么是正确的服务观念，能够清楚地知道服务标准的重要性；其次要热爱自己的本职工作，干一行爱一行，对我们所从事工作的企业具有一种归属感和责任心，有做好本职工作的主观愿望；再次要不断学习、掌握新的服务知识，提高业务技能。

要正确认识服务与确保安全生产的关系。我们常说安全就是生命、安全就是效益，这句话一点也不错，滑雪场始终是把安全放在首位的，而全面良好的服务是滑雪安全的绝对保证，也就是说良好的服务是确保生命安全、增加效益的保证。旅客的一次出行，从售票、进入场地到安全离开目的地，经过了滑雪场各个部门的一系列服务。旅客的一次游玩，从售票办理、取雪具办理、进入场地传送带等待及到达滑雪目的地，同样经过了众多部门的一系列服务。在这众多的服务过程中，无论哪一过程发生纰漏，都有可能造成无法挽回的损失。这就要求我们把服务与安全有机地结合起来，日常工作中要做到细心、主动、热情，无论是旅客还是滑雪场工作人员，无论事情的大小，都要认认真真地去做。

一次热情的帮助、一个真诚的微笑、一句耐心的解答，都是全心全意为旅客服务的具体表现，也是服务标准的体现。全面提高整体服务水平，就要长期坚持行业服务标准。

3.3　完善服务质量监督机制

美林谷滑雪场应促进服务质量监督机制的完善，不断提升旅客满意度，应定期开展一系列工作，优化监督机制，结合民主评议工作满意度，建立内部监督制度，切实使美林谷滑雪场的工作人员通过制度监督不断强化自我约束，自觉履行服务承诺和职责；要加强对服务满意度的抽查跟踪随访，对首问推诿、态度粗暴造成咨询或办事群众不满而投诉的，企业将在年终绩效考核给予工作人员所在岗位扣分处理；要切实加强队伍建设，提升队伍素质，举办窗口工作人员服务素质、服务意识培训班，邀请相关方面专家从窗口工作人员服务意识、职业心态、礼仪、行为规范、沟通技巧等方面进行系统的培训。

3.4　做好滑雪场工作人员上岗培训

为了进一步提高美林谷滑雪场的产品质量和服务水平，促进相关旅游企业的长效发展，获取更多的经济利益，创造更大的社会效益。要从对美林谷滑雪场从业人员的培训工作上下工夫，不断地完善员工的专业技能和服务水平。

（1）制定完整的培训计划，在全国选取三家以上滑雪场企业参观学习。

（2）限定培训的主要内容：旅游服务基本礼仪；旅游职业道德；旅游心理学；旅游服务与管理。

（3）确定培训方式。

根据全国滑雪旅游企业单位从业人员培训情况，工作人员上岗培训分为集中培训和针对培训两种方式。

（4）具体来说：

一是落实培训任务，完善培训制度。企业的负责人应高度重视，以保证培训工作的顺利开展为目标，将员工培训放到企业经营管理的重要位置，科学合理安排员工培训，落实参训人员。

二是根据从业人员流动性的特点，滑雪场要针对新参加工作的员工，及时开展岗前培训；对于部分轮岗人员，要坚持培训在前，上任在后，确保相关人员技术娴熟；对于已经在岗的老员工，要分批次、有步骤地进行培训，确保员工受训率超过 80%。

三是滑雪场培训计划、培训方案、培训内容做好及时的备案，以便了解每位参加培训的工作人员的情况。

3.5 注重对滑雪场基础服务设施进行调整规划

美林谷滑雪旅游发展速度、规模过快，主要是指雪场建设速度过快。由于对滑雪旅游发展的理论准备不足，因而雪场发展速度、规模过快，会影响美林谷滑雪场滑雪旅游的服务质量和可持续发展。

首先，影响稳定的爱好者群体的形成。滑雪旅游的可持续发展，是要依靠稳定的爱好者群体实现的。目前，我国的滑雪旅游者多为一次或两次的偶尔娱乐，并没有形成稳定的爱好者群体。一是因为滑雪场基础服务设施落后、安全性保障能力低、医疗保障不足等，影响滑雪场的服务质量管理，同时也会影响游客对滑雪旅游的兴趣。二是因为专业人才的严重匮乏，尤其是专业教练员的匮乏，使得如何将旅游者培养成稳定的爱好者的难题一直没能很好地解决。这一方面是由于我国存在的专业滑雪人员未能实现职业转换，另一方面是符合滑雪旅游发展需要的专业人才培养又没能跟上发展的需要造成的。因此，滑雪场发展速度、规模过快，一方面加剧了专业人才的匮乏，另一方面，加剧了潜在滑雪爱好者流失的速度。

其次，影响滑雪场长期建设。由于滑雪场发展速度过快，势必造成竞争加剧，雪场为了提高客流量，不得不降低成本运行，依靠低廉的价格来维持雪场的运转。于是，雪场硬件质量下降，教练员数量、质量下降，管理人员数量、质量下降，这对于滑雪旅游可持续发展是无益的。

再次，影响行业规范在今后的实施。由于滑雪旅游的行业准入标准及行业运行规范等行业标准还处于不完善阶段，或者刚刚制订，或者还有待进一步完善，因而在此之前滑雪场发展速度越快，整体质量差或质量不高的雪场数量就可能越多，这对于今后行业规范实施的难度也就越大。

最后，相关配套设施建设没有跟上。滑雪旅游本应带动相关产业的发展，比如餐饮、住宿、冰雪特色产品等的发展，而目前雪场建设速度过快，相关配套设施建设还没有跟上。这一方面，影响了滑雪旅游本身的吸引力；另一方面，也降低了人们对滑雪旅游兴趣的培养。

美林谷滑雪场在遇到高峰的旅游旺季后，旅客对企业的基础服务设施需求量比较大，要加大对基础设施建设的支持，解决好供求关系，尤其是在遇到旅游旺季等应急情况，为美林谷滑雪场提供基础保障；要加大滑雪场基础服务设施的投入，调整产业结构，进行服务质量管理规划调整，通过对设施的规划调整，提升服务质量管理的能力。要围绕基础服务设施整体的规划，制订科学合理的服务质量管理计划，支撑美林谷滑雪场的可持续发展。

结束语

对我国北方大部分地区来讲，旅游业具有明显的季节性，冬季即进入旅游淡季，本文研究的区域旅游业正是存在这种季节性失衡问题。该区域旅游资源十分丰富，特别是克什克腾草原等自然景观，已成为当地夏季观光旅游的主打品牌。但在冬季，当地旅游特色并不突出，一定程度上影响着赤峰旅游市场的健康发展。因此，积极探索开发适合当地冬季旅游的休闲娱乐项目具有很强的现实意义。

通过以上部分的研究，本文认为美林谷滑雪场通过服务质量研究，活跃了赤峰地区冬季旅游市场，对平衡当地旅游业的发展起到了积极作用。美林谷滑雪场在今后的服务管理过程中，要重视服务质量，服务管理是企业的生存的基石。但作为一个刚刚起步的企业，发展劣势更为突出，美林谷滑雪场要在激烈的市场竞争中生存，赢得市场份额，应注重加强品牌、多样性、文化特质、配套服务功能等方面的建设，通过不同类型、不同系列产品开发思路，丰富冰雪旅游内涵，为产品注入活力，提高企业竞争力，实现可持续发展。

本研究的创新之处：一是研究区域颇具代表性。目前国内冰雪旅游研究区域过于集中，普遍以东北、北京和新疆等地区为研究对象，多为重复性研究。本研究区域位于研究较少的非典型地区，在区位上更具代表性，研究结论可为相似新兴冰雪旅游景区进行冰雪旅游质量服务提供借鉴。二是多种分析方法相结合。本文在对美林谷滑雪场进行案例分析时，对美林谷滑雪场的发展条件进行分层次、多维度比较权衡，得出的结论更为全面、客观和严谨。

本研究的不足之处：一是由于收集整理的外文文献较少，国外研究部分总结不够深入，需要在以后的研究中多注意积累，继续完善充实；二是由于美林谷滑雪场刚刚起步，服务质量上必然存在诸多问题，本文限于篇幅仅列举其中几个主要问题；滑雪场若要实现持续健康发展，出现的每个问题都不能忽略，查找问题要不留盲区，不留死角；三是本文只对质量服务内容展开部分研究，现实开发过程中则需要更为具体的操作方案，因而若要付诸实践，某些研究仍需进一步细化。

参考文献

［1］Andrew Holden. The use of visitor understanding in skiing management and development decisions at the Cairngorm mountains，Scotland［J］. Tourism Management，1998，Vol. 19（2）：145－152.

［2］Arvid Flagestad，Christine A. Hope. Strategic success in winter sports destinations：a sustainable value creating perspective［J］. ourism Management，2001，vol. 6（22）：445－461.

［3］Catherine Pickering，Changes in demand for tourism with climate change：a case study of visitation patterns to six ski resorts in Australia［J］，Journal of Sustainable Tourism，2011，Vol. 19（6）：767－781.

［4］Greg Richards. Skilled consumption and UK ski holidays［J］. Tourism management，1996，Vol. 17（1）：25－34.

［5］Robert Steiger. The impact of snow scarcity on ski tourism：an analysis of the record warm season 2006/2007 in Tyrol（Austria）［J］. Tourism Review，2011，Vol. 66（3）：4－13.

［6］董瑞草. 我国滑雪旅游市场营销现状及改进策略［J］. 中国商贸，2010（20）.

［7］费郁光. 黑龙江省滑雪休闲旅游可持续发展研究［J］. 广州体育学院学报，2008，（3）.

［8］胡继兰，张双芹. 我国滑雪旅游发展现状及应用营销策略［J］. 中国商贸，2011（5）.

［9］金守郡. 旅游学概论［M］. 上海：上海交通大学出版社，2010.

［10］李梦舒. 秦皇岛服务质量管理研究［D］. 首都师范大学，2009.

［11］李松梅，黄清. 东北林区滑雪旅游可持续发展模式的探讨［J］. 学术交流，2009（5）.

［12］李喜娜. 哈尔滨市冰雪旅游产品深度开发研究［D］. 哈尔滨师范大学，2011.

［13］刘肖威. 哈尔滨冰雪旅游可持续发展研究［D］. 哈尔滨：哈尔滨工

业大学，2007.

[14] 那守海，杜媛，徐秋华. 哈尔滨市冰雪旅游客源市场分析 [J]. 国土与自然资源研究，2012 (6).

[15] 石长波，徐硕. 对黑龙江省冰雪旅游发展的分析及策略研究 [J]. 商业研究，2007 (1).

[16] 孙东喜. 滑雪旅游对北方地区经济发展产生的作用 [J]. 中国商贸，2011 (8).

[17] 孙佳剑，张燕冰. 黑龙江省冰雪旅游 SWOT 分析 [J]. 哈尔滨体育学院学报，2013 (1).

[18] 唐云松. 我国滑雪产业发展战略研究 [J]. 成都体育学院学报，2007 (6).

[19] 王兵，李岳. 西北地区滑雪旅游市场发展营销策略 [J]. 中国商贸，2010 (23).

[20] 王丽颖，白明，张大业等. 黑龙江省特色服务质量管理研究 [J]. 哈尔滨体育学院学报，2013 (2).

[21] 王玲. 内蒙古冰雪旅游开发研究 [D]. 上海师范大学，2007.

[22] 王素芹. 九宫山滑雪旅游开发及可持续发展研究 [J]. 旅游纵览，2013 (1).

[23] 吴国清. 旅游资源开发展与管理 [M]. 上海：上海人民出版社，2010.

[24] 夏万峰，谭华. 我国滑雪旅游发展的可持续发展策略 [J]. 中国商贸，2010，(12).

[25] 熊继红，魏俊洁，丁宾. 神农架与九宫山滑雪场对比分析研究 [J]. 特区经济，2007 (3).

[26] 徐淑梅，李喜娜，王闯. 哈尔滨市冰雪旅游产品深度开发研究 [J]. 冰雪运动，2011 (5).

[27] 徐莹，刘英超，张雪松. 吉林省冰雪体验旅游竞争力提升的对策研究 [J]. 中国商贸，2012 (15).

[28] 杨斌霞，李斌，马逸奎. 黑龙江省冰雪旅游产品的内涵与开发现状研究 [J]. 冰雪运动，2012 (4).

[29] 杨诺，李晓东. 乌鲁木齐冰雪服务质量管理研究 [J]. 现代商业，2010 (7).

[30] 姚春华，王昌福. 冰雪旅游对长春市经济发展影响的分析 [J]. 中国商贸，2010 (28).

[31] 张德成. 中国与欧洲冰雪旅游产业比较分析及发展对策 [M]. 哈尔滨：哈尔滨地图出版社，2010.

[32] 张建喜，孙敏，范晓磊. 新时期哈尔滨市冰雪产业竞争力提升的探讨 [J]. 城市规划，2011（6）.

[33] 张丽梅. 冰雪旅游策划 [M]. 哈尔滨：哈尔滨工业大学出版社，2010.

[34] 张宇峰. 关于滑雪场旅游多元化开发的探讨 [J]. 成都体育学院学报，2009（8）.

[35] 张云峰，王制，王旭. 中国滑雪运动发展的战略价值思考 [J]. 冰雪世界，2010（1）.

[36] 周波. 基于 STP 战略的黑龙江滑雪旅游市场营销策略分析 [J]. 中国商贸，2011（2）.